개정판

환동해경제론

강승호
김영식
안우철
엄경호
여인만
황원규
공저

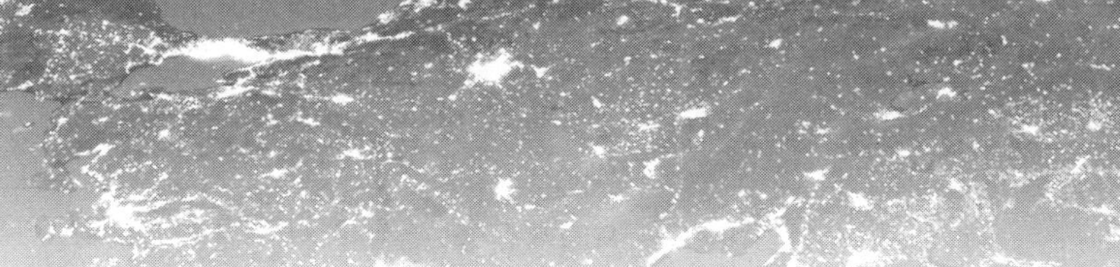

도서출판 두남

개정판을 내면서

환동해지역이란 동해를 둘러싸고 있는 지역 즉 동해 및 동해연안지방을 일컫는 지리적 용어로 일반적으로는 남북한의 동해안지역, 일본의 서쪽해안 지역, 중국의 동북3성, 러시아의 극동연해주를 아우르는 개념이다. 본서는 환동해지역의 지역내 및 지역간의 경제구조·경제관계를 의미하는 '환동해경제권'을 논의의 대상으로 한다.

'환동해경제권'이라는 용어는 동아시아경제권, 동북아시아경제권 등에 비해 익숙하지 않지만, 1990년대 이후 빈번하게 사용되면서 특히 한반도 남북관계의 향방과 관련해 그 중요성이 강조되고 있다. 사실 이 용어의 등장 배경에는 순수한 경제적 요인만이 아니라 냉전체제의 붕괴라는 세계사적인 정치체제의 변화가 있었다고 판단된다.

역사적으로 우리나라는 국가의 형성 및 문화 교류 과정에서 중국 및 일본과 밀접한 관련을 맺어 왔고, 러시아와는 20세기 들어 대량의 이주민을 통해 교류가 본격화되었다. 그러나 제2차 세계대전 이후 새롭게 형성된 동서냉전의 영향으로 중국 및 러시아와의 인적·물적 교류는 장기간 제한되었다. 그런데 1990년대 들어 러시아의 체제 전환 및 중국의 시장사회주의 확대와 함께 1990년에 한-러, 1992년에 한-중 간의 국교가 수립됨으로써 이들 국가와의 경제교류도 급속하게 확대되게 되었다.

한편 전 세계적으로 보면 1990년대는 전 세계가 '평평해지는' 글로벌화의 시기이기도 했다. GATT체제가 WTO 체제로 전환되면서 공산품뿐만 아니라 농산물 및 서비스업의 무역자유화가 한층 더 확대되고, 체제경쟁이 종식됨으로써 국가간 자본 이동이 문자 그대로 전 지구적으로 확산되었다. 한중, 한러 관계의 심화·확대는 글로벌화와 동시적으로 진행되었다고 할 수 있다.

이러한 글로벌화 과정에서 가장 큰 영향을 받은 지역은 중국이었다. 냉전이라는 제약하에서 진행된 자본주의권의 확대과정에서 1960년대의 일본, 그리고 1980년대의 '아시아의 네 마리 용'(한국, 대만, 싱가포르, 홍콩)이 가장 효과적으로 대응했다면, 1990년대 이후의 글로벌화 과정에서 잠재력을 가장 크게 발휘하고 그 효과를 극대화한 국가는 BRICs(브라질, 러시아, 인도, 중국), 그중에서도 특히 중국이었다. 2000년대 들어 한국과 일본의 최대무역상대국이 미국에서 중국으로 전환된 것도 이러한 글로벌화의 영향에 따른 것이다.

그런데 글로벌화가 전 세계의 부를 균등하게 증가시키지 못하는 것처럼 글로벌화는 한국, 일본, 중국, 러시아 각국에서 지역별 격차를 축소시키기는커녕 오히려 확대시키는 경향을 보였다. 이에 따라 이들 각국에서 상대적으로 '낙후'된 지역을 중심으로 상호교류 및 경제협력을 도모하려는 움직임이 나타나기 시작했다. 그런데 이들 국가에서 낙후지역은 동해와 인접한 지역 즉 환동해지역이었다.

주지하는 바와 같이 우리나라에서는 1960년대 이후의 경제개발과정에서 경부축을 중심으로 그리고 1980년대 이후는 그 편중을 시정하기 위해 서남해안의 개발이 촉진되었으나 영동지방을 중심으로 한 동해안지역은 여전히 상대적으로 낙후된 상태에 머물러 있다. 일본도 2차대전 이전부터 산업화의 중심은 도쿄-나고야-오사카로 이어지는 태평양벨트가 중심으로, 동해와 인접하는 일본의 서해지역은 상대적으로 후진지역으로 남아있었다. 중국도 홍콩 인접 지역 및 황해연안지방을 중심으로 대외개방정책을 실시함으로써 그 지역과 중국의 환동해지역 즉 동북3성(요녕성, 길림성, 흑룡강성)과의 격차는 더욱 확대되었다. 러시아도 역사적으로 유럽 지역과의 교류에 편리한 중앙아시아 서쪽 지역의 개발이 우선되어 극동러시아 지역은 상대적으로 낙후된 상태가 유지되었다. 한중일러 모두 미국 및 유럽이라는 세계 시장에 대한 진출입에 편리한 지역의 개발이 우선됨으로써, 각국에서 동해에 인접한 지역 즉 환동해지역은 상대적으로 개발 수준이 낮다는 공통점을 갖게 되었다.

그런데 1990년대는 글로벌화에 대한 각 국가·지역의 대응방법으로서 글로컬(글로벌+로컬)이 적극적으로 제시되던 시기이기도 했다. 즉 글로벌화는 각 국가·지역을 동일·평평하게 만드는 것이 아니라 차별화된 영향을 미칠 수 있고, 각 국가·지역도 그 특성 및 강점을 활용하는 대응이 필요하다는 것이다. 또한 이 시기는 체제 전환국에서 지방정부의 권한과 책임이 증대하고, 우리나라에서도 자치단체장을 직접선거에 의해 선출한다는 의미에서 본격적인 지방자치제가 개시되기도 했다. 따라서 국가적 차원에서 글로벌화의 추세에 효과적으로 대응하면서도 지역·지방 차원의 지방자치단체의 노력이 더욱 중요하게 되었다.

1990년대 이후 환동해권 지방정부를 중심으로 협력의 필요성이 강조된 것은 이와 같은 배경에서였다. 그리고 이때부터 환동해경제권이라는 용어가 등장하여 논의가 활발해지고 구체적인 사업도 개시되었다. 동북아경제회의(1990년), 동북아 지방정부 지사성장 회의(1994년), 환동해거점도시회의(1994년)가 설립되고, 이들 지역의 지방자치단체간 관광·문화·예술·스포츠 분야의 교류가 증대되고 거점도시 간 자매도시 협정이 늘어났으며, 경제사절단의 상호파견·박람회 개최 등의 사업이 실시되었다.

그러나 경제적으로 각국에서 환동해지역이 차지하는 비중은 아주 작은 편이기에 그 지역간의 교류를 통해 그 지역의 가시적인 경제적 효과를 발생시키는 데는 근본적으로 한계가 존재했다. 비교우위를 바탕으로 한 국제무역론적 관점에서 보면 당연하게 예상되는 결과이기도 했기 때문에, 환동해경제권의 확대 가능성에 대한 회의론적 시각이 각국에 강하게 존재했다.

그런데 이러한 정태적인 비교우위론에 머물러서는 환동해경제권의 중요성을 제대로 파악하지 못할 수 있다. 특히 우리나라의 입장에서 보면 더욱 그러한데, 그 이유는 환동해경제권의 확장 가능성을 좌우하는 가장 중요한 요인이 한반도의 평화와 안정에 기여하는 북한의 대외개방정책이기 때문이다. 중국, 일본, 러시아의 입장에서도 1990년대 초반 당시 환동해경제권의 낮은 교류수준을 돌파하기 위해서는 북한의 개방, 북한과의 교류 확대가 필수적이었다.

이러한 조건하에서 1991년에 유엔개발프로그램(UNDP: UN Development Program)에 의한 두만강지역(나진-훈춘-포시에트) 개발 계획 보고서와 북한의 나진-선봉 경제특구 계획이 발표되어 환동해경제권의 가능성과 기대를 획기적으로 증대시켰다. 두만강개발계획은 그 후 광역두만개발계획(GTI: Greater Tumen Initiative)으로 개편되어 개발지역을 확대하고 자금 확보 방안 등을 구체화했으나 당사국 간의 의견불일치로 북한이 2009년에 계획에서 탈퇴함으로써 초기 동력을 상당 정도 상실했다. 그 후 북한은 나진-선봉 경제특구를 중국과의 경제협력을 통해 개발·유지시키려는 노선으로 전환했다. 이처럼 두만강개발계획은 환동해지역의 유일한 정부간 협력사업으로, 환동해지역의 낙후성이라는 한계를 일거에 돌파할 수 있는 가능성을 내재하고 있었다.

이상과 같은 상황 변화에 따라 우리나라 중앙정부도 환동해경제권의 중요성을 인식하게 되었고, 2013년에 유라시아 이니셔티브 구상을 발표했다. 이 구상은 북한의 대외개방정책을 추동하고, 극동연해주 지역의 개방 등 러시아의 동방정책 추진 및 중-러 경제협력의 확대라는 환동해지역의 정치·경제적 변화에 적극적으로 대응하는 정책이었는데, 그 실현을 위해서는 환동해경제권의 협력이 필수불가결한 전제조건이 되었다. 즉 부산-북한-러시아-중국-중앙아시아-유럽을 관통하는 실크로드 익스프레스와 러시아의 석유와 가스의 송유관 등 에너지 네트워크는 대부분이 환동해경제권을 대상지역으로 상정하고 있었다.

이처럼 환동해경제권이라는 개념이 등장하고 그 중요성이 강조되게 되는 과정에는 세계사적인 체제전환이라는 배경 하에서 지방자치와 지역균형이라는 각국 지방정부 차원의 당위성과 관련 당사국들의 교류 확대를 통한 한반도의 평화와 안정이라는 우리나라 중앙정부 차원의 당위성이 확인되었다. 그리고 우리나라 중앙정부와 지방자치단체는 환동해지역의 국가들과 다양한 층위에서 상호교류·협력을 주도해나갈 수 있는 정책을 제시·추진해야 한다는 점을 확인하게 되었다.

환동해경제론의 중요성이 증대하고 있던 이러한 현실상황을 반영하여 『환동해경제론』 초판이 2014년에 간행되었다. 저자가 강릉원주대학교 국제통상학과에서 지역경제(러시아, 중국, 일본)와 국제경제관계(통상, 개발협력)를 담당하는 전공자들로 구성된 만큼, 환동해지역 관련국 내부의 경제 구조와 각국에서 환동해지역이 차지하는 위상을 검토한 다음 환동해경제권의 가능성을 전망하는 서술 체계를 공통적으로 유지하였다. 이러한 각국의 현상 및 입장을 전제로 하여 우리나라가 환동해경제권을 확대해가야 한다는 당위성 하에 중앙정부 및 지방자치단체 차원에서의 다양한 노력을 평가하고 방향성을 제시하고자 하였다. 다만 학부 학생의 교재로 사용된다는 점을 고려하여 독창적인 정책제시보다는 각 분야의 전문가에 의해 정리된 사실의 설명에 중점을 두는 서술방식을 택했다.

초판 간행 이후 환동해지역을 둘러싼 국제정세는 급변했는데, 전반적으로 환동해경제권의 확대를 제약하는 움직임이 강해졌다. 우선 남북관계 및 북미관계가 롤러코스트처럼 급변했다. 개성공단 폐쇄, 잇따른 미사일 발사 등으로 경색국면에 빠져있던 남북·북미 관계는 2018년의 판문점 회담, 싱가포르 회담을 통해 극적으로 반전되었다. 그를 통해 한반도 평화체제의 정착·비핵화·경제협력의 확대가 기대되었으나, 2019년의 하노이 회담에서 북미합의에 실패함으로써 다시금 남북·북미 관계가 경색국면으로 전환되었다. 또한 경제적·군사적으로 중국의 부상에 위협을 느낀 미국의 견제에서 비롯된 미중 갈등이 심화됨으로써 이러한 국면을 타개할 기회가 더욱 줄어들었다. 한편 일본은 우경화 경향이 심화됨으로써 지역내 긴장관계를 심화시키고 있는데, 특히 우리나라에게는 수출규제 조치를 단행함으로써 한일관계가 최악의 국면을 맞이하게 되었다. 더구나 2019년말부터는 코로나19가 전 세계적으로 확대된 후 아직까지 종식되지 못한 상태여서 환동해지역의 교류도 결정적으로 타격을 받고 있는 실정이다.

이러한 상황 하에서 우리나라 정부는 환동해경제권에 관련된 정책으로 한반도신경제지도 구상을 추진중이다. 이 구상의 핵심 내용은 3대 벨트를 구축하여 한반도를 북방경제와 연계시킨다는 것인데, 3대 벨트 중 금강산·원산·나선을 남북이 공동개발하고 동해안과 러시아를 연결하는 환동해경제벨트가 기존의 유라시아 이니시어티브 혹은 환동해경제권의 비전과 관련이 있다. 1990년대 이후 개시된 지방자치단체간 교류·협력은 2010년대에도 지속되었으나 확대·발전되고 있다고 보기는 어려운 실정이다.

그러나 이러한 상황이 장기적으로 환동해지역 국가 모두에게 바람직스럽지 않다는 것은 두말할 필요조차 없다. 환동해경제권을 우리나라가 주도적으로 확대시켜 나가야 하고 그를 위해서는 다양한 층위에서 환동해지역간의 협력이 필요하다는, 초판에서 강조되었던 당위성은 오히려 더 절실한 상황이다. 이러한 상황을 반영하여, 초판이 간행된 지 7년이 지난 이번에 『환동해경제론』 개정판을 간행하게 되었다.

개정판의 서술 원칙 및 방법은 초판의 그것을 유지하였으나, 구체적인 내용은 대폭 변화되어 개정판이라기보다는 신판에 가깝게 되었다. 우선 통계의 업데이트에 그치지 않고 새롭게 장을 신설하고 각 장의 내용을 대폭 개정했다.

먼저 환동해경제권의 구체적인 사례이자 단기적으로도 성과가 가시화될 가능성이 높은 물류분야에 대해 새로운 장(6장)을 신설했다. 북한 지역(5장)에 대해서는 이 분야의 전공자가 새롭게 집필을 담당하여 경제 부문을 중심으로 내용을 보강했다. 중국 지역(3장)과 일본 지역(4장)은 환동해지역의 비중을 줄이고 내부의 경제 구조에 대한 내용을 강화했다. 중국경제의 부상과 일본경제의 침체를 반영한 것인데, 환동해지역의 포지셔닝을 의식하고 있다는 점에서는 초판의 체제를 유지했다. 그에 비해 러시아 지역(2장)은 초판과 같이 러시아 국민경제구조보다는 극동지역을 중심으로 환동해경제권과의 관계를 강조했다. 환동해지역에 대한 기본적인 이해(1장)와 환동해경제권의 협력(7장)은 변화된 내용을 체계적으로 정리하고 환동해경제권의 확대 가능성과 필요성을 명료하게 제시하였다.

또한 이번 개정판에서는 환동해경제권의 담당주체로서의 강원도의 위상 및 역할에 대한 서술을 보강하였다. 이는 본서 저자들의 존재의의에 대한 자기인식에 따른 것이다. 본서는 초판과 마찬가지로 강릉원주대학교 국제통상학과 교수들의 공동작업으로 이루어졌다. 저자들은 지역 국립대학의 구성원으로서 지역사회와의 관련을 늘 염두에 두면서 연구와 교육을 담당하고 있다. 본서 초판은 그러한 연구와 교육의 성과를 공유할 필요성을 강조한 김남두 교수의 발의로 완성되었다. 이번 개정판은 초판의 교육과정에서 나타난 한계를 보완하고 개선할 필요에서 자연스럽게 논의가 시작되었는데, 특히 일찍부터 지방정부 차원에서 환동해협력의 필요성을 역설하고 그 가능성을 장기간 추구해온 황원규 교수의 리더십으로 결실을 맺게 되었다.

유사한 연구서·교재가 많지 않은 상황에서 환동해경제론 개정판을 간행하게 되어 저자들은 자부심과 함께 책임감을 강하게 느낀다. 간행을 계기로 이 분야에 대한 공동의 연구와 교육을 계속해가겠다는 초판 집필 당시의 다짐이 이 개정판에서도 유지되고 있음을 밝혀두고 싶다.

끝으로 어려운 출판사정에도 불구하고 이번 개정판 출간을 흔쾌히 수락해주신 도서출판 두남의 전두표 대표님, 그리고 이승구 상무님을 비롯한 편집 담당자분들께 감사드린다.

2021년 8월

저자들을 대표하여

여인만

차례

CHAPTER 1 환동해경제권의 이해 / 황원규

CHAPTER 2 극동 러시아의 경제와 사회 / 김영식

CHAPTER 3 중국 경제와 동북3성 / 강승호

CHAPTER 4 일본의 경제와 환동해지역 / 여인만

CHAPTER 5 북한의 경제와 사회 / 엄경호

CHAPTER 6 환동해지역의 물류 / 안우철

CHAPTER 7 환동해경제권의 전망 및 발전방안 / 황원규

표 차례

그림 차례

Chapter 1

환동해경제권의 이해

황 원 규

01 Chapter 환동해경제권의 이해

제1절 환동해경제권의 개념과 범위

1. 환동해경제권(East Sea Rim Economies)의 개념

「환동해(環東海) 지역(Pan-East Sea Region)」이란 동해를 둘러싸고 있는 지역, 즉 동해 및 동해연안지방을 일컫는 지리적 개념이다. 여기서 동해연안지역은 한반도의 동쪽 해안, 일본 혼슈(本州)의 서북쪽 해안과 홋카이도(北海道) 그리고 극동 러시아의 동해연안지역을 일컫는다.

환동해와 유사한 지리적 개념으로는 동북아시아, 극동, 서북 태평양, 환일본해 등이 있다. 먼저 「동북아(東北亞, North-East Asia)」는 주로 지정학적인 개념으로 남·북한, 일본, 중국 등 동북아시아에 위치한 국가를 가리키는, 지리적으로는 보다 넓은 범위이고 의미론적으로는 주로 정치적 역학관계를 일컫는 국가적 관계를 의미한다. 「극동(極東, Far East)」 이란 개념은 동북아와 유사한 지정학적 범위를 일컫고 있으나 정치적 개념이라기보다는 지리적 영역을 나타내고 있으며, 서구 중심적(Euro-centric) 시각에서 '유라시아대륙의 끝'에 있는 최변방이라는 약간은 폄하하는 의미가 담긴 지리적 용어이다. 「서북(西北) 태평양」은 태평양을 중심으로 놓고 바라본 지리적 개념으로 그다지 자주 통용되고 있지 않은 용어이다. 끝으로 「환(環)일본해」는 동해를 일본해로 표기하는 일본의 입장에서 주로 사용하는 용어이다.1)

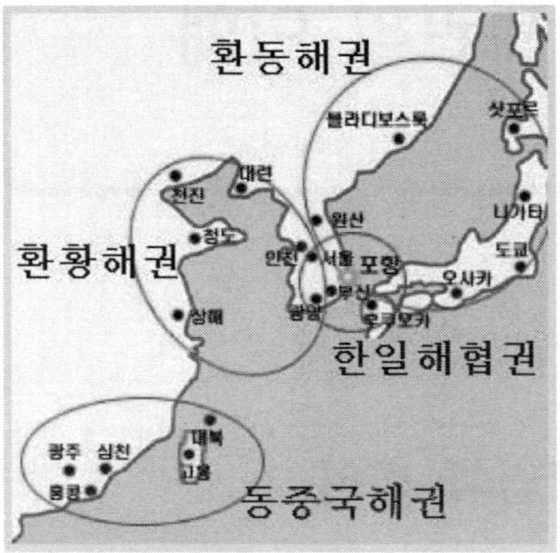

[그림 1-1] 환동해권 지도

환동해라는 용어 속에는 지리적 개념뿐만 아니라 역사적, 경제적, 문화적 의미가 함축되어 있지만 여기에서는 주로 경제적 개념으로서의 환동해권역, 즉 「환동해경제권(East Sea Rim Economies)」을 논의의 대상으로 삼기로 한다. 동북아시아를 경제권이란 개념으로 이해할 때는 동북 아시아의 주요 거점도시나 공업지대를 연결하는 경제적 단위로 표현할 수 있다. 예를 들면 동북아 3국의 수도(베이징-서울-도쿄)를 연결하는 경제적 개념으로 사용되고 있는 「베세토(BeSeTo)회랑」이나 한국의 동남공업지대와 일본의 북큐슈 공업지대를 연결하는 「한일해협경제권」 등이 그 범주에 속한 개념이다. 「환동해경제권」은 동해를 통해 연결되는 동북아의 지리적 경제권역을 일컫는 용어이나 현재까지는 독자적인 단위 경제권이라고 불릴 수 있을 만큼 도시 간 혹은 공업지대 간 경제적 연계성을 찾아보기 힘든 권역내의 경제적 연계성이 약한 지역이다.

1) 환동해권과 유사한 개념으로 「환황해권」과 「환발해만권」이 있다. 「환황해권」은 황해를 둘러싸고 있는 중국 동북부 연안지역과 한반도 서안지역을 가리키는 것이고, 「환발해만권」은 요동반도와 산동반도 사이의 황해 북부 해역권을 중국의 입장에서 지칭한 것이다.

2. 환동해권의 범위

환동해권의 범위를 어떻게 설정하는가는 학자에 따라 많은 이견이 존재하고 있다. 먼저 가장 넓은 범위의 환동해권은 남·북한, 러시아, 중국, 일본 등 동해를 둘러싼 국가 전체는 물론 몽골까지 포함시키는 개념이다. 이 개념은 환동해권을 국가적 차원에서 정의하고 있는 것으로 동북아시아라는 개념과 정확히 일치하기 때문에 환동해권이라는 고유영역을 설정하기 어려운 단점을 내포하고 있다.

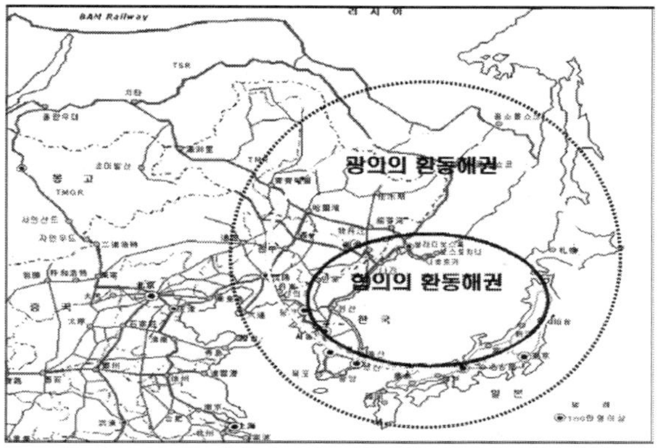

[그림 1-2] 환동해권의 범위

[그림 1-3] 러시아 지도

다음으로는 광의의 환동해권이다. 남·북한과 일본을 비롯하여 중국의 길림성, 흑룡강성, 요녕성, 내몽골자치구 등 동북 4성을 포함하고, 러시아는 연해주, 하바로프스크, 사할린 3개주에 아무르, 마가단, 캄차카, 사하 공화국 등을 포함한 극동 11개주까지 아우르는 범위이다.[2)]

[그림 1-4] 중국 동북 3성 지도

한편 협의의 환동해권은 직접 동해와 접한 지역(광역자치단체)만을 포함하는 개념이다. 한국은 동해안에 면해있는 함경남·북도, 강원도, 경상북도, 울산시가 이 범주에 포함되고, 러시아는 연해주와 하바로프스크 및 사할린의 3개 주, 중국은 길림성과 흑룡강성의 2개 성, 일본은 동해(일본해)에 면한 서해연안 13개 지역의 도(홋카이道), 부(교토府), 현(아오모리(青森)에서 야마구치(山口)에 이르는 11개 縣)이 환동해권에 속한다고 본다.

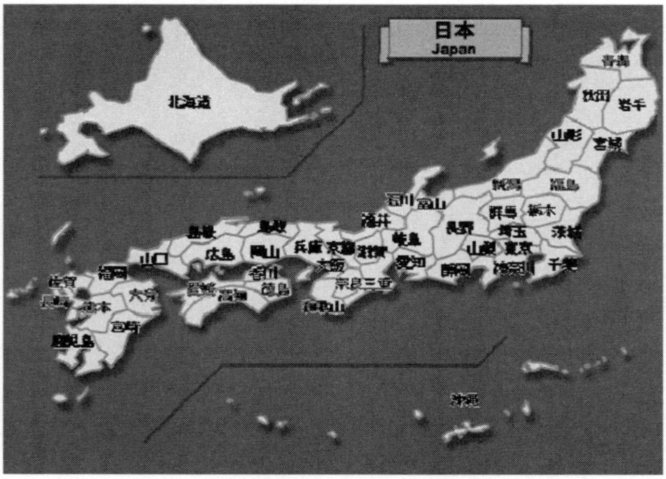

[그림 1-5] 일본 지도

2) 2018년 11월 러시아 연방정부는 바이칼호 동쪽의 11개 주를 하나의 광역권으로 묶어 극동연방지역으로 개편하고, 연방지역청의 수도를 하바로프스크에서 블라디보스톡으로 이전하였다.

3. 동해(東海)의 지리적 특성과 가치

환동해권은 동해(東海)를 둘러싸고 있는 지리적 영역이기에 이 지역에 대한 이해는 동해에 대한 이해를 선결요건으로 한다. 동해는 연안국 간에 표기가 일치하지 않아 국제적 갈등의 소지를 안고 있다. 한국과 중국은 동해(East Sea)라는 명칭을 사용하는 반면, 일본은 일본해(Sea of Japan)란 명칭을 고수하고 있다. 그동안 「국제수로기구(IHO)」에서는 1929년 일제 강점기에 붙여진 이름인 '일본해'가 통용되어 왔으나, 남북한과 중국이 꾸준히 이의를 제기하여 2020년 11월 향후 새로 발간될 해도에는 고유명칭을 표기하는 대신 해역의 식별번호인 S-130으로만 표기하기로 결정하였다.(상자 1-1 참조)

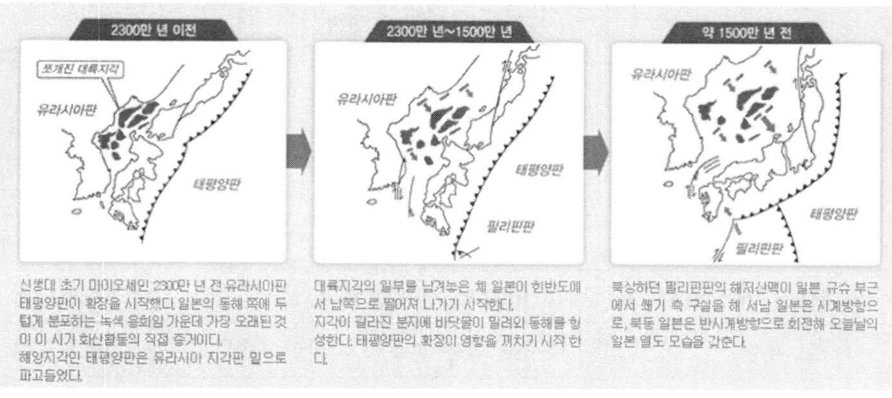

자료: http://navercast.naver.com/science/peninsula/742

[그림 1-6] 동해의 생성과정

동해는 신생대 제3기에 해당되는 2,300만 년 전에서 258만 년 전 사이에 일본 열도가 유라시아대륙에서 분리되면서 생긴 해역으로 추정되고 있다. 동해의 크기는 남북의 길이가 1,700km이고, 동서의 최대 폭은 1,100km이다. 면적은 107만 km^2으로 한반도의 약 5배 크기이다.[3] 지형적 특징으로 동해의 평균수심은

3) 국제수로기구(International Hydrographic Organization: IHO)에서 발간한 해도집인 『해

1,648m로 평균수심이 45m에 불과한 서해에 비해 깊은 바다이다. 동해에서 가장 깊은 곳은 일본 홋카이도 남동쪽 오쿠시리섬 주변으로 3,762m이다. 동해는 한반도 주변해역 면적의 65%를 차지하고 있으며, 해수량의 부피로는 98%를 차지하고 있는 바다이다.

해저지형은 전체적으로 동부보다 서부, 남부보다 북부가 깊은 지형구조이며, 북위 40도선을 기준으로 북쪽 지형은 비교적 단순하고, 남쪽 지형은 복잡한 편이다. 대륙붕은 전체 면적의 1/5인 21만㎢를 차지하고 있다.

동해는 유라시아대륙과 일본 열도 사이에 위치한 지중해형 바다로 가운데가 불룩하고, 5군데의 좁은 해협으로 태평양 및 오호츠크해 등으로 연결되어 있다. 동해의 출구지형인 5개 해협은 다음 표와 같다.

〈표 1-1〉 동해의 해협

이름 (남에서 북으로)	위치	연결 바다
간몬 해협	일본 혼슈와 큐슈 사이	세토 내해
대한 해협	한반도와 큐슈 사이	동중국해
쓰가루 해협	혹카이도와 혼슈 사이	태평양
라페루즈 해협	혹카이도와 사할린 사이	오호츠크해
타타르 해협	러시아 극동 본토와 사할린 사이	오호츠크해

동해는 비교적 간결한 해안선을 유지하고 있으며 해역 내에 섬도 많지 않은 편이다. 주요 섬으로는 일본 영토인 사도(855㎢, 니이가타현), 오키제도의 도고(242㎢, 시마네현), 리시리(182㎢, 홋카이도), 레분(81㎢, 홋카이도)과 러시아의 루스키(98㎢), 한국의 울릉도(73㎢) 등이 있다.[4] 동해로 흘러드는 강은 세계에서

양과 바다의 경계(Limits of Oceans and Seas)』에서는 우리나라에서 구분하고 있는 남해까지 동해의 영역에 포함시키고 있다.

4) 동해의 영역을 남해까지 포함하고, 경계선의 섬들까지 포함할 경우 제주도(1,846㎢)와 대마도(696㎢) 등이 포함될 수 있다.

8번째 긴 강인 아무르강(중국명 흑룡강, 4,444㎞)을 필두로, 한국의 낙동강(525㎞), 두만강(521㎞), 형산강(63㎞, 포항만에서 유입)과 일본에서 가장 긴 강인 시나노강(369㎞, 니이가타현에서 유입), 이시카리강(268㎞, 홋카이도에서 유입), 모가미강(229㎞, 야마가타현에서 유입) 등이 있다.

동해를 흐르는 해류는 대만과 필리핀에서 북상하는 쿠로시오 난류의 지류인 쓰시마 해류가 한반도 동안을 따라 북상하다가 북위 36도-38도선에서 동향하여 쓰가루해협으로 빠져 나가고 있고, 타타르해협을 통해 오오츠크해에서 남하하는 리만 해류와 북한 한류가 있다.[5] 이들 한·난류는 북위 40도 부근에서 만나 어종이 다양하고 어족자원이 풍부한 좋은 어장을 만들고 있다.

자료: http://ko.wikipedia.org/wiki/%EB%8F%99%ED%95%B4

[그림 1-7] 동해의 해협

---

5) 해류는 적도방향에서 북으로 이동하는 따뜻한 물의 흐름인 난류(暖流)와 그 반대로 북극지방에서 적도 방향으로 흐르는 찬물의 흐름인 한류(寒流)가 있다. 동해 밖으로 흐르는 중심해류는 쿠로시오 난류와 쿠릴해류가 있다.

상자 1-1

동해 표기에 관한 국제사회의 논쟁

▶ 한-일간의 논쟁

동해가 국제사회에서 일본해로 공용화된 계기는 일제 강점기인 1929년 국제수로기구(International Hydrographic Organization: IHO)에서 발간한 해도집인 『해양과 바다의 경계(Limits of Oceans and Seas)』 제1판에서 IHO 창립회원국으로 참여한 일본의 주장이 반영되면서부터이다. 한국전쟁 중이던 1953년 발간된 제3판에서도 동해는 일본해로 단독 표기되었다. 한국은 1957년에야 IHO에 가입하였다. 1992년 한국과 북한은 공동으로 제6차 국제연합지명표준화회의(UNCSGN)에서 공식적으로 일본해 명칭에 이의를 제기하였으나 일본측의 로비에 막혀 이를 관철하지 못하였다. 1998년 제7차 UNCSGN에서도 동일한 과정이 반복되었고, 2002년의 제8차 UNCSGN회의에서는 남북한이 공조하여 당분간 일본해와 동해를 병기할 것을 요구하였으나 관철시키지 못하였다.

현재 국제수로기구(IHO)는 『해양과 바다의 경계(Limits of Oceans and Seas)』제4판 발행을 준비 중이다. 2002년, 2007년 및 2012년 IHO총회에서 동해/일본해 병기안이 수용되지 못하였고, 2017년 모나코 총회에서 향후 3년간 추가 논의하기로 결정하였다. 다만 2012년 총회에서 일본이 발의한 일본해 단독표기안은 거부된 상태이다. 국제수로기구는 2020년 11월 향후 새로 발간될 해도에는 고유명칭을 표기하는 대신 해역의 식별번호인 S-130으로만 표기하기로 결정하였다.

▶ 역사적 근거

전통적으로 한국 및 중국에서는 동해를 동해(東海), 조선해(朝鮮海) 또는 창해(滄海)로 불러온 반면 일본은 북해(北海)라고 부르다가 메이지유신(1868년)이후 일본해라고 부르기 시작하였다. 한국측 기록으로 가장 오래된 것은 삼국사기 고구려 본기 고구려 시조 동명왕 기사에 "東海之濱有地"란 부분이 있고, 441년 건립된 광개토대왕비 3면에 "東海賈國烟三看烟五"란 문장이다. 고지도에 동해 명칭이 표기된 최초의 기록은 1530년 발간된 『신증동국여지승람(新增東國輿地勝覽)』의 『팔도총도(八道總圖)』편에 나타나고 있다. 16세기 이후 19세기 초까지 서양인이 작성한 고지도에서도 동해는 주로 한국해로 표기되어 왔다. 예를 들면 1615년, 마누엘 고디뉴(Manoel Godinho de Heredia)의 『아시아지도』는 동해를 "MAR CORIA", 즉 한국해로 표기하고 있다. 1771년 영국 『브리태니커 백과사전(Encyclopædia Britannica)』 초판본의 아시아지도에서도 동해는 "SEA OF COREA"로 명기되고 있고, 심지어는 1809년 다카하시(高橋景保)가 제작해 일본정부의 공식지도였던 『일본변계략도(日本邊界略圖)』에서도 동해를 "조선해(朝鮮海)"라고 명명하고 있다. 일본해란 명기가 최초로 등장한 문헌은 중국 선교사로 와있던 마테오 리치(Matteo Ricci)가 작성한 『곤여만국전도(坤與萬國全圖)』(1602)이다. 그러나 일본해란 명칭이 부각되기 시작한 계기는 1797년 『라페루즈의 세계 여행기(Voyage de la Pérouse autour du monde)』의 부도에서 동해를 "일본해(MER DU JAPON)"라고 부른 이후이다. 19세기 들어서는 일본의 국력이 강성해 지면서 점점 더 많은 서양지도에서 동해를 일본해로 표기하기 시작하였다.

▶ 우리 정부의 입장

우리 정부는 국제수로기구 결의(1974년) 및 유엔지명표준화회의 결의(1977년)에 입각하여 동해 명칭이 당사국간 합의가 이루어지지 않은 사항이기 때문에 일본해와 동해를 병기해야 된다고 주장하고 있다. 이러한 정부 및 민간단체(예: 반크)의 노력에 힘입어 동해가 병기된 지도는 2000년 2.8%에서 2009년 28.7%까지 증가하였다. 우리 정부는 2020년 IHO가 의결한 식별번호 표기를 수용하기로 한 상태이다.

▶ 동해 명칭 문제에 대한 해결방안 및 대안

대한민국은 우리 국민들이 오랫동안 불러왔던 동해가 국제사회의 공식명칭으로 단독 명기될 것을 원하고 있다. 그러나 현실적으로 일본의 양보가 없이는 역사적 연원을 근거로 국제사회에서 동해를 단독 명칭으로 공식화하기는 어렵다. 일본이 동해를 절대로 받아들일 수 없는 이유는 "동쪽 바다"란 명칭을 수용할 경우 일본의 존재 자체가 부인되기 때문이다. 중국의 입장에서도 동해는 동중국해와 혼동될 우려가 있기에 별도의 실익이 없고, 황해를 한국이 서해라고 부르는 용례를 유추할 경우 동해란 이름은 지극히 한국의 자국중심적인 명칭으로 해석될 수 있다. 이러한 오해 때문에 북한은 동해를 '조선동해(Korean East Sea)'라고 부르고 있다. 실제로 동해를 끼고 있는 중국과 러시아 모두 동해를 '일본해'로 부르고 있는 현실을 직시해야한다.

따라서 이 문제를 해결하기 위한 전략으로는 다음과 같은 3가지를 생각해 볼 수 있다.

(1) 국제 규범을 근거로 '동해'와 '일본해'를 병기하는 방안

(2) 동해에 대한 국가 소유권을 확실히 하기 위해 '한국해'와 '일본해'를 병기하는 주장

(3) 양국이 수용할 수 있는 제3의 명칭을 제시하는 방안이다. 제3의 명칭으로는 ① 조선시대 일부 인사들이 사용했던 검푸르고 넓은 바다란 명칭의 '창해(滄海)' ② 황토빛 바다란 뜻의 '황해(黃海)'와 대비되는 푸른 바다, 즉 '청해(青海)' ③ 노무현 대통령 정부에서 제안한 '평화의 바다(Sea of Peace)', 중국 일부 학자에 의해 제기된 '태평해(太平海)'를 축약해서 번역한 '평해(平海)' 등을 들 수 있다.

이 밖에도 일부 일본학자들에 의해 Green Sea, 즉 '녹해(綠海)', 동북아지역(North East Asia Region: NEAR) 바다, 즉 '근해(近海)'로 하자는 주장이 제기된 바 있고, 한·일간의 소모적 논쟁에 대한 해결책을 제시하는 입장에서 영국 지명위원회 사무총장인 폴 우드만씨가 '해결해(解決海 Sea of Resolution)'로 하자는 희화적 제안(2013. 03. 09)도 제시한 바 있다.

참조: 외교부 홈페이지 (이슈별 자료실 - 동해 명칭)
주강현 (2005), 『제국의 바다, 식민의 바다』, 웅진지식하우스.
Wikipedia "동해", "Geographical Naming Disputes - Sea of Japan" 항목 등
『동아일보』, 1999년 10월 25일자 기사
『한겨레신문』, 2020년 11월 17일자 기사

동해는 지정학적 입장에서의 전략적 중요성은 물론 생물자원 및 광물자원 그리고 관광·여유 공간으로서 바다 그 자체의 엄청난 가치를 내포하고 있다. 동해는 수심이 깊어서 어로 기술이 발달하지 못했던 근대 이전 사회에서는 남해나 서해에 비해 어장으로서의 가치를 크게 인정받지 못하였다. 그러나 현대적인 어획-양식 기술, 자원채굴 기술이 도입되면서 동해의 가치는 무한한 것으로 평가

받고 있다. 우선 동해지역 어업의 경제적 가치를 살펴보면 2012년 기준 총어획량 204,750톤으로, 생산금액 기준 약 7,332억 원에 달한다. 이는 우리나라 전체 연근해 어업생산액의 약 19% 수준이다. 그리고 어업생산을 통한 동해지역 다른 연관 산업에 미치는 경제적 파급효과는 연간 약 9,200억 원, 그리고 고용창출효과는 연간 약 13,000여명으로 추산되고 있다.[6] 동해안 지역경제의 수산업 의존도가 매우 높은 것을 감안할 때 동해가 갖는 경제적 가치는 지역경제 및 주민들에게 절대적이라고 할 수 있다. 여기에 덧붙여 동해는 240여종이 넘는 해양생물과 1만종 이상의 미생물자원이 분포하고 있는 해양생태계의 보고(寶庫)로 알려져 있으며, 이러한 해양생물자원을 이용한 수산생명산업이 본격적으로 활용될 경우 동해의 수산자원으로서의 가치는 어획생산량을 훨씬 능가할 것으로 기대된다.[7]

동해는 수심이 깊고, 수온이 낮은 바다이기에 현재까지 서해나 남해에 비해 양식업이 발달하지 않은 편이다. 2012년 동해안지역의 양식업 총생산량은 약 1만 4천 톤으로 우리나라 전체 양식업 생산량의 약 0.9% 수준에 지나지 않는다. 그러나 동해는 연중 청정한 해수가 유지되고, 조수 간만의 차이가 적으며, 오염원 유입이 다른 해역에 비해 훨씬 적어 다양한 해수자원(심층수, 지하해수 등)과 미래 양식기술을 잘 활용할 경우 고부가가치의 청정한 수산물을 안정적으로 생산할 수 있는 가능성을 가진 지역이다.

동해는 해양심층수층이 잘 발달된 지역이다. 해양심층수(Deep Ocean Water)는 수심 200m 이상의 깊은 곳에 있는 바닷물로서 항상 2도 이하의 저온상태를 유지하고, 햇빛이 닿지 않기에 광합성을 하는 식물성 플랑크톤과 해조류도 살지 못해 이를 먹고 사는 각종 병원균과 유기오염물도 거의 없는 청정수이다. 또한 해수 표층의 각종 유기물이 가라앉으면서 질소와 인 등 영양염으로 분해 축적되어 무기물이 풍부하며, 칼슘이나 마그네슘 등 미네랄도 다량 함유되어 있다. 심층수는 음용수로뿐 아니라 냉방과 제빙시설로 활용할 수 있고, 해조류나 어류양

---

6) 김도훈 (2013)

7) 수산업 고차산업화의 원동력인 수산생명산업은 전 세계적으로 그 중요성이 증가하고 있을 뿐만 아니라 세계 시장규모도 연간 15조 원 이상이 될 것으로 전망되고 있다. (김도훈 2013)

식 및 농업을 위한 용수로 활용될 수 있다. 또한 심층수를 이용해 피부염 치료제, 화장품, 식품 첨가물로 가공하여 부가가치를 높일 수 있다. 동해의 해양심층수는 대양과 동일한 수괴(水塊: 온도와 염도가 비슷한 물줄기) 구조를 형성하고 있지만 지형구조상 태평양의 심층수와 교환되는 양이 매우 적어 작은 대양(Ocean Miniature)의 특성을 띠고 있다. 태평양의 해양심층수는 태평양과 대서양을 순환하는데 비해 약 2,800만 년 전에 형성되기 시작한 동해의 해양심층수는 좁고 얕은 다섯 곳의 해협을 통해서만 외해와 연결되어 있기에 바닷물의 유입이 적고 다른 해역과 섞이지 않는 고유수를 형성하고 있어 동해바다는 전체 해수의 90 % 이상이 청정 해양심층수로 가득 채워진 보고이다. 또한 태평양 해양심층수의 평균수온이 2℃ 온도를 유지하고 있지만, 동해의 심층수는 0.2℃로 다른 어떤 해역의 해양심층수보다 저온, 안전성이 뛰어나고 태평양의 해양심층수에 비해 두 배에 달하는 산소가 녹아 있어 수질에서도 매우 우수한 것으로 조사되었다. 2012년 국토해양부의 분석에 따르면 강원도의 5개 시군 및 울릉도에서 해양심층수를 채취할 경우 연간 최대 생산유발효과가 1조 738억 원, 고용유발효과가 1만 7,500여명에 이를 것으로 추산되었다.

동해는 수산자원뿐 아니라 지하광물, 천연가스 등 에너지 자원을 활용할 수 있는 해역이다. 이 중에서도 최근 들어 관심을 끌고 있는 것은 미래의 청정 에너

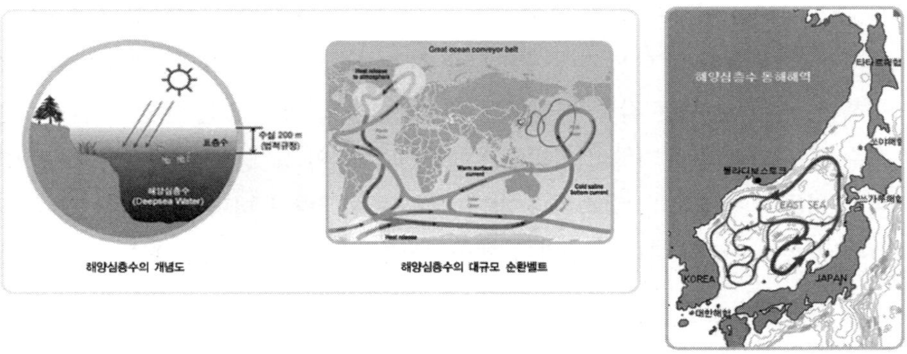

[그림 1-8] 심층수의 개념 및 순환도

지원으로 각광받고 있는 메탄(가스) 하이드레이트(Hydrate)이다. 이는 영구 동토(凍土, tundra)나 심해저의 저온과 고압 상태에서 천연가스가 물과 결합해 생기는 고체 에너지원으로, 외관이 드라이아이스와 비슷하며 불을 붙이면 타는 성질이 있어 '불타는 얼음(fire ice)'으로도 불린다. 전세계 메탄 하이드레이트 매장량은 약 10조 톤으로 전세계인들이 5,000년 동안 쓸 만큼의 가스 매장량이 있는 것으로 추정되고 있고, 독도 주변 심해저에도 약 6억 톤 가량이 매장되어 있는 것으로 추정되고 있다.[8] 이는 우리나라에서 향후 30년간 사용할 수 있는 천연가스의 양으로 경제적 가치로 환산하면 약 150조원 이상인 것으로 평가된다. 다만 지각의 한 층을 구성하고 있는 메탄층을 인위적으로 녹일 경우 지각의 안정성이 훼손되고, 메탄이 이산화탄소보다 20배 이상 지구온난화에 악영향을 끼치기 때문에 환경재앙을 초래할 우려가 제기되고 있다. 그러나 최근 이산화탄소를 촉매로 유입하여 메탄을 용해하는 기술이 발명되면서 교토 의정서에 따른 탄소배출권 거래비용도 절감할 수도 있기에 동해 메탄 하이드레이트의 경제적 가치는 향후 더욱 높아질 것으로 전망된다.[9]

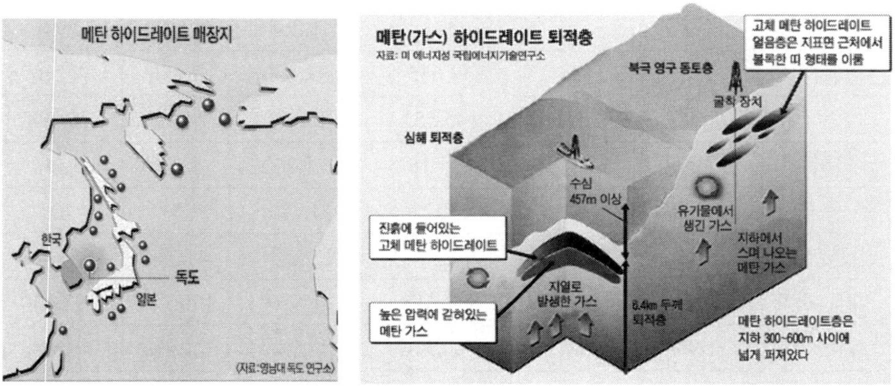

[그림 1-9] 동북아시아의 메탄 하이드레이트의 매장지 및 퇴적층 구조

---

8) 조선일보 2008년 1월 19일자

9) 김도훈 (2013)

4. 환동해권 국가의 지리경제적 개황

환동해권은 유라시아대륙의 극동지역이자 태평양의 북서쪽에 위치한 작은 해역에 불과하나 북미, 서유럽과 더불어 세계 경제권의 3대축이자, 세계를 움직이고 있는 중국, 일본, 러시아의 열강이 이웃하고 있는 중요한 해역이다. 환동해권 국가들 중 중국은 세계 최대의 인구 보유국이고, 러시아는 세계 최대의 영토 보유국이며, 일본은 세계 최고수준의 기술보유국이다, 환동해권은 중·러·일 3국이 에워싸고 있는 해역의 정중앙에 한반도가 위치하고 있는 형국이다. 그런만큼 한반도의 지정학적 중요성이 높고, 한반도를 짓누르는 외부의 압력이 거셀수록 균형추로서 한국의 역할이 돋보일 수 있는 지정학적 위상이다.

환동해권 국가들의 영토, 인구 및 주요 경제지표를 살펴보면 다음과 같다.

〈표 1-2〉 환동해권 국가의 주요 지표 (2019년)

구 분	면적 (천 ㎢)	인구 (백만명)	GNI (억 달러, 경상)	1인당 GNI (달러, 경상)	수출 (억 달러)	수입 (억 달러)
한국	100	52	17,437	33,720	5,422	5,033
북한	121	26	321	1,268	3.4	29.8
일본	378	126	52,635	41,690	7,056	7,210
중국	9,600	1,398	145,553	10,410	24,995	20,784
러시아	17,098	144	16,516	11,260	4,199	2,546
몽골	1,564	3.2	122	3,780	76	61
합계/평균	28,861	1,749.2	232,584	13,297[1)]	41,760	35,664
세계 전체	132,025	7,674	887,815	11,570[2)]	190,513	193,430
비중	21.9%	22.8%	26.2%	115%[3)]	21.9%	18.4%

자료: 통계청 (2020), 『북한의 주요 통계지표』
World Bank (2020). *World Development Indicators*.

주 : 1) 2019년 환동해 연안국의 1인당 평균소득(GNI)
2) 전세계 1인당 평균소득
3) 1)/2)

<표 1-2>에서 볼 수 있듯이 환동해권 5개국이 전세계 면적, 인구 및 경제에서 차지하는 비중은 2019년 현재 대략 20% 이상을 차지하고 있다. 더구나 21세기 세계경제의 새로운 축으로 떠오르는 BRICs의 중국과 러시아가 환동해권을 형성하고 있기에 앞으로 당분간 환동해권의 비중은 점차 높아질 것으로 예상된다.

한편, 환동해권에 위치해 있는 각 지역은 <표 1-3>에서 볼 수 있듯이 남한, 북한, 일본, 중국, 러시아 5개국 연안지역 간에 인구나 경제규모 면에서 차이가 크다.

남한의 동해안 지역에 비교하여 일본의 서해안 지역은 인구가 4.5배 규모이고 지역내총생산(GRDP)은 3.5배 정도가 많으면서도 수출입 규모면에서는 오히려 적다. 또한 러시아 극동지역은 인구밀도는 가장 작지만 면적은 가장 크다. 중국의 길림성은 인구규모에서 일본의 서해지역보다 크나 경제력 규모에서는 훨씬 작고, 오히려 남한의 동해안 지역과 비슷한 실정이다.

북한의 동해안지역의 인구는 700만 명으로 러시아 극동 전체인구와 비견할 만하나 지역총생산이나 대외교역에서는 극동의 일부인 연해주보다도 작은 수준이다. 이러한 대외의존도의 차이는 북한경제의 폐쇄성을 보여준다고 할 수 있다.

중국의 동북3성과 러시아의 극동지역의 두드러진 특징은 면적에 비해 인구의 밀도가 적다는 것이다. 특히 러시아 극동지역의 경우 695만㎢의 방대한 토지면적에 비해 인구는 837만 명에 불과해 인구과소 현상과 노동력 부족의 문제가 심각하다는 것을 알 수 있다.

환동해 경제권을 범주에 따라 세분화하면 다음과 같이 나타낼 수 있다.

〈표 1-3〉 협의와 광의의 환동해권 인구·경제지표 (2018년)

구 분	면적 (㎢)	인구 (만명)	GRDP (억달러)	1인당 GRDP ($)	수출 (억달러)	수입 (억달러)	대외 의존도*
한국동해안지역 ①	38,604	536	2,086	38,918	1,131	560	81.1%
강원도	16,876	154	562	36,469	21	48	16.2%
북한동해안지역 ②	45,528	754	52.5	696	0.73	7.8	16.2%
일본서해안지역 ③	168,581	2,452	7,257	29,596	816	674	20.6%
홋카이도	83,424	529	1,732	32,741	56	170	13.0%
중국 동북3성 ④	787,300	10,836	8,405	7,757	684	1,107	21.3%
길림성 ⑤	187,400	2,704	2,233	8,236	56	159	9.6%
흑룡강성 ⑥	454,800	3,773	2,423	6,409	48	189	9.8%
러시아 극동11주 ⑦	6,952,600	817	830	10,097	292	68	43.4%
연해주 ⑧	164,700	190	133	6,963	34	41	56.4%
하바로프스크 ⑨	787,600	132	113	8,561	26	5	27.4%
사할린 ⑩	87,100	49	188	33,367	153	7	85.1%
협의의 환동해권 (①,②,③,⑤,⑧,⑨,⑩)	1,479,513	6,818	12,094	17,738	2,217	1,454	30.4%
광의의 환동해권 (①,②,③,④,⑦)	7,992,073	15,415	18,631	12,086	2,924	2,417	28.7%

출처: 통계청, 국가통계포털(KOSIS) ; 통계청 (2019), 『북한의 주요통계지표』 ;
日本 內閣府, 『縣民經濟計算』 ; 日本 財務省, 『函館稅關資料』 ;
ERINA Database, Economic Statistics for the Countries of Northeast Asia ;
Ministry of Internal Affairs and Communications (2020), *Statistical Handbook of Japan*.

주 : 1) 대외 의존도 = (수출입액수/GRDP)×100
2) 일본의 GRDP, 수출입 자료는 2017년 통계. 러시아 극동11주의 인구는 2020년 초 통계.
3) 북한동해안지역의 통계는 2018년 국가전체통계에서 2004년 인구비율(30%)로 나눈 추계치.

제2절 동북아 및 환동해[10] 지역의 갈등과 협력과제

1. 환동해 지역의 중요성

21세기초 환동해권은 동북아시아의 새로운 무대로 등장하고 있다. 환동해권의 중요성을 살펴보면 다음과 같은 몇 가지로 분류할 수 있다.

첫째, 환동해권은 21세기 태평양 시대의 중심무대로 부각될 가능성이 큰 지역이다. 20세기가 대서양의 시대였다면 21세기는 태평양의 시대가 될 것이라는 전망은 많은 학자들에 의해 제기되어 왔다. 20세기는 유럽과 미국이 세계사의 주도적 역할을 했었지만 21세기에 들어서는 중국이라는 거대국가가 태평양을 사이에 두고 미국과 주도권을 다툴 가능성이 높다. 그 가운데서도 동해 지역은 중국, 러시아, 일본 등 21세기를 주도할 강대국들이 밀집한 지역이다. 동북아의 지정학적 중요성은 물론 날로 커지는 경제 규모로 보아 환동해권이 태평양에서도 중심적 역할을 수행할 가능성이 높다.

둘째, 환동해권은 환태평양의 일부로서 아직 미개발 지역으로 남아있는 마지막 뉴프런티어이다. 환태평양 지역을 살펴보면 동부 지역은 최북단 알래스카를 기점으로 아메리카 대륙을 따라 내려오면서 각 나라마다 태평양을 향한 주요 도시들이 형성되어 있다. 남아메리카의 연안 국가들 또한 태평양이 곧 그들의 대외 진출로이기 때문에 태평양 연안을 따라 도시구조가 형성되어 있다. 동남아시아 역시 태평양을 통해 역내 무역권이 형성되어 있고, 과거부터 현재에 이르기까지 태평양의 한 해역인 남지나해를 통해 동북아시아와 교역을 수행하여 왔다. 그러나 태평양의 서북쪽 환동해 지역은 그동안 지정학적 여건으로 인해 개발의 여지가 크지 않았다. 냉전 시대에는 중·소·북한의 사회주의권과 남한·일본의

10) 여기서 '동북아'라는 용어를 '광의의 환동해'와 구별 없이 사용하기로 한다. 전자가 지정학적 의미가 크고 후자는 지리적 의미가 주된 요소이지만, 지리적 범위로 볼 때 양자가 거의 일치하고, 본장에서 정치, 경제, 문화라는 다각적 입장에서 환동해권을 살펴보기에는 동북아라는 명칭이 보다 포괄적이기 때문이다.

자유주의세계권과의 접점이었고, 냉전 이후에도 각 국가들은 환동해에 관심을 기울일만한 여력과 여지가 없었다. 따라서 환태평양 지역 중에서 마지막 남은 미개척지가 된 것이다.

셋째, 동해는 동아시아 국가들이 북미의 거대시장과 러시아의 미개척 자원으로 접근할 수 있는 통로를 제공하는 21세기 세계에서 가장 중요한 교역항로로 부각될 가능성이 있는 해역이다. 동아시아와 북미시장을 연결하는 최단항로[11)]가 동해를 통과하고 있고, 자원의 수요가 폭증하는 동아시아 국가들이 아직까지 미개발 지역으로 남아 있는 극동러시아의 자원과 오호츠크해 및 베링해의 해양자원으로 접근할 수 있는 통로도 동해이다. 현재 지구 온난화로 인해 북극해의 얼음이 녹으면서 10여년 이내에 북극해 항로가 개통될 수 있을 것으로 예상되고 있다. 이렇게 될 경우 세계 3대 경제권을 잇는 운송항로가 동해를 통과하게 되어 동해의 중요성은 21세기에 더욱 강화될 것으로 여겨진다.[12)]

넷째, 환동해권은 국가적 차원에서 뿐 아니라 연안지역 지방자치단체의 지역활성화를 위한 진출창구이다. 20세기의 환동해권은 각 나라의 낙후지역으로 구성된 경제권역이었으나, 21세기에는 지방정부간 상호협력을 통해 공동의 번영을 모색할 수 있는 가능성을 제시하고 있는 기회의 땅이다.

2. 환동해 지역의 국제정치적 현안과 갈등

환동해권은 제2차 세계대전 이후 냉전체제의 대립구도가 가장 뚜렷하게 나타났던 지역일 뿐만 아니라 지구상에서 유일하게 분단국가로 남아 있는 남·북한의 예에서 보듯이 아직도 대결의 잔재가 남아 있는 곳이기도 하다. 따라서 환동해 지역이 상호호혜 속에서 공동번영을 이루기에는 적지 않은 역사적, 이념적,

---

11) 동아시아와 북미를 연결하는 최단 교역항로는 대한해협과 쓰가루 해협(일본 혼슈와 홋카이도 사이의 해협)을 거쳐 북태평양으로 나아가는 항로이다.

12) 현재 부산항에서 수에즈운하를 거쳐 로테르담까지 연결되는 항로가 21,000㎞이고 24일이 걸리는데 반해 북극항로를 이용할 경우 운항거리는 12,700㎞, 운항기간은 14일로 단축된다.

제도적인 갈등요인이 존재하고 있다.

냉전 시절 환동해권은 이념적 갈등이 첨예하게 표출되었던 지역이었다. 20세기 후반의 환동해권은 정치적으로 자유민주주의를 표방하고 경제적으로 자본주의 시장경제를 앞세운 한국, 일본과 사회주의와 계획경제를 채택한 소련, 중국, 북한이 각기 체제의 우월성을 내세우며 경쟁을 하던 장(場)이었다. 그러나 같은 이념을 채택한 국가라 하더라고 역사적 문화적으로 갈등관계에 놓여있는 경우도 있어 환동해경제권은 국가 간의 여러 갈등요인이 얽혀져 있는 복잡계(複雜界)를 이루고 있다. 특히 1990년대 사회주의권의 붕괴 이후 각 나라들은 이념적 대결을 위한 연대보다는 자국의 이익을 우선적으로 추구하는 개별적 행동에 주력하게 된다.

동북아 국가들 간의 갈등을 짚어보면, 우선 한국과 일본 사이에선 식민역사 왜곡사건과 독도 영유권 분쟁을 들 수 있다. 1980년대 이래 일본은 새로운 역사 교과서를 집필하면서 일본제국주의의 아시아침략과 대동아 전쟁을 정당화하고 미화시키는 내용을 포함시켜, 한국과 중국으로부터 역사 왜곡이라는 질타를 받고 있다. 2012년 말 아베 신조가 일본 제96대 총리로 재집권[13)]하면서부터 극우적인 정책으로 주변 국가들을 자극하고 있다. 그는 2차대전 이후 지속되어온 평화헌법의 개정을 촉구하고, 집권 1년이 되는 2013년 12월 26일에는 2차대전 전범의 위패가 모여 있는 야스쿠니(靖國) 신사를 전격 참배하는 등 도발적인 언행으로 동북아 평화질서를 어지럽히고 있는 중이다. 또한 일본은 남한의 영토이자 지난 70여년간 한국이 실효지배하고 있는 독도를 자국의 영토(다케시마 竹島)라고 주장하여 한국과 갈등을 불러일으키고 있다.

한국과 중국의 갈등으로는 동북공정(東北工程)을 들 수 있다. 중국은 만주의 역사를 폄하하여 자국 내 역사로 편입시킬 의도로, 한 번도 중국 역사 속에서 다루어 지지 않았던 고대 한민족의 원류(原流) 국가인 부여, 고구려, 발해 등을 중국 변방의 지방정부로 격하시키는 동북공정을 추진하여 한국의 반발을 사고 있다.

---

13) 아베 신조(安倍晋三)는 2006년 9월부터 2007년 9월까지 제90대 총리와 2012년 12월부터 2020년 9월까지 98대 총리를 역임하여 일본 역사상 최장수 총리의 기록을 보유하고 있다.

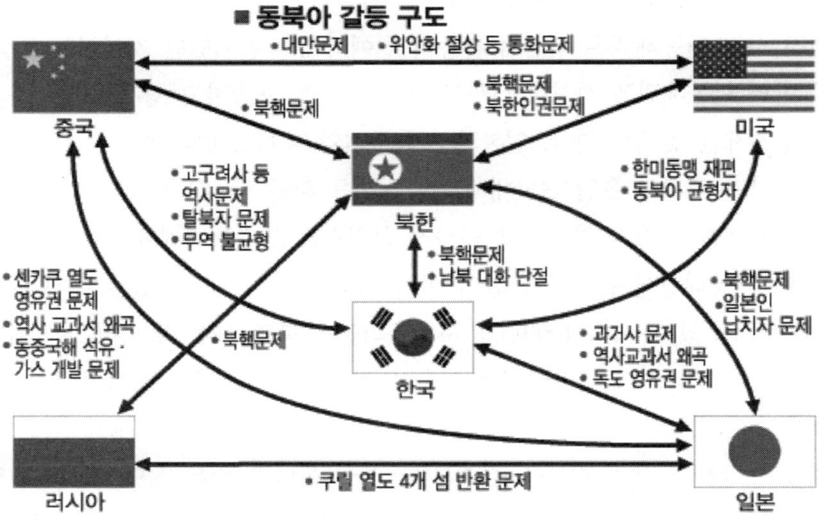

[그림 1-10] 환동해권 국가들의 갈등 구조

일본과 러시아의 갈등으로는 쿠릴열도 북방4개 도서 반환 문제가 있다. 2차 대전 이전 일본의 영토였던 북방 4개 섬을 승전국 러시아가 점유한 후 아직까지 반환하지 않고 있어 일본과 마찰을 빚고 있다. 그밖에 일본과 중국과는 센카쿠(尖閣) 열도(중국명: 댜오위다오 釣魚島)의 영토분쟁이 해결되지 않았고, 일본이 중국 침공과 학살에 대한 역사적 사실을 왜곡 및 은폐하고자 시도하여 중국 국민들의 분노를 자아내고 있다. 중국과 러시아는 방대한 영토와 4,300㎞에 이르는 국경을 접하면서 역사적으로 국경분쟁이 끊이질 않았다.[14] 그러나 2001년 체결한 「중·러 선린우호조약」의 정신에 입각하여 2008년 7월 21일 푸틴 대통령과 후진타오 주석 간 흑룡강 및 내몽골 자치구 지역의 79년 동안 미뤄온 양국간 분쟁지역의 국경문제를 완전히 타결하였다.[15] 그러나 21세기 중국의 최강국 도약

14) 중-러간 국경문제는 청(淸)조인 1689년 「네르친스크조약」으로 현재의 국경을 확정지었다. 그러나 1929년 소련이 일부 중간 섬에 대한 점유를 시작하였고, 1969년에는 우수리강의 다만스키섬(중국명 진바오섬 珍寶島)에서 양국 국경수비대 간 충돌로 수천 명의 사상자가 발생하였다.

15) 중국과 러시아는 50:50 원칙과 공동사용방식의 원칙에 입각하여 협상한 끝에 1929년

과 러시아의 재도약으로 여러 가지 문제가 발생할 소지가 다분하다고 할 것이다.

동북아 국가간 영토분쟁이 대두되고 있는 지역은 다음 [그림 1-11]과 같다.

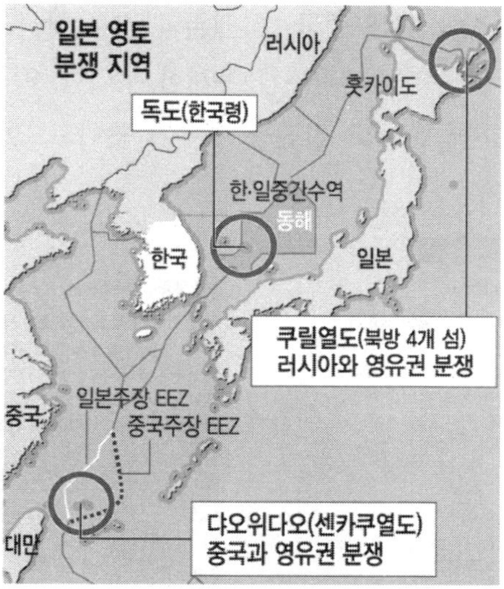

[그림 1-11] 동북아 국가간 영토 분쟁지역

직접적인 영토분쟁과 병행하여 빚어지고 있는 갈등은 영해(領海)에서의 배타적 경제수역 및 영공(領空)에서의 방공식별구역 설정에 관한 문제이다.

1) 배타적 경제수역

배타적 경제수역(Exclusive Economic Zone: EEZ)이란 영해 기선(基線, 출발선)으로부터 200해리(약 370㎞) 범위 내에서 연안국의 모든 자원에 대해 독점적 권리를 포함한 경제주권이 인정되는 수역으로 1982년 채택되고 1994년 발효된

이래 러시아에서 점유하고 있던 헤이룽장성 우수리강의 헤이샤쯔섬과 내몽골자치구의 맞저울리 부근의 아나가이투제 지역 등 도합 375㎢를 중국에 이양하였다. 헤이샤쯔섬 지역은 러시아 극동지역의 최대도시인 하바로프스크 인근지역의 요충으로 인룽다오(銀龍島)는 전체를 중국에 넘기고, 헤이샤쯔섬(중국명 밍웨다오, 明月島)은 절반 가량인 174㎢를 중국에 이양하여 국제자유도시로 개발하기로 합의하였다.

「해양법에 관한 유엔협약(United Nations Convention on the Law of the Sea: UNCLOS)」에 의해 인정되었다. 그러나 문제는 인접국간 배타적 경제수역이 중첩되어 있고, 동북아시아 국가들도 예외가 아니란 사실이다. 우리나라 정부는 1996년 이래 EEZ 확정을 위해 중국 및 일본과 정부 당국자 협상을 지속적으로 추진하고 있으나 중국과는 "국제관례를 무시한 무리한 요구" 때문에, 그리고 일본과는 독도문제 때문에 촌보도 진전을 이루지 못하고 있는 실정이다.

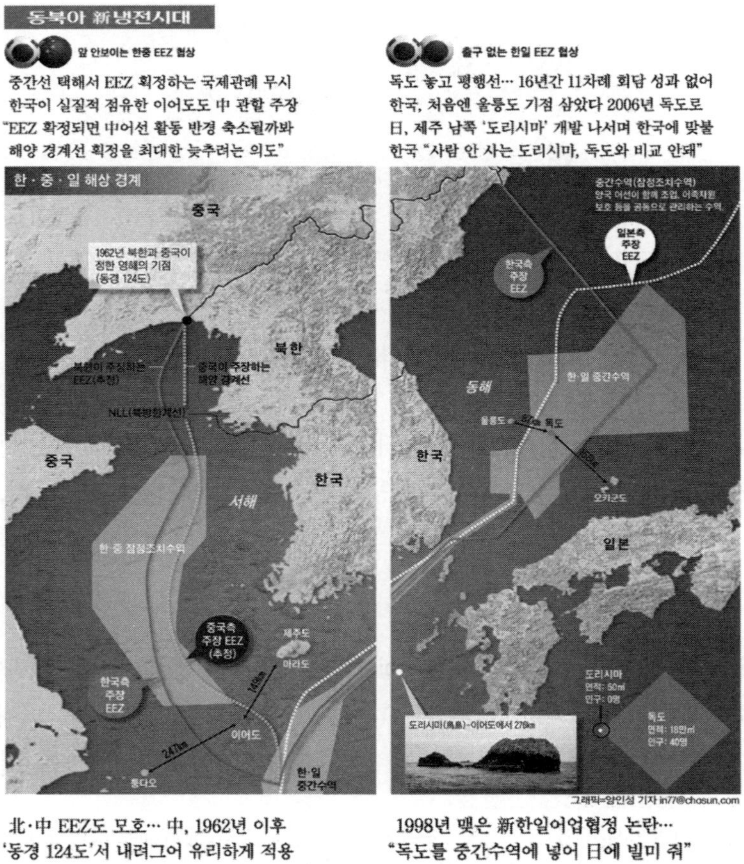

자료: 『조선일보』, 2012년 8월 17일자

[그림 1-12] 한-중-일 간 배타적경제수역(EEZ) 분쟁도

동북아시아에서 배타적 경제수역(EEZ)의 중첩으로 인한 국제적 분쟁은 중국과 일본 두 강대국의 지나친 영토욕에 기인하는 바 크다. 중국은 남중국해 열도를 둘러 싼 인근국가들과의 영토분쟁이 끊이지 않고 있는데, 특히 남중국해의 대부분을 자국의 EEZ로 선포하여 그 추세를 가속화시켰다. 일본도 태평양 연안 암초들을 자국 영토로 편입하면서 인근 해역 200해리를 EEZ로 선포하여 광대한 수역을 자국의 관할구역으로 주장하고 있다.[16] 중국과 일본이 주장하고 있는 자국의 EEZ는 다음 지도와 같다.

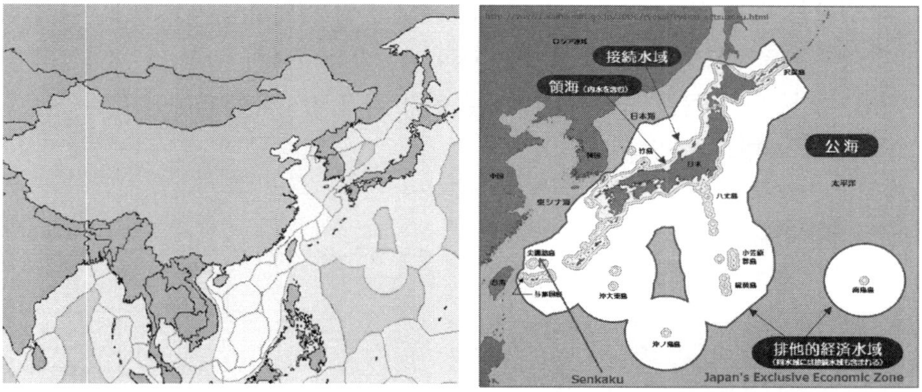

[그림 1-13] 중국과 일본이 주장하는 EEZ

2) 조업권과 배타적 경제수역

경제적 수역과 관련된 또 하나의 인근국간 분쟁은 조업권에 관한 문제이다. 한국의 이승만대통령은 1952년 미국과 일본의 반대에도 불구하고 「인접해양의

16) 예를 들면 일본 열도에서 동남쪽으로 1,800㎞ 떨어진 미나미도리시마(南鳥島) 주위 40만㎢를 EEZ로 선포하였고, 도쿄 기점 1,740㎞ 남쪽에 있는 암초인 오키노도리시마(沖ノ鳥島)를 도쿄도 오가사와라촌에 귀속시킨 후 1987년부터 3억 달러를 들여 인공 구조물을 설치한 후 인근 해역 40만㎢를 EEZ로 선포하여 중국을 비롯한 국제적인 항의를 불러일으키고 있다.

주권에 관한 대통령의 선언」을 독자적으로 공표하여 소위 '이승만 라인' 혹은 '평화선'이라고 불리던 한국의 배타적 수역을 유지하였다. 박정희 정권의 등장 이후 1965년 한일 양국은 국교 정상화를 위한 「한일기본조약」을 체결하면서 부속조약으로 「한일어업협정」을 체결하였고, 1995년 일본이 이를 일방적으로 파기하여 무효화시킨 후 1998년 「신한일어업협정」을 체결하였다. 이 협정에 따르면 독도가 한국의 배타적 어업수역이 아닌 중간수역에 위치한 것으로 되어 있고, '동해천퇴(淺堆)'[일본 이름 '대화퇴(大和堆)']라 불리는 수중고원지대의 상당부분을 일본 측의 배타적 수역으로 인정하여 줌으로써 잘못된 협정이란 여론의 질타를 받고 있다. 그러나 우리 정부는 신한일 어업협정 제15조에 "이 협정의 어떠한 조항도 어업에 관한 사항 외의 국제법상 문제에 관한 각 체약국의 입장을 해하는 것으로 간주되어서는 아니 된다"라고 명시하여 영유권 문제와는 무관하다고 해명하고 있다.[17)]

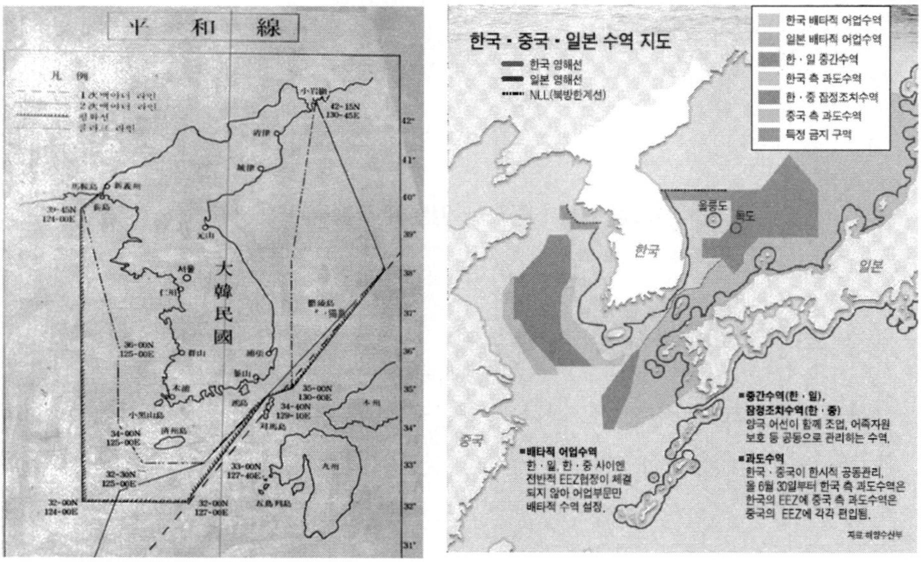

[그림 1-14] 평화선과 한중일 수역지도

17) 외교부 홈페이지(www.mofa.go.kr) "조약과 국제법 - 한반도 주변 해양 - 한일어업협정" 편 참조.

3) 방공식별구역

방공식별구역(Air Defence Identification Zone: ADIZ)이란 영공과는 별개의 개념으로 한 국가의 영토와 영공방어를 위해 정해 놓은 공중구역으로 우리나라의 경우 1951년 설정되었다. 그러나 2013년 11월 22일 중국이 새로 확장된 방공식별구역(CADIZ)을 일방적으로 선포하여, 우리 정부도 서둘러 2013년 12월 8일자로 기존의 방공식별구역에서 남쪽으로 326㎞ 확장된 지역까지 한국의 방공식별구역(KADIZ)으로 선언하였다. 새로운 방공식별구역은 항공기 운항과 관련된 기존의 비행정보구역(FIR)[18]과 유사한 구역으로 수중암초인 이어도를 포함하고 있다.

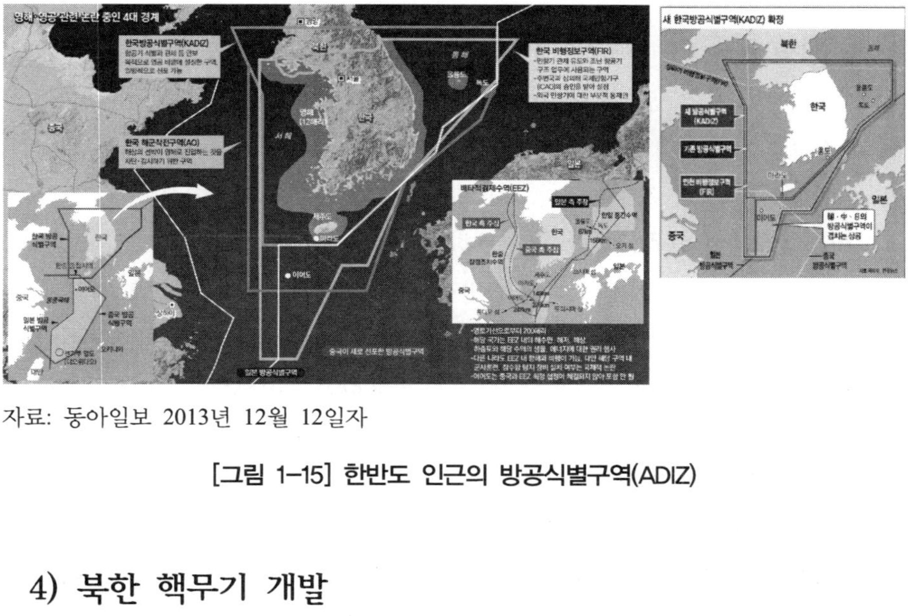

자료: 동아일보 2013년 12월 12일자

[그림 1-15] 한반도 인근의 방공식별구역(ADIZ)

4) 북한 핵무기 개발

그러나 환동해권의 갈등구도에서 가장 핵심적인 현안은 북한을 둘러싼 국제

---

18) 비행정보구역(Flight Information Region)은 항공기 운항 교통관제를 위해 국제민간항공기구(ICAO)가 설정한 공역(空域)으로 민간항공기의 안전운행을 위한 정보제공과 항공기 사고 발생 시 수색·구조 제공에 대한 책임구역이다.

적 이해관계이다. 특히 북한의 핵개발과 관련하여 환동해 연안국뿐 아니라 미국의 우려와 관심이 증폭되면서 환동해권의 비핵화(非核化)가 중심의제로 등장하였다. 1990년대 중반 이래 북한의 핵개발 문제를 해결하기 위한 북한-미국 양국 간의 다양한 협의를 통해 타협을 시도하였으나 원만한 해결책이 제시되지 못하자, 2000년대 들어 주변국 모두가 참여하는 다자간 회의인 「6자 회담」[19]으로 이 일을 마무리 짓기 위한 논의가 거듭되어 왔다. 그러나 북한 핵문제 타결을 위한 당사국들 사이의 시각차가 매우 커서 합의에 이르지 못하고 있다. 미국은 북한 핵무기의 '완전하고, 검증가능하며, 불가역적인 핵폐기(CVID)'가 먼저 이루어져야 한다고 주장하는 반면, 북한은 UN 경제제재 조치를 포함하는 북한에 대한 미국의 적대정책 철회, 북한에 대한 안전보장(불가침조약) 등을 미국이 수용해야 한다고 주장하고 있다.

이러한 시각차로 인해 「6자 회담」은 2008년 제6차 회담 이후 2021년 현재까지 개최되지 못하고 있는 실정이다. 그동안 2012년 김정일이 사망하고 김정은이 북한 최고권력을 승계한 후 체제공고화의 수단으로 핵무기 개발 및 대륙간 미사일 성능향상 노력이 경주되었다. 2013년 2월 북한은 제3차 핵실험을 강행하였고, 2016년에는 수소폭탄 실험을 강행하여 국제사회의 긴장감을 고조시켰다. 이에 따라 2016년 2월 UN 안보리에서 만장일치로 북한경제제재가 의결되었고, 「6자 회담」은 교착상태에 빠져 있는 상태이다. 이런 과정에서 2017년 집권한 문재인 정권은 '한반도 평화 프로세스' 구상을 공표하고, 2018년 4월 남북한 정상회담 개최되었으며, 6월에는 미-북한 정상회담이 싱가포르에서 개최되어 북한 핵문제의 실마리가 풀리는가 싶었다.

그러나 2019년 2월 하노이에서 개최된 제2차 북미정상회담이 사실상 결렬되면서 이후 남북관계도 동결되어 2020년 6월에는 북한측이 개성에 건설된 남북공동연락사무소 건물을 폭파하고 일체의 남북대화를 중단한 상태이다. 따라서 북한의 비핵화 논의는 「6자 회담」 개최 이전 단계로 후퇴하였고, 북한은 독자적으로 핵무기 및 장거리 미사일 개발을 가속화하고 있는 상태이다.

---

19) 북한의 비핵화와 경제개발 지원을 논의하기 위한 다자간 협의체로 2003년 8월 이래 남북한, 중국, 미국, 일본, 러시아 6개국이 참여하고 있다. 중국이 의장국을 맡고 있음.

3. 환동해경제권의 실체와 잠재력

국제정치적 측면의 교란요인에도 불구하고 환동해경제권은 이미 그 중요성이나 잠재력에서 세계경제의 중요한 한 축으로 부상하고 있다. 환동해권은 역내 국가간 경제적 상호보완성이 높은 상태이기 때문에 수직적 통합(vertical integration)[20]이 가능한 경제구조를 갖고 있다. 따라서 산업간, 제품간, 공정간 국제분업을 단계적으로 추진해간다면 환동해경제권은 역내 국가 간에 형성되어 있는 보완관계와 경쟁관계가 효율적으로 활용되어 21세기 중엽까지 그 어떤 경제권보다 비약적으로 발전할 수 있는 잠재력을 갖고 있다.

환동해 지역의 경제협력은 주로 역내 국가간의 상호보완성과 경제 및 무역 규모의 성장잠재력에 바탕을 두고 있다. 우선 상호보완성을 살펴보자면, 이 지역은 관련 국가들간의 경제발전 정도의 격차가 존재하며 동시에 산업구조적으로 많은 차이를 나타내고 있다. 한국과 일본은 2차 산업과 3차 산업의 비중이 큰 반면, 중국과 러시아는 1차 산업의 비중이 크고, 북한은 2차 산업의 비중이 크다. 부존자원의 측면에서 보면 일본은 풍부한 자본과 첨단기술을 보유하고 있으나 자연자원의 부족과 생산노동력의 부족이 심각하다. 한국은 중간단계의 자본과 기술을 축적하고 있고 특히 고도성장을 가능케 한 개발경험을 가지고 있다. 그러나 일본과 마찬가지로 자연자원이 부족하고 생산노동력의 부족현상도 심화되고 있다. 반면에 북한과 중국의 동북 3성은 양질의 노동력과 풍부한 자연자원을 보유하고 있으나 자본과 기술의 부족으로 개발이 충분히 이루어지지 못한 상태이다. 러시아의 극동지역은 광활한 영토에 풍부한 자연자원을 보유하고 있으나 자본, 기술 및 노동력의 부족으로 개발의 여지가 가장 많이 남아있는 지역이다.

역내 국가들 간의 상호보완관계를 정리하면 <표 1-4>와 같다.

---

20) 수직적 통합(vertical integration)이라 함은 선진국과 후진국 사이처럼 경제 및 기술발전 단계가 상이한 나라 혹은 기업 간의 교역 및 투자 등의 경제활동을 일컫는 것으로 나라 별로 제조업 공정 상 다른 단계에 특화된 분업이 이뤄지는 상태를 말한다. 반면, 수평적 통합(horizontal integration)은 비슷한 경제수준 및 자원부존 상태로 인해 협력국가 간 유사한 공정 단계에 특화된 경제활동을 수행하는 것을 일컫는다.

〈표 1-4〉 환동해권 국가들의 상호보완관계

국가	장 점	단 점
한국	자본 및 중간기술, 숙련노동력, 개발경험, 경영능력, IT산업의 발달	에너지 및 자원부족, 농축산물 부족, 생산노동력 부족,
일본	풍부한 자본 및 첨단 선진기술, 선진경영기법, 시장개척 능력, 정보수집	에너지 및 자원부족, 농축산물 부족, 노동력 부족,
중국 동북 3성	풍부한 농산물 및 원자재, 석탄·석유 에너지, 두만강 유역개발 의지, 저임금 노동력과 광활한 토지.	자본과 기술 부족, 낙후된 공업시설과 사회간접자본의 부족, 경영기법의 부족.
러시아 극동 지역	삼림, 천연가스, 석탄·석유 에너지 및 광물자원, 경제특구 지정, 기초과학기술 발달, 철강 등 중화학공업 기반	자본 및 첨단산업장비의 부족, 소비재 부족, 노동력 부족.
북한	풍부한 양질의 저임금 노동력, 천연광물자원	자본, 기술 및 장비의 부족, 사회간접자본 미비, 시장경제 마인드 부족

따라서 한국과 일본이 자본과 기술 및 경영능력을 제공하여 러시아의 극동지역과 중국의 동북 3성, 북한 지역의 풍부한 천연자원(석탄, 천연가스, 삼림, 철광석 등)을 개발하고 활용하면, 한국과 일본은 장기적인 차원에서 자원 및 에너지 공급원을 확보할 수 있고, 중국, 러시아, 북한 등은 자원개발을 통해 외화획득과 산업개발 등의 이익을 얻을 수 있는 시너지 효과를 거둘 수 있을 것이다.[21)]

그러나 '동북아경제권'을 벗어난 독립된 실체로서의 '환동해경제권'이 실재하는가에 대해서는 논란의 여지가 많다. 아직도 가장 작은 범위로서의 '환동해경제권', 즉 동해를 통한 경제적 교역과 협력은 환황해, 한일해협권 또는 동북아라는 광역 지역경제권에 비해 극히 미약한 실정이다.

21) 구정모·이현훈 (1995)

4. 환동해권의 협력관계

앞에서 살펴본 바와 같이 환동해권 국가 간에는 정치적, 역사적으로 해결해 나가야 할 과제가 적지 않다. 그런 가운데서도 냉전 시대의 종식 이후 동북아의 평화와 번영을 위한 각종 교류와 시도는 지속적으로 추진되어 왔다. 물론 권역 내 두 나라 사이의 쌍무적(bilateral) 교류나 협력은 예전부터 있어왔지만, 동북아시아의 여러 나라가 동시에 참여하는 다자간(multilateral) 협력은 90년대 이후부터 시작되었다. 환동해권 국제협력의 특징 중 하나는 양자협력이 대부분 국가적 차원에서 추진되고 있는 반면, 다자간 협력은 국가뿐 아니라 지방정부 차원에서도 활발히 추진되고 있다는 점이다. 따라서 좀 더 순수한 환동해권 협력에 가까운 동북아 협력의 양태는 다자간 협력이라고 할 수 있다.

1) 환동해권 경제협력의 기제

현재까지 여러 차원에서 추진되어 온 환동해권 교류 협력의 제도적 기제(mechanism)는 다음과 같다.

(1) 국제기구 차원의 다자간 협력

국제기구 차원의 다자간 협력은 「유엔개발계획(UNDP)」이 주도하는 「두만강지역개발계획(TRADP)」[22)]이 있었다. 북한, 중국, 러시아 3국의 접경지대인 두만강유역을 국제자유무역지대로 개발하여 동북아의 물류(중계수송) 및 (가공)생산기지로 개발하는 계획이었다. 이를 통해 북한의 개혁·개방을 돕고, 중국 길림성의 환동해지역으로의 진출을 용이하게 하기 위한 계획이었다. UNDP/TRADP는 북한의 두만강 접경지대를 20년간 300억 달러를 투자하여 동북아의 자유무역지대로 개발하기 위해 남한, 북한, 중국, 러시아, 몽골이 참여하는 다자간 협력기구로 1991년 10월 출범하였으나 북한의 개방과 투자 여건 개선이 이루어지지 않아서 지지부진하게 되었다. 2005년 9월 당사국들은 TRADP를 10년간 연장하기

22) TRADP : Tumen River Area Development Programme

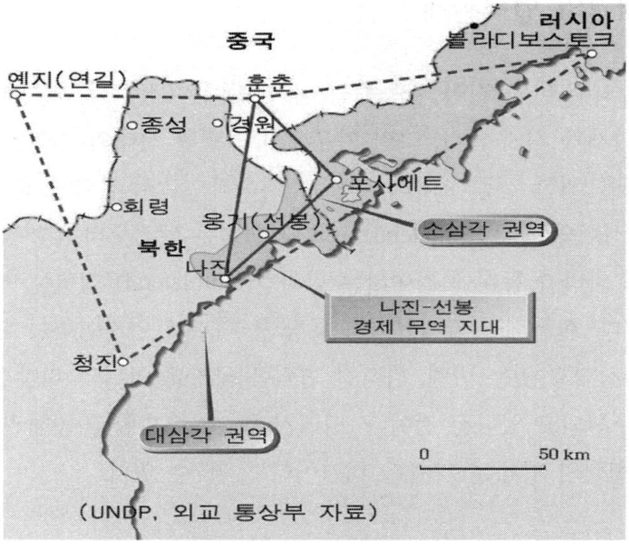

[그림 1-16] 두만강지역개발계획(TRADP)의 개발 대상지역

로 결정하면서 범위를 확대하고, 집행기능을 강화한 「광역두만개발계획(The Greater Tumen Initiative: GTI)」으로 개편하였다.

이밖에 환동해권역과 관련이 있는 국제기구의 움직임은 2000년대 들어 유엔 아태경제사회이사회(UN-ESCAP)가 주관하는 아시아 교통-물류 네트워크 개발 구상이 제기되어 정부간 실무급 회의와 전문가 회의가 지속되고 있다.[23) 이를 통해 아시아 고속도로 및 철로를 연결하기 위한 국제적 협력방안이 논의되고 있다. 또한 UN-ESCAP은 동북아의 6개국이 참여하는 「환경협력 소지역간 협의체(North-East Asian Subregional Programme for Environmental Cooperation: NEASPEC)」를 통해 사막화 및 토지 황폐화 방지, 저탄소도시 건설사업 등의 추진 및 확산을 위해 노력하고 있다.

23) UN-ESCAP은 2006년 *Integrated International Transport and Logistic System for North-East Asia* 보고서 발간을 계기로 '동북아 및 중앙아시아의 국제운송회랑 운영'(Operationalization of International Intermodal Transport Corridors in North-East and Central Asia)에 관한 프로젝트를 추진하고 있다.

(2) 국가(중앙정부) 차원의 다자간 협력

환동해권역 개발을 위한 국가(중앙정부) 차원의 노력으로는 UNDP-TRADP에서 파생된 「광역두만개발계획(The Greater Tumen Initiative: GTI)」이 있다. 중국 북경에 사무국을 두고 있는 GTI는 TRADP보다 개발대상 권역을 확대하여 두만강지역에 국한되지 않고 중국 동북3성과, 내몽골 자치도, 몽골 동부, 러시아 연해주 및 한국의 동해안지역까지 확대하였다. 그러나 2009년 북한이 북핵 협상과정에서 탈퇴함으로써 한국, 중국, 러시아, 몽골의 4개국만 잔류하게 되었다. 그리고 참여 국가별 주무부처를 확정하고, 차관급이 참석하는 수석대표회의, 분야별 위원회 등이 조직되어 2020년까지 제20차 회의를 개최하였다.[24) 그밖에 국가적 차원에서 진행되고 있는 것으로 환동해권에만 국한된 것은 아니지만 「6자회담(The Six Party Talks)」이 있다. 북한의 핵무기 개발로 인한 동북아의 긴장을 완화하고 북한의 비핵화를 추진하기 위한 회담이지만, 종국엔 동북아 및 환동해의 평화를 위한 노력이라고 볼 수 있다. 또한 경제적 어려움을 겪고 있는 북한을 지원하여 동북아에 번영을 이룩하고자 환동해권 국가가 출자한 「동북아개발은행」의 설립구상이 일각에서 논의되고 있다.

(3) 지방정부 차원의 협력

지방정부차원에서도 각국 간의 교류가 이루어지고 있다. 한국의 강원도가 1994년 이래 「환동해 지사·성장회의」를 설립하여 역내 자치단체장들 간의 협의통로를 열었고[25)], 경북은 1996년에 「동북아자치단체연합(NEAR)」을 창설하여

---

24) UNDP-TRADP가 최대 수혜국인 북한의 소극적 참여로 결실을 보지 못한 반면, GTI는 중국이 '동북진흥전략'의 일환으로 적극적으로 주도하고 있으며, 강원도 평창에서 열린 제12차 회의에서는 지방협력위원회(Local Cooperation Committee: LCC) 신설이 제기되었고, 블라디보스톡에서 열린 제13차 GTI총회(2013. 8)에서는 동북아 개발 자금 조달을 원활히 하기 위한 수출입은행 협의체 참여에 그동안 유보적이었던 러시아 수출입은행이 참여키로 하여 장기적으로 동북아개발은행 설립을 향한 첫 발을 내딛은 것으로 평가되고 있다. 이후 회의에서 관광, 물류, 수자원 개발 등의 소위원회가 결성되었다.

25) 한국의 강원도, 중국의 길림성, 일본의 돗토리현, 러시아의 연해주, 몽골의 중앙도가 참여하고 있다.

지자체간의 교류를 활성화하고 있다.[26] 일본의 니이가타 현은 환일본해권역 전문연구기관인 ERINA(Economic Research Institute for Northeast Asia)를 설립하고 1990년 이후 「동북아경제회의」를 매년 주최해오고 있다. 이 밖에 환동해권 국가별 3개 도시가 참여하고 있는 「환동해권거점도시회의」가 1994년 일본 요나고시에서 창설되어 연안 도시간 협력방안에 관해 논의하고 있다.[27]

(4) 기관 및 민간 차원의 협력

환동해권역에서의 기관차원의 협력은 지방정부차원의 협력과 병행하여 수행되고 있다. 가장 대표적인 기관차원의 협력은 역내 대학교 사이의 협력체인 「환동해권대학협의회(CLARINET: Coastal Linkage of Academic and Research Institutions NETwork in Northeast Asia)」[28]와 일본의 7개현 및 중국 동북4성의 민간 경제인들의 협의체인 「일중경제협력회의」를 들 수 있다.

2) 환동해권 경제협력의 특징

현재 여러 차원에서 추진되고 있는 환동해권 경제협력은 다음과 같은 특징을 갖고 있다.

첫째, 준공식적(Semi-official)인 대외협력이라는 점이다. 환동해권 협력이 본

---

26) 「동북아시아지역자치단체연합(The Association of North East Asia Regional Governments: NEAR)」은 2020년말 현재 동북아 6개국의 자치단체 78개가 가입하고 있으며, 본부 사무국은 포항에 있다.

27) 2016년 한국 동해시에서 열린 「환동해권거점도시회의」에는 한국의 속초, 동해, 포항, 광명; 일본 돗토리현의 돗토리, 요나고, 사카이미나토와 마이즈루, 쓰가루; 중국의 훈춘, 투먼, 옌지, 수분하; 그리고 러시아의 블라디보스톡, 나홋가, 하산구가 참여하였다. 지난 2012년 속초에서 열린 제18차 회의에서는 도시 쇼핑센터에 회원도시의 특산품 코너를 마련하고, 사무국을 설치키로 하는 등의 방안이 제기되었다. 2021년 제26차 회의가 포항시에서 개최 예정되어 있는 상태이다.

28) CLARINET은 2001년 당시 강릉대학교(현재의 강릉원주대학교)가 주축이 되어 설립하였으며, 한국의 3개 대학교, 일본의 1개 대학 및 1개 연구소, 중국의 2개 대학, 러시아의 2개 대학, 그리고 '국제연합개발기금 두만강개발계획(UNDP/TRADP)'이 옵저버로 참여하였다. 그러나 주관기관의 추진의지 부족으로 현재는 사실상 소멸한 상태이다.

격화되기 위해서는 사실상 국가간 협력이 필요하나, 환동해권은 동북아의 하위 개념이라는 인식이 중앙정부의 적극적인 관여를 가로막고 있다. 따라서 중앙정부가 '환동해'란 명분으로 접촉하는 공식적인 기제는 약하고, 권역의 지방정부들이 중심적 역할을 하고 있는 준공식적인 협력구조이다.

둘째, 배후지역간 경제협력이라는 점이다. 환동해권을 형성하고 있는 지역은 해당 국가에서 경제적으로 낙후된 배후지역이고, 따라서 이들 배후지역끼리의 협력이 국가적 우선순위에서 각광을 받지 못하게 만들고 있다. 즉, 러시아의 극동지역은 유럽의 한축을 담당하고 있는 모스크바-샹뻬쩨르부르크 회랑에 비해 매우 낙후되어 있고, 중국의 동북3성, 특히 길림성, 흑룡강성도 개방개혁의 혜택을 받은 연안지역에 비해 매우 낙후된 지역이다. 한국의 동해안 연안도 중심축인 경부축에서 멀리 떨어져 있고, 인구, 소득, 교통 인프라 및 산업화 측면에서 서해안이나 남해안에 비해 뒤떨어진 지역이다. 이러한 현상은 일본의 경우에도 해당된다. 도쿄-나고야-오사카 등 일본의 대도시는 대부분 태평양 연안에 위치해 있으며, 동해안 연안지역에는 대도시권이 형성되지 못한 실정이다.

셋째, 환동해권 경제협력은 앞에서 서술한 것과 같이 국제기구부터 기초단체 지방정부, 민간에 이르기까지 다양한 주체들이 참여하고 있는 다중적 협력이 이루어지고 있다는 점이다. 따라서 확실한 추진기제와 협력의 실익이 없이 다양한 주체가 혼재된 복잡계를 이루고 있기에 협력의 효과성이 미약한 상태이다.

넷째, 환동해권 경제협력은 거점도시 위주의 선형적 협력이 주를 이루고 있다는 점이다. 즉, 국가나 지역보다 항로가 연결된 도시-도시 사이에서 실질적인 협력이 이루어지고 있고, 많은 경우 환동해 연안지역의 도시가 아닌 대도시권과의 연결망에서 협력이 이루어지고 있다. 예를 들면 강원도와 러시아의 연해주보다는 허브 항구인 부산과 블라디보스톡, 인천공항과 연계된 서울과 블라디보스톡이 환동해 경제협력의 주 통로가 되고 있다.

다섯째, 무역-투자를 통한 기업인들의 실질적인 교역, 경제교류가 위주가 되지 못한 채 정부 당국자 간의 협의 채널, 지방정부 관계자들의 인적교류 차원의 협력이 주를 이루는 비경제적 협력이 그 특징이다.

5. 환동해권의 분야별 협력 가능성

1) 철도(TKR－TSR 연결)

환동해권에서 협력의 가시적 효과가 가장 크고 또 실질적인 파급효과가 절실한 것이 바로 철도의 연결이다. 철도협력은 역내교역을 촉진하여 환동해권 경제협력을 심화시킬 것이다. 남북한간 도로와 철도의 단절로 인해 환동해경제권 역내에서 한·일-중·러 간 물류운송은 전적으로 해상수송에 의존하고 있는 실정이다. 동북아 경제협력의 확대를 위해서도 대륙과의 육상수송이 이루어질 수 있도록 최우선적으로 '한반도종단철도(Trans-Korea Railroad: TKR)'를 대륙 횡단철도망인 '중국횡단철도(Trans-China Railroad: TCR)' 및 '시베리아횡단철도(Trans-Siberia Railroad: TSR)'와 연결한다면 그 파급효과가 매우 클 것이다.

동북아 해당 국가 및 「유엔/아태경제사회이사회(UN/ESCAP)」를 중심으로 경의선을 중국횡단철도(TCR)와, 동해선[29]을 시베리아 횡단철도(TSR)와 연결시켜 동아시아 경제권이 철도로 중앙아시아-유럽까지 연결되는 '철의 실크로드' 건설 계획이 제안되고 있다. 경의선과 동해선의 철도복원은 남북한 모두에게 큰 경제적 이득을 가져다 줄 것으로 전망되며, 현재 전체 물량의 60% 이상을 해상수송에 의지하고 있으므로 남북간 물자 교류가 철도 복원으로 육로를 이용하게 되면 상당한 물류비용 절감효과가 예상된다. 뿐만 아니라 철도가 지나가는 지역에는 물류센터 건설을 통한 경제적 파급효과 또한 클 것으로 예상된다.

동해선이 복원되면 이에 따른 경제적 효과는 물류비 절감, 통과운임 수입 등을 포함하여 연간 2억 달러 이상의 경제적 효과를 거둘 것으로 추정된다. 이는 2001년 기준 한 해에 4억 달러인 남북간의 교역을 단기간 내에 10배 이상으로 끌어올리고 부산-유럽간 컨테이너 수송비용을 현재의 1/2 수준인 1,200~1,300달러까지 낮춰 물류비를 획기적으로 절감시킬 수 있을 뿐만 아니라, 수송기간도 10일 정도 단축되어 보다 많은 물류비를 절감할 수 있다.[30]

---

29) 현재 미개통 구간인 포항-강릉, 강릉- 원산 간의 철도를 건설하면 동해선이 완성된다.
30) 에카테리나 V. 프렐로브스카야(2005)

철도연결은 러시아가 가장 적극적으로 나서고 있다. 러시아는 이를 통해 동북아에서 자국의 정치적 영향력을 강화하고, 한반도 문제 해결에서 실질적 수단을 얻을 수 있을 것으로 기대한다.31) 러시아는 경제적으로도 상대적으로 개발이 더딘 동시베리아 지역의 개발 촉진, TSR의 경제적 효율성 증대, 나홋카 자유 경제지대를 포함한 인접지역의 발전 가속화, 아·태지역 국가들과의 무역 활성화를 기대한다.32) 북한 역시 자국 영토를 통과하는 화물수송 통과료 수입과 함께 나진·선봉지대의 발전을 기대할 수 있고, 한국의 경우 부산항을 유라시아 대륙운송의 기착지이자 대륙과 일본열도의 관문도시로서 동북아의 허브로 확고히 자리매김 할 수 있는 이점을 갖고 있다.

현재 모스크바-블라디보스톡 구간의 시베리아 횡단철도(TSR)가 9,297㎞이고, 모스크바-리스본(포르투갈) 구간이 3,915㎞인 점을 감안할 때, 만약 부산-나진 구간의 한반도종단철도(TKR) 1,295㎞가 연결될 경우 장장 14,507㎞에 이르는 유라시아 대륙을 관통하는 철도가 한반도의 동해안을 거쳐 대륙으로 연장될 것이다.

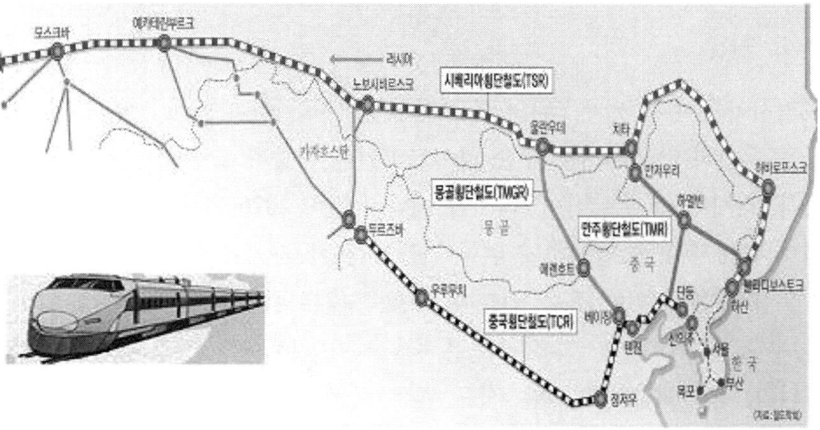

[그림 1-17] TKR과 대륙연결 철도

31) 남북한과 러시아의 3자간 경제협력에 관한 의미와 각국의 입장 및 방안에 대해서는 이재영(1999), pp.87-114.

32) 최수영(2005)

2) 에너지

한국은 2006년 원유 도입의 80% 이상을 중동산 원유에 의존하고 있으며, 일본의 의존도는 이보다 높은 87%다. 이러한 의존도는 서유럽지역이 22%, 북미지역이 23%를 중동원유에 의존하고 있는 것과 비교하면 기형적 형태를 나타낸다.[33] 동북아국가의 중동산 원유에 대한 지나친 의존은 석유 공급의 경제성과 안보전략 면에서 여러가지 문제를 초래하고 있다. 게다가 중국의 빠른 석유 소비 증가는 동아시아의 에너지 수요를 더욱 심화시킬 것으로 전망된다. 따라서 동북아 국가들의 에너지 부족 문제 해결은 결국 러시아 에너지 자원 개발에 달려 있다. 러시아는 동북아에서 유일한 에너지 자원 수출국의 위치를 확보하고 있으며 이에 따라 경제적 효과를 극대화하고 에너지 자원을 바탕으로 외교적 영향력 행사 증대를 노리고 있다. 중국과 일본, 한국의 러시아 에너지 자원에 대한 강력한 요구는 동북아지역에서의 러시아의 영향력 증대로 나타나고 있다. 러시아의 극동지역 에너지 자원은 크게 석유와 천연가스로 나뉜다

(1) 원유

러시아는 현재 세계 2위의 석유 생산국이지만 이미 한계 상황에 달한 수송 물동을 운반하기 위해서는 수출 파이프라인을 확충하고 신설하는 것이 가장 시급하다. 러시아 정부는 이미 '러시아 에너지 전략 2020'에서 러시아 석유산업 발전의 전략적 목표를 달성하기 위한 가장 시급한 과제가 석유 및 석유제품의 수출 효율성 증대를 위한 운송 인프라 확충과 원유 수출루트 다변화에 있다고 밝혔다. 이것은 러시아가 석유 수출을 확대하기 위해서는 기존 송유관의 확장뿐만 아니라, 동시베리아와 같은 신규 원유 생산 지역에서 아시아-태평양 시장으로 나가는 송유관 건설이 필요하다는 것을 의미한다.

러시아에게 있어서 동시베리아 송유관의 전략적인 의미는 러시아 원유 생산의 증산, 시장다변화, 그리고 동시베리아 극동 지역의 지역개발을 의미한다. 아시아 태평양 지역으로 나가는 송유관은 그 동안 제대로 개발되지 못한 동시베리

33) 윤성학(2010)

아와 극동 유전 개발 붐을 불러 올 것이며, 송유관 건설을 통한 사회 인프라의 구축은 중앙에 비해 훨씬 낙후된 동시베리아와 극동 지역의 경제 개발에 일대 전기가 될 것으로 예상하고 있다.

(2) 천연가스

러시아는 『에너지 전략 2020』에서 가스산업발전의 기본전략은 통합가스배관망(UGSS)[34] 구축이라는 구상을 제시하였다. 러시아는 2030년까지 316억 달러를 투입해 동시베리아와 극동 지역 가스전을 개발해 한중일 3국과 미국 등에 수출하는 계획을 갖고 있다. 러시아는 향후 15년간 아시아-태평양 지역이 세계 천연가스 수요 증가분의 절반을 차지할 것으로 보고 있다.[35]

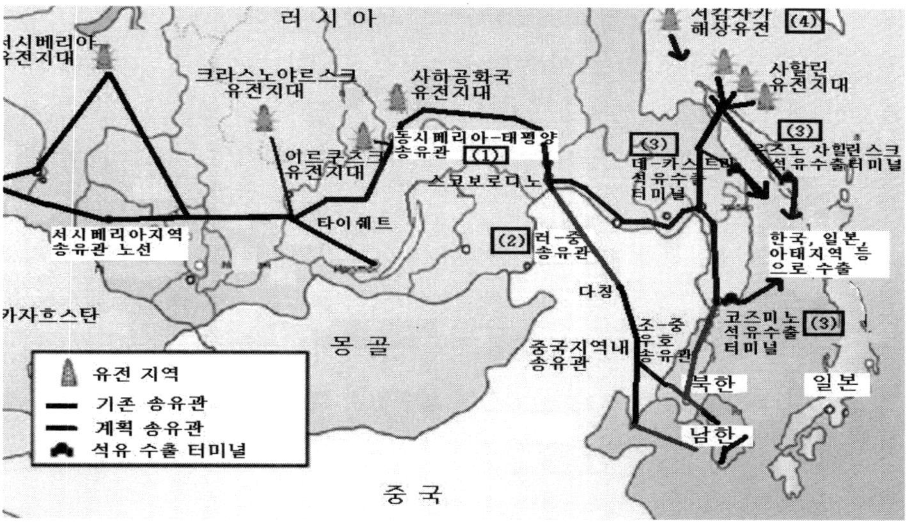

[그림 1-18] 러시아 원유의 동북아 공급 노선 예상도

---

34) UGSS(Unified Gas Supply System): 가스프롬이 1990년대부터 주장해온 것으로서, 러시아 전체 가스전의 생산과 분배, 해외로의 수출을 통합하겠다는 구상이다.

35) 러시아 산업에너지부가 작성한 동시베리아 가스전 개발계획 시안에 따름.

한국과 중국 등 대규모 시장이 바로 인접한 동시베리아 가스전에는 유럽과 아시아 지역에 10년 이상 공급할 수 있는 천연가스 11조 3000억m³가 매장된 것으로 추산된다. 이 지역 가스전을 개발하면 2030년까지 매년 1,136억m³의 천연가스 생산능력을 확보할 수 있으며, 이것은 러시아의 현재 생산량의 5분의 1이 넘는 양이다.

그러나 가스전 개발 및 파이프라인 건설사업은 막대한 투자비가 소요된다. 러시아 정부의 자료에 의하면 사할린 해저가스전을 제외한 육상지역의 천연가스 지역의 개발 및 개발시설의 건설에 소요되는 금액이 총 600~1,000억 달러가 소요될 것이며, 중국과 연결되는 파이프라인 건설사업에만 적어도 500~600억 달러가 소요될 것으로 추정하였다. 즉 서시베리아~동시베리아~사하공화국의 천연가스전을 개발, 파이프라인 건설을 통해 동북아 국가에 공급한다는 천연가스 수출사업의 총체적 투자비는 최소 1,100억 달러라는 천문학적 투자비가 필요하다는 것이다.[36] 러시아정부는 이 사업에 소요될 막대한 투자자금의 재원에 대한 뚜렷한 대책을 여전히 세우고 있지 못하다. 여기에 한국과 일본의 자본 참여가 러시아로서는 절실하고 한국과 일본은 에너지 수입 다변화의 이해관계가 맞아떨어지는 것이다.

동시베리아 송유관과 가스관은 동북아 국가들 간의 에너지 협력과 교류 사업을 활성화시킬 것으로 예상된다. 극동 연해주를 통해 쏟아져 나오는 원유와 가스는 동북아 국가들 간의 석유, 가스 네트워크를 가동시킬 것이며, 에너지 교류에 따른 철도와 해상 수송 등은 기존의 물류망과 연계되거나 새로운 물류를 발생시킴으로써 동북아 국가들 간의 경제 교류를 가속화시킬 것이다.

---

36) 러시아 정부는 기존의 동시베리아 지역의 천연가스전 외에 서시베리아가스전 일부를 포함하여 동북아 천연가스 파이프라인 네트워크에 연계시킨다는 전향적 계획 수정을 추진하고 있다.
В.П. Орлов, Перспективы развития экспорта нефти и газа в страны Азиатского Тихоокеанского Региона на основе ресурсной базы восточной сибири и риспубл ики саха, ГЕОИНФОРМАРК, (1999), p.5. 윤성학(2010)에서 재인용.

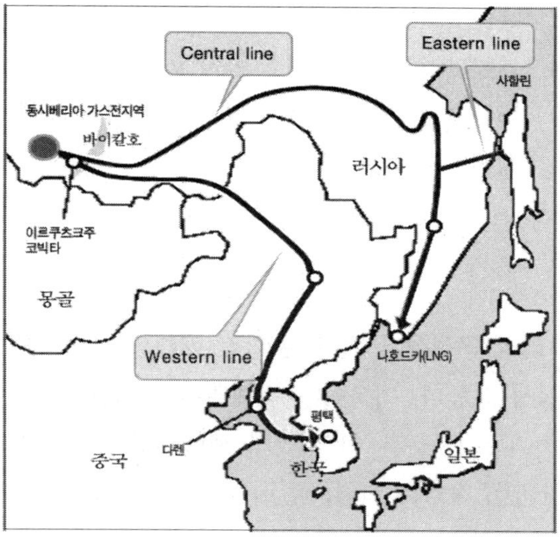

[그림 1-19] 동시베리아와 극동지역 가스 수출 라인

이와 같은 에너지 교류는 수송, 투자보호, 통상 및 에너지 효율, 환경 분야의 협력을 강화시킬 것으로 기대된다.

3) 해양자원

환동해권의 내해인 동해는 자원이 풍부한 편이다. 동해의 자원을 물질자원과 공간자원 그리고 이용 가능한 에너지로 분류할 수 있다.

물질자원은 또 생물자원과 비생물자원으로 나눌 수 있는데, 먼저 생물자원으로는 다양한 어종과 풍부한 연안 서식 해산물을 들 수 있다. 특히 북위 40도 부근에서 한류와 난류가 교차함에 따라 한류성 어족과 난류성 어족을 계절에 따라 번갈아 수확하는 어장을 형성하고 있다. 비생물자원으로는 지하 광물자원과 심층수를 포함한 해수자원 등이 있다. 2009년 당시 한국해양수산개발원이 조사한 바에 따르면 한국의 배타적 경제수역(EEZ)의 광물자원 경제적 편익이 5조 2,205억원에 이르고, 20년 채굴을 기준으로 할 경우 연간 경제적 편익이 2,611억원 정도로 추산하였다.[37] 경제적 편익이 큰 광물은 석유·천연가스 - 가스 하이드레이트 - 해저석탄층 자원 - 해저 인광석 광물 순이었다.

끝으로 에너지 자원으로는 조력, 파력, 풍력 등이 있다. 특히 최근 들어 대체 에너지로 각광을 받고 있는 '메탄 하이드레이트'가 독도 인근에 상당량 매장되어 있는 것으로 추정되었다.

4) 관광

환동해권은 지리적 근접성과 역사·문화적 배경의 유사성으로 인해 관광분야에서의 협력 가능성이 높다. 더욱이 환동해권에 소재한 세계문화유산들과 청정한 자연환경과 희귀동식물들은 이 지역의 생태관광과 문화관광 협력의 토대가 될 수 있다. 또한 만주지역은 한국, 중국, 일본, 러시아 4개국의 역사가 집약된 곳으로 역사기행으로서도 가치가 있는 지역이다.

공항, 항만 등과 같은 국제연계를 위한 물적 인프라 기반은 한국과 일본의 경우에는 비교적 잘 구비되어 있으나, 중국, 러시아, 북한은 미흡한 탓으로 역내 관광이 활성화되기 위해서는 관련시설의 정비가 선행되어야 하는 과제를 안고 있다.

〈표 1-5〉 환동해권의 UNESCO 세계문화유산 현황 (2014년)[38]

구분	한국	북한	중국	일본	러시아
환동해권역	3	0	3	5	1
전체	10	2	45	17	22

37) 최재선 외 (2009)

38) (한국 동해안) 경주 역사지구, 석굴암-불국사, 하회-양동 마을; (중국 동북3성) 선양 청시대 황궁, 황릉, 고구려 왕국 수도와 궁지; (일본 서해안) 교토 역사기념물, 시라카와-고카야마 역사마을, 시라카미 산지, 이와미 은광, 히라이즈미; (러시아 극동) 시호테알린 산맥 중부지역.

2009년부터 한중일러 4개국이 공동출자한 합작법인 (주)동북아페리의 선박이 취항하는 등 환동해권의 물류 및 크루즈사업이 촉진된 바 있으나, 관련 지방정부의 재정지원에도 불구하고 영업 수익성 저하로 대부분 운항이 중단된 상태이다. 따라서 이 항로가 활성화되기까지는 상당한 기간이 필요할 것 같다.

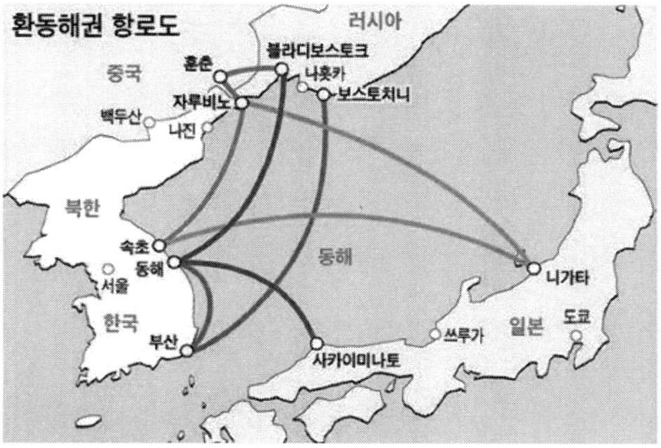

출처: 『중앙일보』, 2009. 3. 17일자 기사

[그림 1-20] 환동해권 해양 물류 네트워크

환동해권의 관광과 관련해서 특기할 사항은 이 지역의 정치사회적 요인이 관광수요에 매우 지대한 영향을 미친다는 점이다. 한·중·일 3국간의 역사문제나 영토문제 등이 역내 관광에 커다란 제약요인으로 작용하고 있다는 것은 주지의 사실이다.

Chapter 2

극동 러시아의 경제와 사회

김 영 식

02 Chapter 극동 러시아의 경제와 사회

제1절 러시아 경제의 개황

1. 러시아의 일반 현황

1) 러시아의 행정구역

러시아연방은 세계 최대의 국토면적으로 1,708㎢이며, 이는 한반도의 77배(남한의 171배), 미국의 1.8배에 달하며, 동서의 길이는 약 9,000km, 남북의 길이는 약 4,000km에 달한다.

러시아연방은 러시아연방헌법(1993년 제정)에 의거 지역과 거주 주민에 의해서 구분된 88개의 연방구성체로 이루어져 있다. 지역구분에 의해서 정해진 48개 주와 7개의 크라이, 그리고 2개의 연방시가 있으며, 러시아인 이외의 민족거주 지역으로 설정된 21개의 공화국과 1개의 자치주, 그리고 9개의 자치구로 구성되어 있다. 그러나 2005년 이후 복수의 연방구성체들 사이에 통합작업을 진행했으며, 행정구역의 구분은 가변적인 것으로 나타났다. 행정구역 중에서 공화국은 명목상으로는 연방에서 탈퇴할 권리가 있는 자치령이며, 각 공화국에는 헌법, 대통령, 의회, 내각이 있으며, 자체 언어도 보유하고 있다. 그러나 외교는 연방정부가 관할하는 것으로 되어 있다.

지방(Krai)은 1924~1938년 사이 비러시아인들이 주로 거주하던 접경지역에 전략적으로 설치한 개척지구로서 역내에 소수민족으로 구성된 특수 독립 행정구역을 포함하고 있다.

주(Oblast)는 제정러시아시대 구베르니아를 재편한 광역 일반 행정구역이다. 자치주(Autonomous Oblast)는 과거 공화국 지위를 얻기에는 인구, 영토면에서 소규모이나 자치권을 부여할 필요성이 인정될 경우에 구성되며, 독자적인 헌법과 최고회의, 내각 등은 보유하지 못하나 문화와 언어, 그리고 일부 경제적 자치권은 허용하였다. 자치구(Autonomous Okrug)는 광활한 지역에 거주해 온 토착민을 중심으로 구성되며, 연방조약 체결 전까지는 언어, 문화 등 극히 제한적인 자치권만을 향유했다. 신 헌법상 여타 연방주체와 동등한 권한을 부여한다고 하면서도 자치구가 위치해 있는 해당지방이나 주의 소속으로 규정하고 있다.

민족 구성은 슬라브(러시아인, 우크라이나인) 계통이 대부분을 차지하고 있으며, 그 외에 소수 원주민(알타이인, 카자흐인, 부랴트인, 추코트인 등)들이 자치지역을 형성하고 있다.

2020년 말 현재 러시아의 총인구는 1억 4천 587만 명이며, 수도는 모스크바로 인구는 약 1,250만 명이며, 러시아의 최대도시이자 유럽에서 인구가 가장 많은 도시이기도 하며 러시아의 정치경제의 중심지이다. 그리고 모스크바의 민족 구성은 러시아인 82%, 타타르인 4%, 우크라이나인 3%, 그리고 기타 100여 소수민족으로 구성되어 있다.

2) 러시아의 일반현황

2020년말 현재 러시아의 GDP는 1조 6,378억 달러이며, 1인당 GDP는 9,972달러이다. 러시아의 성장 동력은 석유 및 천연자원을 생산하는 에너지자원 채광산업으로 GDP의 9.1%를 차지하고 있으며, 석유산업은 생산량이 증가하며 R/P비율이 21.3%에 머물러 있어 이란, 쿠웨이트, 사우디아라비아 등 산유국과 아제르바이잔, 카자흐스탄 등 CIS 산유국에 비해서 가채 연수가 짧음에 따라 경제성이 높은 광구를 지속적으로 개발하고 있다.

〈표 2-1〉 러시아 일반현황

면 적	1,708㎢
인 구	1,458.7백만 명(2020년 말)
정치체제	대통령중심제
대외정책	CIS중시 대서방실리외교
GDP	1조 6,378억달러(2020년 말)
1인당GDP	9,972달러(2020년 말)
통화단위	루블(Rouble)
환율(달러 당)	75.02(2020년 말)

〈표 2-2〉 러시아 에너지 광물 매장량

광물종류	단위	러시아	세계	비중(%)
석 유	십억	106.2	1,729.7	6.1
천연가스	조m^3	48.7	187.3	26.0
석 탄	백만톤	157,010	860,938	18.2

자료: BP, *Statistical Review of World Energy Report*, 2018.
U.S. Energy Information Administration, 2017.

러시아는 석유, 가스, 광물, 에너지, 기계부문 등 에너지 생산 관련 산업과 화학중공업에 크게 의존하는 산업구조로 최근, 기계 부문의 성장이 증가하고 있으나 향후 정부는 정보통신 등 첨단산업 비중 확대를 통한 산업의 다변화를 추진하고 있다.

<표 2-2>에서 보는 바와 같이, 러시아의 원유(2018년말 기준) 확인매장량은 1천 60억 배럴로 세계 7위이며(비중 6.1%), 2018년 미국에너지정보청(U.S. Energy Information Administration)에 따르면 2017년 세계원유생산량은 미국이 1,560만

배럴(13.4%)로 가장 많고, 러시아는 세계 3위로 1,120만 배럴을 생산했다. 러시아의 경우 원유생산량의 70%를 해외로 수출하고 있으며, 원유 수출은 사우디아라비아에 이어 세계 2위를 기록했다. 그리고 천연가스의 매장량은 48.7조㎥, 생산량은 6,562억㎥으로 세계 1위를 차지하고 있다.

러시아의 주요 유전은 동시베리아지역의 반코르스코예(Vankorskoye), 버크넨스코예(Verkhnechonskoye), 탈라칸스코예(Talakanskoye), 유럽체노-토콤스코예(Yurubcheno-Tokhomskoye), 야말반도지역과 극동지역의 동해, 베링해, 사할린섬, 오호츠크해 대륙붕 등에 있다. 지역별 생산 비율을 보면, 70년대까지 최대 생산지였던 볼가-우랄 지역은 최근 러시아 전체 생산량의 12%대로 떨어진 반면, 시베리아의 유전지대에서 전체 생산량의 약 70% 이상을 생산하고 있다.

그러나 전통적으로 원유생산 지역인 서시베리아지역의 원유생산량은 감소하고 있으며, 향후 지속적인 원유 생산량 증가를 위해서는 동시베리아 지역개발에 대한 투자가 필요하다. 그리고 『러시아 에너지 전략 2035』에 따르면, 신규 유전 개발과 서시베리아지역에 대한 지속적인 투자와 최신기술 적용이 효율적으로 이루어질 경우, 원유생산량을 2018년 대비 15%정도 증가시킬 수 있을 것으로 나타났다. LNG생산량의 경우도 2018년 대비 2024년에 최대 3.4배, 2035년까지 7.5배까지 확대 생산하는 목표를 설정했으며, PNG수출 규모도 2035년까지 1.7배 증가시키고, 이 가운데 20%를 아태지역으로 수출할 계획이다.

2. 전환기의 러시아 경제

1) 러시아 정치·경제체제의 변화

WTO체제의 출범과 함께 세계는 국경 없는 무한경쟁의 시대로 나가고 있는 반면, 지역주의에 대한 긍정적, 부정적인 논의가 확대되면서 지역경제공동체에 대한 중요성이 대두되었으며, 주변국들 간의 경협관계는 더욱 심화되었다. 이에 편승하여 아·태지역국가들 또한 지역주의의 통합, 혹은 공동체 형성에 대한 기대효과가 증가하여, 아·태지역에서도 역내 경제블록의 형성을 통한 경제활성화와 규모경제를 통한 외자유치 확대에 많은 관심을 가지게 되었다.

개방적 지역주의로 통합에 참여하기 위한 러시아의 외교정책은 세계의 초강대국으로 부상한 미국의 일방적인 세계질서 구축을 견제하는데 외교정책의 우선순위를 두고 있으며, 특히 동북아에서의 역량을 강화시키기 위하여 서방과의 전략적 동반관계구축을 포함한 CIS 인근 국가들에 대한 영향력을 강화하기 위해 "근린외교(Near abroad)"에 초점을 맞추고 있다. 또한 러시아는 건설적 대외관계를 위하여 대미관계에 있어서 정치적 다원주의와 시장경제체제로의 안정적인 이행을 통한 러시아경제 재건에 미국과 서방의 지원 및 원조가 긴요한 상황에서 전략적 동반관계(Strategic Partnership)를 구축하기 위한 상호협력관계를 강화하고 있다. 대중 관계에 있어서는 미국의 동북아 지역의 영향력 확대에 따른 대응으로서 중국과의 관계 개선에 비중을 높게 두고 있으며, 이를 위해 정치·외교·경제·군사 분야에서의 협력을 긴밀히 추진하고, 대유럽과의 관계에 있어서는 나토의 동구권 확대에 우려를 표명하고 있으나 97년 5월에 체결된 나토와 러시아 간의 기본협정에 의거하여 동반자적 관계 구축을 유지하기 위해 힘쓰고 있다.

러시아는 1992년 옐친정부의 충격요법(Shock Theraphy)이 실시된 이후 정치, 경제적으로 급진적 변화를 거듭하여 왔으며, 95년 12월의 의회선거와 96년 7월의 대통령선거를 통한 옐친정부의 재집권은 민주정치제도와 시장개혁을 지속하기 위한 기본 틀을 마련하였으며, 시장경제를 근간으로 하는 개혁정책을 지속적으로 추진하게 되었다.

그러나 1990년대 초반 러시아 사회를 풍미한 '신자유주의' 이데올로기는 원칙없는 '개혁', '개방' 정책의 실시에 따라 경제개혁을 위한 '개방화'를 선두로 '사유화'와 '가격자유화'를 표방하였으나 러시아정부의 어설픈 경제개혁운영체계에 의해 시장경제의 획일성만을 확인하게 되었다. 1998년 8월 17일 모라토리움선언 이후에도 시장기구 부족과 정부의 정책 부재로 인해 경제는 더욱 혼란스러워졌으며, 프리마코프총리는 경제난국의 타개를 위해 11월에 캐나다 벤쿠버에서 개최된 제5차 APEC정상회의에서 APEC회원국으로 가입하였다. 러시아는 아·태 지역에서의 정치적 입지를 강화시키고, 동북아지역의 주변국가들 간의 경제협력과 민간교류의 활성화를 통하여 러시아에서 진행되고 있는 경제개혁 프로그램을 이해시킴으로써 경제적으로 실리를 추구하고자 하였다.

옐친집권 2기는 국내 정치면에서 행정개혁을 통한 정책집행의 효율화, 새로운 연방, 지역 민족 정책의 추진을 통한 연방 체제의 안정화와 균형 있는 지역발전, 법질서 확립을 통한 국가 기강 확립 등을 달성하기 위한 정책을 추진하였으며, 경제정책에서 중점적으로 추진한 것은 경제안정화 정책으로 즉 물가안정, 재정안정, 환율안정, 국제수지균형이 어느 정도 정착되고 있다는 판단 아래 97년부터는 실물 생산 증대를 위한 투자 확대를 추진하였다. 이를 위해 정부투자를 확대하고 국내 민간투자와 외국인투자를 촉진하는 정책을 추진하였으며, 단기적으로는 각종 투자관련법의 조속한 제정 및 개정을 통해 투자환경을 개선하였다.

2기 옐친정부의 국정 목표는 ①생산성 향상을 통한 국민생활수준 향상과 ②부정부패 및 범죄척결을 통한 국가 기강 확립 및 민생안정도모와 ③체첸사태 조기해결 그리고, 마지막으로 효율적 정책추진을 위한 강력한 정부 구성에 있었다.

2001년 3월 26일 실시된 제2대 대통령선거에서 52.9%의 지지를 받아 러시아 연방 제2대 대통령에 취임한 푸틴 대통령은 '강력한 러시아 재건'을 기본 정책을 목표로 하여 법과 질서 회복을 통한 정치안정과 경제성장을 위한 구조적 개혁 달성으로 국민생활 수준의 향상을 추구하였다. 푸틴은 크레믈린 중심의 권력기반을 확립하고, 연방정부의 통제체제를 효율적으로 강화하며, 정부의 전문성 및 효율성을 제고하기 위해 내각을 테크노크라트 중심으로 운영하였다. 그리고 지방정부에 대한 연방전부의 통제체제 확립을 위해 7개 연방 직할관구를 신설하였으며, 연방직할관구에 7명의 대통령대표가 파견되어 89개 지방정부의 정책수립 및 집행을 조정, 통제, 감독하도록 하였다.

1990년대 초 소비에트 연방 붕괴 후 러시아는 계획 경제체제에서 개방과 개혁을 통한 시장경제로 빠르게 전환하였으며, 전환 과정에서 러시아 경제는 초기(1991~1998)에 극심한 혼란과 변화를 가져왔다. 경제개혁 후 러시아 정부는 중앙집권적 계획경제에서 오는 정부독점 내지는 국가독점의 비효율적 경제운영과 사회의 구조적 모순들을 해결하지 못하여 마이너스 성장 등의 어려움을 겪었으나 2000년 이후 정치가 안정되면서 경제적으로 빠른 경제성장을 기록하였으며, 이는 외국인 직접투자의 유입 증대와 유가 상승으로 인해 이루어졌다.

일반적으로 외국의 자본과 생산기술, 그리고 경영기법이 함께 들어오는 외국인직접투자(FDI) 유입과 유치국의 경제성장 및 발전 간의 인과관계는 많은 경제학자들의 주요 관심 사항이었다. 자본축적과 산업기술 수준이 낮은 개발도상국의 경우 FDI의 유입은 부족한 국내 자본투입을 보완하고, 선진산업기술 도입을 가져와 FDI 유입국의 산업발전과 경제발전에 기여하는 것으로 나타난다. 양적으로 유입된 외국자본은 투자수요를 증가시켜 총수요의 증대를 가져오며, 질적으로 외국인직접투자에 체화되어 들어오는 선진 생산기술과 선진 경영기술 등의 유입은 국내 여타 산업부문으로의 유출효과(spillover effect)로 인해 생산효율성을 높게 나타난다. 나아가 외국인투자기업의 유입은 정부시스템과 금융시장, 그리고 노동시장의 환경개선과 기능개선을 유발하여 전반적인 경제효율성을 향상시킨다.

그러나 외국인투자자의 입장에서 보면, 투자대상국의 높은 경제성장과 제반 국내경제 여건이 안정화되어 있어 높은 투자수익을 가져올 수 있는 국가나 지역에 더 많은 투자를 할 것이므로 경제성장과 FDI 간의 인과관계를 일방적으로 규정하기에는 어려운 측면도 있다.

2) 러시아 경제 현황

러시아에서는 계획경제의 원칙이 지배하고 있었으나, 1980년대 말부터는 기업활동이 점차 자유화되었으며, 1992년을 기점으로 사적인 경제활동도 자유화되기 시작하였다. 구소련의 계획경제체제하에서의 가격통제제도는 1992년 초에 폐지되었으며, 이후에 모든 기업들은 자유로이 가격을 결정할 수 있게 되었으며, 구소련의 대외무역제도도 개별기업들을 중심으로 무역활동이 자유화되었다. 사적인 경제활동의 자유화는 국가경제 활동의 축소와 병행되었으며, 이는 국유기업의 사유화와 민영화에 따르는 당연한 결과였다. 그러나 이미 1990~1992년 사이에 구소련 및 러시아 정부는 국가경제를 장악하고 있던 정부의 경제부처들을 통폐합하여 과거 소련시절 수십 개를 헤아렸던 경제 관련 정부 부처들을 10여개로 줄였다.

러시아는 시장경제체제로의 이행 초기에 폐쇄적 정치제도와 경제시스템의 불안으로 인해 경제개혁이 소기에 성과를 거두지 못했으며, 이로 인해 1998년까지

마이너스 경제성장이 지속되었다. 개혁 초까지 경제성장률과 인플레이션율, 그리고 실업률 등 거시경제지표는 최악의 상황을 나타냈지만, 러시아정부는 가격자유화정책과 민영화정책, 그리고 거시경제안정화정책 등을 추진함으로서 경제를 안정시켰다. 1990년대 러시아 경제의 고질적인 불안 요인은 불안전한 거시경제지표와 정치적 불안정이었다. 러시아 경제는 높은 물가상승률(1993년에 844%)과 높은 실업률(822.1%)로 인해 마이너스의 경제성장률(-8.7)을 기록하였다.[1] 1995년 4월 이후 러시아 경제는 비교적 안정적인 추세를 보여주고 있으며, 이와 같은 결과는 긴축 통화, 금융정책에 따른 인플레의 억제에 기인했다고 볼 수 있다. 그러나 그 긴축의 정도가 지나치게 심하여 주민들의 소득감소를 초래하고 있으며, 소득감소는 국내시장의 구매력의 감소와 상품 유통액의 감소를 초래하였으며, 더 나아가서는 소비재와 제조분야의 생산감소를 가져왔다.

러시아는 1998년 외환위기를 겪으면서 -3.5%의 마이너스 경제성장을 기록하였으나, 2000년에 들어서면서부터 유가가 상승하였으며, 이로 인해 러시아에는 오일머니가 대량 유입되면서 지속적인 경상수지 흑자를 가져왔고, 경제가 안정화되면서 플러스의 경제성장을 기록하게 되었다. 그러나 에너지자원의 수출로 유입된 막대한 외화로 인해 환율이 절상되었고, 이로 인해 수입가격의 하락과 실질임금이 증가되었으며, 소비를 증가시켰다. 이와 같이 높은 경제성장의 원동력은 당시 지속되었던 석유 및 천연가스 등의 국제원자재 가격의 상승에 있었다고 할 수 있다. 석유 및 천연가스의 수출이 증가하면서 경제 및 산업 전반에 걸쳐 경제적 파급효과가 발생하였으며, 이로 인한 건전한 정부재정과 소비 및 고정투자의 증가, 건설경기의 회복 등이 경제성장을 뒷받침하였다.

1998년부터 푸틴대통령이 집권하면서 정치는 급속히 안정화되었으며, 거시경제지표도 안정화되었다. <표 2-3>에서 보는 바와 같이, 1999년에 FDI가 32.8억달러로 전년대비 19% 증가하고, 러시아의 실질경제성장률은 6.3%로 크게 상승했다. 그리고 2000년 이후 지속적인 FDI증가와 유가상승, 조세개혁으로 인한 세수증대와 긴축적 재정정책 유지 등으로 러시아경제는 안정화되었다고 볼 수 있다.

1) 김영식(2008), 「옐친 시기의 러시아 인플레이션의 생성배경과 기타 거시경제지표와의 상관관계 분석」, 『한양대 중소연구』 제31권(통권 116호), p.253.

〈표 2-3〉 러시아의 주요 거시경제지표

년도	GDP (십억 달러)	실질경제성장률 (%)	인플레이션율 (%)	실업률 (%)
1995	878.3	-4.1	197.5	9.7
1996	846.7	3.6	47.7	9.9
1997	858.5	-1.3	14.8	11.8
1998	813.0	5.3	27.7	13.4
1999	865.0	6.4	85.7	13.5
2000	951.6	10.0	20.8	10.6
2001	1,000.0	5.1	21.5	8.9
2002	1,047.4	4.7	15.8	7.9
2003	1,123.9	7.3	13.7	8.2
2004	1,204.5	7.1	10.9	7.8
2005	1,281.3	6.3	12.7	7.2
2006	1,385.8	8.1	9.7	7.2
2007	1,504.1	8.5	8.9	6.1
2008	1,583.0	5.2	14.1	6.3
2009	1,459.2	-7.8	11.7	8.4
2010	1,524.9	4.5	6.9	7.4
2011	1,605.5	5.0	8.4	6.5
2012	1,664.2	3.0	5.1	5.4
2013	1,693.9	1.7	6.7	5.4
2014	1,706.4	0.7	7.8	5.2
2015	1,658.2	-2.8	15.5	5.6
2016	1,654.4	-0.2	7.1	5.5
2017	1,469.4	1.6	2.5	5.2
2018	1,657.3	2.8	3.7	4.8
2019	1,637.9	2.0	2.9	4.6
2020	1,464.1	-3.0	4.5	5.8

자료: IMF, *International Financial Statistics*(http://data.imf.org)
World Bank(http://data.worldbank.org/country/russian-federation)

〈표 2-4〉 러시아의 대외경제 관련 지표

년도	FDI (십억 달러)	수출 (십억 달러)	수입 (십억 달러)	원유가격 (배럴당 달러)	환율 (달러당 루블)
1995	2.1	81.2	60.9	16	4.6
1996	2.5	88.5	67.7	18	5.5
1997	4.9	85.9	71.8	18	5.9
1998	2.8	73.7	57.5	12	20.6
1999	3.3	69.7	37.3	17	27.0
2000	2.7	99.2	42.1	26	28.1
2001	2.8	96.6	51.3	22	30.1
2002	3.4	102.1	58.4	23	31.7
2003	7.7	129.1	73.2	26	29.4
2004	15.3	177.9	94.2	33	27.7
2005	14.4	240.0	123.8	49	28.7
2006	37.4	297.5	163.2	61	26.3
2007	54.9	346.5	223.1	68	24.5
2008	75.9	466.3	288.7	93	29.3
2009	27.8	297.2	183.9	61	30.2
2010	31.7	392.7	245.7	78	30.4
2011	36.9	515.4	318.6	106	32.1
2012	30.2	527.4	335.8	108	30.3
2013	53.4	521.8	341.3	105	32.7
2014	29.2	496.8	307.9	96	56.2
2015	11.9	341.4	193.0	51	72.8
2016	37.7	281.8	191.6	41	60.6
2017	25.9	353.5	238.1	53	57.6
2018	13.2	444.0	249.1	69	69.5
2019	31.7	418.8	254.1	63	61.9
2020	-	324.5	236.2	49	73.9

자료: IMF, International Financial Statistics(http://data.imf.org)
UNCTAD, FDI/MNE(www.unctad.org/fdistatistics)
World Bank(http://data.worldbank.org/country/russian-federation)

주 : 원유가격은 두바이산을 기준으로 한 가격임.

다만, 2008년에 미국으로부터 시작된 금융위기와 2014년에 우크라이나와의 전쟁, 그리고 2020년에 코로나19로 인해 국제유가가 급락하였으며, 이로 인해 2008년 이후부터 2020년 말까지 러시아는 낮은 경제성장률을 기록하였다.

한편, 2000년 이후 러시아는 외국기업유치를 위한 기업환경 개선과 소비자수요와 소비가 증가하여 2017년에 1.7%의 플러스 경제성장률을 기록했을 뿐만 아니라 국제원유가격도 2017년에 배럴당 53달러로 상승하면서 러시아가 마이너스 경제성장을 벗어나는데 도움을 주었다.

한편, 환율의 경우는 1992년 7월에 통화 태환성을 확보하기 위해 환율제도를 단일변동환율제도로 채택했다. 환율제도의 변경은 이행기 초에 경기침체와 기대 인플레이션에 대한 국민들의 심리 고조로 인해 환율이 급등하여 1992년 말에는 미 달러당 414.5루블로 69.8% 가치가 폭락하였으며, 1993년에는 미 달러당 1,247루블로 66.8%, 1994년에는 미 달러당 3,550루블로 65.9% 루블화의 가치가 폭락하였다. 따라서 1995년 7월에 미 달러당 루블화 변동 폭을 4,300~4,900루블로 제한하는 관리변동환율제도로 변경하였으며, 1996년 1월 1일부터 루블화의 가치를 천분의 일로 낮추는 명목절하 조치를 단행하였다.

1998년 2월에 외환보유고가 102억 달러로 급감하면서 외환 유동성에 대한 불안이 가중되었으며, 8월에 루블화 표시 대외부채에 대한 모라토리엄을 선언하였다. 러시아정부는 모라토리엄선언과 함께 루블화의 대폭적인 평가절하를 단행한 후에 고정환율제도를 폐지하였으며, 1998년 9월에 시장가격을 반영하는 달러-루블 페그(dollar-ruble peg)[2)]라는 관리변동환율제도를 도입하였다.

푸틴집권이후 경제가 안정되면서 루블화의 가치가 높아졌으며, 2002년에 환율은 미 달러당 31.7루블로 안정되었으나 2014년에 우크라이나사태로 인한 국제경제제재가 시작되면서 환율은 56.2루블로 급증하였고, 2015년에도 미 달러당 72.8루블로 루블화 가치가 크게 하락하였다.

러시아의 수출은 경기침체에도 불구하고, 원유 수출이 꾸준히 증가하면서 수

2) 달러-루블 페그시스템(dollar-ruble peg system)은 미 달러화와 루블화의 환율을 결정하고, 루블화의 나머지 통화에 대한 환율은 국제외환시장에서 미 달러화 대 그 통화환율과 미 달러화 대 루블화의 환율에 따라 결정하는 방식이다.

출이 크게 증가하였다. 수출은 1992년에 399억 달러였으나 2000년에는 천억 달러를 넘어서 1,030억 달러로 8년 동안 2.5배나 증가하였다. 2005년과 2007년에도 각각 2,393억 달러와 3,524억 달러로 크게 수출이 증가하였다. 2007년에는 34%의 높은 수출증가율을 보였으나 2008년에 세계금융위기가 닥치면서 2009년에 수출이 25%나 감소하였다. 이후 세계경기가 다시 회복되기 시작하면서 러시아 수출은 2013년에 5,272억 달러로 역대 최고를 기록하였으나, 2014년에는 크림반도 사태로 인한 국제경제의 제재로 인해 5.6%(4,976억 달러) 수출이 감소하였으며, 2015년과 2016년에도 각각 31.0%(3,434억 달러)와 26.0%(1,346억 달러) 수출이 감소하여 3년 연속 마이너스 수출 증가율을 보였다. 이와 같이, 러시아의 수출 감소 원인은 석유가스 중심의 산업구조로 인한 것으로 러시아 최대수출지역인 유럽의 원자재 수요 감소와 유럽의 대러 제재에 있었다고 할 수 있다.

러시아의 지나치게 높은 에너지 의존도는 경제성장을 위해 불안전한 모습을 보이고 있어 에너지에 대한 의존도를 낮추고 다변화된 경제구조로의 전환이 시급하다. 러시아는 에너지 관련 산업의 의존도를 낮추지 않으면, 국제유가의 변화와 위기에 노출되는 불안한 경제가 지속적으로 반복될 것이다.

에너지 관련 산업의 의존도가 높을 경우, 유가와 경제성장률의 관계는 높을 수밖에 없다. 2012년에 유가는 배럴 당 108달러로 3.0%의 높은 경제성장률을 기록했으나 2014년에는 유가가 배럴 당 96달러로 하락하면서 경제성장률도 0.7%로 하락하였다. 그리고 2014년 유가 하락으로 인해 환율은 77%(33루블에서 56루블로 상승) 상승했고, 인플레이션율도 7.8%로 상승했다. 2015년과 2016년에도 유가는 각각 배럴 당 53달러와 45달러로 하락했으며, 경제성장률도 각각 -2.8%와 -0.2%로 감소했다. 그리고 2020년 1월에 국제유가는 배럴당 60달러에서 출발했지만, 코로나19로 인해 중국의 원유 수입의 감소와 운송연료의 수요 급감으로 인해 세계경제가 침체되었으며, 3월에는 유가가 30달러까지 하락했다.

결과적으로 유가 상승은 에너지 수출을 통해 러시아의 경상수지를 증가시켰으며, 루블화 강세와 국내 수요 회복에 따른 수입 증가를 초래하였다고 볼 수 있다. 그러나 경상수지 흑자는 유가 상승에 따른 수출증가와 수입 증가세 둔화로 인해 증가 폭이 조정되었다.

러시아는 자원개발의 경제의존도가 40% 이상이며, 석유가스에 대한 수출 비중도 40%로 높게 나타나고 있다. 그리고 러시아 원유생산량은 세계 3위이며, 매장량은 세계 7위로 자원의존가 높은 나라이다. 이로 인해 러시아의 경제발전은 불균형으로 나타났으며, 지속적으로 그리고, 안정적으로 성장하기 위해서는 산업의 다변화를 비롯한 새로운 경제정책이 필요하다. 러시아의 경제성장은 국제유가에 민감하게 반응하므로 새로운 재정규칙 도입을 통해 유가변동이 국가예산에 미치는 영향을 줄여야 하며, 러시아경제의 유가 변동에 대한 민감도를 줄여야 한다.[3)]

러시아는 에너지수출 인프라에 대한 투자가 부족하여 에너지수출의 병목현상이 강해지고 있으며, 지속되고 있는 루블화 강세에 따른 제조업 부문의 고전이 예상되고 있다. 따라서 에너지자원에 수출수익을 적극적으로 재투자하는 한편, 제조업 및 서비스산업에 대한 투자를 늘려 산업구조를 다각화해야한다.

한편, 러시아의 산업구조 변화를 살펴보면, 러시아에서 지속되는 생산 활동의 침체 및 위축 현상은 생산 분야별로 상이하게 나타나고 있으며, 구소련 시기에 형성되었던 전통적인 생산구조에 변화가 발생하고 있다. 가장 뚜렷한 변화는 공업, 농업, 건설업 등 전통적인 생산 분야의 생산 활동이 위축되면서 GDP(국내총생산)에서 차지하는 서비스 분야의 비중이 급격히 증가하고 있다는 것이다. 이러한 서비스분야의 성장은 러시아경제가 시장경제화되어 감에 따라 은행, 보험, 부동산 중개업 등 새로운 서비스업종들이 성장하고 있는 데 기인한 것이다.

러시아는 전체적으로 볼 때 2차 산업의 비중이 50% 이상을 차지하는 제조업 중심의 산업구조를 갖고 있다. 2000~2005년 중 서비스 산업 비중이 GDP의 57%로 집계되었으나, 러시아 정부통계가 3차 산업으로 분류한 에너지 유통 관련 부문은 사실상 2차 산업의 성격을 가지고 있었다. 따라서 러시아는 제조업 등 다른 분야의 기반 확대를 위해 GDP 비중을 2015년까지 17%로 끌어올리기 위한 e-Russia 프로젝트를 추진하고 있다.

개혁이후 대규모 지하경제 존재하고 있으며, 그 규모는 GDP의 40% 정도로

3) World Bank(2017), “Russia’s recovery : How Strong are its Shoot?”, *Russia economic report*, No.38.

추정하고 있다. 권력과 유착한 마피아조직(약 3천개 추산)은 사업보호를 빌미로 금전 약취, 유통 및 서비스업 장악, 각종 특혜 및 독점사업 참여를 통해 부유층으로 부상하고 있으며, 일부는 제도권으로 편입되어 자본 계층화 현상을 주도하고 있다. 또한 셔틀무역(일명, 보따리무역), 밀무역 등 비공식적 무역의 성행과 외화 도피현상이 만연되어 있어 정부의 관리가 필요하다.

삼성, 대우, LG, 현대, SK 등 한국상품에 대한 인지도는 우리나라 기업의 적극적인 진출 및 홍보노력으로 상대적으로 높으며, 가격에 비해 품질이 우수한 것으로 인정받고 있다. 러시아 진출 최대 수출 품목이었던 TV 등 가전제품은 러시아의 외환위기 이후 판매량이 급감하였으나, 99하반기 이후 회복세를 보였다. 러시아 루블화 평가절하로 인해 러시아산 자동차에 대한 우리나라 자동차의 수출 경쟁력이 크게 약화됨으로서 수출이 급감하였으며, 당분간 회복전망이 보이지 않고 있다. 그러나 러시아 컴퓨터 및 유무선 통신기기 시장의 수요 증가로 모니터 등 컴퓨터 주변기기와 유무선 통신기기 수출이 호조를 보일 것으로 예상되며, 식품류는 러시아 식품시장의 수요확대와 우리기업의 극동지역, 시베리아지역 일변도에서 모스크바 등 러시아 중앙지역으로의 시장 확대 및 품목 다양화로 지속적으로 수출이 증가하고 있다. 이 밖에도 낚싯대, 스포츠용품, 합성수지 등 중간 원부자재, 전화기, 직물류, 여성용 의류, 전자저울, 보일러 등이 호조를 보였다.

세계 11위의 경제규모를 가진 러시아는 지난 1993년 WTO 가입 신청서를 제출한지 18년만인 2011년 12월 15일에 제8차 WTO 각료회의에서 러시아의 WTO 가입이 확정되었다. 러시아가 WTO에 가입함으로서 교역규모가 큰 폭으로 증가하였다. 그리고 EU를 포함한 주변 국가들과 FTA체결의 촉매제로 작용할 것이다.

WTO가입에 따라 공산품의 수입관세가 크게 낮아져 수출기회가 확대되고, 서비스시장도 대외개방속도가 빨라질 전망이다. 상품분야에 미치는 효과는 평균 10%대인 수입관세가 7.8%까지 낮아지고, 일반 공산품은 9.5%에서 7.3%로, IT 제품은 5.4%에서 0%로, 15-20%인 철강분야 관세율은 5-7%로 크게 하락하게 된다. 이에 따라 WTO가입에 따른 관세 인하 스케줄이 완료될 경우 우리나라는 러시아 수출시 약 3억 5천만 달러 관세 절감효과를 거둘 것으로 기대된다. 또한 수입품에 대해서도 러시아가 약 700개 품목에 대해 부과하던 수출세를 폐지하거나 크게 낮추게 되어 긍정적인 효과가 기대된다. 특히 러시아의 수출세 폐지나 인하로 인해 대러 원자재 수입 가격이 인하됨에 따라 관련 제품 수요기업의 생산성이 증대될 것이다. 그리고 러시아 시장은 비교적 안정적으로 성장하고 있으며, 천연가스 등 원자재가 풍부하여 향후 시장이 지속적으로 확대될 것으로 예상된다.

3. 러시아의 외국인직접투자

외국인투자자(FDI)는 러시아 정부의 지나친 규제와 높은 인플레이션, 그리고 국영기업의 주도 독점과의 경쟁 등에 주의해 왔다. 따라서 러시아 정부는 FDI유치를 위해, 그리고 이러한 이미지 탈피를 위해 2000년 초부터 기업의 민영화와 기업운영 간섭배제 등 FDI를 유치하기 위한 투자유치법을 개정하였고, 그 결과로 2003년부터는 꾸준히 FDI가 증가했다고 볼 수 있다.

(단위: 10억 달러)

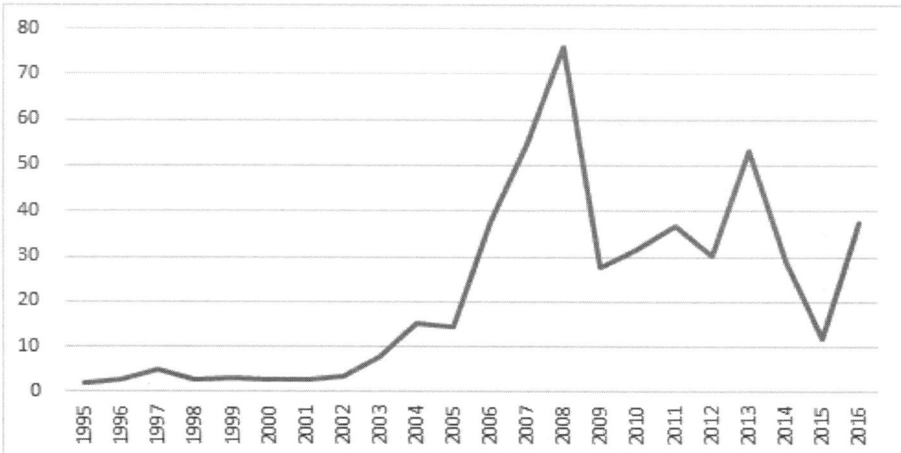

자료: UNCTAD, FDI/MNE(www.unctad.org/fdistatistics)

[그림 2-1] 러시아의 FDI 유입

<표 2-4>와 [그림 2-1]에서 보는 바와 같이, 2003년부터 2008년 글로벌 금융위기 발생 이전까지 외국인직접투자는 꾸준히 증가했다. FDI유입은 2003년부터 본격적으로 증가하기 시작했으며, 2003년과 2004년에 각각 77억 달러와 150억 달러로 크게 증가했으며, 이에 따라 경제성장률도 7.3%와 7.1%로 급증하였다. FDI 유입액은 2006년에 374억 달러로 전년보다 2배 이상 늘었고, 2007년에도 549억 달러로 전년 대비 68%나 증가하였다.

2008년도에는 759억 달러로 전년 대비 138%증가 하였으며, FDI 유입 최고액을 기록하였다. 2008년에 FDI가 급증한 것은 전력산업이 민영화되어 시장이 개방된 데다 FDI에서 가장 큰 비중을 차지하는 천연자원 분야는 물론 자동차·부동산 산업에 대해서도 대규모 투자가 이루어진 결과였다고 할 수 있다. 2008년 금융위기 이후에는 세계금융시장의 경색과 주요 투자국들의 경기침체로 인해 투자심리가 위축되어, 2009년에 FDI는 278억 달러로 급격히 줄어들었다.

2014년에 미국과 EU는 우크라이나 사태를 문제로 러시아에 대한 경제 및 금융제재를 시행하였으며, 이에 반해 러시아는 서방 농산물 수입금지로 맞대응하였고, 이로 인해 서방과의 교역 및 투자가 크게 감소했다. 뿐만 아니라 미국과 EU의 러시아에 대한 경제제재 조치는 러시아 은행과 에너지 관련 산업, 그리고 방산기업 등 주요산업에 대한 외국인투자를 감소시켰으며, 자본 유출과 성장잠재력이 축소되었다. 또한 러시아의 에너지 관련 산업들이 국제금융시장에서 자금을 조달하는 것을 금지하고, 방산물자 등 무기 관련 교역도 제한하였다. 이로 인해 2015년과 2016년에 러시아경제는 침체되었으며, 자본유입 및 투자도 부진하였다.

국제적 투자대상지역으로서 러시아가 가지는 긍정적인 측면은 국내시장의 성장 잠재력이 높고, 천연자원의 가용성이 높으며, 유럽과 아시아를 접하고 있어 물류운송이 용이하고, 첨단기술 분야의 숙련된 노동력이 많다는 것이다. 부정적 요인들로는 관료제에 따른 비효율성과 복잡한 각종 행정규제, 시장의 불확실성, 정부정책의 불투명성, 정치적 불안정 등이다. 그럼에도 불구하고 러시아가 새로운 투자처로서 매력적인 것은 성장 잠재력이 높고, 지하자원이 풍부하다는 것이다. 따라서 러시아는 FDI유치를 위해 행정규제 및 규제개혁을 지속적으로 추진하고 있어 변화가 기대된다.

특히, 러시아는 확인매장량을 기준으로 원유생산량은 세계 2위(12.4%)이며, 매장량은 세계 6위(6.3%), 그리고 천연가스는 세계 1위(23.4%)로 많은 지하자원을 보유하고 있어 에너지 분야에 관심이 있는 해외투자자들에게는 매력적인 투자처라고 볼 수 있다. 그러나 러시아정부는 에너지관련 분야의 외국인직접투자법을 만들어 규제를 강화하였다.

기본적으로 전환기 러시아 정부의 투자유치정책 및 투자 유치에 관한 제도는 소련의 제도와 유사하다고 할 수 있다. 1991년 7월 소련은 '외국인투자법' 제3조에서 외국인의 투자방식에 대해 ①소련의 법인 및 시민이 설립한 기업과 조직의 지분 첨가 ②외국인 자본가 100% 지분의 기업 설립 ③주식 및 기타 유가증권을 포함한 재산의 취득 ④토지사용 및 기타 천연자원 이용권 취득 ⑤기타 재산권 취득 및 법으로 금지되지 않은 사항으로 외국인의 투자방법을 규정하고 있다.[4)]

전환기 초 러시아의 외국인투자 관계를 규정하는 법의 기초는 1991년 9월 1일에 발효된 '러시아 연방 외국인투자법'이며, 러시아연방내에서 외국인 투자와 관련 된 법은 제5조에 따른다. 제5조에는 관계 법률과 국제협약에 따른다고 규정하고 있으며, 서로 상이할 경우 국제협약에 따른다고 규정하고 있다.

2000년 이후 푸틴은 외국인투자와 관련된 정책을 정비하기 시작했고, 동시에 관련된 규제정책을 강화하기 시작했다. 푸틴정부 1, 2기에는 석유와 가스 등 에너지산업 부문에서의 규제를 강화했으며, 2008년에는 외국인투자법을 제정하여 에너지산업에 외국인직접투자를 제한하는 법률을 제정하였다. 같은 시기에 지하자원법을 개정하여 광물자원을 비롯한 에너지, 유전 등 자원분야에 대한 외국인 직접투자 규제를 강화했다. 이후에도 극동지역에 경제특구(선도경제사회구역: TASED)를 지정하면서 외국인투자유치 정책을 수정 보완하였다.

러시아에 유입된 FDI의 주요 투자국은 바하마·버진군도·버뮤다 등으로서, 그곳에는 러시아 기업이 조세회피를 목적으로 만들어둔 해외 기업들이 활동하고 있다. 이 기업들의 자본은 대부분 러시아로 재투자되는 것으로 지적되고 있다. 이처럼 러시아 투자국 및 투자지역은 편중현상을 보이고 있으며, 사이프러스

---

4) 윤찬혁, 러시아연방의 외국인투자관련 제도, KIEP(1992), p.22.

·버뮤다·영국령 버진군도 등의 러시아 관련 기업이 많은 부분을 차지하는 것으로 추정된다. 따라서 조세피난처(tax haven)[5]로부터 러시아로 유입된 직접투자는 전형적인 외국인직접투자로 보기 어려운 측면도 있다.

2014년 대러시아 FDI총액은 220억 달러에서 2015년에 68억 달러로 크게 하락했으나 2016년에는 325억 달러로 다시 회복세에 들어섰다. 2017년부터는 러시아가 플러스 경제성장을 하고 있고, 최근 러시아정부가 외국기업에 대한 투자 인센티브를 제공하고 있어 외국기업의 투자 규모는 증가하고 있다.

러시아 FDI의 산업별 투자구성을 보면, 2014년의 경우, 전통적으로 큰 부분을 차지하던 광업부문의 유입은 다소 감소하였으나 금융보험업이 약 78억 달러 기록했다.

〈표 2-5〉 러시아에 유입된 FDI의 투자국

순위	2014년	2015년	2016년(백만 달러)	
1	바하마	바하마	싱가포르	16,273
2	사이프러스	영국령 버진군도	바하마	5,802
3	영국령 버진군도	버뮤다	버뮤다	2,550
4	스위스	저지	프랑스	1,997
5	프랑스	프랑스	스위스	1,842
6	버뮤다	독일	오스트리아	1,070
7	중국	영국	영국령 버진군도	1,009
8	네덜란드	중국	저지	608
9	오스트리아	아일랜드	스웨덴	530
10	미국	일본	영국	478

자료: Central Bank of the Russian Federation 2017.
(http://www.cbr.ru/Eng/statistics/?PrtId=svs)

5) 세제상의 우대 뿐 아니라 외국환관리법·회사법 등의 규제가 적고 금융거래의 익명성이 보장되기 때문에 탈세와 돈세탁용 자금거래의 온상이 됨.

그러나 정보통신·운송업·농림어업분야의 FDI가 큰 폭으로 감소하였을 뿐만 아니라 유출이 많아 순유출을 기록하였다. 2015년에는 정보통신·전력·운송업·건설업 등의 분야에서 113억 달러 이상의 순유출을 기록하였으며, 가장 큰 폭으로 자본이 순유출 된 분야는 정보통신분야(65억 달러)였다. 그리고 2015년 기준으로 가장 많은 외국인 투자분야는 광업(109억 달러)이고, 다음으로 제조업(68억 달러), 도소매업(39억 달러) 등으로 나타났다. 2016년에 외국인투자가 가장 많이 이루어진 분야는 광업 분야로 220억 달러에 달했으며, 이는 전년대비 배나 증가한 것이었다.

〈표 2-6〉 주요 산업별 FDI 순유입액

(단위: 백만 달러)

분야/년	2014년	2015년	2016년
농림어업	-30	270	-141
광업	4,545	11,489	22,304
제조업	1,173	6,839	4,884
전력	1,682	-1,940	-98
도소매업	3,240	3,996	1,701
운송업	-743	-1,689	-72
정보통신	-2,361	-6,514	2,062
금융보험업	7,842	-2,825	3,301
기타서비스	3,870	-2,345	634
전체	22,031	6,853	32,539

자료: Central Bank of the Russian Federation (http://www.cbr.ru/Eng/statistics/?PrtId=svs)
주 : 마이너스는 FDI의 순유출액임.

제2절 한국과 러시아간의 경제관계 및 교역현황

1. 한·러 무역관계 및 교역현황

한국과 러시아간의 경제관계는 1988년 9월 구소련의 고르바쵸프 대통령이 한국과의 경제교류 가능성을 언급한 이후 1989년에 대한무역진흥공사(KOTRA)와 소련연방 상공회의소간에 「통상업무협조약정」이 체결됨에 따라 상주무역사무소를 교환 개설함으로써 본격적으로 시작되었다. 1990년 3월에 서울과 모스크바간에 정기항로가 개설됨으로써 양국간의 인적·물적 교류가 확대될 수 있는 기반이 조성되었으며, 9월에는 항공협정 및 무역협정에 합의하고, 과학기술협력에 가서 명함에 따라 한·러의 경제관계 및 교류는 새로운 전환기를 맞았다.

한·소 양국의 교역액은 1988년에 수출입을 합쳐 2억 달러에 불과했으나, 1989년에 양국의 총교역액은 전년도의 3배인 약 6억 달러(수출 2억 달러, 수입 3억9천만 달러)로 급격히 증가하였다. 대소교역에서 한국은 1987년에 6천6백만 달러, 1988년에 6천7백만 달러, 1989년에 1억8천4백만 달러의 무역수지적자를 기록하였으나 1990년과 1991년에는 총교역액이 각각 9억 달러, 12억 달러로 수출이 크게 증가하면서 1억5천만 달러와 7천만 달러의 무역수지흑자를 기록하였다. 한·소양국의 교역은 1987년부터 1991년까지 5년간 71.8%의 높은 무역 신장률을 기록하였다.

한편, 1991년 말 소련이 붕괴되고 러시아연방정부가 들어서면서 B.옐친 대통령의 지지를 얻은 가이다르와 추바이스, 표도로프, 쇼힌 등의 신개혁주의자들은 계획경제에서 시장경제로의 이행을 단행하였다.[6] 그러나, 이행 초기인 1992년에는 거시경제의 불안정으로 인하여 실업률과 물가상승률 그리고, 환율이 급등하였으며, 이로 인하여 대외경제관계가 둔화되었다. 1992년 우리나라와의 교역액도 10억8천만 불로 전년 동기대비 10.3%나 감소하였다.[7]

---

6) 김영식(1997), pp.51-53.

1992년 대러시아 교역이 감소한 원인은 ①과거 70년 동안 구소련을 이끌어온 좌파 및 보수 세력들과 옐친 정부와의 정치적 알력이 가시화 되면서 옐친정부의 경제개혁에 대한 불안감으로 미국을 비롯한 여러 서방국들이 러시아의 경제개혁을 위한 자금지원을 축소하였다. ②루블화의 가치하락, 대량실업, 물가상승, 채불 임금의 증가 등 신정부의 급진적 경제개혁 프로그램(충격요법 ; Shock Theraphy, Big Bang)에 대한 국민들의 불신임으로 정부의 중·장기적 경제정책(가격자유화, 사유화 등)이 실효를 거둘 수 없었다. ③생산설비의 노후화로 산업생산이 감소하였으며 이로 인해 원자재의 수출이 감소하였다. 이러한 제 현상들은 계획경제에서 시장경제로의 이행기에 발생할 수 있는 필연적이고 과도기적 현상으로 러시아정부가 10~15년 이상의 중장기적 계획을 통해 해결해야 하며, 정부는 국민들이 신뢰할 수 있는 효율적이고 일관성 있는 경제정책을 제시해야 한다. 러시아는 지난 92년 시장경제개혁이후 침체의 긴 터널에서 벗어나 1997년에 처음으로 0.4%의 플러스 경제성장률을 기록하였다. 그러나 개혁의 과정에서 나타난 생산 감소와 심각한 재정적자로 인하여 정부는 위기에 직면하게 되었다.

대러시아 교역에서 1991년까지 한국의 수출품은 주로 TV·VTR·냉장고 등 가전제품과 전기·전자제품이었으며, 수입품은 철강·원목·비철금속 등의 원자재가 대부분이었다. 그러나 1992년부터 러시아가 본격적으로 시장을 개방함에 따라 수출품목이 승용차·비디오테이프·혁제의류·과자류·음료수 등으로 다변화되었으며, 그 결과로 수출이 1994년, 1995년에 각각 9억6천2백만 달러와 14억 1천6백만 달러로 전년 동기 대비 각각 60%, 47%가 증가하였다. 수출이 증가하면서 1996년에 1억5천7백만 달러, 1997년에 1억7천9백만 달러의 무역수지흑자를 기록하였으며, 1998년 상반기에는 수출이 7억1천8백만 달러, 수입이 5억1천3백만 달러로 약 2억 달러의 무역수지흑자를 기록하였다.

1996년 초에는 한국과 경쟁관계에 있는 일본의 엔화가치 하락으로 한국제품들이 러시아시장에서 경쟁력이 하락함에 따라 후반기에 한국의 가전제품회사들은 수출가격을 10%정도 인하하였다. 또한 1997년 러시아의 경제사정 악화로 소

---

7) 위의 글. p.54 참조.

비시장은 더욱 위축되었으며, 한국산 TV, VTR, 냉장고 등 가정용 전자제품의 공급이 60% 이상 감소하였으며, 이것은 전년 동기 대비 17~38% 감소한 것이었다.

또한, 과자류·음료수·양념류·식물성기름 등 식료품의 수출은 한·러교역이 시작된 이래 지속적으로 증가하였으며, 러시아의 한국산 식료품 수입의 증가 원인은 생산시설의 노후화로 자체생산이 부족하여 수입품에 의존할 수밖에 없었으며, 러시아정부는 식료품의 지속적인 공급을 위해 수입관세를 50%까지 인하하였다. 한국산 식료품들은 주로 시베리아와 극동지역에 판매되고 있으며, 상대적으로 경쟁관계에 있는 중국이나 일본의 상품보다 질과 가격, 기호도 면에서 경쟁력을 지니고 있어 한국 식료품에 대한 수요가 증가하고 있으며, 식료품에 대한 판매수익률이 높기 때문에 식료품의 대러시아 수출은 더욱 증가할 것이다.

1988년부터 본격적으로 시작된 한·러교역은 1996년까지 10배 이상 증가했으며, 러시아의 경제개혁이 진행되는 기간에도 연간 20~30% 정도 증가하였다. 한국이 러시아에서 수입하는 품목으로는 주로 원자재로써 품목별 비중은 총무역량의 31%가 철광석(비철금속 18%, 철 13.1%)이며, 화학공업품(16.7%), 목재(8.1%), 수산물(7.1%) 등으로 원자재가 대부분을 차지하고 있으며, 특히 가공산업과 제조업이 발달한 한국경제구조를 고려해 볼 때, 저렴한 러시아 원자재 수입은 지속적으로 증가하였다.

한편, 1998년 8월 17일 러시아는 루블화표시 외채에 대해 90일간 잠정적 대외채무 지불유예를 선언하고, 루블화를 평가절하 하였다.[8] 이와 같이 모라토리움

8) 러시아 재무부 및 중앙은행의 외채구조조정의 내용은 ①만기 180일 이상의 외국인 신용에 대한 원금상환을 90일간 유예하고, ②외국인이 보유하고 있는 단기국채(GKO)의 원리금지급을 90일간 유예하는 한편, 단기국채를 대신할 새로운 채권을 발행하는 방식으로 외채를 재조정(restructuring)하기로 하였다. 또한, 러시아의 금융위기는 동남아시아의 금융위기와는 달리 실물경제와 연관되지 않은 외국인 투자자금이 고수익률의 단기국채(GKO)에 유입되었으며, 국제금융·외환시장의 위기로 인하여 러시아 금융시장에서 자금이 반출됨에 따라 환율의 증가, 국내금리 인상, 주가하락 등으로 금융시장이 더욱 불안정하게 되었다. 러시아 단기국채중 루블화표시 외채 가운데 외국인 보유비중은 98년 5월 현재 전체 단기국채의 약 25-30% 수준인 것으로 추정된다. 단기국채수익률은 97연말에 36.6%, 98년 7월말 까지 최고치는 173.3%였으며, 8월17일 모라토리엄 선언 당일에는 229.7%까지 증가하였다. 러시아주가(RTS) 지수는 97년 말에 396.41,

(Moratorium)을 실시하게 된 원인은 ①7백억 달러 이상의 과도한 단기외채[9](정부세출예산의 30%~50%에 육박)와 ②만성적 재정적자[10], 그리고 ③수출 감소로 인한 외화보유 부족에 있었다.[11](러시아는 원자재의 50%~60%를 한국·일본·인도·말레이시아 등 아시아 국가들에 수출해왔으나 아시아 국가들의 경기침체로 인해 전년 동기 대비 원자재 수출액은 30%~35% 감소하였다)

1998년에는 양국의 경제사정 악화로 무역량은 감소하였다. 그러나 한국과 러시아의 경제를 회생시킬 수 있는 대안으로서 외국인의 직접·간접투자의 유치와 수출증대를 제시하였으며, 한국은 수출을 증가시키기 위해 질이 좋고 저렴한 러시아산 원자재가 필요하며, 러시아는 원자재를 한국에 판매함으로써 수출을 증가시킬 수 있으므로 양국간의 경제협력은 서로에게 이익이 되었다.

한·러 무역관계는 1990년 모스크바에 KOTRA를 설치한 후 지금까지 지속적으로 발전해오고 있다. 1995년에 러시아의 총무역액은 1,450억 달러이며, 한·러

98년7월말까지 최고치는 411.61이였으며, 8월17일에는 109.43, 8월27일에는 63.2까지 주가가 폭락하면서 러시아 금융외환시장은 위기 상황으로 치달았다.

KOMMERSANT-daily №147 1998.8.13 참조, 한은정보, 한국은행, 1998.9 pp.100~102 참조.

9) 97년말 현재 러시아의 총외채규모는 1,355억불에 이르며, 이중 외국인들이 투자한 1년 미만의 단기국채는 4백6억불이며, 민간채무의 경우 상환기간이 1년 미만인 단기차관이 약 3백24억불로 러시아가 1년 내에 갚아야 할 단기채무는 7백억 달러를 넘었으며, 외환보유액이 97년 중반의 240억불에서 97년 말에 170억불로 감소함에 따라 러시아의 환율방어 능력에 대한 우려가 증가하였다.

10) 러시아의 재정적자는 96-97년간 경상GDP대비 6-7%의 높은 수준을 보였으며, 금년 들어 러시아정부는 6월의 경우 세수목표 6백억 루블(약 94억 달러)에 실제 징수액은 3분의1인 2백억 루블(약32억 달러)에 그쳐 27억불의 재정수지 적자를 기록하였으며, 7월에는 23억불의 재정수지적자를 기록하였다. 또한 단기국채(GKO)의 만기도래분 증가(6월-48억불, 7월-53억불)로 정부자금수지는 더욱 악화되었다.

Financial izvestia virtual 98.9.4참조, JP Morgan, Emerging Market Research, 98.8.1 참조

11) 1997년 러시아 수출에서 석유가 차지하는 비중은 전체수출액의 약 25%나 된다. 그런데 지난해 톤당 110-140달러에 달했던 국제유가는 1998년 5월 현재 톤당 약 89달러 수준으로 45%이상 폭락함에 따라 1/4분기 석유수출량은 전년동기대비 8.9% 증가한 3,210만 톤에 달했으나, 석유수출을 통한 외화수입은 오히려 전년동기에 비해 24.5% 줄어든 29억 달러였다. 또한 기업들로부터의 이윤세 및 조세 수입이 8-10% 감소하였다. 러시아 주요 원자재 수출은 전년 동기 대비 1/4분기에 천연가스-13%, 석탄-22%, 석유-34%, 디젤연료-37%, 연료류-40% 감소하여 급격한 무역수지흑자의 감소를 가져왔다. 주간해외경제, 한국은행, 제98-35호 참조, 서승원·이철원·김병희(1998), pp.197-198 참조.

교역액은 33억 달러(2.25%)에 달했다. 한국의 총무역액 2,601억 달러에서 한·러 교역액 33억 달러(1.27%)가 되었다.

1996년까지 급성장하던 한·러 무역은 한국과 러시아가 경제위기에 봉착하면서 무역이 감소하였다. <표 2-7>에 따르면, 1997년의 한·러 교역액은 1996년의 한·러 교역액과 비교하면 12.6%로 감소했으며, 1998년에도 한·러 교역액은 전년도에 비해 36% 감소했다. 1999년 초 한국과 러시아가 금융위기를 벗어나면서 양국간의 교역량은 다시 증가하기 시작했다.

특히, 2001년에는 한국의 총무역액이 2,915억 달러 중에서 한·러 교역액이 28.7억 달러로 0.98%를 차지하였다. 그러나 2006년에는 한국의 총무역액 6,348억 달러 중에서 한·러 교역액 97.5억 달러로 1.53%를 차지해 러시아와의 교역 비중이 점차 증가했음을 알 수 있다.

2001년에 러시아의 총무역액 1,556억 달러 중에서 한·러 교역액이 28.7억 달러로 1.84% 차지했다. 그러나 2006년에는 러시아의 총무역액 4,684억 달러로 한·러 교역액 중에서 97.5억 달러로 2%로 증가하였다. 2013년 한러간 교역액은 226억으로 크게 증가하였으며, 2020년에는 175억 달러를 달성하였으며, 한·러 간의 교역비중은 점차 증가하고 있는 것으로 나타났다.

2020년에 러시아는 한국의 10위 수출 대상국이었으며, 12위 수입 대상국이었다. 그리고 한국의 대유럽 1위 수출국이며, 대유럽에 2위 수입국이다. 1992년에 한·러 교역액은 1.9억 달러였으나 2013년의 한·러 교역액은 226억 달러로 약 200배가 넘는 교역 증가를 기록하였으나 2020년에는 코로나19로 인해 175억 달러로 감소하였다.

지속가능한 한국과 러시아를 위해서는 단순한 원자재와 소비재를 사고파는 전통적 교역 형태를 벗어나 자원, 인프라, 첨단산업과 혁신 분야 등에서의 협력을 확대추진하기 위해서는 한·러 FTA를 추진해야한다. 한국은 러시아와 FTA를 통해 다른 어떤 국가보다 먼저 극동과 시베리아에 진출하여 이 지역을 전략적으로 선점하는 것이 매우 중요하다. 극동지역에서 한국의 경제 영토가 확대되고, 러시아와의 경제협력이 강화된다면 북한을 포함한 동아시아 지역에서 평화와 번영에 큰 도움이 될 것이다.

〈표 2-7〉 한· 러간 교역 현황

(단위: 천 달러)

구분	수출	수입	무역수지
1992	111,084	74,830	43,254
1993	601,171	974,821	-373,650
1994	961,911	1,229,652	-267,741
1995	1,415,881	1,892,880	-476,999
1996	1,967,534	1,810,266	157,268
1997	1,767,932	1,534,783	233,149
1998	1,113,846	998,579	115,267
1999	637,052	1,590,469	-953,417
2000	788,127	2,058,265	-1,270,138
2001	938,161	1,929,476	-991,315
2002	1,065,875	2,217,604	-1,151,729
2003	1,659,119	2,521,780	-862,661
2004	2,339,329	3,671,455	-1,332,126
2005	3,864,170	3,936,623	-72,453
2006	5,179,248	4,572,967	606,281
2007	8,087,746	6,977,477	1,110,269
2008	9,747,957	8,340,060	1,407,897
2009	4,194,066	5,788,759	-1,594,693
2010	7,759,836	9,899,456	-2,139,620
2011	10,304,880	10,852,171	-547,291
2012	11,097,138	11,354,318	-257,180
2013	11,149,103	11,495,500	-346,397
2014	10,129,249	15,669,238	-5,539,969
2015	4,685,732	11,308,287	-6,622,555
2016	4,768,751	8,640,613	-3,871,862
2017	6,906,618	12,039,530	-5,132,912
2018	7,320,899	17,504,050	-10,183,151
2019	7,774,133	14,566,507	-6,792,374
2020	6,899,968	10,630,194	-3,730,226

자료: 한국무역협회, 2021.

한국과의 교역에서 수입을 증가시키고 있는 러시아는 한국의 적극적인 투자를 원하고 있으며, 러시아는 한국으로부터 IT 기술 및 자본 집약적인 상품을 수입 하고 있다. 한국 수출 상품의 특징은 가격이 저렴하고 품질이 좋다는 것이다. 예를 들어 중국 상품은 저렴하지만 품질이 좋지 않다는 것이다. 따라서 러시아 시장에서 한국 상품의 수요가 점차 증가하고 있다.

한국은 러시아에서 주로 원료 및 에너지집약적인 제품을 저렴한 가격으로 수입하고 있으며, 군수산업이나 우주산업과 같은 첨단 분야의 신기술집약적인 상품을 수입하고 있다. 러시아는 한국과 근거리에 있어 물류비가 적다는 것이다. 따라서 한국의 경우 러시아로부터 러시아의 값 싼 원자재를 적극적으로 수입함으로써 양국의 교역량을 증가시키고 있다.

1992년부터 1999년까지 한국 수출의 핵심품목은 기계 및 운수장비가 물론이고, 식품 및 산동물, 기타 제조제품이다. 1999년부터 2020년까지는 식품 및 산동물, 기타 제조제품의 수출량은 감소했지만, 기계 및 운수장비, 화학물 및 관련제품, 재료별 제조제품의 수출량은 증가했다. 1992년부터 1999년까지 러시아 경제는 저성장 혹은 마이너스 성장이 지속되면서 내수시장이 경직되었다. 그러나 1999년 후반부터 러시아경제는 고성장을 지속하면서 한국으로부터 기계 및 운수장비, 화학물 및 관련제품, 재료별 제조제품의 수입이 증가하기 시작했다.

<표 2-8>에서 보면, 주요 수출 품목은 승용차(22.1억 달러), 자동차부품(11.6억 달러), 합성수지(3억 달러), 건설중장비(2.5억 달러), 아연도강판(1.5억 달러) 등이며, 자동차 관련 품목의 대러 수출비중은 코로나19로 인해 크게 감소하였다.

<표 2-9>에서 보면, 주요 수입 품목은 원유(46.3억 달러), 나프타(29.5억 달러), 유연탄(24.2억 달러), 천연가스(1.2억 달러), 알루미늄(2.8억 달러) 등이며, 에너지 관련 품목(원유, 석탄, 천연가스, 중유 등)의 대러시아 수입 비중은 코로나19로 인해 수입이 급감하였다. 2020년에 대러시아 수출은 69억 달러로 전년대비 11.2% 감소했으며, 수입도 106억 달러로 전년도보다 27%나 감소하였다.

결과적으로 한·러 교역은 자원이 풍부한 러시아는 한국으로 에너지자원을 수출하였으며, 한국은 러시아로부터 자본 및 기술 집약적인 상품을 수출하고 있다. 한국과 러시아는 서로 필요한 것을 서로 얻음으로서 상호 유리한 교역을 추진하

고 있다고 보아야 할 것이다.

〈표 2-8〉 한국의 對러시아 20대 수출 품목

(단위: 백만 달러, %)

순위	품목명	2019년		2020년	
		금 액	전년대비	금 액	전년대비
	총계	7,774	6.2	6,900	-11.2
1	승용차	2,216	7.0	1,485	-33.0
2	자동차부품	1,168	7.1	1,097	-6.0
3	합성수지	321	2.9	253	-21.3
4	화장품	212	33.7	243	14.7
5	건설중장비	256	3.9	213	-17.0
6	아연도강판	156	30.5	150	-3.8
7	기타플라스틱제품	142	6.8	145	1.8
8	공기조절기	87	23.3	103	18.8
9	타이어	143	4.8	96	-32.9
10	의자	111	-9.2	95	-14.2
11	집적회로반도체	66	-1.3	20	21.8
12	선박	189	10,274.8	-	-
13	의료용전자기기	62	21.3	76	18.7
14	운반하역기계	69	34.6	76	10.1
15	기타조명기기	73	15.9	73	0.0
16	의료용기기	73	19.2	83	-0.2
17	평판디스플레이	70	13.8	-	-
18	윤활유	76	-4.5	66	-12.7
19	펌프	70	35.9	-	-
20	전산기록매체	26	146.3	57	120.4

자료: 주러시아대사관, 「2020년 연간 한·러 교역동향」, 2021.1.

〈표 2-9〉 한국의 對러시아 20대 수입 품목

(단위: 백만 달러, %)

순위	품목명	2019년		2020년	
		금 액	전년대비	금 액	전년대비
	총계	14,567	-16.8	10,630	-27.0
1	나프타	2,957	-16.7	2,537	-14.2
2	원유	4,634	-20.8	2,384	-48.5
3	유연탄	2,427	-15.7	1,682	-30.7
4	천연가스	1,197	13.2	777	-29.2
5	게	407	11.3	397	-2.4
6	무연탄	379	-33.0	286	-24.5
7	백금	322	23.7	328	2.0
8	알루미늄괴 및 스크랩	286	-13.4	194	-32.2
9	명태	141	-28.2	181	28.6
10	고철	225	-32.9	170	-24.5
11	중유	184	-38.7	90	-51.2
12	경유	35	214.3	-	-
13	합금철	91	-6.7	91	-0.6
14	펄프	94	-25.0	87	-7.7
15	어란	85	0.1	73	-14.0
16	우라늄	204	10.2	-	-
17	기타 어류	80	1.6	83	4.0
18	건조수산물	80	9.6	77	-4.0
19	선박	0	-87.9	-	-
20	제재목	88	-14.0	70	-20.4

자료: 주러시아대사관, 「2020년 연간 한·러 교역동향」, 2021.1.

2. 투자 협력

러시아는 경제 재건에 필요한 막대한 재원조달을 위해 적극적인 외국인 투자 유치정책을 추진 중에 있다. 그러나 법적·제도적 장치의 미비와 정치·경제적 위험이 높기 때문에 현재까지 외국인 투자유치 실적은 미흡한 실정이다.

한국의 대러시아 투자는 90년 수교이후 꾸준히 증가하였으나 98년 모라토리엄으로 인해 외환시장이 불안정하여 투자가 급속히 감소하였다. 그러나 2000년 이후 세계 에너지자원 시장이 활성화되면서 대러시아 투자가 증가하기 시작했다. 그럼에도 불구하고 양국 간의 교역규모를 감안할 때, <표 2-10>에서 보는 것처럼, 러시아로 유입된 외국인 직접투자와 한·러간의 투자협력은 미미한 수준이라 할 수 있다. 이는 러시아의 국내투자환경이 열악하고, 시장상황 및 현지화 여건이 미성숙하여 투자를 꺼리고 있는 것으로 파악할 수 있다. 따라서 러시아의 투자환경에 대한 키워드는 2011년 12월 러시아가 WTO에 가입하고, 대외경제를 개방화하고, 경제 산업을 현대화하고, 국영기업을 민영화하는데 있다고 할 수 있다.

한편, 한국과 러시아의 직접투자에 대한 협력관계는 무역처럼 적극적으로 이루어지지는 않고 있으나, 1991년 초부터 1997년 5월말까지 한국정부와 합의된 대러시아 직접투자규모는 총122개의 프로젝트에 약 2억 달러에 달하며, 이들 중에 기업들에 의해 실질적으로 직접 투자된 부분은 1997년 7월1일까지 82개의 프로젝트에 1억1천4백만 달러이다. 2020년 말까지 러시아에 투자 진출한 기업 수는 629개이며, 투자총액은 29억달러 달한다.[12)]

한국기업들의 대러시아 직접투자는 1993년부터 본격화되었으며, 그해에는 12개의 프로젝트에 3백20만 달러, 1994년과 1995년에는 각각 20개의 프로젝트에 1천2백만 달러, 23개의 프로젝트에 3천만 달러를 투자했으며, 1996년에는 12개의 프로젝트에 4천1백만 달러로 직접투자액수는 점차로 증가하였으며, 1998년 4월말

12) 러시아지역 투자부문의 자료는 한국주재 러시아대사관의 경제위원회와 러시아 통상대표부에서 발행한 자료를 기초로 작성했기 때문에 한국무역협회, 대한무역진흥공사(KOTRA)에서 발표한 자료와 약간의 오차가 발생할 수 있다.

〈표 2-10〉 우리나라의 대러시아 투자 현황

(단위: 백만 달러)

년 도	신규법인 수	투자금액
1989	3	0
1990	2	19
1991	7	18
1992	7	3
1993	13	4
1994	22	14
1995	27	32
1996	15	44
1997	7	8
1998	5	44
1999	7	1
2000	12	4
2001	12	7
2002	11	24
2003	18	25
2004	17	31
2005	29	38
2006	22	109
2007	52	242
2008	62	359
2009	32	430
2010	22	337
2011	33	100
2012	16	109
2013	27	122
2014	21	116
2015	18	178
2016	18	110
2017	21	82
2018	26	95
2019	29	99
2020	16	125
합 계	629	2,931

자료: 수출입은행, 2021.5.
https://stats.koreaexim.go.kr/sub/countryStatistics.do 자료검색 2021년 5월 2일.

현재 러시아에 대한 직접투자 현황은 제조업에 4천7백만 달러, 광업에 2천만 달러, 무역업에 6백만 달러, 운수업에 천만 달러, 기타 3천6백만 달러로 총투자액은 약 1억2천만 달러이며, 한국기업체들의 주요 투자 대상 분야는 임업과 목재가공업, 어류채취와 가공, 광물채취 등의 1차산업 분야와 무역업과 제조업 그리고, 식당, 호텔, 상가 등의 서비스업분야이다. 지역별로는 극동에 대한 투자가 전체 러시아투자의 56%를 차지하고 있다.

한·러간 투자협력의 주요 장애요인은 러시아정부의 빈번한 법규개정과 경제정책변경에 의해 야기되는 불안전성을 들 수 있다. 또한 과중한 세금부담으로 인해 세제개혁의 필요성이 요구되며, 은행시스템의 미발달과 개방화에 따른 관련법규 정비의 필요성 등이 지적되고 있다.

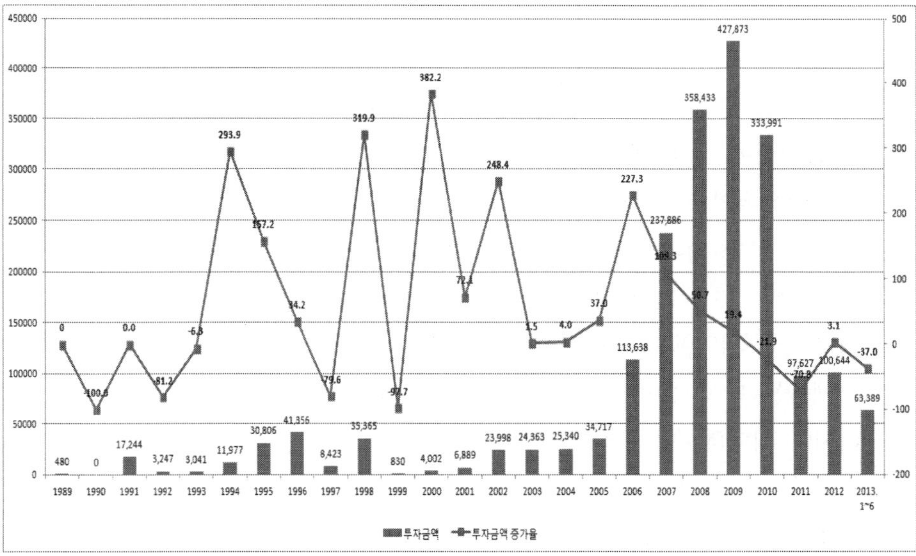

자료: 수출입은행, 2013.12.

[그림 2-2] 우리나라의 대러시아 투자 금액

제3절 러시아 극동지역의 경제현황과 개발전략

1. 극동지역의 경제적 가치와 자원 현황

1) 극동지역(연해주)의 현황

극동지역의 총면적은 621만 6천㎢로 러시아연방의 36.4%이며 한반도의 약 28배이다. 극동지역의 인구는 2012년 말 현재 648만 명으로 러시아 인구의 4.57%에 해당하며, 러시아 전체 국민총생산의 5.6%를 차지하고 있으며, 극동지역 주민의 소득은 러시아 평균보다 약 20% 높으나 생활여건을 감안한 실질소득은 러시아 평균보다 약 30% 정도 낮은 것으로 평가된다.

극동지역은 석탄, 석유, 천연가스 등의 에너지자원과 금, 은, 망간, 주석, 텅스텐, 납, 아연, 철광석, 목재 등이 매장되어 있어 주로 자원채취산업에 의존하고 있으며, 러시아 전체 에너지자원의 30%, 비철금속의 10%, 목재의 30%가 극동지역에 매장되어 있다.[13)]

러시아 극동지역의 주요 어업 항은 연해주, 캄차트카, 사할린, 나호트카 등에 위치하고 있으며, 극동지역의 항구는 러시아 항구 화물유통량의 30%를 차지하고 있다. 극동지역에서 생산된 통나무, 원목, 시멘트, 비료, 어류, 어류통조림 및 기타 제품들은 이 항구들을 통하여 아·태지역으로 수출하고 있으며, 극동어장은 러시아 최대의 수산자원 어획지역이다. 연해주의 경우 수출의 80%를 수산업이 차지하고 있으며, 주요어종은 명태, 정어리, 대구, 매가오리, 청어, 고등어, 연어, 철갑상어, 가재미 등이다. 명태는 러시아의 주종 수출품이며, 전체 수산물 어획의 30% 이상을 차지하고 있다. 이밖에 러시아 전체 수산물 어획 중 정어리가 80%, 매가오리가 15%를 차지하고 있으며, 이들도 수산자원의 주요 수출품에 속한다.

---

13) E. Miller, A. Karp., op. cit., pp.112-113 참조.
이창재(1993), pp.21-27 참조.

한편, 연해지방은 극동지역에서 가장 남쪽에 위치하고 있으며, 면적은 러시아 전면적의 1%가 채 못 되는 16만 6천㎢이며 230만 명의 인구가 거주하고 있다. 이 인구는 러시아의 1.5%, 극동지역의 23% 정도에 해당되며, 그중에 약 100만 명이 경제활동에 종사하고 있다.

연해지방은 천혜의 기후와 풍요로운 자연, 그리고 유리한 지정학적 위치에 따라 편리한 내해와 만이 연결되어 동해의 인접 국가들과 매우 가깝다. 따라서 러시아가 극동지역을 중심으로 아·태지역 경제권으로 통합하는데 중요한 역할을 한다. 연해지방은 러시아 극동지역의 경제 중심지이며, 경제적인 잠재력이 상당 부분 이 지역에 집중되어 있다. 특히, 블라디보스톡은 러시아 태평양함대 및 극동선박회사의 주요기지로써 수산물가공업, 선박수선, 방위산업 등이 이 도시의 경제적 기반을 이루고 있다. 나호트카와 보스토치니는 러시아의 최대 생선통조림 가공산업 지역이며, 아르세네프는 군용항공기 및 항해 장비를 생산하고 있다. 스파스크달리는 러시아 극동지역의 시멘트 생산량의 절반을 생산하고 있으며, 우수리스크는 농업과 산업의 중심지이다.

연해지방의 주된 산업은 어업, 임업, 비철금속업, 해상운송업, 선박수리업 등이고, 특히 어업은 러시아의 전 어획량의 25%를 차지하고 있다. 연해지방은 공업부문에 있어 극동지역의 주도적 위치를 차지하고 있으며, 극동지역 총산업 생산량의 30%가 연해지역에서 생산되며, 해상운송량의 80%, 선박수선업 62%, 시멘트 51%, 곡물 30%, 곡물 30%, 운송부문 14.6%, 건설 9%, 농업 6.2%, 식료품 37%를 생산하고 있다. 극동지역의 주요 생산품인 어류 및 수산물 채취생산에서 연해지방이 차지하는 비중은 극동지역 어획고의 38%인 200만 톤을 넘으며, 목재는 18%인 330만㎥에 이른다. 뿐만 아니라 농업도 연해주 전역에서 지어지고 있으며, 총생산물의 60%는 농작물 재배이며, 40%는 축산이 차지하고 있다. 연해지방의 주요 채소작목 가운데 하나인 감자는 연간 48만 톤 생산하여 완전 자급자족하고 있으며, 곡물 가운데는 식량을 목적으로 밀, 옥수수, 메밀, 쌀 등을 재배하고 있으며, 특용작물로 콩을 생산하고 있다. 또한 연해지방은 러시아연방의 총생산량의 30%가 넘는 1년에 7천 톤의 꿀도 생산하고 있다.

〈표 2-11〉 극동의 부존자원 매장량

(단위: 억 톤, %)

자원종류	부존량	구소련내비중(%)	주 요 부 존 지 역
석 유	2억톤	0.2	사할린 북부
천연가스	8,840억톤	3.0	야쿠츠크 남부, 사할린 동북 해상
석 탄	278억톤	6.1	연해남부, 야쿠츠크, 사할린
철 광 석	180억톤	2.5	아무르, 하바로브스크, 야쿠츠크
산 림	207억m^3	27.6	극동 전역
수산자원	2,850만톤	30.0	캄차카, 오호츠크해, 쿠릴해역

자료: Institut ekonomicheskikh issledovanii Rossiskoi Akademii Nauk, Dal'nii Vostok, Rossii, Ekonomicheskii ezhegodnik, 2012.

이와 같이, 연해지방에는 풍부한 지하자원과 비옥한 토지에 다양한 많은 종류의 어패류가 서식하고 있으므로 연해주를 "극동의 흑진주"라고 부르며, 동북아 지역의 자원공급지로서 자리하게 될 것이다.

2) 극동지역의 정치·경제관계

20세기 말 동서간의 냉전체제가 종식되고 세계화(internationalization), 국제화(globalization)의 추세에 따라 소지역주의가 개방적 지역주의, 혹은 전체지역주의로 확대되면서 지역주의(regionalism)는 더욱 심화되고 있다. 특히, 구주에서의 개방적 지역주의가 전체지역주의로 확대되면서, 상대적으로 소극적이었던 동북아지역에서도 지역주의에 대한 통폐합이 가속화되었다.

이에 따라 세계의 이목은 정치적, 군사적인 양자주의적 동맹관계가 약화되고, 국가적, 지역적으로 경제를 통합화하려는 다자주의 혹은, 지역주의적 경제블록화 현상이 강화되고 있다. 세계 통상질서는 세계화와 함께 지역주의가 심화됨에 따라 지역경제협력체에 대한 논의가 본격화 되고 있으며, 러시아, 일본, 중국 및 우리나라에서도 동북아지역 경제협력체구성에 대한 논의가 활발히 진행되고 있다. 각국의 중앙정부와 지방정부는 지역적 특성에 맞는 자유무역지대(Free Trade

Area), 공동시장(Common Market) 등을 설치함으로써 지역경제를 활성화시키고, 다른 지역경제협력체에 종속되는 것을 방지하기 새로운 대안을 마련코자 하였다.

80년대 중반까지 소련의 대외무역은 유럽 쪽에 편향되어 있었으며, 아·태지역의 교역규모는 전체의 10%정도에 지나지 않았다. 그러나 뻬레스트로이카 이후 동북아 지역에 대한 비중이 높아지면서 소련은 극동지역의 개방과 개발을 통해 아·태지역에서의 영향력을 확대시키려 하였다. 1986년 7월에 M.고르바쵸프는 "블라디보스톡 연설"에서 소련의 당면 과제는 아·태지역에서 협력관계를 추구하는 것이라고 언명하였으며, 소련을 아시아 국가로 포함시킴으로써 중국과 일본 그리고, 남북한과의 관계개선으로 동북아지역으로의 진출을 본격화하였다. 또한 1988년 9월 "글라스노 야르스크 연설"에서 극동지역에 인접한 국가·기업들 간의 경제교류를 활성화하기 위하여 환동해 지역들에 대한 특혜조건을 보다 확대하고 구체화하였다.

1992년에 러시아정부는 "대블라디보스톡 계획"에서 블라디보스톡, 나호트카, 포시에트, 바스토치니 등의 군사항구를 개방하여 국제무역항으로 전환시켰으며, 나호트카 지역을 경제특구로 지정함으로써 블라디보스톡 지역의 중·장기 경제발전 개발전략을 발표하였으며, 전반적으로 침체해 있는 극동지역과 시베리아지역에 투자를 유치함으로써 산재해 있는 풍부한 지하자원과 수산자원을 개발하여 극동지역의 경제를 활성화시키려 하였다.

러시아정부는 극동지역을 환동해의 무역중심지, 자원의 공급지로 만들어 가려는 것이며, 남북한관계의 다자간협상(6자간협상 : 남북한, 러, 미, 일, 중)을 통해 아·태지역에서의 정치적 입지를 강화시키려 하였다. 러시아정부의 극동지역에 대한 개발전략은 환동해의 인접 국가들과 경제협력 및 민간교류를 통하여 동북아시아 및 태평양지역으로 진출하여 정치적, 경제적 영향력을 행사하겠다는 것이며, 나홋트카 지역을 경제특구로 지정한 것은 이러한 다각적인 전략수행을 위한 공간적 거점이라 할 수 있다.

특히, 러시아는 극동지역을 중심으로 동북아지역으로의 진출을 통해 새로운 러시아 재건을 위한 기반을 마련코자 하였으며, 동북아지역으로의 진출을 위해 러시아는 다음 두 가지 새로운 과제를 해결하지 않으면 안 된다. 하나는 내적으로 냉전체제의 종식 이후 급변하는 러시아의 정치적, 경제적 이질성에 대한 변화를 인접국들에게 이해시키고, 그들의 지원과 협력을 이끌어 낼 수 있느냐는 것이며, 다른 하나는 외적인 것으로 동북아에서 러시아의 정치적, 경제적으로 영향력을 확대시켜 나가는 것이다.

3) 한국과 극동지역간 무역현황

2020년 러시아 극동지역의 교액은 321억 달러로 전년대비(371억 달러) 13.6% 감소했으며, 수출은 240억 달러로 16.5% 감소했으며, 수입은 80.6%로 3.5% 감소했다. 극동지역의 10대교역국은 중국, 한국, 일본, 벨기에, 카자흐스탄, UAE, 인도, 대만, 미국, 영국 순이며, UAE와 카자흐스탄, 영국은 교역이 증가한 반면, 벨기에, 미국, 일본, 한국은 교역액이 감소했다.

2020년에 한국과 극동지역과의 교역액은 77.9억 달러로 전년도 101.2억 달러보다23%나 감소하였다. 우리나라의 대극동지역 수출은 6.5억 달러로 전년도(7억 달러) 보다 6.3% 감소하였으며, 수입은 71.3억 달러로 전년도(94.2억 달러) 보다 24.3%나 감소하였다. 그리고 북한과의 교역액은 2019년 1,478만 달러로 전년대비 52%나 감소하였다.

우리나라가 극동지역으로 주요 수출하는 품목은 선박, 기계류, 화장품·세제, 식료품, 농축가공품, 철제품 등이며, 수입품은 원유, 수산물, 석탄, 천연가스 등이다.

〈표 2-12〉 한국과 러시아 극동지역간 교역 현황

(단위: 억 달러)

구분	2013년	2014년	2015년	2016년	2017년	2018년	2019년	2020년
교역액	96.5	102.2	63.8	55.1	71.1	97.2	101.2	77.9
수출	14.7	11.1	4.4	6.4	9.7	5.6	7	6.5
수입	81.7	91.1	59.4	48.7	61.4	91.6	94.2	71.3

자료: 주블라디보스톡총영사관, 「러시아 극동지역 주간 경제동향(2.22~2.28)」, 2021.3.

〈표 2-13〉 북한과 러시아 극동지역간 교역 현황

(단위: 억 달러)

구분	2013년	2014년	2015년	2016년	2017년	2018년	2019년	2020년
교역액	2,450	2,260	1,290	827	1,508	2,537	3,054	1,478
수출	2,260	2,240	1,090	534	1,507	2,537		1,477
수입	190	20	200	293	0.6	0.4		1

자료: 주블라디보스톡총영사관, 「러시아 극동지역 주간 경제동향」, 2020.10.

〈표 2-14〉 한국과 러시아 극동지역간 주요 수출품 현황

(단위: 백만 달러)

순위	수출품목(HS코드)	16년	17년	18년(1–6)	19.1–6	증감율*
1	기계장비 및 그 부품(84)	270	462	152(84)	76	-9.5%
2	철강제품(72,73)	48	81	58(29.7)	49	63%
3	식료품·농축산 가공품(19-22)	33	44	60(27.9)	33	10%
4	플라스틱 제품(39)	43	55	47(22.5)	26	7%
5	화장품·세제 등(33,34)	17	29	34(16.1)	25	57%
6	윤활유 등 석유제품(27)	27	34	36(15.1)	19.2	27%
7	전기기기,축전지 등(85)	72	111	45(13.2)	12.9	-2%
8	종이제품(48)	18	24	23(11.6)	12.3	6%
9	자동차(87)	23	37	19(10.4)	10.6	2%
10	화학물질·약품(28-30)	13	14	19(11.1)	8.5	-23%

자료: 주블라디보스톡총영사관, 「한·러 극동관계」, 2020.10.10.
주 : 증감률은 전년 상반기 대비(이하 동일).

〈표 2-15〉 한국과 러시아 극동지역간 주요 수입품 현황

(단위: 백만 달러)

순위	수입품목(HS코드)	16년	17년	18년(1-6)	19.1-6	증감율
1	원유(2709)	2,401	3,518	5,915(1,886)	3,408	81%
2	수산물(03)	1,011	1,191	1,371(628)	699	11%
3	천연가스(2711)	677	517	698(460)	666	45%
4	석탄(2701-2703)	187	355	507(173)	218	26%
5	철 · 철제품(72,73)	184	176	251(123)	107	-13%
6	나프타(2707)	-	-	53(10.4)	58	약5배
7	석유제품(2710)	162	177	199(84)	50	-40%
8	광석(26)	54	52	50(20.7)	24.9	20%
9	목재 · 목재제품(44)	40	52	44(23.7)	18.4	-22%
10	사료 등(23)	36	42	36(21)	15.2	-28%

자료: 주블라디보스톡총영사관, 「한 · 러 극동관계」, 2020.10.10.
주 : 변화율은 전년 상반기 대비(이하 동일).

4) 극동지역의 경제적 가치

현재 시베리아 지역은 러시아에서 가장 유망한 경제 지역으로 부상하고 있다. 이 지역에는 러시아의 광물자원과 원료, 에너지자원 (석유, 석탄, 천연가스) 전체의 3/4 이상, 수력발전자원의 절반 이상, 상당량의 철광석 및 비철금속, 각종 광물자원이 집중되어 있다. 또한 산림면적은 러시아 전체의 43%를 차지하고 있으며 공업용 목재자원은 80%가 부존한다. 시베리아 지역이 차지하는 자원 비중은 러시아 전체의 절반이상이며 토지면적은 1/3이다.

시베리아 지역의 공업부문 구조는 러시아 경제의 지역 간 분업에 의해 연료, 광물자원, 임업, 목재가공, 에너지 다소비형 화학제품의 생산 및 공급의 역할을

다하고 있다. 그러나 시베리아지역의 경제는 주로 구소연방 및 코메콘 제국의 수요를 충족시키기 위해 국가 주도로 형성되었으나 현재 심각한 위기에 직면해 있으며 그 심각성은 경제구조의 특수성으로 인해 러시아 유럽지역의 위기보다 더한 실정이다.

러시아는 앞에서 설명한 바와 같이, 극동지역을 21세기 전략적 요충지로서 동북아시아로 진출을 위한 교두보로 삼고자 하는 것이다. 러시아는 극동지역에서 2012년 9월 APEC 정상회의를 블라디보스톡에서 개최하고, 2012년 5월에 연방정부 내 극동개발부를 신설한 것은 러시아에서의 극동지역의 중요성을 반영하고 있다고 생각할 수 있다. 이와 같이, 러시아는 극동지역 개발을 국가적 과제로 추진하는 동시에 아·태지역내 국가위상 제고 및 진출확대, 정책도모 등 극동지역의 경제낙후, 인구감소 현상, 부패와의 전쟁 등을 국가안보 문제로 인식하여 '2025 극동 바이칼지역 경제사회개발 프로그램'을 수립하고 추진 중에 있다.

2012년 블라디보스톡은 APEC 준비사업으로 교통인프라 조성에 대규모 연방재원을 투자했으며, 에너지자원의 수출시장의 다변화를 위해 극동가스배관, 동시베리아-태평양송유관(ESPO), 통합가스공급시스템(UGSS) 구축사업을 추진 중에 있다. 극동지역은 에너지자원분야의 대규모 프로젝트 시행에 힘입어 2011년에 5%, 2012년에 9.6%의 높은 경제성장률을 보이고 있다. 그러나 극동지역은 거시경제지표상 양호한 실적임에도 불구하고, 주민의 삶의 질은 낮고, 인구는 지속적으로 감소하고 있다. 극동지역 인구는 러시아 전체의 4.4%에 불과하나 지역총생산은 러시아 GDP의 5.6% 수준이다. 인구대비 생산량을 볼 때, 극동지역 주민의 소득은 러시아 평균보다 약 20% 높으나 생활여건을 감안한 실질소득은 러시아 평균보다 약 30% 정도 낮은 것으로 평가 된다.

극동지역의 대외교역량은 2009년 세계금융위기의 여파로 인한 감소이후 꾸준히 증가하여 2011년에 340억 달러(전년대비 29%), 2012년에 364억 달러(전년대비 7%)로 높은 증가세를 보였다. 우리나라는 2011년~2012년에 극동러시아의 최대 교역국으로 부상했으며, 사할린주와 연해주가 한국의 주요 교역대상 지역이다. 우리나라는 극동러시아에 자동차 등 운송장비, 화학제품, 식료품 등 공산품을 수출하고, 극동으로부터는 석유, 천연가스, 수산물, 목재, 철, 비철금속 등 원자재를 수입한다.

한국기업들의 극동진출은 에너지자원분야, 물류·건설분야, 제조업분야, 농업분야, 서비스분야 등으로 점차 다양해지고 있다. 에너지자원분야에는 한국가스공사가 사할린 LNG 연간 150만 톤을 수입과 연해주지역 가스화사업 참여를 추진 중에 있으며, 한국석유공사는 서캄차트카 해상광구 유전개발 사업 참여를 추진 중에 있으며, 한국투자증권은 사할린 유연탄광 지분에 참여하고 있으며, LG상사는 야쿠츠크 유연탄 연간 250만 톤을 수입하고 있다. 물류·건설분야에서는 부산항만공사가 나홋트카에서 컨테이너항 개발사업을 추진하고 있으며, 계룡건설이 하바로브스크에서 주상복합아파트를 건설하고 있다. 제조업분야에서는 대우조선해양이 대형조선소를 건설하고 있고, 서비스분야에는 1997년 블라디보스톡에 현대호텔(현대중공업)을 건설했다.

극동지역(시베리아 포함)에는 석유가 141억 배럴(전체매장량-742억 배럴의 약 19%), 가스가 10.2조m3(전체매장량-44.4조m3 의 23%) 매장되어 있다. 그러나 인프라가 미비하여 개발율은 10%에 불과하다. 이외에도 확인매장량 기준으로 철광석 120억톤, 망간 1,500만톤, 주석 200만톤, 텅스텐 40만톤, 납 180만톤, 아연 250만톤, 구리 80만톤, 금 2,000만톤, 은 38,000톤, 티타늄 1,030만톤 등의 광물자원이 매장되어 있다.[14)]

2011년 러시아 극동지역에 대한 외국인투자액은 처음으로 100억 달러를 넘어섰으나 극동지역의 외국인투자액은 러시아 전체 외국인투자액(1,900억 달러)의 5% 수준으로 미미한 수준에 머물고 있다. 대극동러시아 외국인투자는 주로 석유·가스가 매장되어 있는 사할린주(49.8억 달러, 전체투자액의 67%), 사하공화국(13.3억 달러, 전체투자액의 18%), 하바로브스크주(4.2억 달러, 전체투자액의 6%) 등 에너지자원 개발 분야에 집중 투자되고 있다. 그리고 석유와 가스 등 에너지자원 메이저 기업을 보유한 네덜란드, 일본 등 일부 국가들에 의해 이루어지고 있으며, 우리나라와 중국은 상대적으로 주요 투자국들에 비해 투자 비중이 낮다.

---

14) 주블라디보스톡총영사관, 「최근 러 극동지역 정세」, 2013.10.10.

2012년에 대극동러시아 외국인투자 유입액은 135.8억 달러로 전년대비 37%나 증가하였다. 전년도와 마찬가지로 가스와 석유 등 에너지자원 매장량이 풍부한 사할린주에 집중투자 됐으며, 투자유형별로는 직접투자 비중이 16%이고, 간접투자 비중이 83.9% 차지했다.

전체적으로 보면 연해주의 외국인투자는 규모면에서 연해주 경제에서 차지하는 비중이 크지 않다. 그러나 연해주의 경제적 잠재력이 높기 때문에 자원개발과 서비스산업분야뿐 만아니라 다양한 분야의 투자가 요구된다. 일본은 러시아 연해주에 대한 최대투자자이다.

(단위: 억 달러)

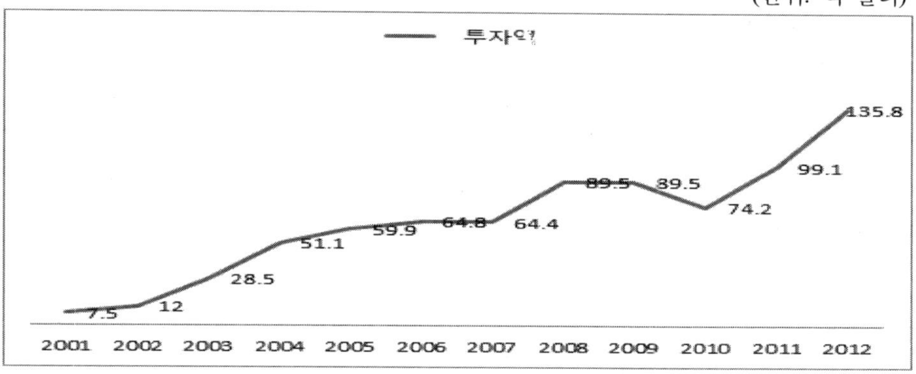

자료: 주블라디보스톡총영사관, 「러 극동지역 외국인 투자동향」, 2013.03.11.
주 : 2011년(99.1억달러)은 자바이칼지역(자바이칼주, 부랴티야공화국)을 제외한 극동지역 외국인투자액임.

[그림 2-3] 2001-2011년간 대 극동바이칼지역의 외국인 투자동향

5) 극동지역(연해주)의 자원 현황

2000년에 러시아 석유 수출액은 145백만 톤이었고, 이때부터 러시아의 수출액이 크게 늘어나는 것을 볼 수 있으며, 1996년과 비교하면 두 배로 늘어난 것으로 나타났다. 2005년에 러시아의 석유 생산량은 461백만 톤으로 세계 1위였으며,[15] 2006년에 480백만 톤을 생산했고 248.4백만 톤의 석유를 수출했다.[16]

(51.2%) 2005년에 러시아 천연가스 생산량은 548억m^3였으며, 24곳에 천연가스 매장지가 있다. 극동지역 사할린주에는 자원이 풍부하며, 특히 가스와 석유가 많다.

〈표 2-16〉 동시베리아·극동지역의 원유 생산량 현황

(단위: 천 b/d)

	2000	2001	2002	2003	2004	2005	2006	2007	2008	2009
동시베리아	10	10	10	11	11	12	13	23	37	166
극동	68	77	66	65	72	82	127	304	266	294
러시아	6,536	7,056	7,698	8,544	9,287	9,552	9,769	9,978	9,888	10,035

자료: Wood Mackenzie, Russian Country Overview,2010.11월; BP, Statistical Review of World Energy, 2011.6.

<표 2-16>에서 보면, 2007년부터 동시베리아지역과 극동지역에서 원유생산량이 급증하였다. 이는 사할린 해상에서 사할린-1프로젝트와 사할린-2프로젝트가 추진되면서 원유생산량이 증가했기 때문이며, 2009년 동시베리아 송유관(ESPO)[17] 개통 후 생산량이 크게 증가하였다.

그러나 전통적 원유 생산지역인 서시베리아지역의 원유생산량이 감소하고 있어 러시아의 지속적인 원유 생산량 증대를 위해서는 동시베리아 지역에 대한 투자를 늘려 원유생산량을 증대시키는 것이 필요하다.

극동지역의 경우는 사할린섬이 원유생산량의 대부분을 차지하고 있으며, 캄차카와 추코트카의 태평양 연안지역에도 소규모 유·가스전이 있다. 사할린 육상 유전은 1923년부터 원유를 생산하였으며, 현재는 심하게 노후와 되어 현재는 30천 b/d 수준으로 감소하였다. 그러나 최근 사할린 해상에서 대규모 프로젝트를 추진하면서 사할린 원유 생산량이 크게 증가하였다. 사할린-1 프로젝트는 2005년 10월부터 원유를 생산했으며, 2010년 평균 140천 b/d을 생산하였다. 사할린-2

15) Oil and Gas Journal, 2005.
16) 러시아연방통계위원회, 2007.
17) East Siberia-Pacific Ocean

프로젝트는 1999년 원유생산이 시작되었으며, 2010년 평균 122천 b/d를 생산하였으며, 2011년에는 생산량인 150천 b/d에 도달했다.

러시아 에너지부 발표에 따르면, 2012년도 원유생산량은 518백만 톤으로 2011년 대비 약 1.3%(10.36백만 배럴) 증가하였다. 총 원유 생산량 중 약 51%인 266만톤은 러시아내 정유공장으로 공급되었고, 약 242백만 톤의 원유는 해외로 수출되었다.

〈표 2-17〉 동시베리아·극동지역의 가스 생산량 현황

(단위: Bcm)

	2000	2001	2002	2003	2004	2005	2006	2007	2008	2009
동시베리아	1.9	1.7	1.7	1.9	2.1	2.1	2.4	4.6	5.0	5.7
극동	1.2	1.8	1.7	1.7	1.4	1.4	2.0	1.9	1.7	11.2
러시아	528.5	526.2	538.2	561.5	573.3	580.1	595.2	592.0	601.7	527.7

자료: Wood Mackenzie, Russian Country Overview, 2010.11월; BP Statistical Review of World Energy, 2011.6월.

극동지역은 시베리아와 함께 마지막 처녀지이며 석유, 가스, 광물 등 지하자원과 풍부한 산림, 수산자원을 가지고 있으며, 이들 자원은 체제전환 이전부터 극동지역의 경제를 지탱해온 버팀목이었으며 앞으로도 극동지역의 경제발전을 좌우하게 될 것으로 전망된다. 극동지역중 남부에 위치한 연해주는 한반도와 연접해있을 뿐만 아니라 한국인들이 오래 전부터 진출한 지역으로서 광물, 산림자원 등의 자원과 농업의 잠재력이 높고, 관광 및 생태자원이 풍부한 지역이다. 연해주에 특화된 광물자원으로서 비철금속과 석탄을 들 수 있다. 연해주 기업들은 주석, 납, 아연, 텅스텐, 형석, 금광 등 비철금속산업의 생산과 정제를 전문으로 하고 있다. 그러나 체제전환이후 비합리적인 조세, 수송비용 인상, 전력요금 인상 및 가격정책으로 연해주 비철금속의 생산은 감소하였으며, 따라서 러시아내에서의 비중도 감소하였다.

연해주의 자원을 적절히 활용한다는 차원에서 전력요금 및 수송비용의 합리

적인 재조정과 판매시장의 개척이 이루어진다면, 연해주의 비철금속 생산 및 정제산업은 경쟁력이 있을 것으로 판단되고 있다(Romanov 2003). 특히, 이들 생산 시설의 현대화에 러시아기업과 외국인 투자자의 합작 가능성이 높은 것으로 알려지고 있다. 그러나 러시아의 정치경제적 불안과 이에 따른 외국인투자에 대한 보장과 부동산 소유권 인정 등의 문제로 인한 위험도를 감소시키지 않는 한 외국인 투자자를 확보하는 것은 쉽지 않다.

석탄생산은 연해주 경제의 중요한 부분으로서 작용해왔고 향후에도 그러할 것으로 예견되고 있다. 특히 연해주 에너지소비의 상당부분이 석탄을 연료로 하기 때문에 석탄생산은 여타 산품의 가격에도 중요한 영향을 미치고, 결과적으로 연해주 생산품의 가격경쟁력을 결정하는 요인이기도 하다. 석탄산업의 구조조정 이후 연해주의 석탄생산량은 대폭 감소하였는데, 이는 주로 비효율적 석탄채굴 기업의 폐쇄와 신규투자의 결여로 인한 것이다. 연해주 석탄수요의 부족분은 러시아평균 가격의 2배 이상으로 타 지역에서 수입해서 사용하고 있다.

지방정부의 입장에서는 지역 내 탄광에서 설비현대화 및 경영현대화를 통해 자체 생산, 공급하는 것이 유리하다고 판단하여 상당한 노력을 경주하고 있다. 체제전환과정에서 발생한 또 한 가지 중요한 변화는 지하채굴에서 상대적으로 비용이 싼 노천채굴 방식으로의 전환인데, 이에 따라 탄광도 남부에서 점차북부 탄광지대로 이동하고 있다.

수산업은 연해주 경제에서 중요한 역할을 해왔고 향후에도 그럴 것이다. 체제전환이전에는 연해주 어획량은 1,827천 톤으로서 러시아 전체 어획량의 23.4%를 차지하였다.

연해주에서 생산된 수산물은 러시아 국내는 물론 외국으로 수출되고 있다. 체제전환이후 연해주의 수산업은 구조조정과정을 거치면서 적지 않은 문제점을 노정하고 있다. 첫째, 수산업의 물적·기술적 기반의 노후화, 둘째, 국가재정지원의 소멸과 기업 자체의 독립적 재정역량의 취약, 셋째 러시아 극동의 배타적 경제수역에서의 허용어획량과 생산용량과의 괴리 증가, 넷째, 근해 수역 내 어류자원의 비합리적 이용 등이 그것이다.

연해주는 풍부한 천연자원이 매장되어 있다. 특히, 형석은 세계매장량의 30%

와 러시아 매장량의 2/3 이상을 차지하고 있으며, 방붕석은 세계매장량의 3%에 달하고, 텅스텐, 게르마늄, 석탄 등의 자원이 매장되어 있다. 이 지역에서는 러시아 생산량 중에서 형석 92%, 텅스텐 농축광 64%, 방붕석 제품 100%, 연 농축광 73.6%와 정제 연 8.4%, 주석 18.2%를 생산한다.

연해주에는 100여개의 석탄·갈탄 매장지가 있으며, 주로 남쪽지역인 Partizansky에 1.9억톤, Razdolnensky에 6.6억톤이 매장되어 있다. 갈탄은 Uglovsky에 2.3억톤, Bikinsky에 11.1억톤, Pavlovsky에 4억톤이 매장되어 있다.[18)]

이 지역에는 많은 비철금속과 희귀금속이 매장되어 있다. 주석은 카바레로브스키, 달네고르스키와 크라스노마르메이스키지역에서 생산되고 있으며, 이 지역에는 아연, 납, 구리, 은, 비스무트, 인듐 등의 희귀금속들도 매장되어 있다. 텅스텐은 크라스노아르메이스키와 빠좌르스키지역에서 생산되고, 다리네고르스키지역에서는 50년 동안 방붕석을 생산할 수 있고, 형석은 호로리스키에서 생산되고 있다.

〈표 2-18〉 연해주의 광물자원 생산량

	2007	2008	2009	2010	2011
연료 에너지 생산량, 천톤					
- 석탄	9826	10076	10486	10391	10782
돌로 된	962	776	1260	1008	1376
다갈색의	8864	9300	9226	9383	9406
비철금속 생산량, 톤					
- 텅스텐 농축광	4489	4132	4033	4285	4935
- 구리 축광[1)]	792	707	675	470	476

자료: Социально-экономические показатели: Статистический ежегодник.
Приморскстат, Владивосток, 2012.

18) Социально-экономические показатели: Статистический ежегодник. Приморскстат, Владивосток, 2012.

2. 극동지역 개발 계획과 전략

러시아는 지리적·경제적 특성상 내륙운송 중심의 물류체계가 발달된 국가이다. 해상운송 비중은 고작 1% 수준에 불과하고, 2003년 기준으로 러시아 항만의 컨테이너처리실적은 세계 총 물동량의 0.3% 수준에 불과하다. 그러나 2001년 이후 최근 3년간 평균 해상물동량 증가율은 30.1%를 기록하는 등 물동량 증가율은 매우 빠른 속도로 증가하고 있다.

최근 러시아 항만의 물동량 증가 추세는 일단 러시아의 비약적인 교역 증가에서 비롯되는 것이지만 그 기저에는 러시아 정부의 강력한 항만 발전 전략이 자리 잡고 있다. 대량화물 중심으로 구축, 운영되었던 기존의 국제 운송망을 개선하여 일반화물, 컨테이너 수송 중심으로 물류체계를 발전시키고, 파이프라인의 원유수송 능력이 한계에 직면함에 따라 대량화물 수송을 위한 운송모드로서 항만의 중요성이 부각되었다. 또한 소연방 붕괴 이후 발틱해, 흑해에 위치한 주요 항만을 상실함에 따라 대체 항만 개발이 시급해졌고, 제3국과의 연계성이 용이하고 투자유치에 유리한 항만 및 배후지역을 개발하여 제조업, IT산업, 중화학공업 등을 유치한다는 차원에서도 항만 개발에 대대적인 투자를 진행하고 있다. 나아가 러시아 대륙에 위치한 이점을 최대한 살려 자국의 내륙교통망과 항만을 중심으로 글로벌 교통망과 연결하고, 자국을 유럽과 아시아를 연계하는 물류거점으로 육성한다는 계획 하에 대형 항만 개발을 서두르고 있다[19]

장기적인 전망에서 러시아 극동지역 교통체계의 발전과 관련하여 고려할 수 있는 모델은 아래와 같다.

첫째, 러시아 극동지역 항만이 국내수송과 장기적인 자원 수출 수송을 담보하는 것이다. 이를 위해서는 러시아 극동지역의 해운수송체계를 국제수송로에 통합시키는 것이 필요하며, 이러한 관점에서 볼 때 주로 연해주, 프리모리예, 사할린의 항만을 통해 수출화물을 운송하는 것이 중요한 의미를 갖는다. 2004년 현재 극동지역의 연해주, 별로 수출화물 물동량 처리 비율을 살펴보면 각각

19) 한국해양수산개발연구원, 『BRICs 물류시장 부상과 대응방향』, KMI 해양수산 현안분석, 2004.12.31, p.12.

82,9%, 12,6%, 4,2%였으며, 2015년이면 연해주 항만의 비중은 57,1%로 감소하고, 프리모리예와 사할린 항만들의 비중은 각각 26,4%, 16,3%로 증가할 것으로 전망된다.

둘째, 첫째 기능 외에도 보다 적극적으로 국제수송로에 편입되면서 고유한 역내-국제운송권역과 물류거점을 구축하는 것이다. 러시아 항만 전문가들은 이를 담보하는 결정적 요소는 러시아 극동지역 항만 전문가들은 이를 담보하는 결정적 요소는 러시아 극동지역 항만들의 "통과수송" 서비스에 좌우될 것이라고 보고 있다. 현재 통과수송 물동량이 계속 증가 추세에 있기는 하지만, 아직 그 규모는 기대 수준에 크게 미치지 못하고 있다. 극동지역 항만들의 컨테이너 물동량 처리는 항만시설, 항만 인입 철도역 등의 시설 부족과 TSR의 수송서비스 미흡 등으로 그 발전 잠재력을 제대로 발휘하지 못하고 있는 실정이다. 현재 "통과수송" 서비스 제공이라는 측면에서 국제수송로 통합 가능성이 가장 높은 지역은 극동의 연해주이다. 연해주 교통체계는 단지 국내수송을 담보하는 것에 그치는 것이 아니라 "통과수송" 기능을 담당하는 데 중요한 역할을 할 것으로 기대된다.

러시아 입장에서 볼 때 앞서 언급한 대로 연해주 남부에 위치한 4개의 항만군을 활성화하기 위해서는 TSR을 기축으로 유럽과 아시아를 연계하는 물류거점을 육성한다는 전략이 필요하기도 하지만, 주국, 남북한, 일본, 몽골 등 동북아 국가들의 통합육상교통망 구축에서 '근거리 통과수송' 서비스를 활성화하는 것도 중요하는 과제로 부각된다. 예를 들어 아키타~포시에트~훈춘 항로, 속초~자루비노~후춘 정기항로가 활성화되어 있고, 블라디보스톡항을 이용한 시에틀~하얼빈간 컨테이너 수송 등도 2001년 1월부터 시작되었다. 아직은 물동량이 미미하고, 중국과의 교역 화물의 경우 환적이 육상교통에 의해 이루어지기 때문에 물동량 증대에 한계가 있지만 향후 중국동북3성의 경제발전에 따라 대규모 물동량 유치가 가능하다는 것이 동북아 전문가들의 지배적인 견해이다. 일본 ERINA와 러시아 FEMRI 연구소는 중국 동북3성의 수출화물은 벌크화물의 경우 연간 1,500만톤, 일반화물은 연간 1백 만톤이나 100,000 TEU가 발생할 것으로 전망하고 있어 향후 보스토치니항의 석탄터널이나 블라디보스톡, 포시에트, 자루비노 등의 컨테이너 및 곡물 물동량이 증가할 것으로 전망하고 있다.[20]

러시아는 향후 글로벌 물류지도의 지각변동을 초래할 'BRICs'의 일원으로 자국의 내륙교통망과 항만을 중심으로 글로벌 교통망과 연결하고, 지리적 이점을 활용하여 유럽과 아시아를 연결하는 물류거점으로 육성하려는 원대한 '유라시아 물류통합 전략'을 추진하고 있다. 러시아는 「1996-2005년 및 2025년까지의 극동 및 자바이칼 지역의 경제발전 연방특별 프로그램」과 「시베리아 경제발전 전략」에서 지역의 균형발전, 대외경제활동의 확대 및 러시아의 세계운송체계에서의 역할 강화를 위해 시베리아·극동지역의 단일한 기간교통망 구축을 완료하고, 자국을 통과하는 국제수송로의 잠재력을 극대화하기 위한 전략을 천명하고 있다.

러시아는 동북아지역의 중요성을 감안해서 동북아 지역에서의 입지 강화를 추구하고 있으며, 아태지역 다자기구인 APEC, ASEAN, SCO, BRICs 등에 적극적인 참여 및 아시아에서의 통합과정에서 역할 강화를 모색하고 있다. 따라서 러시아는 극동 시베리아의 경제 개발 프로그램에 한국, 중국, 일본 등 동북아 지역 국가들의 적극적인 참여를 바라고 있다. 특히 극동시베리아 지역의 개발은 국가안보적인 차원에서 우선순위를 두고 추진한다는 입장이다. 2012년 9월에 APEC을 블라디보스톡에서 개최한 것은 극동 시베리아 지역개발에 대한 러시아의 관심도를 직접적으로 보여주는 단적인 예이기도 하다.

러시아 푸틴대통령은 2013년 8월 31일 빅토르 이샤예프 극동관구 전권대표 겸 극동개발부 장관을 경질하고, 유리 트루트네프 대통령보좌관을 신임 극동관구 전권대표로 임명하고, 9월 11일에는 '칼루쉬카 알렉산드르'를 신임 극동개발부장관으로 임명했다. 전권대표 및 장관교체는 극동러시아 개발과 관련해 그동안 푸틴대통령이 원하는 방향으로 이샤예프 전권대표가 제대로 움직이지 않았다고 판단한 것이다. 푸틴대통령이 극동개발부를 공개적으로 질타하는 등 이샤예프 전권대표를 경질한 것은 이미 예고된 것이었다. 결과적으로 푸틴대통령이 '칼루쉬카'를 장관으로 임명한 것은 극동지역의 개발에 대한 대통령의 생각과 의지가 분명하다는 것을 보여주고 있는 것이다. 이후 극동러시아의 개발은 지지부진함에서 벗어나 빠른 속도로 변화되고 있다.

---

20) Сергеев, (2001), p.409.

푸틴대통령은 북극해 항로, 대륙붕개발로 인해 로스네프트, 가스프롬, 소브콤플로트 등 러시아 대기업들의 신규 선박수요가 크게 늘어날 것이므로 이에 대한 준비가 필요하다고 말했다. 그리고 조선업은 러시아경제에 있어 매우 중요한 부분이라고 강조하면서, 군용 선박 산업은 국가발주에 힘입어 꾸준히 성장세를 이어가고 있는 반면, 민간 선박조선업은 여전히 가격과 품질 면에서 낮은 경쟁력으로 선박발주자들의 신뢰를 얻지 못하고 있으며, 중국과 한국 등 외국 조선소에 크게 뒤처지고 있는 상황이다. 따라서 러시아는 즈베즈다조선소를 로즈네프트, 가스프롬(은행), General Electric, Parker Drilling, 한국의 대우조선해양과 STX 등이 참여하는 민간컨소시엄에 매각하는 방안을 협의하고 있다.[21)]

2013년 10월 17일에 푸틴 대통령은 한국을 방문해 그동안 러시아가 강력히 추진해온 극동개발과 남·북·러 가스관 사업에 새로운 돌파구를 찾기 위해서였다. 푸틴 대통령은 2012년 12월 12일 국정연설에서 '21세기 러시아 발전의 방향은 동쪽을 향하고 있다'고 발표했다. 그리고 '시베리아와 극동은 우리의 거대한 잠재력이며, 이 잠재력을 반드시 실현해야 한다'고 강조하면서 내각에 극동개발부를 신설하고, 극동투자에 필요한 대규모 자금을 조달하기 위해 극동개발공사를 설립하였다.

푸틴 정부의 극동개발 핵심은 시베리아가스를 동북아시아 시장에 공급하는데 있다. 러시아는 유럽을 보완할 수 있는 거대 에너지 시장을 동북아시아에 구축함으로써 새로운 성장 동력을 확보하고, 이를 바탕으로 극동지역 개발을 추진할 수 있는 재원을 확보할 수 있기 때문이다. 그런데 지금 이 프로젝트가 거의 무산지경에 놓여 있다. 2011년 11월 한·러 정상은 남·북·러 가스관 사업의 로드맵에 대해 포괄적으로 합의하고, 2013년 9월부터는 본격적인 가스관 공사를 시작하기로 결정하였다. 그러나 계속되는 북한의 도발과 가격 문제로 인해 한·러 양국은 사업을 착수조차 못하고 있는 실정이다.

---

21) 즈베즈다조선소의 지분 100%를 통합조선공사의 자회사인 극동선박조선수리센터가 소유하고 있음. 주블라디보스톡총영사관, '푸틴대통령의 블라디보스톡 방문 결과,' 2013.10.10.

〈표 2-19〉 극동지역별 발전 전략

지역	사업내용
연해주	• 아태지역과의 교류협력중심지, 극동지역의 교통물류중심지, 혁신 학술과학관광의 중심지로 육성 • 2013-2017 연해주 경제개발 프로그램(총 95억루블 재정투입): 투자환경개선, 중소기업육성, 상품·서비스 시장경쟁력 강화, 예산집행구조 선진화, 연 7%대 성장 목표 • 수산가공산업개발계획(2013-2017), 블라디보스톡 석유화학단지 조성, LNG플랜트(17년 완공, 100억불 투입), 블라디보스톡 위락단지(투자자 모집 완료)
하바로브스크	• 극동지역 내 중화학공업(항공, 조선, 기계, 석유화학) 중심지 및 유라시아 물류거점으로 육성
사할린주	• 대륙붕 자원개발에 기반한 석유가스화학단지 및 쿠릴열도 내 수산레저분야 경제특구조성
아무르주	• 광업, 전력산업, 농업분야 중점 육성(종합 제철단지 조성, 수력발전소 확장, 우주기지 건설)
유대인자치주	• 광업, 임업, 농축산업 중점 육성
캄차트카주	• 수산업, 광업, 관광레저 분야 중점 육성(수산업 현대화, 북극해 자원탐사개발 및 항로개척)
마가단주, 추코트카주	• 광업자원 개발 및 관련산업 중점 육성

자료: 주블라디보스톡 총영사관, 「러시아 극동지역 개황」, 2013.10.10.

러시아는 극동·시베리아 개발에 전략적 중요성을 부여하고 있다. 그 지역이 인구가 감소하고 있고, 중국과 국경을 접하고 있는 등 국가 안보적으로 중요한 지역이기 때문이다. 그래서 러시아 정부는 2009년 12월에 '극동 및 자바이칼지역 사회 경제발전전략 2025'과 2010년에 '2050년 극동 태평양지역 발전 계획'에 서명했다.

〈표 2-20〉 '극동 및 바이칼지역 사회 경제발전전략 2025'의 지역발전 시나리오

단계	목 표	예상되는 문제
1단계 (2009~ 2015년)	• 러시아 평균 투자 증가율 추월 • 에너지자원저장 기술 도입 • 고용의 미미한 증가 • 선도적 경제성장 지대들에서 산업 및 농업 신규 인프라 프로젝트 수행시작으로 투자증가 및 새로운 지역발전 중심 형성 촉진	• 교통·에너지·사회 인프라부족 및 경제 다각화 미진으로 인한 높은 시장 리스크 등 사회발전 억제요인들의 영향력 경험
2단계 (2016~ 2020년)	• 외국인 및 국가 투자유입과 관련되고 기존 인프라 장벽 극복을 보장하는 대규모 에너지 프로젝트 수행 • 교통잠재력 확대, 여객 및 화물수송확대·자동차·철도·공항·항구 네트워크 등 주요교통망 구축 완료 • 채굴된 원료의 심층가공 생산물 수출 비중 증대	• 1단계 대비 투자 증가율 둔화 등 부정적 경향 출현
3단계 (2021~ 2025년)	• 러시아의 주도적 지위 강화와 극동 및 바이칼지역의 세계경제 통합과 관련된 사회경제적 발전 • 혁신 경제발전, 첨단기술·지식기반경제·에너지·교통부문에서 극동 및 바이칼지역의 경쟁 잠재력을 수행하는 국제노동분업 참여 • 대규모 탄화수소(hydrocarbon) 연료 채굴, 가공 공급프로젝트 수행 • 대규모 에너지, 교통 프로젝트 수행 완료 • 러시아 과학의 선도적 지위확대 • 교육 및 보건에 대한 국가 및 민간 지출의 점진적 증가(선진국수준까지) 로이부문에서 주도적 지위를 보장하는 인적자본의 발전 가속화	• 원료 채굴 및 에너지 수출 증대 잠재력제한과 환경보호 지출 증가와 관련된 억제요인 출현

자료: 제성훈(2013).

이것은 러시아 극동·시베리아지역의 낙후된 인프라를 개발하고, 소득수준을 향상시키기 위해 동북아 인근 국가의 투자유치가 필요하기 때문이다. 그리고 지리적으로 동북아시아와 인접해 있어, 이 지역과 경제적 유대관계 강화도 필요하다. 푸틴대통령은 '극동 및 자바이칼지역 사회 경제발전전략 2025'에서 동북아시아 지역으로 에너지자원을 공급하기 위한 가스관 건설 등을 위해 390조원을 투자할 계획이다.[22]

1) 선도사회경제개발구역(TASED)

(1) 개념 및 목적

선도개발구역은 러 극동지역의 경제와 사회발전 도모 및 투자유치 환경을 조성하기 위해 인프라 및 세제혜택, 그리고 행정지원 등에 대한 보장이 법으로 규정된 구역을 말한다. 선도개발구역의 지정목적은 수출지향 산업육성을 통한 극동지역 경제의 경쟁력 제고에 있다고 볼 수 있다.

그 동안의 추진 경과 및 설치현황을 살펴보면, 2013년 12월에 푸틴 대통령이 의회 연두교서에서 극동·동시베리아지역 발전 선도사회경제개발구역(ASEZ: Advanced Special Economy Zone) 조성을 제안했다. 그리고 하원(국가두마)에서 선도개발구역에 관한 연방법 제정 및 대통령 서명('14.12.29)에 따라 연방법이 발효('15.3.30)되었다. 선도개발구역은 2015년에 9개, 2016년에 5개, 2017년에 4개가 지정되어 2018년 6월 현재 18개 구역이 운영 중에 있다.

선도개발구역이 발효('15.3.30)된 이후, 2018년 6월 현재까지 러시아 정부령에 따라 극동지역에 18개의 선도개발구역이 설치, 운영되고 있다.

---

22) 세계일보, '박대통령의 유라시아 이니셔티브,' 2013.11.10.

〈표 2-21〉 주별 선도개발구역 설치 현황

연방주체명	선도개발구역 명칭	특성화 분야	설립승인일
연해주	나데즈딘스카야	운송-물류, 경공업, 식료품	2015.6.25
	미하일로프스카야	농업(돼지사육 및 가공, 사료공장)	2016.8.21
	볼쇼이 카멘	조선소	2016.1.28
	네프쩨히미체스키	석유화학	2017.3.11
하바로프스크 변강	하바로프스크	운송-물류, 철강	2015.6.25
	콤소몰스크	항공기 및 부품, 목재가공	2015.6.25
	니콜라예프스크	생선가공 및 물류	2017.4.24
아무르 주	프리아무르스카야	공업(시멘트 클링커, 석유정제 등), 운송-물류	2016.8.21
	벨로고르스크	농공업 (콩가공, 동물사료, 베이커리 등)	2016.8.21
	스보보드니	가스화학	2017.6.5
캄차트카 변강	캄차트카	관광-레저, 공업, 컨테이너 항만(북극항로용)	2016.8.28
추코트 자치구	베린고프스키	석탄 및 천연가스 채굴 및 가공	2016.8.21
사하(야쿠티야) 공화국	칸가라시	산업단지 (세라믹블록, 니스 및 페인트, 플라스틱 관, 건자재 등)	2016.8.21
	유즈나야 야쿠티야	광업, 공업	2016.12.29
사할린주	유즈나야	농업	2016.3.16
	고르니 보즈두흐	관광-레저	2016.3.16
	쿠릴	수자원 가공	2017.8.23
유대인자치주	아무로-힌간스카야	공업, 식품가공업	2016.8.27

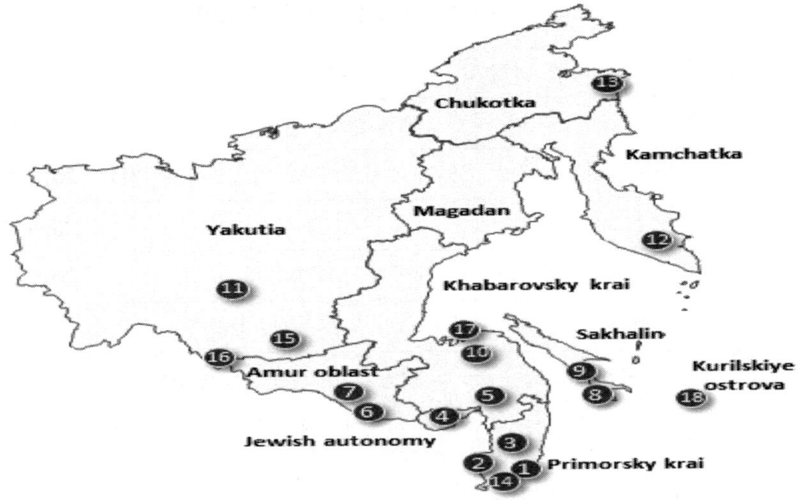

1. Bolshoi Kamen
2. Nadezhdinskaya
3. Mikhailovskiy
4. Amuro-Khinganskaya
5. Khabarovsk
6. Priamurskaya
7. Belogorsk
8. Yuzhnaya
9. Gorniy Vozduh
10. Komsomolsk
11. Kangalassi
12. Kamchatka
13. Beringovskiy
14. Neftekhimicheskiy
15. Yuzhnaya Yakutia
16. Svobodnenskiy
17. Nikolaevsk
18. Kurily

[그림 2-4] 선도개발구역 위치도

(2) 선도사회경제개발구역(TASED) 지정과 의미

러시아는 극동시베리아지역 개발을 위해 극동바이칼 사회경제프로그램을 진행해 왔으며, 이 프로그램은 2025년까지 3조 5,670억 루블을 투입하여 42만 7,000여개의 일자리를 창출하는 프로젝트다. 이 프로그램의 일환으로 극동지역에서 추진되고 있는 것이 ‘선도사회경제개발구역’과 블라디보스톡 자유항 프로젝트다. 선도사회경제개발구역(TASED: Territories of Advanced Social and Economic Development)프로젝트는 우리나라의 경제자유구역(FEZ)과 비슷한 개념으로 극동지역의 사회경제 발전을 우선적으로 개발할 지역을 선정해 각종 행정 및 세제상의 혜택을 주면서 국내외 투자를 유치하려는 것이다. 그리고 극동지역의 장기적 개발을 목표로 연방 권한 기관의 제안에 근거하여 70년 동안 존재하는 구역으로 설립되었으며, 러시아 중앙정부의 결정에 따라 TASED 기간은 연장될 수 있도록 했다. TASED는 투자유치를 위한 환경조성과 사회경제발전 촉진 및 생활환경보장을 위한 편리한 여건을 조성하고, 러시아 연방정부의 결정에 따라 정해진 사업 및 여타 활동을 위한 특별한 법적 지위를 보유한 극동지역 내 출입제한행정구역을 포함한 구역을 말한다.

그리고 TASED 입주 기업들에 대해서는 토지 요건의 완화, 부지임대료 혜택, 세제 혜택, 인프라 특혜, 단일 창구 행정 서비스 제공, 통관절차 간소화, 프로젝트에 대한 재정지원, 기술규정·위생조건 완화, 외국인 근로자 고용 간소화 등의 특혜가 주어진다. 그리고 TASED 내 기업 설립시 중앙정부의 결정으로 무관세 통관절차 적용이 가능하며, 유라시아 경제연합 또는 WTO 여타 회원국 규정 중 유리한 조건 적용 및 적합성 평가를 적용하지 않기로 했다. 외국인 근로자들의 고용이 가능하며, 외국인근로자 쿼터 미적용, 관리회사의 초청 대행, 고위기술 전문가 보수여건 미적용, 보수인상률과 유급휴가를 적용하지 않도록 했다.

특히, 법인세는 기존 20%에서 5% 이내로 하였으며, 5년간 연방세와 지방세를 감면해 주고, 기업자산세는 2.2%를 10년간 면세해주기로 했으며, 연금기금은 22%에서 3%로, 사회보험은 2.95%에서 1.5%로, 의료보험은 5.1%에서 3.1%로, 부가가치세는 18%를 모두 면제해주기로 했다. 그리고 입주기업들에 대한 관리감독·조사에 대한 절차를 완화시켜 주기로 했다.9) TASED 인프라 건설 재원은 연방예산과 지방예산, 그리고 예산외 재원으로 충당하기로 하였으며, TASED 관리회사 설립시 자본금을 납입하는 방식으로 재원을 조달하기로 했다. 지방정부의 재원은 자본금 납입 외에 지방정부 자산 관리회사의 양도방식도 가능하도록 했다.

사실, 러시아가 TASED를 추진하고자 하는 것은 두 가지 이유에서다. 하나는 2012년에 푸틴대통령은 극동지역 발전을 위해 극동개발부를 창설하고, 극동개발펀드를 만들어 극동지역에 경제특구를 조성했지만, 가시적인 결과를 얻지 못했다. 이에 따라 러시아 정부는 선도사회경제개발구역을 통해 동북아 국가들과의 경제협력을 강화하고, 아태지역에서의 영향력을 강화하기 위한 정책적 수단으로 활용하고자 하는 것이다. 물론 이후에 블라디보스톡 자유항 활성화 정책과 나진·선봉항을 활용하는 문제들도 러시아가 동북아지역에서의 영향력을 확대하기 위한 조치였다고 볼 수 있다. 러시아가 나진항 현대화사업과 나진-하산간 현대화 철도사업에 많은 비용을 투자한 것도 같은 맥락으로 이해할 수 있다.

다른 하나는 유럽에 치우쳐 있는 러시아의 정치경제관계의 다변화에 있다고 볼 수 있다. 시리아내전 참전과 우크라이나 사태로 인해 유럽과의 관계가 소원해진 러시아는 또 다른 정치적, 경제적 탈출구를 찾지 않으면 안 되었다. 특히 에너지산업과 관련해서 러시아는 천연가스와 원유를 유럽 국가들에게 판매해 왔으나 서방국가들의 경제제재로 인해 판매량이 급격히 감소하게 되었을 뿐 아니라 에너지가격의 하락으로 인해 내수경제에 심각한 타격을 입었다. 이에 따라 2013년 러시아의 경제성장률은 1.3%였으나 2014년과 2015년에 각각 0.7%, -3.7%로 크게 하락하였으며, 경제성장률 하락의 주된 요인은 러시아 최대 수출국인 유럽 국가들의 수입 감소와 에너지가격 하락에 있다고 볼 수 있다. 그리고 원유와 천연가스에 대한 의존도가 높은 산업구조를 가지고 있어 에너지가격 변동이 경제에 미치는 변화가 컸다고 할 수 있다. 이에 따라 러시아는 극동지역에 TASED 지정을 통해 서쪽에 집중되어 있는 경제비중을 극동지역으로 이동시키고자 하는 것이다.

러시아정부는 선도개발사업을 통해 극동지역을 개발하고, 주변 국가들과의 경제교류협력을 강화하고자 하는 것이다. 특히 지정학적으로 근거리에 있는 한국과 러시아간의 에너지 협력을 중심으로 경제협력을 확대하여 추진하고자 한다. 한국은 러시아 연해주 지역에 대규모 농업생산기지 건설을 추진하고 있으며, 우수리스크지역에 농산업 복합단지 개발과 대규모 곡물로 유통시설을 설치하고 추진 중에 있다. 현재 한국기업들은 러시아 우수리스크지역에서 콩, 옥수수 등 사료 작물을 생산하고 있으나 물류기반 시설이 제대로 정비되어 있지 않아 생산 인프라 시설을 지원 할 수 있는 시스템 설치가 필요하다. 특히 관세시스템과 물류시스템이 미비하여 이 지역에서 생산된 농작물의 수출입 및 국내로 반입이 어렵다. 따라서 물류 운송 시스템과 세제시스템이 정비된다면, 러시아 극동지역을 우리나라의 식량안보기지로 활용하는 것이 가능하며, 영농분야에 대한 투자도 증가하리라 생각된다.

따라서 한국은 극동지역의 선도개발사업의 추이를 살펴보고, 러시아정부와의 논의를 통해 극동지역에 대한 협력과 투자에 대해 구체화 할 필요가 있다. 뿐만 아니라 블라디보스톡 자유항지역과 선도개발구역이 본격으로 개발되면, 한국의 대형병원들의 러시아 극동지역으로 진출이 가능해져 의료관광 활성화가 기대되는 등 다양한 분야에서의 투자 논의가 가능하리라 생각된다.

(3) 구역별 세부 현황

① 나데진스카야(연해주) : 블라디보스톡시 북부경계에 위치한 나데진스키군 일대(860ha)를 교통물류산업, 식품·제조산업으로 특화하여 개발 예정이다.

② 미하일롭스키(연해주) : 연해주 미하일롭스키군 일대를 농축·식품산업에 특화하여 개발을 추진 중에 있다.

③ 하바롭스크(하바롭스크주) : 하바롭스크주 남부 하바롭스크시내에 하바롭스크 공항구역(108ha), 아반가르드공단(50ha)구역, 라키트노예 산업단지 구역(558ha) 등 3개 구역을 산업·물류단지로 특화하여 개발 예정이다.

④ 콤소몰스크(하바롭스크주): 하바롭스크주 북부지역인 콤소몰스크-나-아무레시 인근 327ha를 산업단지로 특화하여 개발 중이다.

⑤ 프리아무르스카야(아무르주): 아무르주내 로브노예 구역과 베레조브카 구역 2개 구역 (857ha)을 산업과 교통물류단지로 특화하여 개발 예정이다.

⑥ 벨로고르스크(아무르주) : 아무르주 벨로고르스크시 일대 4개 지역(702ha)을 농업과 산업으로 특화된 지역으로 개발 예정이다.

⑦ 캄차트카(캄차트카주) : 캄차트카주 일대(1,276ha)를 관광과 레저·항만·산업·농업으로 특화하여 개발할 예정이다.

⑧ 베링곱스키(추코트카주) : 추코트카주 베링곱스키 일대(5,960,000ha)를 광업에 특화하여 개발할 예정이다.

⑨ 캉갈라시(사하공화국) : 사하공화국내 캉갈라시 일대 캉갈라시 구역과 카피토노브카 2개 구역(16.9ha)을 산업에 특화하여 개발 예정이다.

⑩ 볼쇼이카멘(연해주) : 연해주 볼쇼이 케멘시 소재 즈베즈다 조선소를 기반으로 조선 산업에 특화하여 개발할 예정이다.

⑪ 고르니 보즈두흐(사할린주) : 유즈노-사할린스크시 소재 산악지대를 관광산업으로 특화하여 사계절 스포츠 및 복합위락단지를 조성하는 사업이다.

⑫ 유즈나야(사할린주): 사할린주 타라나이, 펜젠스코에, 트로이츠코에, 유즈노-사할린스크 등 4개 구역을 농산물 생산단지로 특화하여 개발하는 사업이다.

⑬ 아무로-힌간스카야(유대인자치주): 유대인자치주내에 아무르레스, 운군, 소유즈나야, 비르크 등 4개 구역(150,789ha)을 산업과 물류단지로 특화하여 개발 예정이다. 소유즈나야 구역은 아직 입주기업이 없다.

⑭ 유즈나야 야쿠티야(사하공화국): 사하공화국 네륜그리그시 등 중남부지역 일대(1.3백만ha)를 광업과 제조업, 그리고 물류산업에 특화하여 개발 예정이다.

⑮ 네프테히미체스키(연해주) : 연해주 파르티잔군 일대(39.000ha)를 에너지산업지역으로 특화하여 석유화학 클러스터를 조성하는 사업이다.

⑯ 니콜라엡스크(하바롭스크주) : 하바롭스크주에 Longari강, Innokentyevka, 페롭스키 곶, 코시카 곶, 니콜라엡스크 조선소, Chnyrrakh, Oremif 등 7개 구역(531,342ha)을 수산가공·어선수리·물류에 특화하여 개발하고 있다.

⑰ 스보보드니(아무르주) : 아무르주에 있는 스보보드니(28,784ha), 스코보로디노(656.4ha) 등 2개 구역을 석유화학에 특화하여 개발하고 있다.

⑱ 쿠릴(사할린주) : 사할린주 쿠릴섬(쉬코탄, 12.49ha)에 수산 및 수산가공시설을 건설하고 있다. 그리고 입주기업은 아직 없다.

2) 블라디보스톡 자유항 프로젝트

(1) 개념 및 목적

블라디보스톡 자유항은 러시아 연방법과 기타 법률에 따라 기업 활동에 대해 국가적 차원의 다양한 지원과 특혜가 부여되는 연해주의 일부지역을 지칭하는 것이다. 블라디보스톡 자유항지역은 교역화물 유치를 위해 관세면제 및 각종 세금, 임대료 등을 감면해주는 관세자유 지역 또는 자유무역지역(Free Trade Zone)과 유사하다고 볼 수 있으며, 관세자유지역은 50만 루블(약 1천만 원 상당) 이상의 사치품, 예술품, 골동품 보관, 전시, 판매 등이 가능하다.

지정 목적은 러시아 경제의 아태지역으로의 통합과 동 지역 국가들과의 교역 확대 및 국제화물 유치를 위해 연해주가 보유한 지리적, 경제적 장점 활용하기 위한 것이다.

〈표 2-22〉 아태지역 주요국과의 블라디보스톡자유항 비즈니스 및 투자환경 비교

주요국 경제특구환경 (단위)	전기요금 ($/kv-h)	가스요금 (1,000㎥,$)	근로자 평균임금 (월,$)	차량운송료 ($/km)	해운운송료 ($/kg)	철도운송료 ($/ton)
중국	0.06	350	740	1.32	1.20	873.35
한국	0.09	300	2,325	1.80	0.80	1,300.25
일본	0.11	380	3,670	2.30	0.95	749.16
미국	0.045	250	4,325	1.25	1.30	678.45
호주	0.12	330	2,570	1.40	1.80	1,237.67
블라디보스톡 자유항	0.05	275	526	1.07	0.93	787.22

자료: 극동개발부, 2018.1.

(2) 구역 추진 경과 및 지정현황

① 추진경과

2014년 12월 4일에 푸틴 대통령은 의회 연두교서 및 국정연설에서 블라디보스톡 자유항 추진의사에 대해 언급했다. 그리고 2015년 2월에 극동개발부에서 블라디보스톡 자유항 법률안을 입안하였으며, 7월 13일에 블라디보스톡 자유항

에 관한 연방법에 서명했고, 2015년 10월 12부터 발효되었다.

그리고 '블라디보스톡 자유항에 관한 연방법' 개정안이 발효(2016.7.27)됨에 따라 연해주 외 하바로프스크주, 사할린주, 캄차트카주, 추코트카주 등 4개 지역 일부를 자유항으로 추가 지정하여 확대하였다. 이는 연해주 블라디보스톡시 등 16개 시·군과 동 지역내 국제교통로인 프리모리예 1, 2를 포함한 연해주 남부를 포괄(군사지역 및 선도개발구역 제외)하는 광범위한 지역이다.

2016년 자유항법이 개정됨에 따라 블라디보스톡시, 아르쫌시, 볼쇼이 카멘시, 나호트카시, 파르티잔스크시, 우수리스크시, 나데진스키군, 쉬코토프스키군, 옥차브리스키군, 파르티잔스크군, 포그라니치니군, 하산군, 한카군, 스파스크시, 올가군, 라조군 등의 지역이 추가로 지정되었다. 변강지역으로는 캄차트카 변강(페트로파블로프스크), 하바로프스크 변강(바니노), 사할린주(코르사코프, 우글레고르스크), 추코트카 자치주(페벡)가 포함됐다.

② 지정 및 운영기관

- 감독위원회는 최고관리기관이며, 러시아 연방 부총리(위원장), 극동개발부 장관, 연해주지사 등 지자체장, 그리고 예산·조세·관세 분야 행정기관장으로 구성되어 있다. 위원회는 자유항 운영·발전에 관한 정부기관 업무 조정, 자유항 운영의 효율성 평가, 자유항 발전계획 검토·승인, 이행 감독한다.
- 연방권한기관은 극동개발부로 입주자 등록 관련 제반절차 승인, 입주기업의 협약이행 점검, 감독위원회 활동지원, 연방소유 토지를 제공한다. 일부 권한 및 기능은 국영관리회사에 양도 가능하다.
- 공공위원회는 블라디보스톡 자유항 감독위원회 산하에 설치되며, 사회단체·기업인연합회·소비자연맹·학술단체·전문가그룹의 각 대표자들과 일반인으로 구성되며, 블라디보스톡 자유항 운영 관련 자문을 한다.

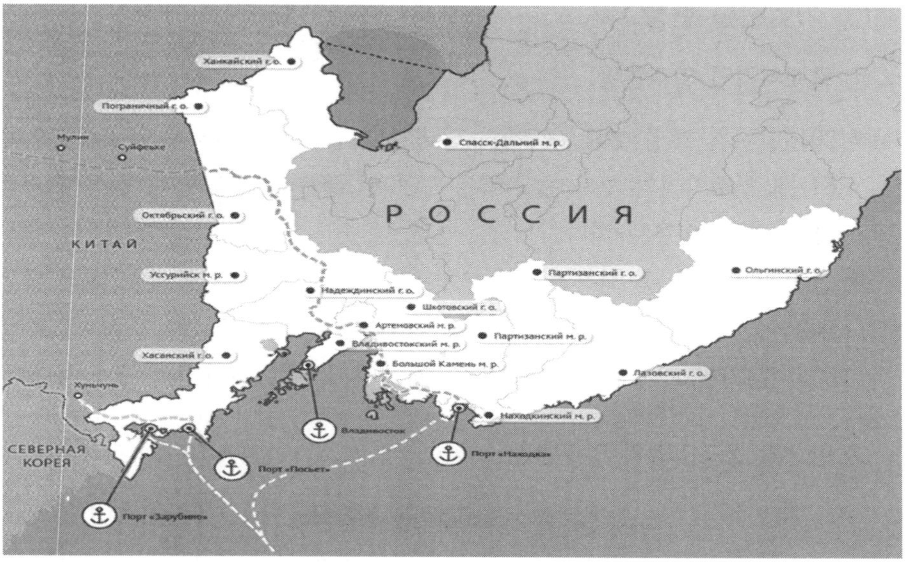

[그림 2-5] 블라디보스톡 자유항 위치도

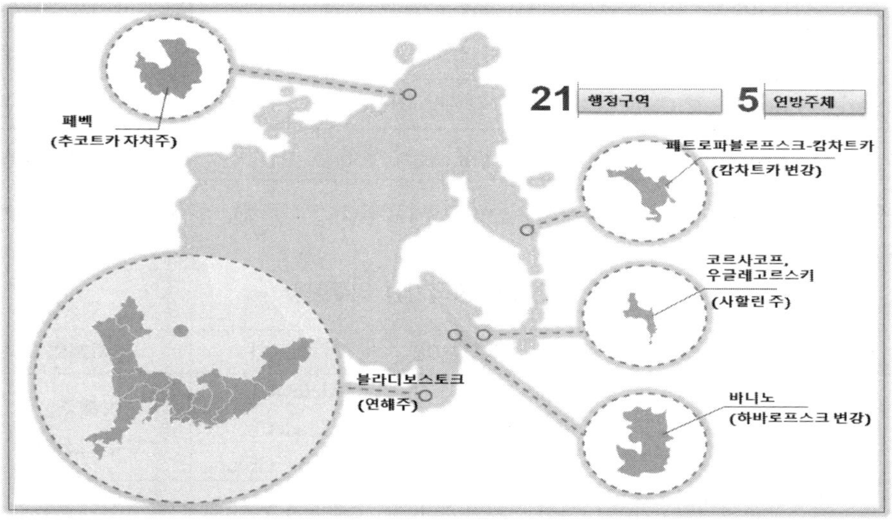

[그림 2-6] 연해주 블라디보스톡 자유항 상세 위치도

(3) 기업진출 현황

① 국내외기업 입주현황

- 2018년 4월 27일 현재 647개의 국내외 기업이 입주절차를 완료하였으며, 647개 입주기업의 투자(예정)액은 3,740억 루블(60억불)이며, 신규 일자리 창출 수는 43,755개이다.
- 전체 입주기업 중 외국기업은 33개社이며, 투자(예정) 규모는 299억 루블(4.8억불)이며, 신규 일자리 창출 수는 6,772개이다. 국가별 입주기업 수는 중국이 20개로 가장 많으며, 한국(5개), 일본(3개), 기타 국이 5개 등이다.

② 한국과 중국기업의 입주현황

〈표 2-23〉 한국기업 입주현황

No.	입주기업(법인명)	투자분야	투자자	투자지역
1	Vostok Polikor LLC	생활화학	YKBH	연해주 아르쫌
2	Urban Transport System LLC	교통카드	기드온 시스템	블라디보스톡
3	Roskor LLC	건축자재	한주유로폼	연해주 아르쫌
4	Cristal-Golf Club LLC	골프장 건설	조선상사	연해주 아르쫌
5	Breese PUMP LLC	선박용 펌프 생산	-	블라디보스톡

주: 상기 5개 기업의 총사업비(투자자 비중)는 39억 루블(28.5억 루블), 일자리 창출 수는 238개.

〈표 2-24〉 중국기업 입주현황

No.	입주기업(법인명)	투자분야	투자자	투자지역
1	Erzo LLC	폐타이어 가공	Aleteya Intl. TradeCo./ Aletey Group	연해주 우수리스크
2	Primorsk Gold Company LLC	금광개발	Oriental Dragon	연해주 파르티잔스크
3	Vladstroy LLC	주택단지 개발	상하이무역회사 'Fusyan'	연해주 나데진스키군

No.	입주기업(법인명)	투자분야	투자자	투자지역
4	Yubo-Sumotori LLC	화물차 제조	-	연해주 아르쫌
5	Zhunda LLC	건축자재	-	연해주 우수리스크
6	Tai Yuan LLC	농업 클러스터	-	연해주 쉬코톱스키군
7	Q I LLC	호텔·주택 건설	-	블라디보스톡
8	Ussuri-Logistic LLC	냉동물류단지	Golden Rimes Ltd	연해주 우수리스크
9	Svetliy LLC	고무공장	-	연해주 나데진스키군
10	VMK LLC	물류단지	-	연해주 쉬코톱스키군
11	RKSK LLC	주택건설	-	블라디보스톡
12	Primorstroy LLC	주택단지 건설	-	블라디보스톡
13	Far Eastern International Engineering Co.	건설	-	블라디보스톡
14	MIP Progress LLC	건설	-	연해주 아르쫌
15	Marine Aquaculture He Xiang	수산양식	-	연해주 라조군
16	Venlyan Aquaculture LLC	수산양식	Yantai Tunshan Food	연해주 라조군/올가군
17	Gold Feniks LLC	일회용 봉지·용기생산	-	연해주
18	Eastern Construction Group LLC	건설	-	연해주
19	SPV Invest LLC	호텔·주택 건설	-	연해주
20	Usspekh LLC	제지공장	-	연해주

주: 상기 20개 기업의 총사업비(투자자 비중)는 216억 루블(189억 루블), 일자리 창출 수는 5,904개.

(4) 블라디보스톡 자유항 프로젝트와 성공 가능성

러시아가 극동지역에 추진하는 메가 프로젝트는 블라디보스톡 자유항 프로젝트다. 블라디보스톡 자유항 프로젝트는 2014년 12월에 푸틴대통령이 국회연설에서 연해주지역에 간소화된 통관절차를 갖춘 자유항제도를 마련하겠다고 발표하면서 시작되었으며, 이후 블라디보스톡 자유항 관련 연방 법안이 만들어 지면서 빠르게 추진되었다. 러시아 극동개발부가 추진하고 있는 블라디보스톡 자유항 연방 법안은 푸틴대통령이 2015년 7월 13일 서명함으로써 2015년 10월 12일부터 발효하게 되었다.

러시아가 추진하는 블라디보스톡 자유항 프로젝트는 블라디보스톡항과 주변지역을 종합적으로 개발하여 홍콩, 싱가포르 등과 같이 세계적인 자유무역항으로 개발하는 것이다. 그동안 극동지역은 정치적 긴장관계로 인해 주목받지 못한 지역이었으며, 러시아 중앙정부로부터 소외된 지역이기도 했다. 러시아가 자유항으로 개발하고자하는 지역은 포시에트항과 자루비노항 등 연해주 남부지역의 항구들이며, 슬라뱐카는 최남단의 항구도시로 연해주 하산지역의 중심도시로 중국과 북한의 국경과 가까이 있어 변경무역과 삼각무역의 최적지로 꼽히고 있다.

러시아는 극동지역의 풍부한 광물자원을 활용해 중국과 한국 등 주변국들과 경제협력을 강화하고 있다. 특히 중국은 동북3성에서 생산되는 농산물과 공산품을 동해항만을 통해 중국남쪽으로 운송하는 것이 내륙으로 운송하는 것 보다 물류비를 절감할 수 있어 동해로 진출을 위한 교두보 확보가 필요한 상황이다. 따라서 처음에는 북한의 나진·선봉항을 통해 중국남쪽으로 운송할 계획이었으나 UN의 북한 경제제재조치로 인해 나진·선봉항을 이용할 수 없게 되었다. 이에 따라 중국은 북한의 나진·선봉항 대신 러시아 자루비노항을 이용할 계획이었으나 자루비노항의 현대화비용이 너무 많이 들어 활용가치가 떨어진다고 판단해 사업추진이 정체되어 있는 상황이다. 한국은 문재인정부의 '신북방정책'에 따라 철도·가스·수산업·농업 등 9-Bridge 프로젝트를 추진을 통해 유라시아 진출을 도모하고 있으며, 이를 위해 동북아 국가들의 협조가 필요한 상황이며, 동북아 지역의 철도·항만·도로를 연결하는 교통물류인프라 건설에 동참을 추진하고 있다.

이에 따라 러시아정부는 블라디보스톡 일대를 자유항지역으로 지정하고, 자유항으로 지정된 지역에 입주하는 업체들에게는 특별통관지대를 설치해 원료와 반제품 수입 및 수출 등을 자유롭게 할 수 있도록 했으며, 관세를 면제해 줄 뿐만 아니라 법인세 등 다른 세금들도 면제받거나 세율을 대폭 감소시켜 주도록 했다. 그리고 철도와 도로 등 교통인프라 시설은 기본적으로 국가가 건설해 주기로 했다. 그리고 자유항 지역에 한국, 일본, 중국 등 동북아지역 국가들의 기업들이 적극적으로 참여 해주길 희망하고 있다. 이러한 러시아의 노력에도 불구하고 러시아 극동지역의 비효율적인 물류체계 즉, 세관통과 기간이 길고, 통관비용과 선적하역 비용이 높아 개선이 필요하며, 우리나라 물류기업들의 러시아 진출 장애요인으로 작용하고 있다.

자료: Nikolai I. Pereslavtsev, "Regional development programs and cooperation of Russia and Korea in implementation of economic projects on Korea Peninsula," KOREA-RUSSIA ACADEMIC SEMINAR, KMI, Vladivostok, 15(July 2015. p.47).

[그림 2-7] 블라디보스톡 자유항 프로젝트

러시아는 자유항 활성화를 위해 자유항 입주자격을 사업의 투자규모가 3년간 5백만 루블(약 8만 달러) 이상인 경우와 투자대상이 신규 사업인 경우 등 위의 2가지 조건을 충족시키는 기업에 한하였다. 그리고 3년간 5백만 루블로 투자요건을 완화한 것은 중소기업에게도 자유항 진출 기회를 제고하기 위해서이며, 입주기업의 신규투자여부는 러시아 세무당국의 세무조사를 거친 후에 입주가 가능하도록 했다.

러시아는 블라디보스톡항과 주변을 자유항으로 지정하고자하는 것은 블라디보스톡항의 항만활성화와 동해지역으로의 진출을 위한 교두보를 확보하고자 하는 것이다. 러시아는 항만을 중심으로 국가간 접경지역의 무역 촉진과 교통인프라 확대를 통해 연해주지역을 동북아시아의 물류 허브도시로 발전시키기 위한 법적근거와 물류 허브도시를 만드는 것이다. 러시아는 자유항을 수출지향적 광물산업 및 고부가가치산업으로 육성하기 위해 물류 네트워크를 추진 중에 있으며, 법안 적용지역은 블라디보스톡 항만뿐만 아니라 연해주 외기타 15개 주요도시(블라디보스톡, 나호트카, 포그라치느이, 핫산, 나데진스크, 아르쫌시, 볼쇼이 카멘, 우수리스크, 파르티잔, 쉬코톱스크, 옥타블스크, 한카이스크)이다. 자유항에 포함된 지역들은 지역의 특성에 따라 폭 넓게 개발되고 70년간 운영될 예정이다.

자유항에 법안에 따라 입주하는 기업들에 대한 특혜는 첫째, 5년간 연방소득세 면제와 지방소득세를 18%에서 5% 이내로 감세하고, 사회보장세도 28%에서 7.6%로 감해 주는 것이다. 둘째는 자유통관구역센터를 설립하여 수입세와 부가가치세 면제, 사치품 및 예술품 보관 물품 면세, 전시용품 면세 등을 적용하는 것이다. 셋째는 세무조사 등 지방정부 조사기간 단축 및 자유항관리회사로 하여금 사법 및 행정 절차를 통해 입주기업의 이익을 보호 및 대변할 수 있는 권리를 부여하는 것이다.

또한 블라디보스톡 자유항 입주기업신청 및 자격 취득절차를 전자 상으로 진행하여 입주기업 선정 절차를 보다 투명하게 하여 입주 희망기업들이 관료주의의 장벽을 겪지 않도록 조치할 예정이다. 그리고 자유항 감독위원회가 입주기업 신청서 및 심사결과를 모니터링 할 수 있도록 했으며, 행정장벽이 발생할 경우 해당기업은 감독위원회 및 극동연방관구 대통령 전권대표에게 전자민원을 신청할 수 있도록 했다.

러시아는 자유항 개발을 통해 2025년까지 연해주지역 총생산을 254억불까지 끌어올리고, 2034년까지 3.5배 증가한 364억불 달성할 것으로 기대하고 있다. 또한 2021년까지 8.5만개, 2025년 10.8만개, 2034년 47만개의 일자리가 창출될 것으로 예상하고 있다. 그 동안 모스크바와 페테르부르그를 중심으로 개발되어온 것을 생각하면, 극동지역 개발은 지속 발전 가능한 러시아를 만들기 위한 푸틴의 중요한 정책적 전략 및 결단이었다고 볼 수 있다. 그러나 2014년에 선도사회경제개발구역과 함께 자유항 프로젝트가 확정 추진되었지만, 초기보다는 그 범위가 많이 축소되었다. 이는 선도사회경제개발구역으로 지정된 지역에 국내외 자본이 투자 유치되어야 하는데, 세계 경제의 침체와 유가하락, 러시아 내수경제가 침체 등으로 인해 민간부문에서의 투자 여건이 악화되었기 때문이다.

러시아가 TASED와 블라디보스톡 자유항 프로젝트를 성공시키기 위해서는 중국과 러시아 접경지역간에서 이루어지는 있는 밀무역과 블라디보스톡항·자루비노항·나호트카항 등 선적·하역비용을 줄이고, 통관절차와 기간을 간소화해야 한다. 뿐만 아니라 자루비노항에서 중국 훈춘으로 이동하는 물류 노선에 대한 통과비용과 통관시간 등 장애요인을 제거해야 한다. 물론 블라디보스톡항의 컨테이너 전용부두설치와 포시에트항과 자루비노항의 현대화 사업도 필요하다. 그러나 결국은 러시아내에서의 물류비용을 줄여야 TASED와 자유항 내에 국내외 기업유치가 가능할 것이다.

최근 세계경기가 침체되면서 TASED지역과 자유항에 대한 외국인투자 유치는 더욱 어려워 질 것으로 보인다. 따라서 러시아는 TASED의 활성화를 위해서 블라디보스톡항과 자루비노항을 이용하여 한국, 일본, 중국 등의 허브항만을 연결하여 동북아시아의 물류네트워크를 구성하는 것이다. 그리고 중국과는 접경지역의 국경무역활성화, 한국과는 TSR과 TKR의 연결과 속초항과 자루비노항의 운항재개 등 교통인프라 연결 확대시켜 나가야 한다. 중국은 시진핑주석이 등장하면서 2013년부터 국가 전체적으로 一帶一路15)계획을 추진 중에 있으며, 이에 따라 길림성의 '창지투(長吉圖·창춘~지린~투먼) 개발 계획'과 흑룡강성의 '육

해상 실크로드 경제벨트'를 건설을 추진하였다. 2장에서 이야기한 것처럼, 길림성의 창지투계획의 핵심 내용은 첫째, 동북3성에서 생산되는 농산물과 공산품을 동해를 통해 중국 남쪽으로 운송하는 것이며, 둘째는 한국, 일본 등 동북아 국가들과의 물적 교류를 확대하는 것이다. 흑룡강성의 '육해상 실크로드 경제벨트'는 중국-몽골-러시아를 연결하는 경제벨트로 중앙정부의 一帶一路계획과 연계하여 유라시아로 연결되는 가장 빠르고 원활한 운송네트워크를 구축한다는 것이다.

흑룡강성은 해상 실크로드 경제벨트를 2개 계획하고 있는데, 하나는 하얼빈-쑤이펀허-그로데코보-블라디보스톡항·보스토치니항·나홋트카항으로 연결되는 노선이고, 다른 하나는 훈춘-크라스키노-포시에트항·자루비노항과 연결하는 노선이다.

중국정부는 극동지역의 항구를 러시아와 공동으로 개발하여 극동지역의 광물자원과 해상운송로가 확보되면, 흑룡강성과 네이멍구의 농산물과 공산품을 블라디보스톡 자유항까지 연계하여 육해상 연계운송을 추진하여 동북지역의 물류산업 전초기지로 활용하고자하는 것이다.

따라서 이를 알고 있는 러시아는 중국 동북지역의 기업들이 블라디보스톡 자유항지역에 투자를 할 수 있도록 투자 여건을 개선하고, 동북아 지역의 경제적 잠재력을 홍보하여 선도사회경제개발구역과 블라디보스톡 자유항을 통해 발현될 수 있도록 지원한다는 것이다. 또한 프로젝트가 시너지 효과를 얻기 위해서 TSR과 TMR·TCR 등 주요 철도망과 항만을 연결하면, 기업유치 및 국제적 연계운송을 활성화시킬 수 있을 것이다. 그리고 자유항지역에 물류관련 산업을 유치하면, 동북아시아의 물류센터 허브기지로 활용할 수 있을 것이다.

그러나 최근 중국은 환율상승과 수출 감소 등으로 인해 경제가 침체되고 있어 대규모 자금을 투입하기란 쉽지 않을 것이다. 뿐만 아니라 러시아는 환율 인상과 에너지가격의 정체로 인해 프로젝트의 추진이 정체된 상태다. 그렇지만 러시아와 중국은 변경무역 활성화를 통해 경제협력을 강화해 나가고 있는 것은 사실이다. 중국은 러시아 블라디보스톡항과 자루비노항과 포시에트항 등을 활용하는 문제를 검토하고 있으며, 러시아가 개발하고자하는 블라디보스톡 자유항 지역에 대규모투자를 계획하고 있다.

3. 러시아 연해주의 자유경제지대(FEZ)와 경제현황

소련은 2000년까지의 장기 극동종합개발계획을 1987년 8월 채택하였으며, 대상지역은 극동경제권, 부리야트 자치공화국, 치타주이고 총투자 규모는 2,320억 루블이었다. 계획의 3대주요 개발목표는 ①2000년까지 극동의 모든 사회발전지표를 소련의 타지역 평균치에 달하도록 하고, ②극동의 경제구조를 변화시키며, ③극동경제를 동북아분업체제에 참석시키는 것이다.[23] 이와 같이 정부의 장기적인 극동지역개발 계획에 따라 극동지역에 외국자본이 유입되기 시작하였으며, 교역도 활발해졌다. 그러나 97년에 한국을 비롯한 동남아국가들이 외환위기를 맞으면서 급격히 투자가 위축되었다. 연해지역의 투자현황을 보면, 1996년과 1997년에 각각 9천6백만 달러, 9천5백만 달러가 투자되었으나 1999년에는 5천4백만 달러로 투자액이 96년보다 44%나 감소하였다.[24]

1992년부터 극동지역에서 대외 경제교류가 활발히 전개되고, 무역자유화에 힘입어 교역국이 늘어나면서, 92년에 이 지역의 수출과 수입이 각각 30.4%와 260%가 증가하였으며, 1993년도에 극동지역의 총교역액은 30억 달러로 전년 동기 대비 수출은 18.4%, 수입 2%가 증가되었다. 이러한 실적은 93년에 수출 신장률이 1.4%에 불과한 러시아 전체의 무역실적(수출은 1.4% 증가한 430억 달러, 수입은 25%가 감소된 270억 달러)과 비교하면 대단한 성과인 것만은 확실하다. 그러나 이것이 극동지방에 수출지향적인 개방경제가 형성된 것을 의미하는 것

23) Гребцова В.Е., Экономическая и социальная география России, 2000г. с. 207~210. 그리고 "극동지역 장기발전계획"은 1996년 4월 15일 러시아 정부결정 제480호에 의해 공식적으로 승인 되었으며 승인된 문서명은 '1996-2005년간의 극동과 자바이칼지역의 경제사회발전 연방특별프로그램'이다. 동 계획의 자세한 내용은 KIEP, 『지역경제』, 1996년 9월호, pp.115~122를 참조.

24) 한국은 1996년에 4천1백만달러로 연해주 외국인투자 전체의 43%를 차지하였으며, 최근 IMF와 국내경제의 침체로 투자액이 줄어 1999년 2천1백만달러로 38% 감소하였다. 자세한 내용은 ПРИМОРЬЕ В ЦИФРАХ В 1999 ГОДУ; ПРИМОРСКИЙ КРАЕВОЙ КОМИТЕТ ГОСУДАРСТВЕННОЙ СТАТИСТИКИ. ВЛАДИВОСТОК. 82~83 참조.

은 아니다. 왜냐하면 일부 기업의 활동과 해외의 경기 변동에 크게 의존하고 있으며, 극동지역의 수출기반이 취약하여 수출구조가 매우 불안정하며, 여전히 수출의 60%이상이 원자재에 집중되어 있기 때문이다.

최근 러시아정부의 극동지역에 대한 관심이 높아짐에 따라 "나홋트카"에 경제자유무역지대를 만들어 외국자본의 유치를 계획하고 있다. 나홋트카항은 연간 2,500만 톤의 화물을 처리하고 러시아 대외무역의 40%를 담당하는 태평양연안의 중요한 항구로서, 철도와 도로를 통하여 연해지방과 하바로프스크지방 등의 주요도시와 연결되어 있는 교통의 요지다. 따라서 한국과 러시아는 기업들이 합작회사를 설립하여 상품을 생산할 수 있도록 이 지역에 330헥타를 49년간 임대하여 공단을 만들 계획에 있으며, 첫 단계로 2000년까지 100헥타를 공단으로 조성하기로 합의하였다. 이 공단에는 조선, 선박수리, 어업, 수산물 가공, 전기·전자제품과 의류, 그리고 원자재 가공업 등을 전문으로 하는 100~150여개의 전문업체들이 입주할 예정이며, 한국기업체들의 투자 가능한 액수는 7~8억 달러로 예상하고 있다.[25)]

1997년 7월 7~8일에는 경제와 과학기술의 협력을 위한 한·러간의 연합위원회를 개최하여 "나호트카"의 경제자유무역지대에 한-러공업단지를 조성하고 그곳에 입주하는 한국기업들에 대한 관세감면특혜에 대하여 논의하였다. 관세특혜조건은 첫째, 투자유치를 위하여 특별관세지대, 또는 이와 관련되는 창고로 반입되는 기계장비에 대한 관세가 면제되고, 둘째는 기업 이윤세 중 지방재정 귀속분은 최초이윤 발생시점부터 5년간 100%면제되며, 그 후 5년간은 50%만을 부과하면 되고, 그 후에도 생산품의 50%이상을 수출하는 기업에는 기업 이윤세 중 지방정부 귀속분의 75%만 부과되고, 셋째는 지역도로기금조성을 위한 부과금을 전액 면제한다는 것이었다. 또한, 이 지역의 기업체에서 생산된 상품들의 부가가치세비율도 50%로 낮출 예정이며, 이것은 기업들의 조세를 감면시킴으로 이 부분의 잉여자금을 다시 산업단지에 재투자를 유도하기 위한 것이다.

94년말 미국은 나홋트카 자유경제지역에 2천9백만 달러를 투자하여 원양어선수

25) 한국주재 러시아 통상대표부 내부자료 및 중소기업진흥공단의 자료를 참고하였음.

리, 의류가공 등 21개의 산업공단을 건설했으며, 나홋트카 바스토치니항 근처에 2억 8천6백만 달러 투자하여 러-미 테크노파크(RUSSIAN-AMERICAN TECHNOPARK) 건설 프로젝트를 추진할 예정이었으나 진행되지 못했다. 중국은 나홋트카 자유지역에 1천4백만 달러를 투자하여 농산물가공업, 요식업, 의류 등의 부문에 40개의 합작회사를 설립하였다. 일본도 나홋트카 자유경제지역에 6천6백만 달러를 투자하여 목재수입, 자동차판매 등 34건에 투자 계획를 계획하였으나 실현시키지 못했다.[26] 이와 같이, 극동지역의 중요성이 대두되면서 이 지역에 대한 한국, 미국, 일본을 포함한 동북아지역 국가들의 직·간접투자는 지속적으로 증가할 것이다.

극동지방의 대외무역은 수출이 소수 품목으로 극히 제한되어 있으며, 해외로부터 물자공급을 확대시킬 수 있는 기반이 취약하기 때문에 상당히 불안정한 상태에 있다고 말할 수 있다. 취약한 수출구조는 매년 중요한 경제적, 정치적 변화들에 민감하게 반응하여 변동하고 있다. 따라서 러시아 또는 극동지방이 동북아 지역뿐만 아니라 해외시장에서 입지를 확보하기 위해서는 효율적으로 평가받고 있는 세계적 경제발전 모델을 선택하여 활용하여야 할 것이다. 극동지방은 인접 국가들의 노동과 자본과 그리고 천연자원과 첨단기술의 활용이 용이하다.

따라서 한·러 양국은 극동 시베리아 개발 분야 협력 파트너쉽에서 잠재력이 크다. 한국은 극동시베리아 지역에서 생산되는 에너지, 광물, 수산 등 풍부한 자원이 필요하며, 한반도와 접해 있어 물류 측면에서 유럽 러시아지역과 연결할 수 있고, 북극항로의 본격적인 개발 등에 있어서 극동시베리아는 매우 중요한 지역이다. 한·러간 주요 협력사업으로는 TSR~TKR 연결사업 추진과 PNG(파이프라인천연가스공급), 해운·항공분야 협력을 통한 물류 기반 강화 등이 있으며, 극동지역에서 남·북·러 삼각협력 추진은 북한의 개발을 촉진시켜 한반도에서 평화와 번영의 기반을 형성하는데 도움이 된다.

특히 잠재력이 큰 분야인 에너지·자원 및 과학기술, 수산 분야 등에서 양국간 협력도 지속 적으로 확대될 것이다. 에너지 개발사업 참여 및 도입선 확보는 대

---

26) 연해주 지방정부 국제협력실 및 통계자료실 내부자료 참조, 1997.

러시아 에너지협력을 확대하는 추세에 있으며, 특히 사할린-2, 사할린-1에서 생산된 가스를 LNG플랜트와 터미널을 통해 연해주, 한국, 중국, 일본 등으로 판매할 계획이다. 가스의 수출은 가스수송 인프라개발과 한국, 중국, 일본과의 수출물량 및 가격에 대한 협상에서 결정될 것이나 한국 중국, 일본에 대한 가스공급은 2020년에 30~120 BCM, 2030년에 70~190 BCM에 달할 것으로 예상된다. 이에 따라 한국의 경우 안정적인 에너지자원 확보를 위해 러시아 가스유전 개발사업과 가스수송배관프로젝트분야에 대한 협력을 확대해야 한다.

그리고 한국과 러시아간 중요한 협력사업 중에 하나는 수산과 해운항만에 대한 협력이다. 한국과 러시아는 2009년 12월에 불법어업방지협정을 체결하였으며, 2010년 7월부터 발효되었다. 이 협정에 따라 러시아 수역 내에서의 불법조업이 줄어들고, 불법 어획물의 유입도 감소할 것으로 전망된다. 또한 수산업분야에서도 블라디보스톡에 수산물 가공공장 건립과 어선 건조 등의 협력사업이 추진 중에 있다.

이와 같이 한·러간 극동지역 개발을 위한 협력을 위해서는 먼저, 나진~핫산프로젝트의 성공적인 추진과 TSR~TKR이 연결, 그리고 러시아 극동지역~북한~한국을 연결하는 에너지 분야에서의 협력과 수산 및 해운항만과 관련된 분야의 협력이 필요하다.

Chapter 3

중국 경제와 동북3성

강 승 호

03 Chapter 중국 경제와 동북3성

제1절 중국의 개황

1. 중국의 국가기구

중국의 국가기구에는 전국인민대표대회(약칭: 전인대, 우리의 국회에 해당), 국가주석(대통령), 국무원(행정), 군사위원회, 최고인민법원, 최고인민검찰원, 지방 각급 인민대표대회와 지방 각급 인민정부, 민족자치지방의 자치정부 등이 있다.

① **전국인민대표대회** : 전인대는 중국의 최고 국가권력기관이다. 상설기구로서 전인대 상무위원회가 있으며, 전인대와 상무위원회가 국가의 입법권을 행사한다. 전인대는 성, 자치구, 직할시, 특별행정구, 군대에서 선출한 대표로 이루어지며, 각각의 소수민족도 적당한 수만큼 대표로 참여한다.

② **국가주석** : 중화인민공화국 주석과 부주석은 전인대에서 선출한다. 만45세 이상의 선거권과 피선거권이 있는 중화인민공화국의 공민이면 주석과 부주석의 피선거권을 가질 수 있다. 주석은 전인대의 결정이나 전인대 상무위원회의 결정에 근거하여 법률을 공포하고, 국무원 총리, 부총리, 국무위원, 각부부장, 각위원회 주임, 비서장의 임면권이 있으며, 훈장과 명예칭호

를 수여하고, 특사령을 발포하고, 긴급상태 진입이나 전쟁상태를 선포하고 동원령을 발포한다.

③ **국무원** : 중화인민공화국 국무원은 중앙인민정부로서, 국가 최고 권력기관의 집행기관이며, 국가의 최고 행정기관이다. 그 구성은 총리, 부총리, 국무위원, 각부 부장, 각 위원회 주임, 비서장으로 구성되어 있다. 국무원은 총리가 정부를 책임지며, 각부, 각 위원회는 부장과 주임이 책임을 진다. 국무원의 비서장은 총리의 영도하에 국무원의 일상적 업무를 책임진다. 국무원에서 설립한 사무국은 비서장이 영도한다.

④ **중앙군사위원회** : 중화인민공화국 중앙군사위원회는 전국의 무력을 지휘하며, 주석, 수명의 부주석, 수명의 위원으로 구성된다. 주석은 전인대와 전인대 상무위원회에 책임을 진다.

⑤ **최고인민법원** : 최고인민법원은 최고심판기관으로서, 지방 각급 인민법원과 전문인민법원의 심판활동을 감독하며, 상급 인민법원은 하급인민법원의 심판활동을 감독한다. 최고인민법원은 전인대와 전인대 상무위원회에 책임을 지며, 지방 각급 인민법원은 해당 국가권력기관에 책임을 진다.

⑥ **최고인민검찰원** : 최고인민검찰원은 최고검찰기관으로서, 지방의 각급 검찰원과 전문 인민 검찰원의 활동을 지휘하며, 상급 인민검찰원은 하급 인민검찰원의 활동을 지휘한다. 최고인민검찰원은 전인대와 전인대 상무위원회에 책임을 지며, 지방 각급 인민검찰원은 해당 국가권력기관과 상급 인민검찰원에 책임을 진다.

⑦ **지방 각급 인민대표대회와 지방 각급 인민정부** : 각각의 성, 직할시, 현, 시, 시 관할 구, 향, 민족향, 진은 인민대표대회와 인민정부를 설립한다. 지방 각급 인민대표대회와 지방 각급 인민정부의 조직은 법률에 규정에 의해 조직되며, 자치구, 자치주, 자치현은 자치기관을 설립한다.

⑧ **민족자치 지방의 자치기관** : 민족자치 지방의 자치기관은 자치구, 자치주, 자치현의 인민대표대회와 인민정부이며, 자치구, 자치주, 자치현의 인민대표대회 기간 중에는 해당 구역의 민족대표 외에도 그 외의 민족 대표도 약간명을 포함하여야 하며, 자치구 주석, 자치주 주장, 자치현 현장은 해당

구역의 자치민족의 공민업무를 담당한다.

2. 중국정치체제의 특징

1) 3대 권력과 집단지도체제

중국의 권력구조는 국가보다 공산당 우선이며, 공산당의 권력정점이 국가권력을 장악한다. 공산당의 권력구조는 공산당원 약 8,260만 명, 당 인민대표 2,270명, 당중앙위원회 중앙위원 205명/ 후보위원 171명, 정치국 위원 25명, 정치국 상무위원 7명, 당 총서기 1명의 상향피라미드식으로 되어 있다.

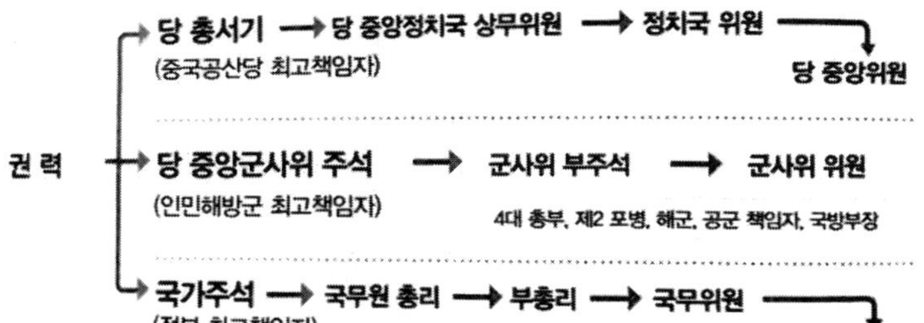

자료 : 당 중앙위원 새얼굴은. (2012.11.15). 매일경제.

[그림 3-1] 중국의 3대 권력

현 총서기 시진핑은 2012년 11월 15일 제18차 공산당대회의 당중앙위원회 제1차 전체회의를 거쳐 정치국 회의에서 10년 임기를 마친 후진타오 총서기의 뒤를 이어 당 총서기로 선출되었고, 이어서 2013년 3월에 전국인민대표대회에서 국가주석직도 승계하였다. 또한 당총서기는 국가주석과 동시에 중앙군사위원회 서기를 겸직한다. 관례상 한 번에 승계하는 것이 아니라 순차적으로 국가주석직을 승계하고 최종적으로 중앙군사위원회 서기를 승계하여 군권을 가진다 이처럼 당총서기, 국가주석, 당 중앙군사위 주석을 3대 권력이라 한다.([그림 3-2] 중국의 3대 권력)

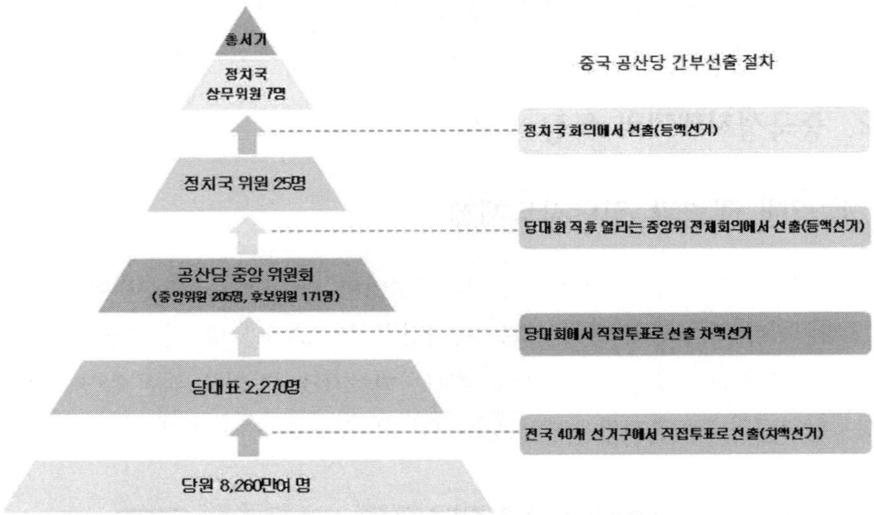

자료 : 中 최고지도부 어떻게 뽑다.(2012.11.9).조선일보.재구성.
주 : 제18기 중앙위원과 후보위원의 차액비례(당선자 대비 낙선자 비율)는 각 9.3%와 11.1%임.

[그림 3-2] 중국 공산당 권력체계 및 지도부 선출절차

하지만 권력의 정상은 총서기 1인이라기 보다는 집단지도체제인 7인의 정치국 상무위원회라 볼 수 있다. 총서기는 7인의 정치국 상무위원회에서 공히 한표를 행사한다. 홀수인 위원회 의견이 반으로 갈릴 경우에 결정권을 가질 수 있는 수준의 동급자 중 첫 번째이다. 초기 중국의 권력자인 마오쩌뚱과 덩사오핑의 권력과는 현저한 위상의 차이가 있는 집단지도체제의 구심점에 불과하다.

2) 양회: 의결기구

중국의 주요 의사결정기구는 전국인민정치협상회의(약칭: 정협)와 전국인민대표대회(약칭: 전인대)로 구성된다. 매년 3월초 최고 정책 자문기구인 정협과 우리의 정기국회 격인 전인대가 연이어 열리기 때문에 두 회의를 통칭한 것을 양회라고 한다. 양회는 정협에서 건의한 내용을 전인대에서 심의 결정하는 방식으로 진행된다.

정협은 최고 국정 자문회의로 공산당 및 사회단체 대표 2,260여명의 위원이 있다. 정협에서는 상무위원회의 대표를 선출하고 국가의 축이 되는 정치, 사회생활, 국가기관 등의 중요문제를 토론·건의한다. 또한 사회민생법안을 제정, 수정하고 중앙정부 예산을 결정한다.

전인대는 입법기관으로 중국 헌법상 최고 국가권력기관이다. 중화인민공화국 주석, 부주석 선출, 국무원 총리 등 각종 기관의 대표를 선출하며, 각 지역의 정치, 경제, 교육, 문화, 위생, 환경, 자원보호, 정치, 민족 등 다방면의 사항을 토론 및 결정한다. 31개 성, 시, 자치구, 인민해방군 대표 약 3,500명 정도로 구성되어 법률과 예산심의 등 주요정책을 결정한다.

3. 중국의 행정구역

1) 중국의 행정구역

중국의 행정구역은 전국을 성(省)·현(縣)·진(鎮)의 세 등급으로 나누고 있다. 그 중에서 성급(省級)에 해당하는 행정구역은 성(省)·자치구(自治區)·직할시(直轄市)·특별행정구이다. 현재 중국에는 대만성을 포함한 23개의 성과 5개의 자치구, 4개의 직할시, 2개의 특별행정구가 있다.

2) 6대 지리적 권역

중국의 전역은 다시 뚱베이(東北), 화베이(華北), 화둥(華東), 화중(華中), 화난(華南), 시부(西部)의 6개 지역으로 구분하며, 각 지역에 속하는 직할시(直轄市), 성(省), 자치구(自治區), 특별행정구(特別行政區)는 <표 3-1>과 같다.

〈표 3-1〉 중국의 지리권역과 행정구역(성, 성도)

권역	행정구역	성도, 구도
뚱베이 東北	랴오닝성(遼寧省/Liaoning)	선양(瀋陽/Shenyang)
	지린성(吉林省/Jilin)	창춘(長春/Changchun)
	헤이룽장성(黑龍江省/Heilongjiang)	하얼빈(哈爾濱/Harbin)
화베이 華北	베이징시(北京市/Beijing): 직할시(直轄市)	
	톈진시(天津市/Tianjin): 직할시(直轄市)	
	허베이성(河北省/Hebei)	스자좡(石家莊/Shijiazhuang)
	산시성(山西省/Shanxi)	타이위안(太原/Taiyuan)
	네이멍구자치구(內蒙古自治區/Neimenggu)	후허하오터(呼和浩特/Hohhot)
화동 華東	상하이시(上海市/Shanghai): 직할시(直轄市)	
	장수성(江蘇省/Jiangsu)	난징(南京/Nanjing)
	저장성(浙江省/Zhejiang)	항저우(杭州/Hangzhou)
	안후이성(安徽省/Anhui)	허페이(合肥/Hefei)
	산둥성(山東省/Shandong)	지난(濟南/Jinan)
화중 華中	허난성(河南省/Henan)	정저우(鄭州/Zhengzhou)
	후베이성(湖北省/Hubei)	우한(武漢/Wuhan)
	후난성(湖南省/Hunan)	창사(長沙/Changsha)
	장시성(江西省/Jiangxi)	난창(南昌/Nanchang)
화난 華南	광둥성(廣東省/Guangdong)	광저우(廣州/Guangzhou)
	푸젠성(福建省/Fujian)	푸저우(福州/Fuzhou)
	하이난성(海南省/Hainan)	하이커우(海口/Haikou)
	구이저우성(貴州省/Guizhou)	구이양(貴陽)
	광시좡족자치구(廣西壯族自治區/Guangxi)	난닝(南寧/Nanning)
	홍콩(샹강)특별행정구(香港特別行政區/Hong Kong(Xianggang))	
	마카오(아오먼)특별행정구(澳門特別行政區/Macau(Aomen))	
	<타이완성(臺灣省/Taiwan)>	<타이베이(臺北/Taibei)>
시부 西部	충칭시(重慶市/Chongqing): 직할시(直轄市)	
	산시성(陝西省/Shaanxi)	시안(西安/Xian)
	쓰촨성(四川省/Sichuan)	청두(成都/Chengdu)
	윈난성(雲南省/Yunnan)	쿤밍(昆明/Kunming)
	간쑤성(甘肅省/Gansu)	란저우(蘭州/Lanzhou)
	칭하이성(青海省/Qinghai)	시닝(西寧/Xining)
	닝샤후이족자치구(寧夏回族自治區/Ningxia)	인촨(銀川/Yinchuan)
	신장웨이우얼자치구(新疆維吾爾自治區/Xinjiang)	우루무치(烏魯木齊/Urumqi)
	시장(티베트)자치구(西藏自治區/Xizang(Tibet)	라싸(拉薩/Lasa)

[그림 3-3] 중국의 행정구역

〈표 3-2〉 성별 경제규모 및 1인당 GDP 순위 변화

순위	GDP(억 위안)						1인당(위안)					
	2003		2012		2019		2003		2012		2019	
1	广东	13626	广东	57068	广东	107986	上海	46718	天津	93173	北京	164563
2	江苏	12461	江苏	54058	江苏	98657	北京	32061	北京	87475	上海	156587
3	山东	12436	山东	50013	山东	70541	天津	26532	上海	85373	江苏	122398
4	浙江	9395	浙江	34665	浙江	62462	浙江	20147	江苏	68347	浙江	107814
5	河北	7099	河南	29599	河南	53718	广东	17213	内蒙古	63886	福建	106966
6	河南	7049	河北	26575	四川	46364	江苏	16809	浙江	63374	广东	94448
7	上海	6251	辽宁	24846	湖北	45429	福建	14979	辽宁	56649	天津	90058
8	辽宁	6003	四川	23873	福建	42327	辽宁	14258	广东	54095	湖北	76712
9	四川	5456	湖北	22250	湖南	39894	山东	13661	福建	52763	重庆	75828
10	湖北	5402	湖南	22154	上海	37988	黑龙江	11615	山东	51768	山东	70129

순위	GDP(억 위안)						1인당(위안)					
	2003		2012		2019		2003		2012		2019	
11	福建	5232	上海	20182	安徽	36846	河北	10513	吉林	43415	内蒙古	67852
12	湖南	4639	福建	19702	北京	35445	新疆	9700	重庆	38914	陕西	66649
13	黑龙江	4430	北京	17879	河北	34979	吉林	9338	湖北	38572	安徽	58072
14	安徽	3972	安徽	17212	陕西	25793	湖北	9011	陕西	38564	湖南	57746
15	北京	3663	内蒙古	15881	辽宁	24855	内蒙古	8975	河北	36584	辽宁	57067
16	江西	2830	陕西	14454	江西	24667	海南	8316	宁夏	36394	海南	56740
17	广西	2735	黑龙江	13692	重庆	23606	河南	7570	黑龙江	35711	河南	55825
18	吉林	2523	广西	13035	云南	23224	湖南	7554	新疆	33796	四川	55472
19	云南	2465	江西	12949	广西	21237	山西	7435	山西	33628	新疆	54280
20	山西	2457	天津	12894	内蒙古	17213	青海	7277	湖南	33480	宁夏	54217
21	天津	2448	山西	12113	山西	16962	重庆	7209	青海	33181	江西	52865
22	陕西	2399	吉林	11939	贵州	16769	西藏	6871	海南	32377	西藏	48902
23	重庆	2251	重庆	11410	天津	14056	宁夏	6691	河南	31499	青海	48570
24	内蒙古	2150	云南	10309	新疆	13597	江西	6678	四 川	29608	云南	47944
25	新疆	1878	新疆	7505	黑龙江	13544	陕西	6480	江西	28800	贵州	46433
26	贵州	1356	贵州	6852	吉林	11727	安徽	6455	安徽	28792	河北	46182
27	甘肃	1305	甘肃	5650	甘肃	8718	四川	6418	广西	27952	山西	45549
28	海南	671	海南	2856	海南	5331	广西	5969	西藏	22936	吉林	43475
29	青海	390	宁夏	2341	宁夏	3749	云南	5662	甘肃	22195	广西	42964
30	宁夏	385	青海	1894	青海	2941	甘肃	5022	云南	21978	黑龙江	36001
31	西藏	185	西藏	701	西藏	1698	贵州	3603	贵州	19710	甘肃	32995

자료: 『中國統計年鑑』, 2003, 2012, 2020년판.

4. 지형과 인구분포

중국은 미국 보다 2% 정도 넓은 면적으로 두 나라의 동부는 비슷한 위도에 비슷한 기후를 나타낸다. 남부 광저우는 미국의 마이애미, 북동부는 미네소타와 비슷하지만 척박한 상황이다. 해발 고도 500m이하 지역이 전국토의 25%에 불과하다(북미는 60%, 유럽 80%). 중국의 서부는 중앙아시아 광활한 사막과 인접하며, 네팔과는 에베레스트 산을 국경으로 하고 있다. 중국의 가장 큰 평야도 미국 중서부 중앙평원에 비하면 아주 작은 조각에 불과하다. 중국의 현대화는 지리적 고립과 높은 운송비용을 극복하는 것이 큰 과제였다. 광활한 서부지역의 대개발을 1999년부터 착수하였다.

동부와 남부 일부를 제외한 대부분이 대륙에 위치하므로 육상으로 국경을 접한 주변 국가가 14개나 된다. 미국의 경우에는 캐나다와 멕시코뿐이다. 이점에서 지정학적 문제가 중요성을 지닌다. 이들 인접국과의 관계가 중요한 영향을 미쳤다. 즉 중국 지형상 해안은 사실상 동부 한 면뿐이라는 점이 중국을 내륙지향적으로 되도록 한 것이다.

해양지향성이 결여되어 근대화 출발이 지체되는 한 원인으로 지적되기도 한다. 남해안 대부분은 험준하여 접근이 불용이하고, 장강과 산동반도사이 해안은 수심이 낮다. 따라서 외향적 항해문화는 동남연안에 고립적으로만 분포하였다. 해양 및 상업적 전통면에서 북유럽, 한국, 일본, 대만 등과 대조적이라 할 수 있다. 세계와의 연계성은 1840년 영국과의 아편전쟁에서 패전한 이후 외국인이 지배하는 조약항(treaty port) 설치 이후 확대되었다.

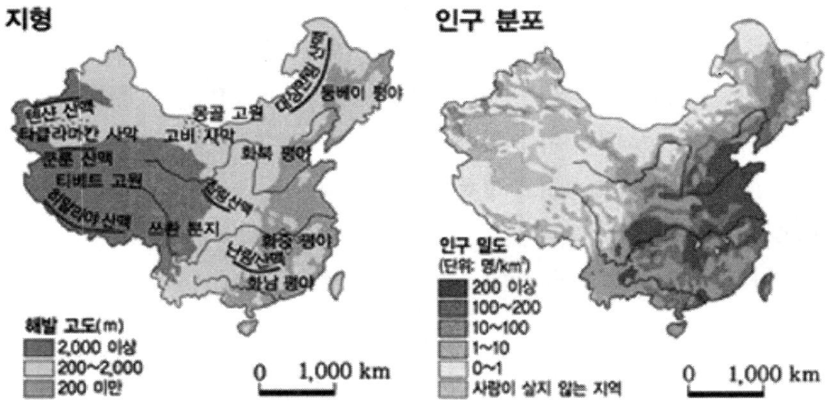

[그림 3-4] 지형과 인구분포

해양의 경제적 가치가 점차 높아지고 있다. 중국의 배타적 경제수역(排他的經濟水域, 영어: Exclusive Economic Zone, EEZ)[1] 면적이 영토면적에서 점하는 비중을 계산해 보면 0.09% 밖에 안 된다. 비교적 영토가 적고 해안선이 풍부한 한국은 4.75%, 영국은 2.8%이고, 영토가 넓은 미국, 호주는 각각 1.08%, 1.11%인데 비한다면 중국의 주권 해양수역이 아주 적음을 알 수 있다.

뿐만 아니라 중국의 해상 해로 대부분은 경쟁국에 의한 협조가 없으면 원활한 통행이 불가능하다. 오오츠크해는 러시아, 인도양 벵골만은 미얀마, 아라비아해는 파키스탄 등의 협조가 필요하다.

이미 착수되어 실행중인 1999년 서부대개발 계획, 2003년 동북진흥계획이 중국 영역내에 균형발전 목적이외에도 접경국가와의 협력적 발전을 도모하는 목적도 포함하고 있었다.

2014년 11월 중국에서 개최된 아시아 태평양 경제 협력체 정상회의에서 시진핑 주석은 일대일로(一帶一路, One Belt and One Road) 경제권 구상을 제창하였다. 이는 중국과 중국 이외의 유라시아 국가들을 연결하고 협동하도록 하는 것에 그 목표를 두고 있는 계획이다. 이 구상은 크게 두 가지로 이루어져 있는데, 하나는 육지기반의 실크로드 경제벨트 계획이고 다른 하나는 해상기반의 21세기 해상실크로드 계획이다. 이 계획은 중국이 국제 사회에서 더 큰 역할을 하는 것을 노리는 한편, 철강산업과 같이 중국내 생산능력이 필요 이상으로 과다하게 된 분야의 문제를 해소하려는 것에 있다. 중국의 공식적인 통계에 따르면 일대일로 계획은 지구상 인구의 63%에 해당하는 44억 인구를 대상으로 하고, 이와 관련한 GDP는 전세계 GDP의 29%인 21조 달러에 달한다.

유라시아를 아우르는 중국의 경제권 구상 속에 사실상 미국 패권에 도전할 국제정치적 목적도 있다고 판단하는 미국은 일본과의 동맹을 호주, 인도로 확장한 쿼드(Quad)로 대응하고 있는 상황이다.

---

1) 해양법에 관한 국제 연합 협약(UNCLOS)에 근거해서 설정되는 경제적인 주권이 미치는 수역

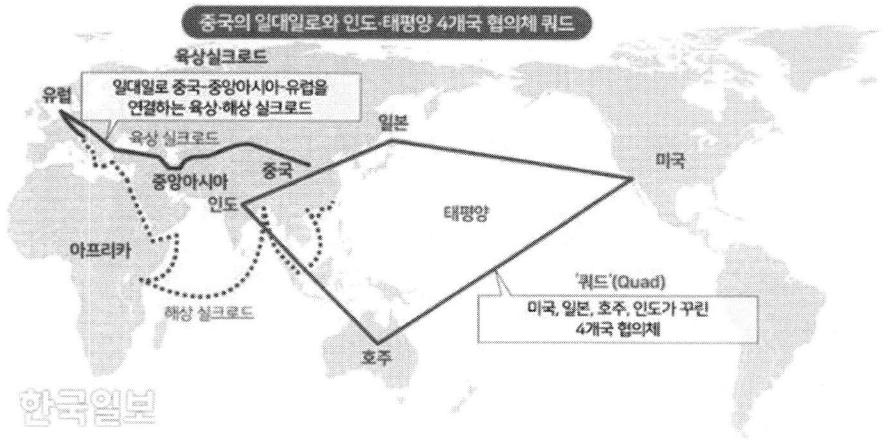

[그림 3-5] 중국의 일대일로와 인도·태평양 4객구 협의체 쿼드

제2절 중국의 경제성장

1. 중국 경제의 위상과 경제성장의 궤적

1) 대외적 위상

중국은 2000년 이후 여러 지표에서 세계를 놀라게 하고 있다. 2010년에는 경제총량에서 일본을 추월하여 세계 제2의 경제대국으로 올라섰고, 1인당 GDP도 4,382 달러로 세계은행이 정의하는 중등상위국 반열에 오르기 시작하면서 중국 성장의 기적이 끝나고, 향후에는 중진국 함정에 빠질 것이라는 논쟁이 벌어지기도 하였다. <표 3-2>에서 보듯이 90년대 중반 이후 수출, 경상수지 흑자로 외환보유고에서 2006년에 일본을 앞서 세계 제1의 국가가 되어, 2008년 글로벌 금융위기 이후 중국은 자본 수출국이 되었다.

〈표 3-3〉 중국 주요 지표의 세계순위 변화

지표	1978	1980	1990	2000	2006	2008	2009
국내총생산액	10	11	11	6	4	3	3
1인당 국민수입	175/188	177/188	178/200	141/207	129/209	127/210	124/213
무역총액	29	26	15	8	3	3	2
수출액	30	28	14	7	3	2	-
수입액	27	22	17	9	3	3	-
외환보유고	38	37	7	2	1	1	1

자료: World Bank

[그림 3-6] 시기별 성장궤적

2) 개혁·개방: 성장 기적의 시작

1978년 농촌·농업에서의 시장화 개혁에서 시작된 중국의 개혁은 80년대와 90년대 초반까지의 빠른 성장의 주 원인이었다. 농촌의 생산성 상승은 한때 도농격차를 축소시키는 역할을 하였지만, 농촌의 잉여노동력이 더욱 풍부해지게 함으로써 비농업과 도시로 이주압력을 만들어 내었고, 90년대 이후 개방정책 확대로 인한 외국인직접투자와 결합되어 현대적인 도시부문의 성장 원천이 되었다. 중국이 개혁개방 이후 고속성장을 지속하면서 경제기적을 일으킨 선행한 동아시아 모델 국가(일본, 한국, 대만, 홍콩, 싱가포르 등)들과 비교되기도 한다. 이들 경제는 지속적이고 빠른 성장 외에 다음과 같은 공통된 특징을 지닌다고 정리한다.(Naughton, 2018)

첫째, 근로자가 농촌을 떠나 생산성이 높은 도시 산업 및 서비스로 이동함에 따른 급격한 구조 변화 즉 아서 루이스(1979년 노벨경제학상을 수상)의 이중구조 전환

둘째, 인구학적 전환에 따른 노동력의 빠른 성장과 경제의 '인구 보너스'[2)]

셋째, 이러한 구조적 변화를 수행하는 데 필요한 기반시설과 산업시설을 제공하는 높은 투자율

넷째, 수출지향적 제조업의 급속한 성장을 가능하게 하는 개방적 경제정책

2. 외향적 성장과 동아시아 모델

중국은 분명히 이러한 모든 특징들을 보여 준다. 이러한 특징들은 개발과정에서 전환을 만들어 내는 방식으로 상호 작용한다. 그러나 어떤 특징이 가장 중요한지에 대한 명확한 합의는 없지만, 동아시아 모델 국가들의 수출지향적 개방에 관한 정책 교훈이 많은 관심을 받아 왔다. 이는 잠재적으로 다른 국가로 전파될 수 있기 때문이다.

노동집약적인 수출 위주 제조업의 중요한 역할에 대해서는 논란의 여지가 없다. 이는 경제가 노동력의 급속한 성장을 흡수하고 광범위한 소득성장을 창출할 수 있기 때문이다. 세계시장을 지향한다는 것은 성장이 국내시장 규모에 따른

2) 전체 인구에서 생산가능 인구가 차지하는 비율이 높아져 부양률이 감소하고 경제성장이 촉진되는 효과. 인구(학적) 보너스 효과 혹은 인구(학적) 배당 효과라고도 하며, 전체 인구에서 생산가능 인구(15~64세)의 비율이 증가함에 따라 부양률이 감소하여 경제성장이 촉진되는 효과를 말한다.

수요측 제약조건으로 한정되지 않는다는 것을 의미한다. 제조업은 현대기술을 수입하고 학습하는 수단으로서 유일하게 효과적일 수 있다. 중국에서도 수출지향 산업화는 기적성장 과정의 핵심부분이다. 1990년대 이후 학자들은 '인구 보너스'에 더 많은 관심을 기울여 왔다. 인구(통계)학적 변화는 젊은 근로자들을 풍부하게 공급하는 동시에 가계에 더 많은 저축 능력을 제공한다. 이주와 신속한 구조 변화를 촉진하려면 경제 전반에 걸쳐 높은 절약과 투자가 필수적이다. 이러한 요소들은 상호보완적이며 다른 요소들에 긍정적인 영향을 미치게 된다.

1) 외향적 성장의 현상

2000년 중반 정점을 보인 외향적 성장에 대해 구체적으로 살펴보자. [그림 3-7]에서 WTO가입이후인 2002년부터 성장이 더욱 가속화되고 있고, 성장의 원천은 소비라기 보다는 투자와 순수출임을 알 수 있다. 순수출이 경제성장률에 기여하는 정도가 2000년대 중반이후 높아져 2007년에 최고조에 달했으며, 글로벌 금융위기 폭발이후는 그 기여도가 낮아졌음을 알 수 있다.

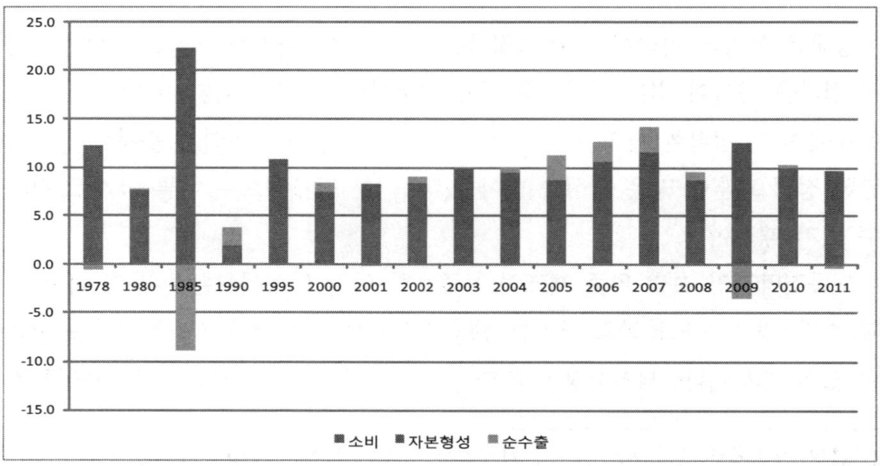

자료: 『中國統計年鑑』, 2012년판.

[그림 3-7] 중국 경제성장 공헌도: 수요측면

인구 규모가 큰 시장대국들이 주로 소비에 의존한 경제성장을 보이는 것과 달리 중국의 대외무역 의존도가 2000년대 매우 높아졌다. 1995년부터 2001년 수출이 GDP에서 점하는 비율은 20%전후 수준을 유지하고 있었고, 수입은 13%에서 19%사이에 있었다. 2002년부터 무역 비중이 급속히 상승하기 시작하였다. 2006년 수출액과 수입액이 GDP에서 점하는 비중은 각각 36%, 29%였고, 무역의존도는 65%까지 높아졌다. 그 후로 비율이 감소하였지만 2010년 27%와 23%로 복귀되어, 무역의존도가 50%를 넘고 있다.([그림 3-8] 참조)

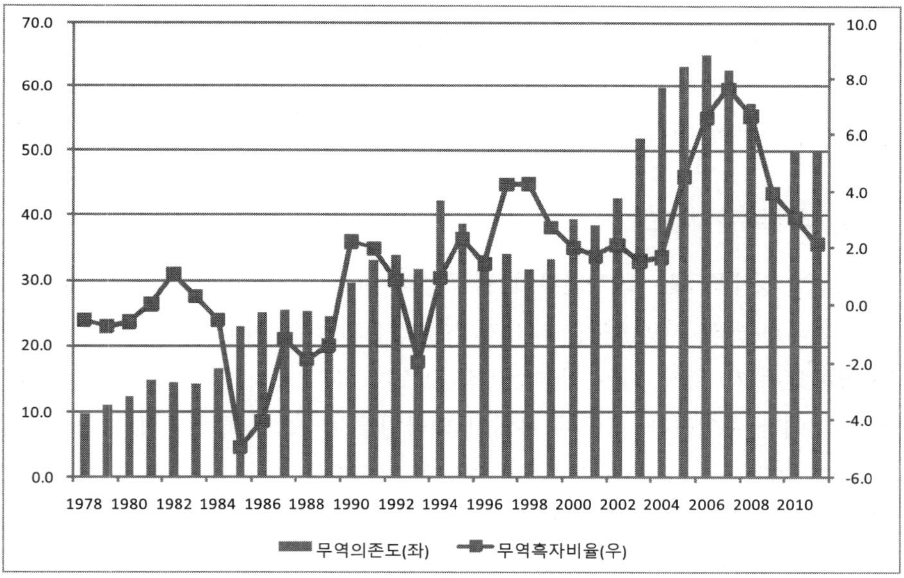

자료: 『中國統計年鑑』, 2012년판.

[그림 3-8] 중국의 수출입교역액 및 무역흑자가 GDP에서 점하는 비중(%)

무역흑자 규모에서 1995년부터 2001년까지 기간 동안 약간 증가, 2002년 이후 빠르게 성장, 2008년 중국의 대외 무역흑자는 2955억 달러로 도달했다. 2009년 무역흑자는 1961억 달러에 비해 34%나 감소했다. 2010년에는 흑자가 더 줄어들어 1,831억 달러로 축소되었다.([그림 3-7] 참조)

GDP에 대한 무역흑자 비율은 1995년 2.3%였고 소폭의 파동을 거친 후 2001년 이후 상승하기 시작하여 2007년 7.5%의 정점에 달했다.[3] 2008년에는 6.5%로, 2009년 이후 두해 동안 3.9%와 3.1%수준으로 크게 떨어졌다.

2) 외향적 성장전략의 주요 요소

중국의 대외개방전략은 덩사오핑의 일부 지역의 우선발전(선부론)에 따라 연해지역 우선 전략으로 시작되었다. 연해지역 우선 전략에 의해 중국의 성장엔진이 동북연해지역에서도 남에서 북으로 북상하였고 중국이 부상할 수 있었다. 80년대 광동성(廣東省)의 선전(深川), 90년대 상하이 푸동(浦東)을 필두로 광둥지역과 화동지역의 발전은 모두 당시 지역을 개방하여 외자유치로 세계경제에 편입되면서 이루어 졌다.[4]

(1) 경제특구 제도

중국의 경제특구는 1979년부터 광둥성의 선전, 주하이(珠海), 산터우(汕頭), 복건성(福建省)의 샤먼(廈門) 4개 지역에 건설되었다. 이들 경제특구에 시장경제(市場經濟)가 주가 되는 자본주의적 요소가 유입(流入)되고, 외국인투자기업에게 특혜가 주어졌다. 특구에 유입된 외국인투자기업의 특혜는 ① 기업소득세 우대 ② 100%외자도 인정 ③ 기업 개인의 국외송금 자유 ④ 고용 등 기업자주권 ⑤ 이익 재투자의 경우는 소득세면제 등을 들 수 있다. 단 특구의 외국인 투자기업은 일반적으로 중국내 시장판매를 제한하고, 해외판매만 허용하였다. 따

---

3) 중국의 GDP대비 경상수지 흑자수준은 2003-4년 이후 급격하게 증가하는 추세를 보였고 2007년에는 최고치를 달성하여 GDP의 10%수준을 넘어섰다. 대표적인 아시아의 수출국인 일본의 경우 고성장의 시기였던 1965-1985년 기간에 최고수준인 GDP의 4.3%를 달성했으며, 한국은 1976-2010년 전체기간 중에 GDP의 5.6%수준이 최고였던 점을 감안한다면 2007년도 중국의 흑자규모가 어느 정도인지 짐작할 만하다.

4) 중국이 외자도입을 통해 외향적 경제발전이 성공하면서 아시아 역내교역에서 일본과도 그 지위가 역전되었다. 90년 일본의 아시아 역내무역비중은 53%에서 2020년에는 38%로 떨어진 반면 중화권(홍콩, 대만, 싱가폴 포함)의 역내교역 비중은 동시기 43%에서 53%로 급증하였다.(渡邊利夫외 2004)

라서 현지 저렴한 노동력 사용을 잇점으로 해외에서 구입해온 원재료와 부품을 조립·가공하는 가공무역 방식이 무역의 주를 이루게 된다. 이처럼 원재료 원재료 구매와 완성품 판매를 모두 해외에 의존하는 방식을 양두재외(兩頭在外)[5]라고 한다.

1984년에는 다롄(大連),·칭다오(青島), 광저우(廣州) 등 연안 14개 도시를 특구와 같은 성격을 지닌 연안개방도시(沿岸開放都市)로 지정하여 대외개방을 확대하였다. 1988년 하이난섬(海南島)을 하이난성(海南省)으로 승격시켜 대외개방 경제정책을 섬 전체에 실시하였으며, 1989년에는 경제특구 선전에 입법권을 부여하였다. 1990년부터 경제특구에서 외국기업의 토지사용권 취득(공업용지 50년, 상업용지 40년)이 공식으로 인정되었다. 1991년에는 상하이(上海)의 푸둥(浦東)지구가 제8차 5개년계획의 주요 개발구로 지정되어, 대외개방의 거점으로 되었고, 1992년 이후 전국적으로 개방지역을 확대하였다. 이처럼 연해지역은 초기 4개 경제특구라는 점(點)에서 14개 연해개방도시를 연계한 선(線)을 이어 전체적 적인 면(面)으로 대외개방의 선두지역이 되었다.

(2) 외국인 직접투자

외국기업들 대부분은 중국을 해외 생산기지로 삼아, 외향형 경영전략을 채택하고 있다. 이것이 중국의 수출이 급속하게 확대되는 중요한 요인이다(Li and Wang, 2009). 외국인직접투자를 활용한 정책은 1978년 개혁개방정책으로 개시되었지만 본격적으로 외국인직접투자가 늘어나기 시작한 것은 아래 그림에서 나타나는 것처럼 1992년 덩샤오핑의 남순강화 이후부터이다. 90년대 말에 잠시 주춤했지만, 2002년 이후에 다시 급증하고 있다.

실제 외국인직접투자 규모는 그림에서 보듯이 1992년과 2002년에 상승의 변곡점을 보이고 있다. 외국인 직접투자액이 GDP총액에서 점하는 비중은 1991년 1.1%를 넘기 시작하여 1994년에는 6.0%로 최고 정점에 달했다. 이후 중국의 경

5) 당초 연해지역 가공업체가 국내 원자재에만 의존할 경우 연해지역과 내륙지역간 원자재 쟁탈사례가 발생할 우려가 있으므로 연해지역 업체는 시장뿐 아니라 원자재공급도 해외에 의존하도록 하는 원칙이다.

제규모 증가속도가 빨라짐에 따라 외국인투자액이 GDP에서 점하는 비중이 점차 감소하여 2008년에 2.0%, 2011년에는 1.6%에 이르고 있다. 중국의 경제성장에 따라 외국인 직접투자가 자본투자나 GDP 에서 차지하는 비중은 점차 작아지고 있지만, 뒤에 대외무역구조에서 후술하듯이 중국의 외향적 발전방식에서 차지하는 외국인 직접투자의 위상은 결코 줄어들지 않고 있다.

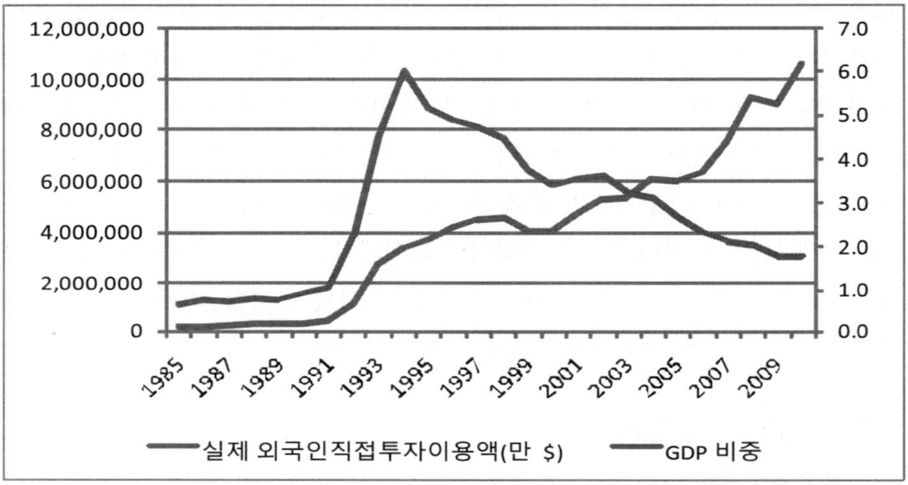

자료: 『中國統計年鑑』, 2012년판.

[그림 3-9] 외국인직접투자 추이

(3) 저렴한 무한공급의 노동시장

蔡昉(2012)의 추산에 따라 간략히 중국의 중국의 도시 노동시장 상황을 <표 3-4>처럼 요약할 수 있다. 노동력 수요는 매년 취업자 저량(도시주민취업수와 도시에 취업한 농민공수)으로, 노동력 공급은 노동연령인구로 나타낼 수 있다. 표에 나타난 농민공 비중을 보면 2008년 이후 도시 총취업의 50%를 넘고 있다. 농민공은 제조, 건설, 음식숙박 등 전통 서비스업에 대량으로 고용되고 있다. 외자기업의 경우 업종에 따라 고용현황은 다르겠지만 농민공의 존재자체가 중국 노동시장의 임금수준을 저렴하게 낮추어 생산비용 경쟁력을 지닌다는 점에서 그동안의 중국의 공업화 가속, 수출경쟁력 상승 무역흑자 확대를 지탱하는 주요 원천이라고 할 수 있다. <표 3-4>에서는 2000년 이후 농민공의 고용 비중이 엄청나다는 사실 외에 도시취업 증가 속도가 노동연령인구 속도를 훨씬 뛰어 넘고 있다는 것을 알 수 있다. 이는 다음 두 가지 지표의 변화로 나타난다.

〈표 3-4〉 중국의 노동력 시장

	노동력수요			노동력공급	수요-공급 비율	수요 증가율	공급 증가율	탄성치
	도시주민취업 (만명)	도시농민공	(농민공 비중)	노동연령인구				
2001	23607	8029	34.0	88536	35.7	-	-	-
2002	24091	10009	41.5	90070	37.9	7.8	1.7	4.5
2003	24569	10889	44.3	91399	38.8	4.0	1.5	2.7
2004	25003	11303	45.2	92893	39.1	2.4	1.6	1.5
2005	25430	12025	47.3	94352	39.7	3.2	1.6	2.0
2006	25947	12631	48.7	95234	40.5	3.0	0.9	3.2
2007	26492	13094	49.4	96009	41.2	2.6	0.8	3.2
2008	26848	13423	50.0	96757	41.6	1.7	0.8	2.2
2009	27224	13894	51.0	97417	42.2	2.1	0.7	3.1
2010	27669	14627	52.9	98059	43.1	2.9	0.7	4.3
2011	27955	15165	54.2	98622	43.7	1.9	0.6	3.4

자료: 蔡昉(2012). pp.57-58.

첫째, 도시 총취업자수가 전국 노동력연령인구수에서 점하는 비율이다. 이는 노동력 수요-공급비율로서 2001년 35.7%에서 2011년에는 43.7%로 빠르게 상승하고 있다. 수치만 보면 노동력 공급이 충분한 것처럼 보인다. 하지만 분모인 노동연령인구는 15~64세 인구 지칭한다. 이중에서 20세 이하는 일반적으로 재학생이며, 여성의 경우 55세 이상, 남성의 경우 60세 이상은 대부분 퇴직인구이다. 따라서 실제 경제활동인구는 노동연령인구보다 훨씬 적을 수밖에 없다. 둘째, 도시취업증가율과 노동연령인구증가율간 비율이 매우 높아지고 있다. 농촌잉여노동력, 도시실업 감소할 가능성이 높다. 중국의 노동력시장에서 노동력초과공급 특징이 점차 사라지고 있는 것이다.

(4) 수출에 대한 조세 지원

중국의 수출 확대를 유도 드라이브 하는 수단 중 중요한 재정수단이 수출환급제도이다. 수출환급(出口退税)이란 국제무역 시 수출하는 재화에 대하여 국내의 생산단계와 유통단계에서 세법의 규정에 따라 기납부한 증치세와 소비세를 영(零)세율제도에 의하여 환급하거나 또는 납부할 증치세와 소비세를 감면하는 제도이다. 중국은 1994년부터 증치세잠정조례 및 소비세잠정조례의 규정에 의거하여 「수출재화 환급관리 판법」을 제정하여 실시하고 있다.

증치세 수출환급이란 수출거래에 의한 증치세 수출환급제도를 가리키는 경우가 많다. 「수출재화 환급관리 방법」에 의하면, 이러한 수출환급제도는 수출경영권을 가진 기업이 수출 또는 대리 수출하는 재화에 대해 과세기관에 신고하여 납부된 증치세와 소비세를 환급 또는 감면하는 제도이다. 증치세율이 17%이므로 최고 환급률도 17%이다. 2003년부터 과다한 무역흑자가 발생할 경우 환급제도가 주범으로 지목되어 세율인하 혹은 폐지가 여러 차례 운위되어 왔다.

중국의 무역의존도가 최고 정점에 달한 2006년에는 무역흑자 확대에 따라 외환보유고도 종전 세계 1위인 일본을 추월하였다. 따라서 2007년 이후 무역흑자로 대표되는 경상계정 흑자와 자본계정 흑자가 동시에 발생하는 "쌍둥이흑자" 문제가 수면에 부상했다. 중국 정부는 이 같은 흑자구조를 조정하기 위해 2007년 3월에 일련의 조치를 취했다.

예를 들어 수출환급률 (인하)조정, 고오염, 고에너지소비 자원집약형 상품을 제한하는 신노동계약법 실시 등을 공포하였다. 하지만 글로벌 금융위기의 여파로 수출환급률 재인상을 2008년 8월~2009년 6월 동안 8차례나 발표하는 등 수출 구조조정을 단행하지 못하고 드라이브 조치가 지속되었다.

환급률 인상은 중국 제품이 국제시장에서 가격우위를 지닐 수 있게 해준다. 재정수입에는 단기에 적지 않은 부담으로 작용하지만 환급된 세금은 기업의 생산량 확대를 통해 기업이 납부하는 소득세를 증가시킬 수 있다. 또 다른 한편으로는 수출기업의 구매량이 대거 증가하면 상류산업의 생산회복을 견인하게 돼 전체 산업사슬에서 납부하는 소득세도 모두 증가하게 된다.

3. 기적의 종료와 베이징 컨센서스

중국의 외향적 성장은 성과를 내기도 하였지만 한계에 직면하였다. 우선 무역구조의 불완전성은 국내 산업구조 고도화를 지연시킨다. 수출세 환급 등의 조세지원에 의한 수출 유지는 고에너지, 저부가가치 산업을 연명시키고 있는 것이었다. 또 그동안 중국의 수출확대를 유지하게 해준 근본적 배경이 되었던 것은 저렴한 노동력 기반이었다. 이것은 조세지원과 더불어 중국 상품의 가격경쟁력 확보의 근간을 이루는 것이다. <표 3-4>에서 보았듯이 노동연령인구 감소라는 인구구조 요인에 의한 점차 그 기반이 줄어들고 있다. 외국인 투자기업 위주의 수출중심구조는 소재 및 중간재의 대외의존을 높이고 있다. 양두재외 방식의 무역구조는 소재 자립도를 높이려는 중국의 자주혁신능력을 감소시킨다.

또한 외향적 전략은 대내적 불균형을 발생시키는 원인으로 지목되었다. 중국의 경제성장이 외향적 전략의 주요 주체인 외자기업, 연해지역, 도시, (가공)경공업부문, 수출부문에 의해 주도됨에 따라, 상대적으로 부진한 국유기업, 내륙지역, 농촌, 중공업, 내수부분과의 격차가 날로 심화되었다.

동아시아 모델에 따른 중국의 성장 기적은 2007년 무렵을 전후로 종료된 것으로 생각된다. 선행한 동아시아 모델은 사실상 워싱턴컨센서스(Washington consensus)[6]를 따랐던 점이 많았던 데 반하여 200년대 중반이후 중국의 전략적

6) 미국과 국제금융자본이 미국식 시장경제체제를 개발도상국 발전모델로 삼도록 하자고

선택은 이와 달랐기 때문이다. 특히 2008년 미국발 금융위기를 계기로 워싱턴 컨센서스는 지나치게 시장기능에 의존하도록 하는 점, 정치·경제적으로 취약한 개도국에서 이행하기 힘들다는 점 등의 문제점이 지적되면서 각국 특수성을 인정하고 시장기능을 정부가 주도하는 국가발전모델인 베이징 컨센서스(Beijing consensus)[7)]가 더욱 강하게 부상하면서, 전략적 질서를 두고 미국과 중국이 대립하는 양상이 나타나고 있다.

한 합의이다. 냉전 붕괴 이후 미 행정부와 IMF(국제통화기금), 세계은행 등 워싱턴의 정책 결정자들 사이에서는 '위기에 처한 국가' 또는 '체제 이행 중인 국가'에 대해 미국식 시장경제를 이식시키자고 합의하였다. 미국 정치경제학자 존 윌리엄슨은 1989년 이를 'Washington consensus'라고 칭하였다. 그 내용은 다음 10가지 정책의 패키지를 의미한다. ① 사유재산권 보호, ② 정부규제 축소, ③ 국가 기간산업 민영화, ④ 외국자본에 대한 제한 철폐, ⑤ 무역 자유화와 시장 개방, ⑥ 경쟁력 있는 환율제도의 채용, ⑦ 자본시장 자유화, ⑧ 관세 인하와 과세 영역 확대, ⑨ 정부예산 삭감, ⑩ 경제 효율화이다.

7) 2004년 골드만삭스의 고문이며 중국 칭화(清華)대 겸직 교수인 조슈아 레이모(Joshua Ramo)가 '워싱턴 컨센서스'에 대비되는 개념으로 처음 제시한 것이다. 첫째, 정책·제도·기술 등의 혁신을 통해 고도성장 및 경제발전을 달성하며 둘째, 단순한 소득 증가보다는 삶의 질을 높이는 지속가능하고 평등한 발전을 추구하고 셋째, 독립성과 자결(自決)권을 확보 하여 자국 경제에 대한 통제권을 유지하고 패권 국가와의 관계를 조절한다는 3개의 원칙으로 구성된다.

제3절 중국의 인적자원과 노동시장

1. 총인구 및 인구구조

1949년 중화인민공화국 건국 당시 5억 4천만 명이었던 인구가 1978년 개혁직전까지 9억 6천만 명으로 무려 60%가 증가하였다. 마오쩌둥은 "인간은 단순히 소비하는 주체가 아니고 생산할 수 있는 노동력이기도 하므로 인구가 많을수록 좋다"는 다산정책으로 인구의 기조로 삼았기 때문이다. 개혁이전 시기동안에는 고출생, 저사망으로 인하여 연 1.9%에 이르는 인구의 고성장률을 성장(연 1.9%)의 인구폭발 패턴이었다.

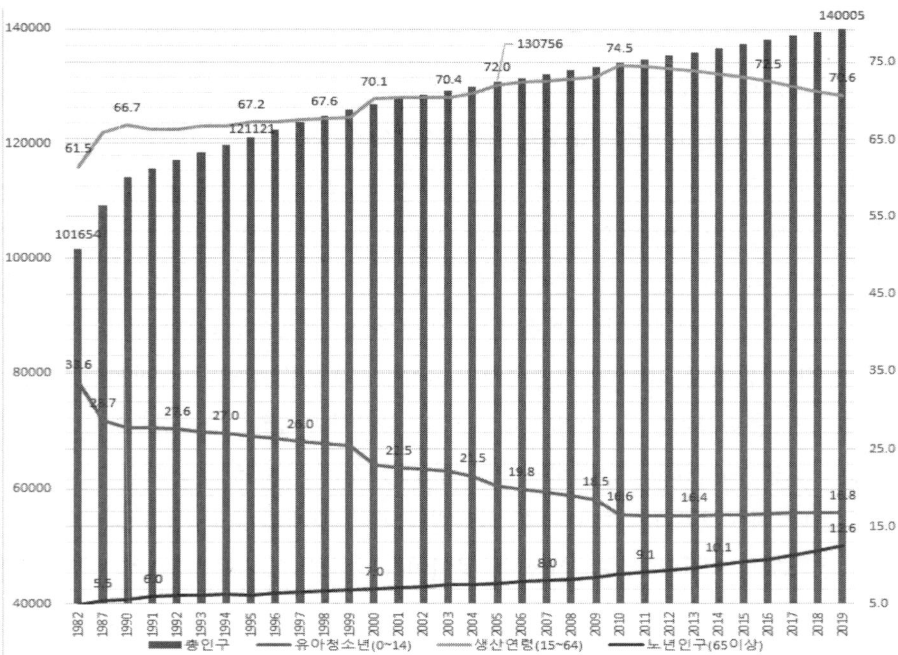

[그림 3-10] 총인구 및 연령구성비

개혁 시기 동안에 1995년 12억 명, 2005년 13억 명을 넘어 2019년에 총인구가 14억 명을 넘어섰으나 거의 정점에 가까워진 것으로 보인다. 이는 70년대 후반 시작된 엄격한 산아제한의 '1자녀' 정책으로 인해 인구 성장률은 낮아졌기 때문이다. 개혁개방 시기 이후 인구구조는 경제성장에 아주 유리한 구조로 바뀌었다. [그림 3-10]에서 보듯이 가장 중요한 연령인구인 15세~64세 사이의 생산연령 인구비중은 1982년 61.5%에서 2010년 74.5%에 이를 때까지 지속적으로 높아졌고, 산아제한 영향으로 유소년 인구 비중은 1982년 33.6%에서 2013년 16.4%로 낮아졌다.

전체인구 중 생산연령 인구가 빠르게 증가하여 경제에 긍정적 영향을 주는 것을 인구 보너스(혹은 인구학적 배당)이라고 한다. 인구 보너스는 사망률과 출산율의 저하가 다른 개도국에 비해 빨랐던 동아시아 국가들(한국, 대만 등)에서 나타났던 현상이다. 인구 보너스의 효과는 다음과 같이 세 측면에서 나타난다. 첫째, 직접적 효과이다. 이는 인구에서 생산연령인구 비중이 높아짐으로 생산에 투입되는 직접적인 노동력 인구 증가가 일으키는 효과이다. 두 번째는 저축효과를 들 수 있다. 이는 저축과 소비 간의 생애주기에 따른 것으로 통상 일하는 동안에는 저축하고 퇴직 후에는 예금을 인출하여 소비하게 된다는 것인데, 중국이 고성장을 위하여 매우 높은 투자율을 지탱하는 데 크게 기여하였을 것으로 판단된다. 세 번째는 자녀에 대한 교육투자 등의 인적 자본 효과이다.

인구구조의 변화를 생산연령인구(15~64세)에 대한 유소년인구(0~14세)와 고령인구(65세 이상)의 합의 백분비로, 인구의 연령구조를 나타내는 지표인 인구부양비를 통해 살펴보자. 그림에서 보듯이 노년인구 부양비는 서서히 상승하고 있지만 총부양비는 2010년까지 급격히 하락하여 왔고, 이후 급격히 반전을 보이며 상승하고 있다. 부양비 하락을 주도한 것은 유소년 부양비임을 쉽게 알 수 있는데 이는 70년대 후반 이후 엄격한 '1자녀'정책의 효과이다. 중국의 도시에서 한 부부, 양가 조부모 총6인의 성인이 1자녀를 소황제로 떠받드는 가정들의 장면을 쉽게 볼 수 있다. 유소년 부양비도 2010년 이후는 더 이상 내려가기 힘든 저점인 상황이다. 반면에 노년인구 부양비 상승이 2010년 이후 급격한 상승을 보이면서 향후 중국도 곧 노령화 문제로 접어들게 되어 있는 상황이다.

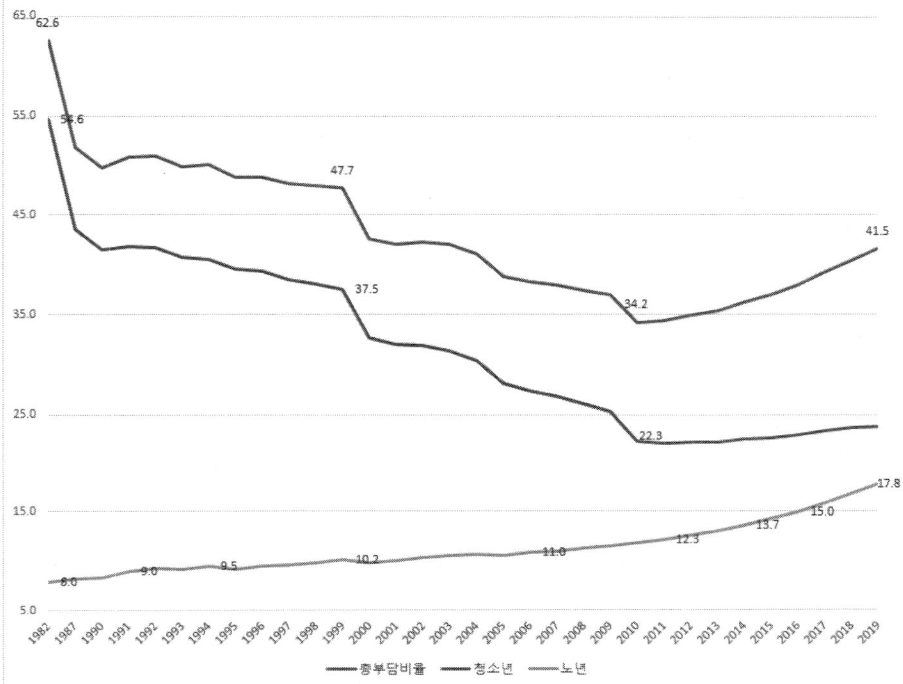

[그림 3-11] 인구 부양비 추이

2. 노동시장

1) 중국의 노동력 현황

중국 노동인력의 평균 나이는 39세(농촌이주자로 지속적으로 보충되는 도시의 경우는 더 젊어 36세)이다. 이주가 자유로워 생산연령 인구 비중이 높은 미국 노동인력의 평균 연령 42세에 비해서도 훨씬 젊은 편이다. [그림 3-12]을 통해 인구센서스 자료로 연령별 노동참가율을 보면 중국의 경우 매우 높음을 알 수 있다.

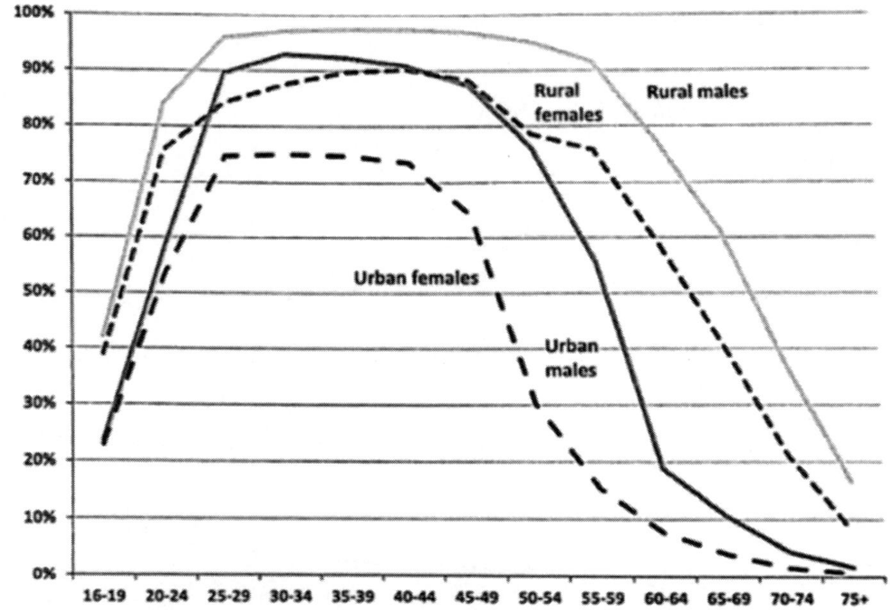

자료: Census 2010(2012, pp.839-841, pp.847-849).

[그림 3-12] 연령별 노동참가율

인구 도시화율이 50% 밖에 안 되는 중국에서 가장 중요한 취업처는 농촌이다. 농촌 남성의 노동참가율은 거의 97%에 이르며 65세 이후나 되어서야 참가율이 줄어들기 시작한다. 반면 도시 여성의 경우 참가율이 가장 높을 때 75% 정도이며 40대 중반 이후 감소하여 50세 이후는 참가율이 50%이하로 급속히 감소한다. 즉 도시의 여성들이 다른 나라에서 보다는 참가율이 높지만 젊은 나이에 노동시장을 이탈하고 있음을 의미한다. 1990년대 말부터 국영기업 축소로 도시 조기퇴직 정착되었기 때문이다.(법정 정년 55세, 여성 50대 초반, 남성 60세 이후)

노동시장 진입 시기를 도시와 농촌을 구분해 보면 특이한 것을 알 수 있다. 도시에서 남성과 여성들은 평균 22세에 노동인구 진입하는데 반해 농촌에서는 훨씬 빠르게 19세에 노동인구로 진입하고 있다. 이는 뒤에서 보듯이 농촌의 노동력과과 도시의 노동력이 서로 다른 시장을 형성하고 있기 때문이다.

2) 도시 노동시장: 공식부문과 비공식부문

과거 개혁이전 사회주의 시기 전통적 기업형태였던 국가소유기업과 집단소유기업은 개혁이후 생산면에서나 고용면에서 그 역할이 급격히 감소하였다. 대신에 신규 기업들이 급증하여 새로운 도시 공식부문을 만들어 내었다. 신규기업 중에서는 정부가 대형 신규기업의 지분을 보유하는 형태의 혼합소유제 기업이 역할을 하고 있는데, 도시 고용시장에서 공식부문에 포함되는 국유기업, 집단소유기업, 외국인투자기업에 신규 기업 일자리를 화이트 칼라 노동시장이라고 할 수 있다. 그 수는 1996년에 1억 5200만 명에서 국유기업 개혁 기간 동안 감소하여 2003년에는 1억 550만 명으로 줄어들었으나, 2015년에는 1억 8천만 명으로 증가하였다.

한편 개인기업, 자영업, 농민공(농촌에서 도시로 이주한 임시거주자) 등이 도시의 비공식 부문을 형성하고 있다. 농민공의 수자는 2015년 2억 2600만 명이므로 도시 노동시장에서 공식부문을 훨씬 상회한다.

과거 중국은 1958년 이후 중공업우선 발전전략 시기에 도시민과 국유부문에 공공재 공급 혜택을 주기위해 도시와 농촌에 각각의 호구(戶口)를 관리해온 도농분리제도를 채택하여 왔다. 중국의 현재 도시 노동시장은 이를 도시내에서 재현하고 있는 분할된 노동시장이라고 할 수 있다.

3) 인적자본 수준

노동자 학력 수준은 취업전 교육에 투자되어 노동자에 체화된 노동 능력 수준 즉 인적자본 정도를 알 수 있는 지표이다. 1982년을 기준으로 보면 인구 2/3 가량 공식 교육을 받은 것으로 나타나지만, 무교육 34.5%.에 이른다. 물론 인구 절반이 문맹인 인도 보다 훨씬 낮은 수치이다. 고졸이상 11%. 대졸은 1%미만으로 인적자본 형성에 중요한 교육투자가 초등교육과 하위중등 교육 수준에만 집중된 결과이다. 반면에 인도의 대졸자는 중국보다 3배 많았다.

〈표 3-5〉 중국 생산연령인구의 학력 수준

(단위: %)

15세 이상 인구	1982	1990	2000	2010	2015
고등교육(12년 초과)	0.9	1.7	4.7	11.0	14.9
상위 중등교육(12년까지)	10.0	9.4	14.4	16.1	18.2
하위 중등교육(9년까지)	23.8	27.2	39.1	42.4	39.9
초등교육(6년까지)	30.8	43.2	32.9	24.1	21.0
정규교육 못 받음	34.5	18.5	9.0	6.4	6.0
도시고용, 2015					
고등교육(12년 초과)	32.2	대학원 졸업		1.9	
		4년제 대학		14.4	
상위 중등교육(12년까지)	25.6	기술학교		15.9	
하위 중등교육(9년까지)	34.0				
초등교육(6년까지)	7.5				
정규교육 못 받음	0.6				

자료: Census 2010; Census 2015.

주 : 범주는 전반적인 교육 성취도를 과시하는 경향이 있는 포괄절인 방식으로 정의된다. 각 부문은 부분적인 성취도를 포함하기 때문에 1년 또는 2년 동안 출석도 포함되며 졸업은 필요하지 않다. 3차 교육의 상당부분은 3년제 전문대학과 기술학교로 구성되어 있다. 또한 광범위한 학위부여 성인교육 프로그램도 포함되어 있다.

개혁 이후 시기에 와서는 1990년 초등교육 이수자 증가, 2000년 이후 중등, 고등교육 이수자 비중이 증가하였고, 특이할 만한 것은 고등교육(12년 초과) 인구가 약 15% 정도로 인도를 추월하고 있다. <표 3-5> 하단에 나타낸 중국의 도시만 보면, 상위 중등교육 25.6%, 고등교육 32%(기술학교 15.9 + 4년제이상 16.3 + 대학원 1.9)로 고졸 이상이 57% 매우 높은 수준인 것처럼 나타나고 있다.

2001년에서 2011년 사이에 대학 졸업인구가 년 100만명에서 600만명으로 급증한 이후 현재는 완만하게 증가하고 있다. 이점이 중국의 과학기술 경쟁력, 경제성장 잠재력 상승을 의미하는 것이라고 대부분 여기는 부분이다. 중국에서도 물론 대학 입학은 물론 매우 경쟁이 심하지만 도시에서는 대부분 진학이 용이한 편이다. 그러나 중국 전체적으로 보면 평균 과학기술 수준, 인적자본 수준은 여전히 낮은 편이라고 할 수 있다. 농촌을 포함한 전국 수준으로 보면 2015년 15세 이상 인구 중에서 2/3가 9년 미만 학력 수준이기 때문이다. 중국의 도시와 농촌 사이의 교육 격차는 매우 크다. 도시에서는 고교 졸업이후 절반이상 대학에 진학하는 것에 비해서 농촌에선 중학 졸업 이후 고등학교를 절반만 마치며, 대학 진학은 소수에 불과하다는 점이다. 농촌 중학 수준의 교육은 도시의 비숙련 이주자에게는 나름 충분할 수도 있지만, 미래의 고숙련 경제에는 매우 부족한 것이라고 할 수 있을 것이다.

3. 두 개의 전환점: 인구학적 전환과 루이스의 도농 이중구조 전환

인구전환 분석을 통해서 2010년 이전 연 10%이상 40년을 지속하여 온 중국의 경제기적에는 인구 보너스가 크게 기여했고, 반면에 2010년 이후 생산연령인구 비중 하락하면서 인구보너스가 끝남과 동시에 노령화 시작이라는 선진국형 문제를 겪게 될 것이라는 것을 알 수 있었다.

일반적으로 중국은 노동력이 무궁무진하게 풍부하여 저렴한 노동력을 바탕으로 "세계의 공장" 즉 제조업의 세계적인 경쟁력을 지탱하고 있다고 알고 있다. 이는 도시와 농촌의 격차가 매우 큰 이중구조 하에서 생산성이 낮은 저임금 이주 농민공들이 도시노동시장의 하층을 뒷받침해왔기 때문이다. 저임금 이주 노동력이 줄어들면서 도시 임금이 상승하는 전환을 루이스 전환이라고 한다. 중국에서는 2004~5년경부터 농촌 이주자 수가 크게 줄어들면서 도시 임금 상승을 맞이하기 시작하였다. 중국에서는 인구전환과 루이스전환이라는 두 전환이 중첩되어 진행되고 있다.

과거 농촌, 농업 비중이 컸던 동아시아 모델 국가들에서는 루이스 전환이 있는 후 20여년 후에야 생산연령 인구 증가율 0, 즉 노령화 문제가 시작되었다. 이에 비해 중국은 아직 노령화 비율을 낮지만 두 전환이 겹쳐지고 있다는 점에서 노동력 시장뿐 아니라 잠재성장률 하락과 부양부담증가라는 향후 큰 과제에 직면하고 있다고 할 수 있다.

제4절 동북3성과 북중 경제협력

1. 동북[8]문제와 동북진흥계획

동북진흥계획은 중국 동북의 산업구조 특성을 반영하여 산업개조를 주목적으로 하는 계획이다. 동북3성은 과거 중국의 공업발상지로 중요한 중화학공업기지이자 농부품산생산기지로 건국 초부터 중국경제의 중주척 역할을 해왔으나, 개혁개방이후 경제발전이 뒤쳐져 경제적 지위가 크게 약화되었다. 이에 중국 중앙정부는 1990년대 말 서부대개발전략을 제시한데 이어 2002년 9월 후진타오 신체제가 탄생한 공산당 제16기 대회에서 '옛 공업기지' 동북지역(랴오닝, 지린, 헤이룽장)에 대한 중점 개발 방침이 정해졌다. 이후 2003년 10월 말부터 중앙정부에 의해 100대 프로젝트가 승인되는 등 중국정부의 동북지역개발 정책이 잇따랐다.

동북진흥계획의 제출 전 동북의 상황 즉 동북문제는 다음과 같다. 2002년 동북지역은 면적, 인구, 공업 총생산액, 고정투자에서 전국의 8.5%수준을 점하며, GDP는 9.8%로 1인당 소득 수준은 평균보다는 다소 높은 편이다. 과거부터 오랫동안 중국 내 중공업기지 역할을 해왔으나, 90년대 이후 내리막길을 걷기 시작하면서 2002년에는 중국 전체도시 실업인구의 18.1%를 점하는 등, 동북지역의 경제상황은 심각한 상태에 처해 있었다([그림 3-13] 참조). 1978년 개혁개방 초기 동북의 공업 총생산액은 전국 공업총생산액의 17%를 점했으며, 당시 랴오닝의 GDP는 광둥성의 2배였지만 2002년 시점에는 반대로 광둥의 절반 수준으로 전락했다.

8) 일반적으로 지린성, 랴오닝성, 헤이룽장성을 동북3성으로 칭한다. 중국정부가 추진하고 있는 '동북지역진흥계획'에 따르면 계획의 공간적 범위가 동북3성 이외에도 내몽고 동부지역(후룬베이얼시, 싱안맹, 통랴오시, 츠펑시, 시린궈러맹)을 포괄한다. 하지만 여기서는 동북3성으로 한정하여 서술한다.

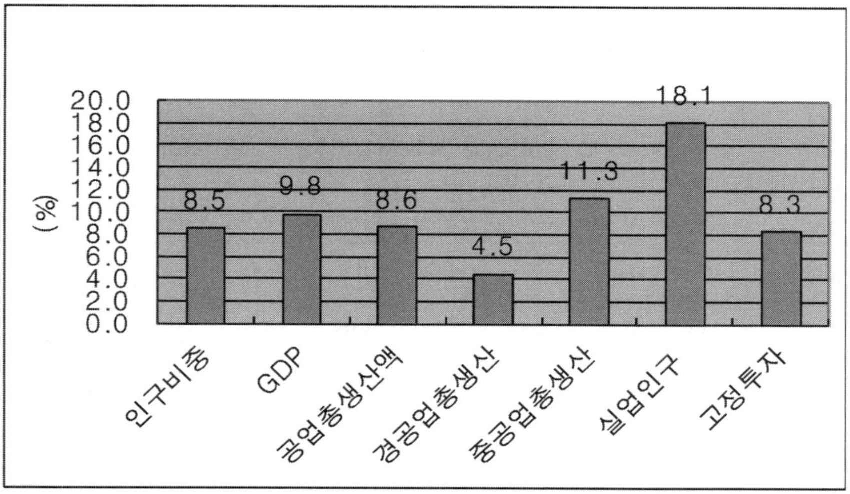

주 : 각 지표가 전국에서 차지하는 비율.

[그림 3-13] 동북지역 주요 지표(2002)

동북지역 공업은 국유기업 비중이 전국적인 수준에 비해 매우 높은 편이며, 중공업 분야에 치중하며, 외자기업 비중이 전국평균보다 매우 낮은 수준이었다. 기업 규모별로 보면 국유기업과 중공업 분야의 영향으로 대형기업 비중이 매우 높다.

즉 국유 비중이 높고, 민영화와 시장경제화가 뒤늦은 체제문제와 중공업, 대형기업 비중이 지나치게 높은 산업구조 문제라는 두 가지가 서로 맞물려 그 동안 동북지역의 상대적 낙후를 초래해 왔다. 연해지역이 시장경제체제를 도입하여 경공업 분야의 민영기업과 외자기업을 위주로 일용생필품에서 내구재의 내수수요와 수출로 성장할 수 있었던 반면 동북지역은 국가의 기간산업인 중공업이 위주였기 때문에 민영화와 시장경제 발전이 더디었다.

이처럼 낙후된 동북문제를 국토균형발전차원에서 해결함으로써 국내 정치사회적 안정을 꾀한다는 것이 후진타오 시절 지도부가 동북진흥을 계획한 첫 번째 목적이라고 할 수 있다. 동북지역의 문제에 대해 신지도부가 중앙정부 차원에서 민영화와 국유기업 구조조정을 통하여 동북 중공업의 우위성을 되살려 낙후된 중공업기지를 새로운 중공업기지로 부활시킨다는 목표를 내놓았지만 최근까지도 동북지역 경제는 나아지지 않고 있는 것으로 보인다.

〈표 3-6〉 중국 동북 3성 국내총생산액 비중 추이

	1997	2001	2002	2004	2005	2006	2007	2012	2019
동북3성	10.1	10.0	9.5	8.7	8.6	8.5	8.4	8.8	5.1
랴오닝	4.66	4.71	4.53	3.98	3.98	4.00	3.99	4.31	2.5
지린	1.88	1.90	1.95	1.86	1.83	1.85	1.89	2.07	1.2
헤이룽장	3.53	3.34	3.02	2.83	2.79	2.68	2.54	2.37	1.4
광둥	9.5	10.0	11.2	11.3	11.3	11.3	11.4	9.9	10.0

자료: 『中國統計年鑑』, 2004년, 2013년판.

2. 중국 동북지역 성별 발전계획[9)]

2020년까지의 동북지역의 장기발전계획으로서 2007년에 제정된 '동북진흥계획'에 이어 2009년 국가급 계획으로 확정된 '랴오닝연해경제벨트계획'과 '창지투개발계획'등 성별로 수립된 구체화 계획에 대해 간략히 언급한다.

1) 랴오닝 발전계획

동북진흥전략의 국가급 프로젝트인 「랴오닝 연해경제벨트 발전계획」(이하 '랴오닝 발전계획')은 '창지투 개발계획'에 앞서 2009년 7월 1일 국무원의 비준을 획득하였다. 앞에서도 살펴본 바와 같이 랴오닝성이 동북 3성 가운데 경제발전이 가장 빠르게 진행되고 있고, 성과 또한 비교적 뚜렷하게 나타나는 것은 무엇보다 중국 동북지역의 유일한 출해통로를 확보하고 있는 지경학적 우위를 적

9) 본 항의 설명은 원동욱(2013)의 내용을 정리한 것임.

극 활용할 수 있다는 점이다. '랴오닝 발전계획'은 바로 이러한 지경학적 우위를 더욱 적극 발휘할 수 있도록 연해지역의 주요 도시를 연결하는 해안도로를 구축하여, 이들 연해도시를 산업벨트로 구축한다는 계획이다.[10] 즉, 이들 연해벨트를 중심으로 대외개방을 확대하고 연해도로 및 항만 등 교통물류 인프라의 개선을 통한 적극적인 투자유치를 도모함으로써 점차 랴오닝성 내륙지역까지 단계적으로 발전을 추진한다는 구상이다.

랴오닝 '연해경제벨트'는 환발해만에 위치하여 중국 동북지역과 징진지(베이징-톈진-허베이성) 도시권을 연계할 뿐 아니라 남북한, 일본과 러시아, 몽골 등이 연계되는 동북아의 주요 관문이자 유라시아 랜드브릿지의 역할을 수행할 수 있다.

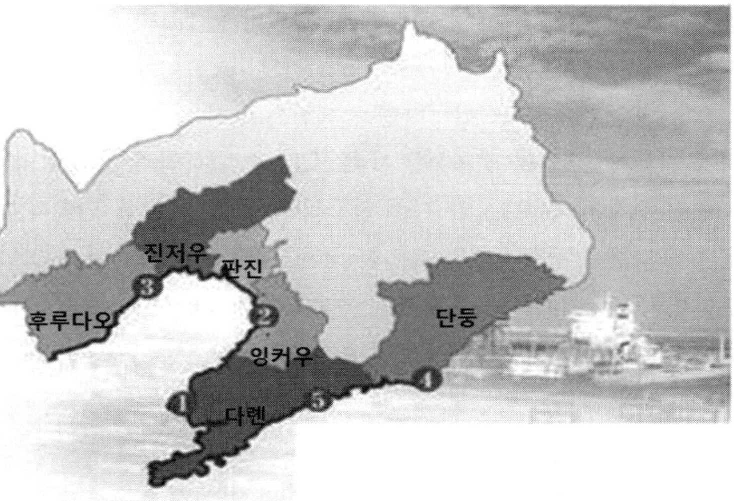

① 다롄 창싱다오 임항공업구(大連長興島臨港工業區)
② 잉커우 연해산업기지(營口沿海産業基地)
③ 진저우만 연해경제구(錦州灣沿海經濟區)
④ 단둥 산업지구(丹東産業園區)
⑤ 다롄 좡허화위엔커우 공업지구(大連庄河花園口工業園區)

자료: http://www.baidu.com 재수정.

[그림 3-14] 랴오닝 연해경제벨트 발전계획

10) '랴오닝 발전계획'은 '5점 1선' 계획으로도 불리우며, 현재 중국 국무원 총리를 맡고 있는 리커창이 랴오닝성 당서기를 담당하고 있을 때 제기되었던 발전계획이다.

공간적으로 다롄(大連), 단둥(丹東), 진저우(錦州), 잉커우(營口), 판진(盤錦), 후루다오(葫蘆島) 등 6개의 연해도시 관할의 구역을 포함하는 총 면적 5.56만㎢이며, 해안선의 길이가 2,920km, 해역면적의 경우는 6.8만㎢에 달한다. '랴오닝 발전계획'이 시작되기 직전인 2008년 상주인구가 약 1,800만 명에 지역총생산(GRDP)이 6,950억 위안으로 랴오닝성을 넘어 동북지역의 성장거점으로서의 위상을 차지해 왔다.11)

'5점 1선 계획'이라는 별칭으로 불리기도 하는 '랴오닝 발전계획'에서 '5점'에 해당하는 5개 공업지역은 [그림 3-14]에서와 같다. '1선'은 서쪽의 후루다오에서 단둥까지 '5점'을 연결하는 1,443km의 도로를 가리킨다.

'랴오닝 연해경제벨트'의 산업으로는 이들 지역이 각기 비교우위에 있는 석유화학, 항만물류, 선박 및 해양장비 제조, 정밀기계, IT 등 하이테크 산업을 집중 육성시킬 계획이다.

'랴오닝 발전계획'의 요체는 다롄을 핵심으로 하는 '1核', 다롄-잉커우-판진으로 이어지는 메인라인을 강화하는 '1軸', 그리고 발해만과 황해의 양날개에 해당하는 판진-진저우-후루다오와 다롄-단둥의 '2翼'의 원활한 연계라 할 수 있다. 이 점에서 다롄은 동북지역의 유일한 국제거점항만을 보유한 지역이자 하얼빈-창춘-선양으로 이어지는 동북지역의 육상교통의 주간선에 해당하여 국내 및 국제 물류허브의 역할을 담당함으로써 이 계획상에서 그 지위가 더욱 격상되었다고 볼 수 있다.

계획의 전체 구도는 세 부분으로 나누어지는데 우선 다롄을 동북아국제항운센터로 건설하고 동시에 연해경제벨트의 전체적인 서비스 수준과 기능을 제고하며, 나아가 선양을 축으로 연해경제벨트와 동북 내륙지역간 상호작용을 활성화한다는 구상이다.12)

11) 「辽宁沿海经济带发展规划」(http://www.lncc.edu.cn/Upfiles/200991567488.doc)
12) http://www.sdpc.gov.cn/zjgx/t20130729_551892.html

[그림 3-15] 랴오닝 연해경제벨트와 단둥-신의주 연계개발

'랴오닝 발전계획'은 동북지역이나 중국 국내에 한정된 발전계획이 아니라 이 지역의 지경학적 우위를 활용한 대외개방의 확대를 통해 남북한, 일본, 러시아, 몽골 등 동북아국가와의 교역에서 중심적 역할을 수행하고자 한다. 특히 단둥시는 '랴오닝 연해경제벨트'의 주요 거점의 하나로서 다롄과 더불어 동북지역 주요 출해통로 역할을 담당하고 있으며, 대북교역의 주요 통로이다. 중국정부는 북중교역의 확대와 이로 인한 물동량 증가에 대비하여 신의주와 마주하고 있는 단둥시를 중심으로 내부적 교통물류 인프라에 대한 대대적 개선조치는 물론이고 신의주와의 연계교통물류망 확충을 위한 노력을 전개해 왔다.

또한 단둥시 차원에서도 철도, 도로, 항만 등에 대한 집중적 투자를 통해 교통물류체계를 완비한 후, 이를 북한 교통인프라와 연계하는 '단둥 물류운송 중심도시' 계획을 추진해 왔다. 현재 중국정부는 북한의 신의주와 인접한 지역에 한국은 물론이고 홍콩, 미국, 러시아 등의 투자유치를 통하여 산업단지를 조성 중에 있으며, 특히 단둥-신의주를 잇는 압록강도로대교의 신설과 황금평·위화도 개발을 통해 북중 접경지역의 초국경 연계개발을 추진하고 있다. 이는 결국 '랴오닝 발전계획'이 이미 내포하고 있는 대외개방 구상의 일환이라고 할 수 있다.

2) 지린성-창지투 개발계획

2009년 8월, 중국 국무원은 「창지투(長吉圖)를 개발개방선도구로 하는 중국 두만강구역 합작개발 계획강요」(이하 '창지투 개발계획')를 국가전략으로 정식 비준하였다. 이 계획은 지린성의 중심도시인 창춘, 지린 두 도시를 일체화하여 산업도시 클러스터, 성장거점으로 만들고, 옌지(延吉)-룽징(龍井)-투먼(圖們)을 개발의 전진기지로, 훈춘-(북)나진을 연계하여 대외창구로 만든다는 구상이다.

'두만강구역 합작개발'이라는 계획의 명칭에서 볼 수 있듯이 이 계획은 1990년대 초반 UNDP 주도 하에 추진되어 왔던 '두만강유역 개발프로그램'(TRADP)과 2000년대 중반 이후 이를 승계한 대두만강개발계획(GTI)의 연장선상에서 중국 주도의 초국경 연계개발을 통한 국제무역지대의 창설을 궁극적인 목표로 하고 있다.

이러한 의미에서 '창지투 개발계획'은 국내와 국제를 포괄하는 8대 중점 프로젝트가 설정되었다. 두만강자유무역지대 건설, 국제내륙항구건설(훈춘-핫산, 훈춘-나진), 창춘을 중심으로 한 과학창업지대 건설, 국제협력산업지구 건립(한-중, 중-일, 중-러 등 경제협력지구), 현대적 물류지구 건설(창춘·옌지공항과 훈춘통상구의 일체화, 중국·몽골대통로), 서비스업 클러스터 건설, 생태관광지대 건립, 현대적 농업시범지구 건립 등이다.[13)]

이 계획에서 다루어지고 있는 '창지투 개발개방선도구'의 공간적 범위는 1차 권역이 지린성 중부의 창춘시와 지린(吉林)시, 동부의 두만강지역을 포괄하는 지역이다. 이 교통축선을 따라 분포된 이 선도구의 총면적은 약 3만 ㎢, 선도구 내의 인구는 약 770만 명이다. 최근 발표에 의하면, 창지투 개발개방선도구의 공간적 범위는 보다 확장되어, 창춘시와 지린시의 시 구역과 교외지역 일부를 포함하고 연변조선족자치주 전체를 대상으로 하여 총면적이 7.32만 ㎢으로 지린성의 39.1%, 인구는 1,097만 명으로 40.7%를 대상으로 하고 있다.

---

13) 国家发展和改革委员会, 「中国图们江区域合作开发规划纲要　以长吉图为开发开放先导区」, 2009. 11. 17(http://news.sohu.com/20091117/n268264666.shtml)

〈표 3-7〉 창지투 개발계획 개요

구분	주요 내용
대상지역	1차 권역 : 창춘시의 부분 지역(창춘시 도시구역, 德惠시, 九台시, 農安현), 지린시의 부분 지역(지린시 도시구역, 蛟河시, 永吉현), 연변조선족자치주 등 7.32만 ㎢, 지린성의 39.1%, 인구는 1,097만 명으로 40.7%를 대상 2차 권역 : 하얼빈-다칭-치치하얼구역과 랴오닝, 헤이룽장 동부 및 내몽골자치구 동부, 북한의 나선지역, 청진항을 포함하는 북한 동해 북부지역, 러시아 극동·연해주 지역
발전목표	1단계(2012년) : 2008년 경제총량(3,640억 위안)의 2배, 삼림피복률 60% 이상 유지 2단계(2020년) : 경제총량의 4배 이상, 삼림피복률 68% 이상 유지
개발구도	훈춘을 창구로, 옌지-룽징-투먼을 최전방으로, 창춘-지린을 엔진으로, 동북지역 배후지를 버팀목으로 두만강유역을 동북아국제무역지대로 건설한다는 구상
8대 중점 프로젝트	• 두만강지역 국제자유무역지대 건설 • 창지투 국제내륙항구 건설 • 과학기술 창조지역 건설 • 국제협력산업지역 건설 • 현대적 물류지역 건설 • 생태관광지대 구축 • 최첨단 서비스업 클러스터 구축 • 현대적 농업시범지역 건설

자료: 배종렬(2009), p.61을 참조하여 재작성.

즉 2개의 대도시, 9개의 중소도시, 179개의 향진을 포함하고 있으며, 현재 이 지역의 도시화율은 57%에 달한다. 또한 이 계획은 출해통로가 확보되지 못한 동북지역 전체를 배후지로 하는 국제적 프로젝트라는 점에서 2차 권역을 설정하고 있는데, 헤이룽장성의 하얼빈-다칭-치치하얼구역과 랴오닝성, 헤이룽장성 동부 및 내몽골자치구 동부 외에도 북한의 나선지역, 청진항을 포함하는 북한 동해 북부지역, 러시아 극동·연해주지역을 대상지역으로 포함하고 있다.

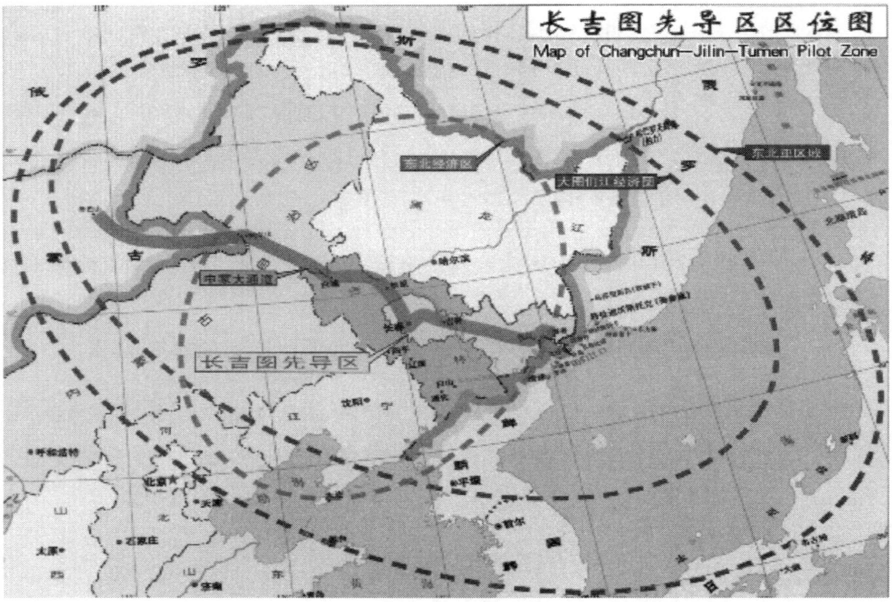

자료: http://chinaneast.xinhuanet.com/2009-01/04/content_15353567_10.htm

[그림 3-16] 창지투 개발개방선도구의 공간적 범위

3. 북중 접경지역의 경제협력[14)]

북중간의 국경은 주로 하천을 경계[15)]로 한다. 수로를 이용한 교통이 불가능한 것은 아니지만, 하천교량을 이용한 도로교통망이 보조가 되면서 철도가 위주로

14) 본 항에 서술된 내용은 강승호(2011)의 내용 중 일부를 정리한 것이다.
15) 하천의 중앙선이 아닌 양국의 하안선을 국경으로 규정 강이 흐르는 하상면을 완충지대로 공유하여 양국이 공동이용관리(선박운행, 어업, 강수의 사용)가 가능하다.

되는 국경교통로가 형성되어 있다(현재 9개 하천교량을 이용한 도로교통망과 철도로 북중 3개노선, 북러 1개노선이 있음). 이 교통로에 북중간 15개의 공식 국경출입소가 설치되어 있고, 국경도시가 발달하고 있다. 국경교통로가 접경지역의 도시발달과 깊은 관련이 있다.

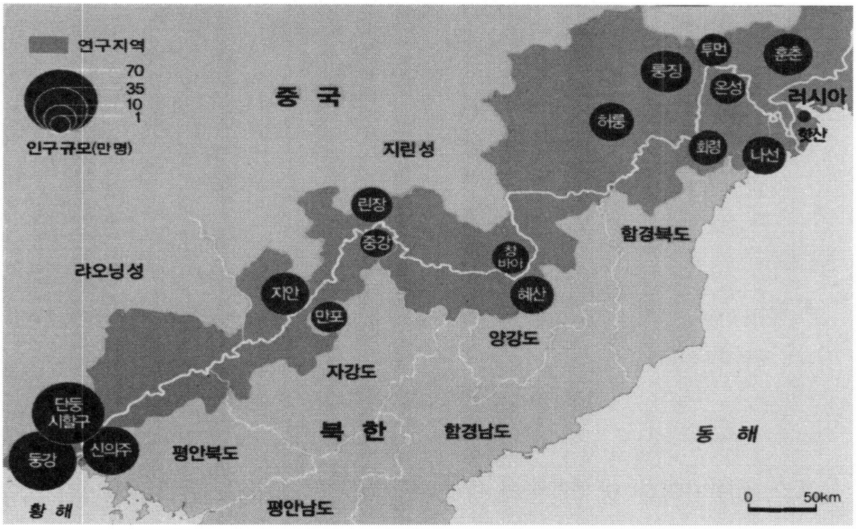

자료: 이옥희(2011).

[그림 3-17] 북중 접경지역의 주요 변경도시의 분포

북중 접경지역의 도시들은 압록강 하구의 신의주와 단둥, 압록강 중류의 만포와 지안, 압록강 상류의 혜산과 창바이, 두만강 상류의 무산과 허룽, 두만강 류류의 회령과 룽징, 두만강 유역의 남양과 투먼, 두만강하구 나선, 훈춘, 핫산 등처럼 국경을 서로 마주한 대칭적인 국경도시들을 이루고 있다.

북중간 경제협력의 가장 큰 특징은 접경지역의 지리적 특징을 반영한 중국 변경지역 통상코우안(口岸, 변경세관)을 통한 접경지역간 쌍방향적 경제활동이다. 이 점은 북중접경이 개성공단, 금강산 관광지구를 중심으로 하는 남북접경협력과 다른 점이다.

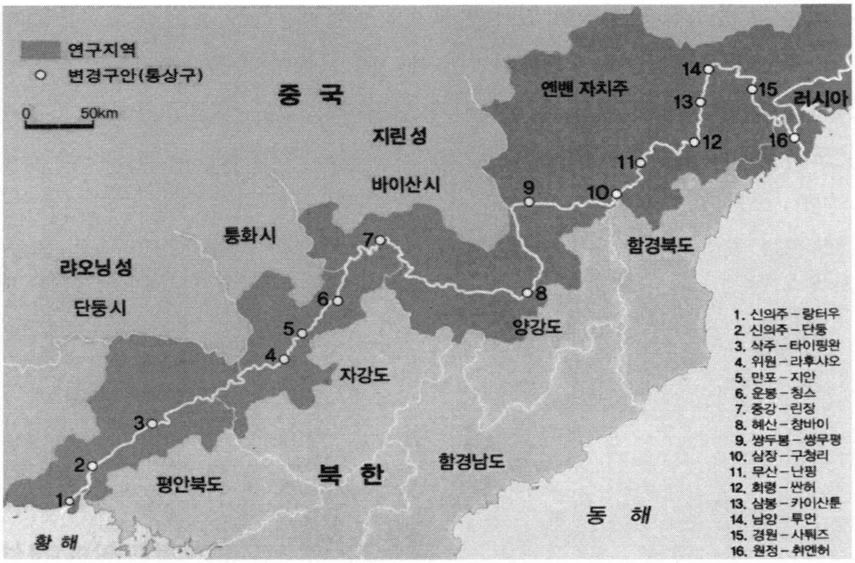

자료: 이옥희(2011).

[그림 3-18] 중국 측 변경세관의 분포

북중간 접경지역간 경제활동의 중심은 변경무역16)이다. 변경무역이란 국경지역에 있는 지방정부나 해당 지역에 있는 기업 또는 주민이 주체가 되어 중국측의 허용된 지역 즉 통상코우안에서 이뤄지는 하는 무역을 말한다. 변경무역은 대부분 중국의 중앙정부가 지정한 특정 국경지역에서 '변경 소액무역'방식17)과 변경지역에 개설된 시장에서 이루어지는 변민호시무역(邊民互市貿易)방식18)으

16) 무역은 주체에 따라 국가무역과 변경무역으로 구분되어, 중국 입장에서 보면 국가무역은 중국의 중앙정부가 주체가 돼 행하는 무역이고, 변경무역은 북한과의 국경지역에 있는 지방정부나 해당 지역 기업 또는 주민과의 무역이다. 엄밀히 말하면 변경무역이란 용어는 중국 측에서만 사용하는 용어이다. 북한의 경우 대부분의 무역을 국가기관에서 독점적으로 수행하기 때문에, 북한 입장에선 국가무역과 변경무역의 구분이 명확하지 않다. 중국 통계에는 변경무역통계가 나오지만, 북한의 통계에는 변경무역통계가 없다.

17) 변경소액무역 권리를 받은 기업이 변경 세관을 통해 인접국과 무역하는 것이다. 수입관세 및 증치세(부가가치세)의 50%를 감면해주고 있다. 소액이라고 해도 금액 제한은 없다.

로 변경무역이 이루어진다. 중국 정부는 경제가 낙후된 변경지역들이 인접국들과의 원활한 경제교류를 통해 해당 지역의 경제발전에 기여할 수 있도록 변경무역에 우대 조치를 취하고 있다.

단둥·지안·옌벤 등의 10개의 통상코우안이 대표적이다. 특히 단둥에는 북한의 대외무역허가를 받은 130여 개 무역회사 중 100여개 업체가 사무소를 개설하고 있다. 북한의 삼천리총회사, 릉라도무역총회사, 광명성총회사 등 대표적 무역회사들이 상당수 인력을 단둥에 상주시키고 있다. 이에 따라 북한과 중국의 동북 3성 간의 교역 가운데 약 80%가 신의주~단둥 경로를 이용하고 있고, 북한 기업 관계자들이 중국과의 거래가 필요할 때 단둥과 같은 변경도시를 먼저 방문하게 된다. 변경지역 밖에 소속 중국 기업들도 북한과의 국경지역에 지사를 두는 등의 방법으로 변경무역에 참여하고 있다.

통상코우안으로 중심으로 하는 변경지역에서는 북중간 인적 거래도 형성되고 있다. 인적 거래 관계에는 중국 지방정부의 관료를 포함하여 현지 기업인과 화교, 일반 주민 등 광범위하고 다양한 기업과 계층이 엮여 있다. 이 때문에 신용으로 거래가 이루어지기도 하고 은밀한 밀(密)무역도 이루어지고 있다.[19] 변경무역을 통해 북한 주민들의 일상생활에 필요한 경공업 제품과 식량의 대부분이 유입될 뿐만 아니라 산업생산을 위한 각종 기계류, 전기설비, 화학제품도 이를 통해 수입되고 있다.

2009년 북중 수교 60주년 및 북중 우호의 해를 맞아 이루어진 중국 원자바오 총리의 방북(10. 4~6) 이후 북중간 경제협력이 가속화되면서, 특히 북중 접경지역이 부상하고 있다. 두만강 하구에서는 옌벤 조선족자치주에 속한 '옌룽투(옌벤·

---

18) 변경선 20㎞ 이내에서 중국 정무원의 승인 하에 개방된 지역 또는 시장에서 개인적인 생필품의 무역을 하는 것이다. 하루 1인당 3000위안(약 50만원)까지 수입 관세와 부가세를 면제한다.

19) 변경무역에서 중요한 자리를 차지하는 교역 형태 중 하나는 '보따리무역'이다. 통상코우안을 통과하여 물자가 운송되기도 하지만, 다양한 사람들이 왕래하면서 많은 양의 상품들이 운반된다. 과거 1990년대까지만 해도 변경무역량의 30~40%가 보따리무역일 것이라는 주장이 나올 정도였고, 아직도 변경무역에서 차지하는 보따리무역의 비중은 무시할 수 없지만 점차 비중이 낮아지고 있다.

룽징·투먼)'는 최전선이고, 훈춘은 창구라 일컬어진다. 창지투 계획의 초기에 훈춘과 투먼같이 나선 지역과 마주하고 있는 '창구 및 최전선' 지역이 전면에 부상하고 있다. 하지만, '창지투(창춘·지린·투먼)'라는 명칭에서 보듯 이 계획의 중핵은 바로 지린성의 성도인 창춘이다. 창춘이 창지투 계획의 '엔진'이다.

북한의 나선 지역에는 지린성 성도 창춘 소재 국영 대기업들이 공장 설립을 추진하였고, 압록강 측에서도 북·중 양국이 합의한 황금평 개발이 2011년 6월 8일 착공하는 등 북중 접경지역에 변경무역 보다 큰 프로젝트가 추진되기도 하였다.

북중간의 경제협력은 종전 중국의 통상구(변경합작구) 중심의 변경무역 중심의 협력에서 중국의 북한 인프라, 특구에 대한 적극 투자로 전환되고 있었다. 북중 양측은 국가급 지역성장전략에 이해를 일치시키고 있는 것처럼 보인다. 북중 접경지역은 북한의 입장에서는 개방에 따른 부담이 덜한 곳이며, 180만 조선족이 거주하는 문화적 점이지대로서 문화적 동질성이 큰 지역이다. 또 하천을 경계로 하지만 변경무역을 촉진하는 인센티브를 주는 중국측 통상코우안을 중심으로 20개가 넘는 무역로가 형성되어 경제교류가 활성화될 수 있는 제도적 인프라를 지니고 있다. 통상코우안은 소액무역을 위주로 하지만, 다양한 인적교류 기업간 교류가 이루어지는 곳이다. 북중간의 협력이 대규모 국가간 인프라 협력으로 전환하면서 통상코우안의 역할이 축소되지는 않을 것이 오히려 확대될 것으로 전망된다.

북중 접경은 크게 보면 공간적으로 신의주와 단둥을 중심으로 하는 환황해권과 나진을 중심으로 하는 환동해권, 양측 사이에서 백두산 중심의 내륙 연결권으로 구분된다. 단둥과 신의주가 중심이 되는 접경지역은 남·북·중이 협력하여 경제력이 집중된 중국의 동부연해와 남한의 서해안과 함께 환황해권을 이루어 나갈 수 있는 공간이다. 나아가 환동해의 경우에는 동북아 공간이 될 수도 있다. 두만강, 나진을 중심으로 환동해권은 입지적으로 남·북·중·러·일이 함께 협력할 수 있는 동북아의 태평양권과 유라시아 대륙권의 연결고리가 될 수도 있다. 이를 위해 남북관계를 협력적으로 하는 동시에 동북아에서 한국과 중국의 역할 및 협력관계를 한 차원 높일 필요가 있다.

Chapter 4

일본의 경제와 환동해지역

여 인 만

04 Chapter 일본의 경제와 환동해지역

제1절 일본의 개황[1)]

1. 지리 및 자연

일본의 면적은 약 37만㎢로 한반도의 1.7배, 한국의 약 4배에 달한다. 홋카이도 북쪽에서 규슈 남쪽까지의 거리는 1,800km로 한반도 남북의 1.8배이다. 그러나 본토에서 떨어져 산재한 섬 때문에 일본의 최북단에서 최남단까지의 거리는 3,500km나 된다. 반면 동서 폭은 좁아서 가장 넓은 곳도 300km 정도이다([그림 4-1] 참조). 현재 일본은 한국, 중국, 러시아와 영토분쟁 중에 있다. 한국과는 독도 문제, 중국·대만과는 센카쿠(尖閣)제도 문제, 러시아와는 북방4도 문제가 현안으로 되어 있다.[2)]

흔히 일본은 국토면적이 좁은 나라로 인식되고 있지만, 영토 크기는 세계 200여개 국가 중 60번째 정도로 그다지 작은 나라는 아니다. 특히 유럽 주요 국가에

---

1) 이 절의 설명은 한영혜(2001), 일본학교육협의회(2002)를 참고했다.
2) 독도 문제에 대한 한국의 입장은 독도학회(http://www.dokdoinkorea.or.kr/)에, 일본의 주장은 일본외무성(http://www.mofa.go.jp/mofaj/area/takeshima/)에 각각 잘 정리되어 있다.

비해서는 큰 편이다. 즉 프랑스는 일본의 1.5배이나 독일은 일본보다 약간 작고 영국과 이탈리아도 일본의 약 5분의 4정도 크기이다. 다만 일본은 인구가 세계 제8위의 약 1.26억 명으로 면적에 비해 많은 편이다. 일본 내의 외국인 수는 1980년에 78만 명 수준이었으나, 그 후 급속히 증가하여 2019년 현재 293만 명으로 전체 인구의 2% 정도에 이르게 되었다. 1980년 당시 대부분 한국인이던 외국인의 국적도, 2019년에는 중국(81만), 한국(44만), 베트남(41만), 필리핀(28만), 브라질(21만) 등으로 다양화되었다.

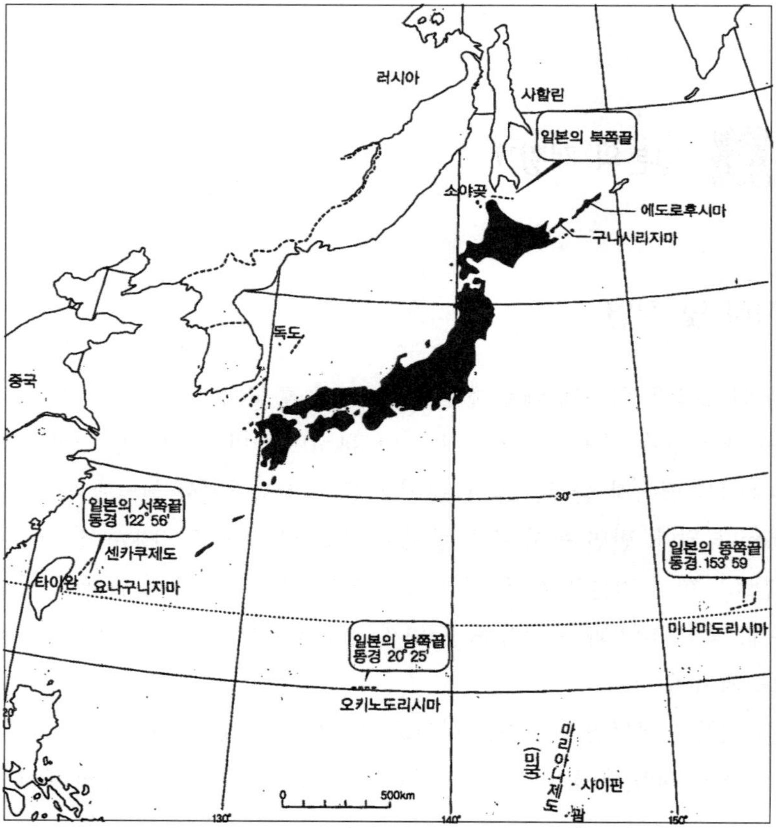

자료: 한영혜(2001), p.20.

[그림 4-1] 일본 영토의 위치와 범위

일본에서 지방구분은 대개 광역자치단체를 단위로 한다. 한국의 행정단위가 광역자치단체와 기초자치단체로 나뉘듯이 일본의 행정단위도 도(都), 도(道), 부(府), 현(縣)의 광역자치단체와 시(市), 정(町), 촌(村)의 기초자치단체로 나뉜다. 광역자치단체는 1도(도쿄), 1도(홋카이도), 2부(오사카, 교토), 43현의 총 47개로 구성된다.([그림 4-2] 참조)

한편 이보다 크게 홋카이도(北海道), 도호쿠(東北), 간토(関東), 주부(中部), 긴키(近畿), 주고쿠(中国), 시코쿠(四国), 규슈(九州)의 8개 지방으로 나누기도 한다. 이것은 도도부현과 같은 행정단위가 아니라 기후와 풍토가 비슷한 지역을 함께 묶은 것으로, 같은 지방에 속한 지역들은 정치·경제·문화적으로도 서로

[그림 4-2] 일본의 지방구분 : 광역자치단체(도·도·부·현)

긴밀한 관계를 맺고 있다. 또한 문화와 사회 특성에 의해 일본은 크게 2지역으로 나뉘는데, 주부지방보다 북동쪽을 동일본, 남서쪽을 서일본이라고 한다.

일본은 사면이 바다로 둘러싸여 있다. 거리가 가까운 한반도 및 사할린과의 사이에는 쓰시마해협과 소야해협이 놓여 있다. 일본 열도의 각 섬들도 해협에 의해 분리되어, 혼슈와 규슈 사이에는 간몬해협, 홋카이도와 혼슈 사이에는 쓰가루해협이 가로지르고 있다. 또한 혼슈·규슈·시코쿠로 둘러싸인 세토나이카이가 있다. 이러한 지리적 조건 때문에 예로부터 외국과의 교류뿐만 아니라 일본열도 내의 각 섬들 간의 교류에서도 해상로가 중요한 역할을 해왔다.

바다는 일본인의 생활에 중요한 기반이 되어 왔으며, 이는 식생활에 단적으로 드러난다. 어패류가 동물성 단백질의 공급원으로 중요한 비중을 차지하여, 일본인 1인당 어패류 소비량은 서양인의 6~8배에 달한다.

일본은 산지의 비율이 전 국토의 약 2/3인데, 산지의 대부분은 화산활동에 의해 형성되었다. 산지는 국토의 거의 중앙부에, 북동에서 남서 방향으로 이어져 있다. 특히 혼슈 중앙부에는 3,000m 이상의 산들이 즐비하여 '일본 알프스'라 불린다. 일본에서 가장 높은 후지산은 해발 3,776m이다.

일본에는 후지산을 비롯하여 많은 화산들이 있고, 아소산, 아사마산 등 현재 활동 중인 화산들도 각지에 분포되어 있다. 화산활동이 활발한 만큼 온천도 많다. 원천을 개발하여 온천지로 만든 곳이 약 4천 개소, 숙박시설이 갖추어진 곳은 2,400개소에 달한다. 온천이 없는 광역자치단체가 없을 만큼 일본은 세계에서 온천이 가장 많은 나라에 속하는데, 일본의 온천은 특유의 온천문화를 형성하여 중요한 관광자원이 되고 있다.

일본은 국토가 남북으로 길기 때문에 남과 북의 기후차가 크고, 중앙부의 높은 산지를 중심으로 '일본해'(서해)쪽과 태평양쪽의 기후가 큰 차이를 보인다. 남북 간의 큰 기온 차는, 봄에 벚꽃이 피는 시기와 가을에 단풍이 드는 시기에 영향을 미친다. 이리하여 개화와 단풍 시기가 같은 지점을 연결하여 '벚꽃전선', '단풍전선'이라는 용어도 생겨났다.

일본은 자연재해가 많은 나라로 특히 지진, 태풍에 의한 재해가 많다. 환태평양 지진대에 위치하는 일본은 지구상의 전체 지진 에너지 중 15%를 내포하는 것으로 생각될 만큼 지진이 많은 나라이다. 1923년에는 간토대지진으로 14만 명 이상이 사망하였으며, 1995년에도 한신대지진으로 6,500명이 사망했다. 특히 한신대지진은 그동안 지진 안전지대라고 여겨져 왔던 지역에서 발생하여 전 사회적으로 지진에 대한 경각심을 제고시키는 계기가 되었다. 또한 2011년에는 동일본대지진이 발생하고 그 여파로 대형 쓰나미와 후쿠시마 원자력발전소 사고가 일어나 국내외에 큰 충격을 주었다.

2. 역사

2~3세기 일본열도에 존재하던 혈연공동체들이 4세기 들어 서부일본을 중심으로 연합체를 이루게 되었는데, 이것이 최초의 통일정권인 야마토 정권이다. 본거지는 야마토(현재의 나라현)이었고 대왜(大倭)로 표기했다. 야마토 정권은 7~8세기에 중국의 정치체제를 모델로 한 제도를 확립함으로써 중앙집권적인 율령국가로 발전하게 된다. 이 시기에 천황제가 정비되었고, 국호도 '일본(日本)'으로 바뀌었다. 701년에는 견당사(遣唐使)를 파견하여 당나라의 인정을 받고 일본이라는 국호가 대외적으로 공식화되었다.

9세기 들어 지방의 호족들이 성장하여 자립화의 움직임을 보이기 시작했으며, 이를 배경으로 사무라이=무사계급이 형성되었다. 1185년에 미나모토 요리토모가 최초의 무사정권인 가마쿠라 막부를 세우고 권력을 장악했다. 막부의 수장은 쇼군(將軍)이라고 불렸다. 막부 성립 이후 조정세력(천황세력)은 서일본, 막부세력(무사세력)은 동일본을 지배영역으로 하는 이원적 국가체계가 지속되었다. 이러한 체제는 가마쿠라 막부 시대와 그를 이은 무로마치 막부 시대까지 계속되었다.

15세기 후반에는 민란을 계기로 정치적 중심지인 교토가 폐허가 되면서 천황과 쇼군의 지위는 실추되고 각 지역별로 독립적인 정권이 나타나기 시작했다. 각 지역 정권은 천황의 권위에 의존하지 않고 독자적인 실력에 의해 일정 영토와 주민에 대한 배타적인 지배권을 확립하였는데, 이 시기를 전국(戰國)시대라 한다.

전국시대는 16세기말에 도요토미 히데요시(豊臣秀吉)에 의해 통일되었다. 도요토미가 죽은 뒤 권력투쟁에서 최종적으로 승리한 도쿠가와 이에야스(徳川家康)는 1603년 에도(현재의 도쿄)에 막부를 건설했는데, 그 후 도쿠가와씨가 대대로 쇼군직을 세습하면서 실질적인 최고권력가로서 일본을 통치했다.

이 시기에 천황은 유명무실한 존재로 전락했다. 에도 막부는 대외적으로 쇄국정책을 단행하여 국제사회의 영향을 차단하는 한편 나가사키, 쓰시마를 통한 외국과의 한정된 교류를 독점하였다.

그러나 19세기 중반 이후 일본근해에 출몰한 서양세력은 일본의 개국을 끊임없이 요구하였다. 결국 1854년 미국과의 화친조약을 계기로 서양제국과 수호통상조약을 체결하게 되었다. 이에 따라 일본경제는 자본주의 세계경제와 연결되어 일본사회는 큰 혼란에 빠지게 되었다. 이러한 혼란 속에서 막부를 타도하고 천황친정체제로 복귀해야 한다는 존황양이(尊皇攘夷)운동이 나타나게 되었다.

그러나 이 운동은 서양세력과의 무력충돌과정에서 비현실성을 자각하고, 운동의 중심을 막부타도로 전환하였다. 그리고 1868년 조슈(야마구치현), 사쓰마(가고시마현)의 하급무사를 중심으로 하는 막부반대세력[討幕派]이 막부와의 전쟁에서 승리하여, 천황이 직접 통치하는 메이지 정부가 수립되었다.

신정부는 서구의 선진국가를 모델로 문명개화, 식산흥업(殖産興業), 부국강병을 핵심으로 한 근대화 정책을 적극적으로 추진하였다. 이와 같이 19세기 후반 서구열강의 외압 하에 막번(幕藩)체제가 붕괴하고 일본 자본주의 및 근대천황제국가 형성의 기점이 된 일련의 과정을 메이지 유신(明治維新)이라고 한다.

그 후 청일전쟁과 러일전쟁을 거치면서 타이완과 한국을 식민지함으로써 제국주의의 길을 걷게 되는데, 최종적으로 제2차 세계대전에서 패배할 때까지 그 체제가 유지되었다. 패전 후에도 천황제는 유지되었으나, 천황이 인간선언을 통해 스스로 신격을 부정하고 실질적인 권력을 보유하지 않는 상징천황제로 그 성격이 바뀌어 현재에 이르고 있다.

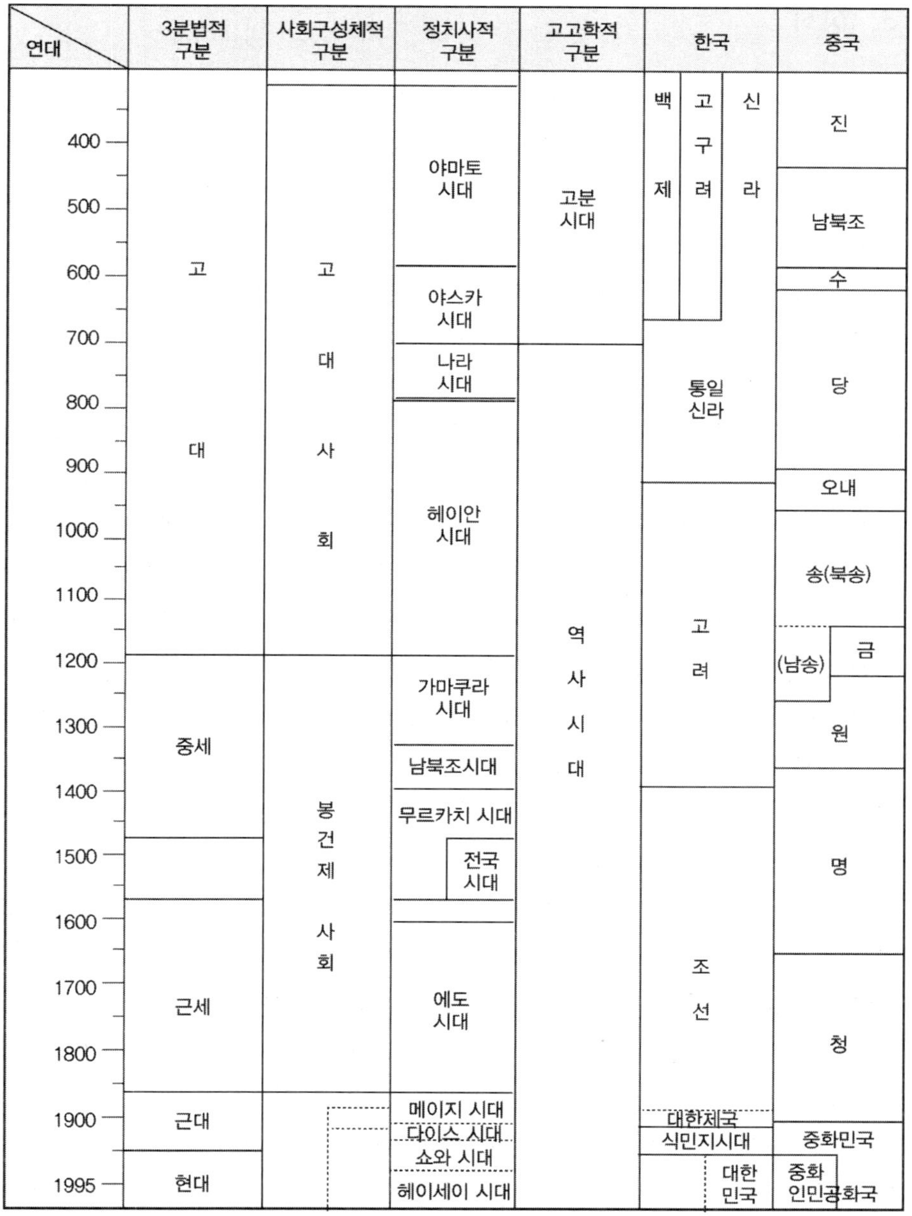

[그림 4-3] 일본 역사의 시기구분

3. 정치

현대 일본사회의 원점은 1945년 이후의 '전후(戰後)체제'이다. 패전 후 일본은 연합국의 점령 하에 놓이게 되었는데, 점령정책은 실질적으로는 미국의 주도하에 이루어졌다. 미국은 1945년 10월부터 샌프란시스코 강화조약이 발효되는 52년 4월까지 6년 반 동안 실질적으로 일본을 통치했다.

점령 직후부터 미국은 정치, 경제, 사회 등 일본사회 전반에 걸친 일련의 개혁을 단행했다. 이러한 개혁은 일본의 비군사화와 민주화라는 두 가지 기본방침에 입각하여 이루어졌다. 비군사화의 궁극적인 목적은 일본의 전쟁수행능력을 제거함으로써 또다시 전쟁을 일으키지 못하도록 하는 데 있었고, 민주화는 그러한 목적을 실현하기 위한 사회적 토대를 형성하는 데 있었다. 그를 위한 구체적인 조치가 신헌법의 제정과 농지개혁·노동개혁·재벌해체 등 경제개혁이었다.

이러한 일련의 개혁에 따른 변화는 '55년 체제'로 일단락되었다. 55년 체제란 자민당과 사회당의 양대정당을 중심으로 정치가 운영되는 것을 말하는데, 1955년에 성립되었기 때문에 이렇게 불리게 되었다. 여기서 자민당은 보수를, 사회당은 혁신(진보)세력을 대표하게 되었다. 다만, 사회당의 의석수는 늘 자민당의 반에 불과했기 때문에, 55년 체제는 양대 정당제가 아닌 '1과 1/2정당제'라고 일컬어지기도 했다. 즉 이 시기는 자민당이 38년간 장기집권하고 사회당은 만년 야당에 머무르던 기간이었다.

그런데 1990년대 초반에 이러한 체제에 변화가 나타났다. 자민당이 분열되고 그 일부가 사회당과 연립정권을 구성하기에 이르렀다. 그러나 90년대 말에는 다시금 자민당의 집권이 부활했고, 야당의 중심은 사회당에서 민주당으로 옮겨갔다. 2000년대 말에 잠시 민주당이 집권하기도 했으나, 2012년 말 이후 자민당과 공명당의 연립정권이 탄생한 후 현재까지 이어지고 있다.

한편 일본의 정당 중에는 공산당도 존재한다. 2차대전전의 천황제 체제하에서는 비합법단체였으나, 패전 후 합법적인 정당으로 변신했다. 양대정당체제 하에서도 꾸준히 세력을 유지하여, 현재도 중소기업과 고령자 층의 지지기반을 중심으로 국회의원 선거에서 10% 정도의 득표율을 보이고 있다.

패전 후 일본의 민주화는 신헌법에 가장 잘 나타나 있다. 신헌법은 일본사회의 나아갈 방향으로 국민주권, 항구평화주의, 기본적 인권의 3대원칙을 제시했다. 메이지 헌법에 비해 신헌법의 가장 중요한 특징은 천황을 '일본국가의 상징이자 일본국민 통합의 상징'으로 규정함으로써 주권자에서 상징으로 그 지위를 변경시키고, 민주주의의 기본원리인 국민주권을 명시했다는 점이다. 또한 평화주의 이념에 기초하여 모든 전쟁을 포기하고 전력을 보유하지 않는다(제9조)는 점을 규정한 것도 핵심내용 중의 하나이다.

신헌법은 1947년 5월 시행된 이후 지금까지 한 번도 개정된 적이 없다. 물론 개헌에 관한 논의가 전혀 없었던 것은 아니다. 시행초기부터 개헌론은 제기되었고 장기집권의 자민당이 늘 이 문제를 거론해왔음에도 불구하고 개정되지 않은 것이다. 그것은 일본사회에 정착된 평화주의='전쟁체험' 때문이다. 당시 미국의 대일정책의 일환으로 신헌법이 평화주의를 전면에 내걸 수 있었지만, 비참한 전쟁을 체험했고 피해자라는 의식을 갖고 있는 일본국민의 정서와도 합치되어 절대적인 지지를 받았다.

1950년대 이후 개헌 논의는 주로 자위대의 존재가 위헌인가 아닌가라는 문제를 중심으로 전개되었는데, 90년대 들어서는 제9조의 변경이라는 것으로 논의의 초점이 이동하고 있다. 직접적인 계기는 91년의 걸프전쟁이다. 이 때 일본도 국제사회에 적극 공헌해야 한다는 '국제공헌론'이 제기되었다. 더 나아가 국제평화와 질서 유지에 일본이 적극적으로 공헌하고 집단적인 자위권을 행사하는 것이 국제사회에서 일본이 '보통국가'로서 떳떳하게 역할을 다하는 것이라는 주장이 나오게 되었다.

최근의 조사에 따르면, 젊은 층을 중심으로 개헌에 대한 찬성 의견이 많고, 여당인 자민당은 물론 야당인 민주당내에서도 찬성의견이 상당수 있는 것으로 알려지고 있다. 이상과 같은 상황을 바탕으로 자민당, 특히 아베 정권은 적극적으로 개헌을 추진 중이나, 시민단체 등을 중심으로 한 반대세력은 여전히 강고하게 존재하고 있다.

제2절 일본경제의 개황

1. 일본경제의 위상

일본경제가 전 세계에서 차지하는 비중은 1950년대에서 1980년대까지 상승하다가 1990년대 이후 급속하게 하락하고 있다. 즉 전 세계 국내총생산(GDP)에서 차지하는 일본의 비중이 1995년에는 18% 정도였으나 2015년에는 6%로 20년간 1/3로 줄어들었다(<표 4-1> 참조). 그와 대조적으로 중국의 비중은 같은 기간 중 2.5%에서 15%로 대폭 증대했고, 미국의 비중은 25% 수준으로 그다지 변화하지 않았다. 그 결과 일본의 경제규모는 1995년에 미국의 2/3 수준에서 2015년에는 1/4수준에 머물게 되었다. 그리고 한국과의 격차도 급속하게 줄어들어 최근 일본의 GDP는 한국에 3배 정도이다.

〈표 4-1〉 세계 GDP에서 차지하는 주요국 GDP 비중의 변화 추이(명목기준, 달러)

(단위: %)

국명	1995년	2000년	2005년	2010년	2012년	2015년
일본	17.6	15.2	10.1	8.4	8.0	5.9
미국	24.6	31.4	27.4	22.8	21.8	24.3
EU(28개국)	-	-	-	25.8	23.2	22.0
중국	2.5	3.5	5.1	9.1	11.4	15.0

자료: 『世界の統計』, 各年版.

1인당 국민소득(GNI)도 전체 경제규모의 변화 추이와 마찬가지의 추세를 보였다. 즉 일본의 1인당 소득은 1990년대에는 G7 국가 중에서 가장 많았으나, 최근에는 미국은 물론 독일에 비해서도 작고 프랑스 및 영국과 비슷한 수준에 머물러 있다(<표 4-2> 참조). 한국과의 차이도 상당히 축소되었고, 구매력평가지수(PPP)로 보면 한일 양국의 차이는 거의 없어졌다. 그러나 1억명 이상의 인구대국 가운데 1인당 국민소득이 4만 달러를 넘는 국가는 여전히 미국과 일본뿐일 정도로 일본은 경제대국이면서 부유한 국가임에는 틀림없다.

〈표 4-2〉 주요국의 국내총생산(GDP) 및 1인당국민소득(GNI) (2019년)

순위	GDP		순위	1인당 GNI	
	국명	10억달러		국명	달러
1	미국	21,433	1	스위스	85,500
2	중국	14,342	2	노르웨이	82,500
3	일본	5,081	4	미국	65,760
4	독일	3,861	6	덴마크	63,240
5	인도	2,869	7	아일랜드	62,210
6	영국	2,829	8	싱가포르	59,590
7	프랑스	2,716	9	스웨덴	55,840
8	이탈리아	2,004	10	호주	54,910
9	브라질	1,840	11	네덜란드	53,200
10	캐나다	1,736	12	오스트리아	51,300
11	러시아	1,700	14	핀란드	49,580
12	한국	1,647	15	독일	48,520
13	호주	1,397	16	벨기에	47,350
14	스페인	1,394	17	캐나다	46,370
15	멕시코	1,269	20	뉴질랜드	42,670
16	인도네시아	1,119	21	프랑스	42,400
17	네덜란드	907	22	영국	42,370
18	사우디아라비아	793	23	일본	41,690
19	터키	761	24	이탈리아	34,460
20	스위스	703	25	한국	33,720

자료: World Bank

일본에서는 제2차 세계대전 이후의 급속한 경제성장과정에서 실업률이 낮게 유지되고 물가가 장기간 안정적이었다. 그리하여 근로계층을 중심으로 실질소득이 꾸준히 상승하여 일본은 선진국 중에서도 계층간 소득격차가 상당히 작은 국가가 되었다. 그러나 공공요금을 중심으로 한 높은 물가수준, 협소한 주택사정, 장거리 통근 등의 사정으로 인해 일본인은 풍요로움을 잘 느끼지 못하는 것으로 알려져 있었다. 더구나 2000년대 이후에는 장기불황으로 소득증가가 정체되고 소득격차도 확대되게 되었다.

2. 일본경제의 변화과정

이상과 같은 일본경제의 위상은 전후의 급속한 경제발전에 의해 이루어졌다([그림 4-4] 참조). 물론 일본은 아시아지역에서는 유일하게 근대화·산업화에 성공하여, 제2차 세계대전 이전에도 세계 5위 수준의 경제규모에 도달해있었다. 그러나 당시의 최선진국인 미국 및 영국과의 격차는 매우 컸다.

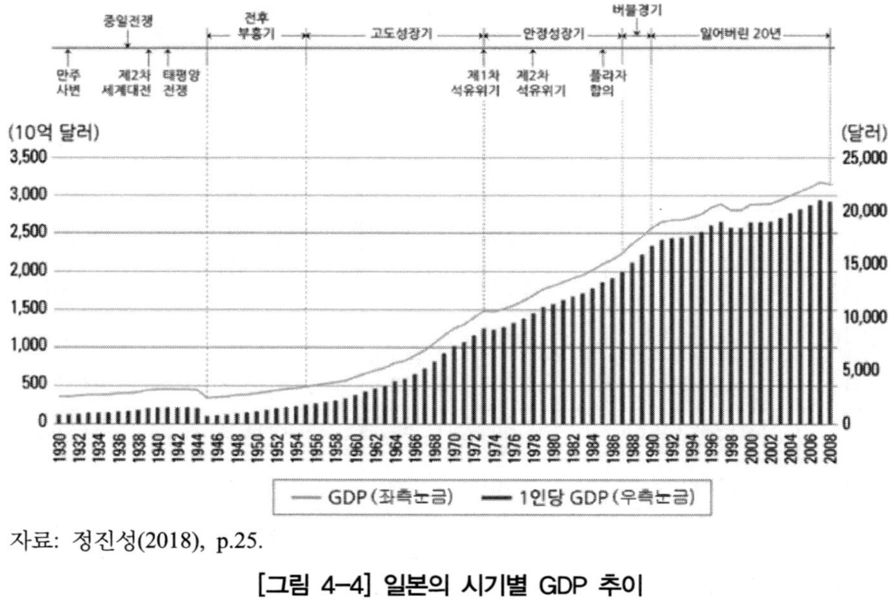

자료: 정진성(2018), p.25.

[그림 4-4] 일본의 시기별 GDP 추이

제2차 세계대전 이후 일본경제는 1945~54년까지의 부흥기, 1955~73년의 고도성장기, 1974~86년의 안정성장기, 1991년 이후의 장기불황기로 나누어 볼 수 있다. 안정성장기와 장기불황기의 사이에는 버블경기가 발생했다가 붕괴했다.

1) 고도성장

패전 후의 약 10년간의 부흥기를 거쳐, 일본경제는 고도성장의 과정에 진입했다. 1955년부터 1973년까지의 고도성장기 동안 연평균 실질경제성장률은 9.8%에 달했다. 다만 이 기간 동안 불황이 없이 단선적인 성장을 기록한 것은 아니다. 거의 3년여 때로는 2~5년의 주기로 단기적인 경기변동을 거치면서 전반적으로 높은 성장을 이루었다.([그림 4-5] 참조)

자료: 정진성(2018), p.26. 원자료는『平成29年度 経済財政白書』長期経済統計.

[그림 4-5] 일본의 GDP 성장률 추이

이 기간 중 일본의 경제성장률은 당시까지 세계사적으로 유례를 찾아보기 힘들 정도로 높은 수준이었다. 같은 기간 중 미국과 서유럽 선진국들과의 성장률의 차는 2배 이상이었다. 그 결과 이 기간 중 일본의 GNP는 5.2배 증가하여 세계 제2위의 경제대국으로 부상하게 되었다.

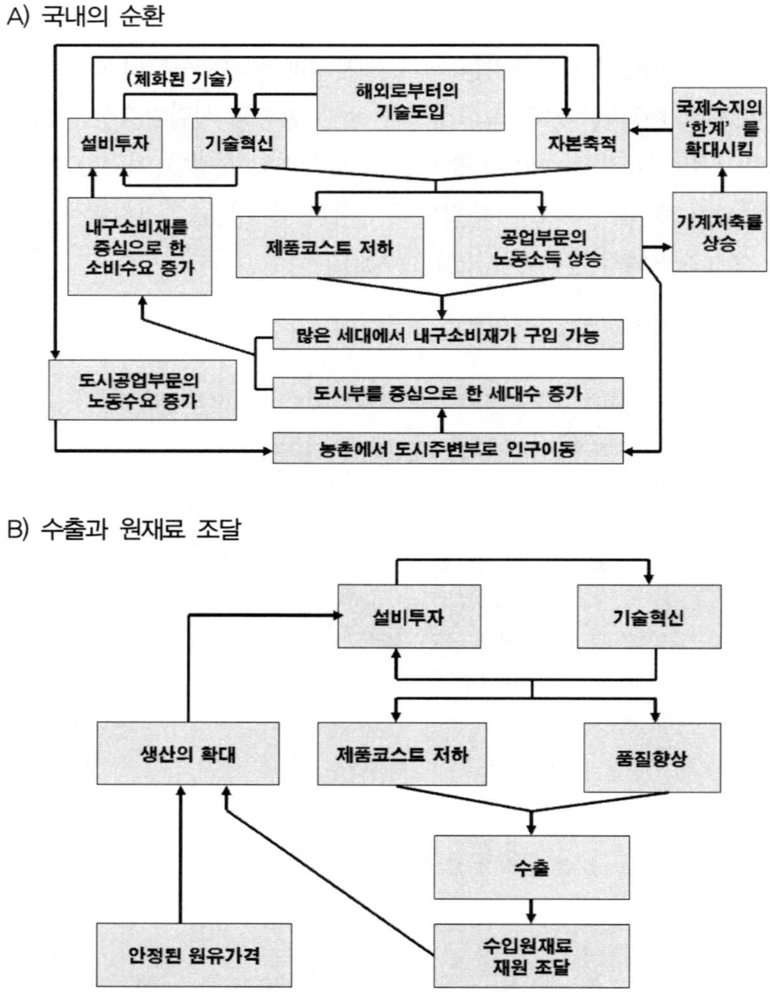

자료: 吉川洋(1997), p.137.

[그림 4-6] 고도성장의 메커니즘

고도성장은 수요면과 공급면의 양측에서 설명할 수 있다([그림 4-6] 참조). 먼저 수요요인으로는 다음의 3가지 요인을 들 수 있다. ① '투자가 투자를 야기한다'고 일컬어지듯이 설비투자가 증가했다. ② '3종의 신기'(TV, 세탁기, 냉장고)와 '3C'(컬러TV, 자동차, 에어컨) 등 내구소비재를 중심으로 한 개인소비가 급속히 증가했다. ③ 제품의 국제경쟁력 향상과 엔화 약세에 의한 수출증가가 이어졌다.

공급요인으로는 다음의 4가지 요인을 들 수 있다. ① 미국 및 유럽 선진국과의 기술격차에 의해 기업의 기술 도입 및 개발 의욕이 왕성했다. ② 노동인구증가율이 높고, 농촌에서 도시로 대량의 노동력이 유입되었다. ③ 저축률이 상승하여 투자자금의 조달이 가능했다. ④ 고학력화가 급속하게 진전되어 양질의 인재 공급이 가능했다.

한편 대외적으로는 안정된 에너지 가격, GATT체제의 형성에 의한 국제무역의 확대 등의 요인도 일본경제의 고도성장에 기여했다. 특히 공업제품의 생산에 필요한 에너지의 대부분을 수입하는 일본으로서는 원유가격의 장기적 안정이 고도경제성장에 결정적인 요인으로 작용했다. 그밖에도 상대적으로 엔화의 낮은 환율도 수출증가의 주요 요인이 되었다.

2) 석유위기 후의 안정성장

1973년 말에 아랍산유국이 단결하여 석유가격을 일거에 4배나 인상함으로써 발생한 제1차 오일쇼크에 의해, 일본경제는 물가가 급등하고 전후 최초로 마이너스성장을 기록하게 되었다. 이후 단기간에 회복하기는 하나 그 이전에 비해 일본의 경제성장률은 저하하여, 연평균 4%대의 안정성장기로 이행하게 되었다. 하지만 이 시기의 일본경제의 성장률은 다른 선진국에 비하면 훨씬 양호한 편이었다. 더구나 제1차 오일쇼크로부터 단기간에 회복했을 뿐만 아니라, 79년의 제2차 오일쇼크의 영향도 비교적 경미했다.

이러한 성과에 의해 국제적으로 엔화절상의 압력이 강해져, 1985-87년에 1달러당 250엔에서 120엔대로 급속히 엔고가 진행되었다. 하지만 이러한 악영향을 극복하고 일본경제는 87년 이후 다시금 5%대의 성장을 계속했다.

한편 이 시기에 미국 경제는 국제수지적자와 재정수지적자라는 '쌍둥이 적자' 문제로 큰 곤란에 직면해 있었다. 이 때문에 철강, 자동차, 반도체 등의 산업분야에서 무역마찰이 빈번하게 일어나고, 일본의 대미수입을 증가시키기 위해 일본의 시장구조를 개혁하려는 '미일 구조조정 협의회'가 개최되기도 있다. 그러나 그 과정에서 오히려 일본경제의 경쟁력이 세계적으로 주목받게 되고, 후술하는 바와 같이 '일본식 경영'이 널리 알려지게 되었다.

3) 버블과 장기불황

일본의 1990년대는 '잃어버린 10년'으로 종종 표현될 정도로 장기간의 불황을 경험하게 된다. 90년대 전체의 연평균 성장률은 1.2%에 불과했다. 이러한 저성장의 원인은 버블이 붕괴함에 따라 소비가 감소했기 때문이다.

버블이란 자산가격이 경제의 기본적 요인(fundamental)에서 큰 폭으로 괴리되어 상승하는 현상을 말한다. 1980년대 후반에는 기업수익의 대폭적 향상, 대도시의 부동산 수요 증가, 금리 하락 등으로 인해 자산가격이 상승했다. 당초는 펀더멘털과 크게 괴리되지 않았으나, 자산가격의 상승이 계속될 것이라는 기대에 따라 부동산 붐, 재테크 붐이 발생하여 주식, 토지의 가격을 급등시켰다.

더구나 80년대 후반에는 규제완화, 금리인하가 단행되는 가운데, 우량기업에 대한 대출만으로는 경영확대의 한계에 직면한 은행들이 부동산 등에 대규모 대출을 단행하여 이러한 추세에 박차를 가했다. 그 결과 1986년 말부터 버블이 발생했다.

그러나 89년 말 이후 금리 인상, 부동산대출규제 강화 등으로 더 이상의 자산가격 상승 기대심리가 지속될 수 없게 되자, 자산가격의 상승 메커니즘과는 반대로 '역자산효과'가 나타나 버블이 급격하게 붕괴되었다.

예를 들어 주식가격은 1989년의 4만엔 정도에서 급락하기 시작하여 최저점인 2003년에는 7,600엔대까지 하락했다([그림 4-7] 참조). 그 결과 기업과 가계에 대규모의 부채가 누적되게 되었고, 그것은 다시 은행의 부실채권 증가로 이어져,

은행이 기업에 대한 대출을 회피함으로써(credit crunch), 가계의 소비 축소와 맞물려 장기불황을 초래하게 되었던 것이다.

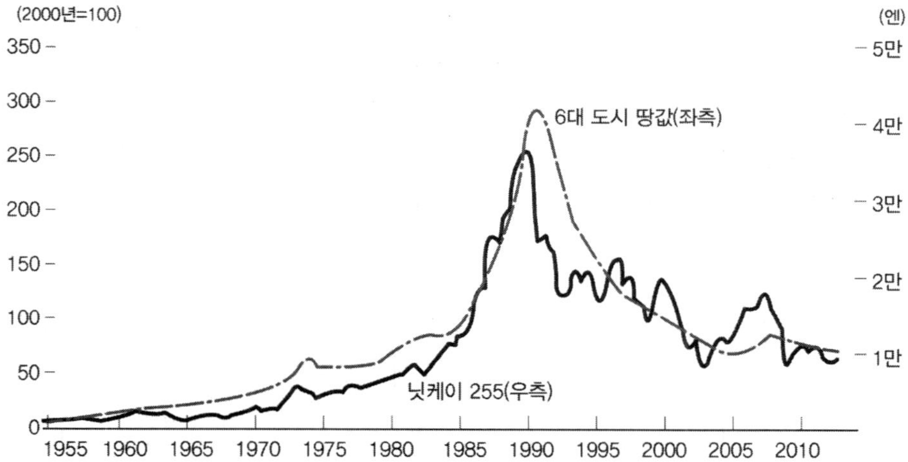

[그림 4-7] 일본의 주가 및 지가 추이

4) 구조개혁과 아베노믹스

버블붕괴에 따른 경기 악화에 대해 1990년대 일본 정부는 금융완화 및 확대재정 등 케인스주의 경제정책을 실시하여 대응하였으나 성공하지 못하고 불황이 장기화되었다. 더구나 확대재정의 영향으로 재정적자가 대폭 증가했다.

그에 따라 2000년대 들어서는 고이즈미(小泉) 정권에 의해 작은 정부를 추구하는 '신자유주의' 경제정책인 구조개혁 정책이 추진되었다. 즉 단기적인 경기부양책이 아니라 재정지출 삭감, 연금 개혁, 규제완화 등 중장기적으로 일본경제의 체질개선을 위한 정책을 중점적으로 실시했다. 일본에서 전통적으로 추진된 정책과는 다른 이러한 정책은 많은 논란을 불러일으켰는데, 특히 대표적인 규제완화정책인 우정(우체국) 민영화 정책은 집권당 내부의 반발을 무릅쓰면서 추진되었다.

그런데 구조개혁 정책으로도 1990년대 이후의 장기불황 상태를 벗어나지 못하게 되자 2010년대 들어서는 다시금 케인스주의 정책을 중심으로 한 아베노믹스 정책이 실시되었다.

아베노믹스란 2012년말에 재집권한 아베 정권에 의한 경제정책을 말하는데, 구체적인 정책내용은 양적완화 금융정책(제1의 화살), 기동적인 재정정책(제2의 화살), 규제개혁 등을 통한 성장전략(제3의 화살)으로 구성되어 있다. 이 정책의 목표는 우선 제1화살과 제2화살을 통해 총수요를 증가시킴으로써 디플레이션 악순환(deflation spiral)을 극복하는 데 있다.([그림 4-8] 참조)

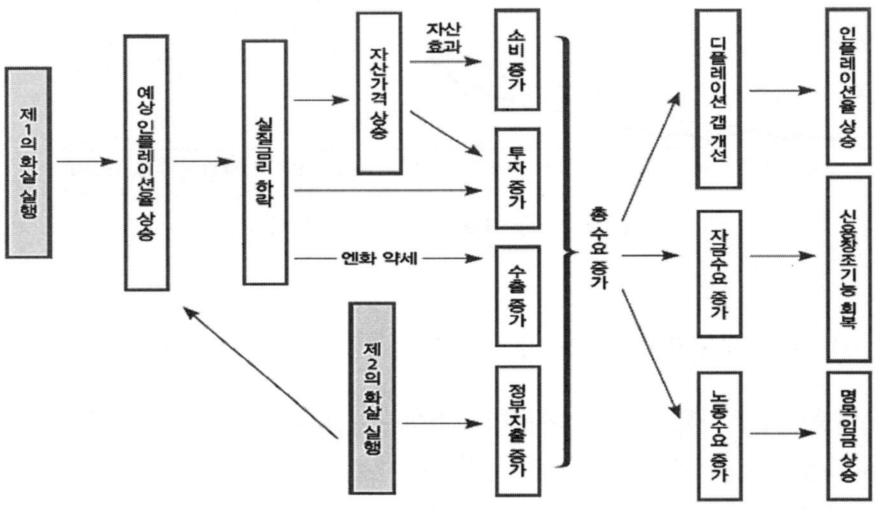

자료: 여인만(2016), p.202.

[그림 4-8] 아베노믹스의 파급 경로

이 정책에 의해 완만한 성장세가 유지되었고 주식 및 부동산 가격이 상승하였으며 고용환경도 개선되었다. 그러나 그 과정에서 양극화가 심화되었고 실물부문의 가격 상승(인플레이션)이 발생하지 않는 등의 한계를 보이고 있다. 즉 1990년대 이후 일본경제는 제로성장 혹은 탈성장 단계에 진입해있다고 할 수 있다.

한편 이러한 장기불황 과정에서 확대 재정정책이 지속적으로 추진되고, 후술하는 것처럼 인구구조의 변화 때문에 일본의 재정적자 및 정부채무는 매우 심각한 수준에 이르게 되었다. 2017년 일본의 일반정부 재정적자의 대GDP 비율은 5%로 OECD 평균의 2.8%보다 높다. 같은 해에 일본의 일반정부 채무잔고의 대GDP비율은 226%로 한국의 45%는 물론 미국의 108%, OECD평균의 114%보다도 압도적으로 높다. 일본 정부의 재정적자 누적상태가 선진국 중에서 최악의 수준임을 알 수 있다.

3. 일본의 인구구조와 노동시장

메이지유신 이후의 산업화에 따라 일본의 인구는 급속히 증가하였다. 근대화 이전에 약 3,500만 명이었으나 1910년에는 5,000만 명을 돌파하였고 1940년에는 7,300만 명에 달했다. 제2차 세계대전 이후 인구증가 속도는 더욱 빨라져 1950년 8,320만 명, 1960년 9,340만 명 그리고 1967년에는 1억 명을 돌파하였다. 근대화 이후 약 100년간에 총인구가 3배 늘어난 것인데, 이로서 당시로서는 세계 제7위의 인구대국이 되었다. 인구증가는 2000년대 초까지 지속되어 2010년에 1억 2,800만 명으로 정점에 달한 후 감소세로 돌아서게 되었다.

이러한 총인구 변화의 직접적인 원인은 출생수의 변화이다([그림 4-9] 참조). 제2차 세계대전 직후의 베이비 붐 시기에 연간 270만 명이던 출생수는 그 후 감소 추세를 보이다가 베이비 붐 세대가 결혼 적령기에 도달한 1970년대 초반에 두 번째 베이비 붐 현상이 나타났다. 이에 따라 후생성에서는 인구폭발을 우려하여 인구억제 정책을 추진하기 시작했다. 그런데 실제로는 이 시기부터 출생수 감소가 뚜렷해지기 시작하여 87년에는 합계특수출생률이 예외적으로 낮았던 1966년 수준을 밑도는 1.57을 기록하였다. 그 이후 저출산 대책이 강구되기 시작했으나 합계특수출생률은 지속적으로 하락하여 2005년에는 1.26에 달했다. 그 후 약간 상승하여 2015년에는 1.45를 기록했으나, 장기적으로 인구규모를 유지할 수 있는 수준인 2.07보다 상당히 낮은 수준이다.

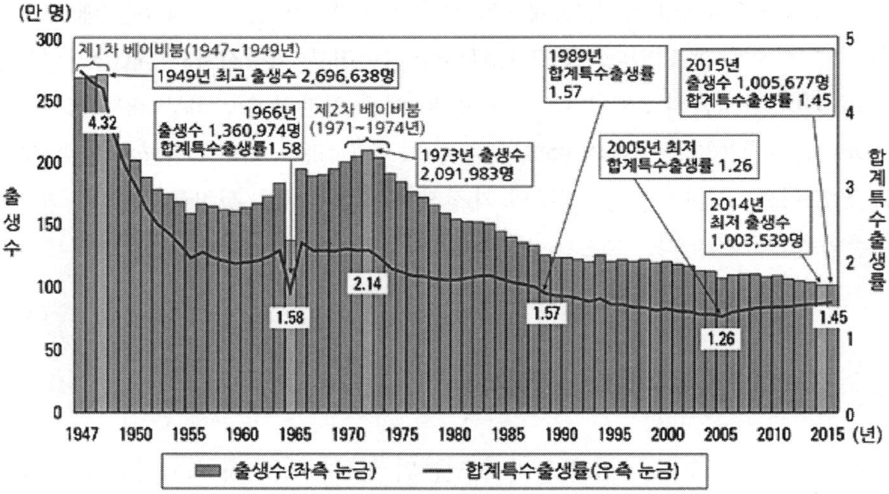

자료: 정진성(2018), p.132. 원자료는 厚生労働省, 「人口動態統計」.

[그림 4-9] 일본의 출생수와 합계특수출생률의 추이

인구감소와 함께 고령화도 급속하게 진행되고 있다. 전체 인구에서 65세 이상 인구의 비율을 나타내는 노년인구비율이 1955년경까지는 5%로 안정되어 있었는데, 1970년에 7%를 넘어 고령화사회로 진입했고 1994년에는 14%를 넘어 고령사회로 들어섰으며 2007년에는 21%를 넘어 초고령사회가 되었다. 이 추세는 그 후에도 지속되어 2015년의 노년인구비율은 26.6%로, 선진국 평균(17.6%)뿐만 아니라 유럽 주요국의 수준보다 높은 세계 최고 수준에 달했다. 특히 유럽 주요국에 비해 일본에서는 고령화 속도가 매우 빠르다는 점도 주목된다. 유럽 주요국에서 노년인구비율이 7%에서 14%로 되기까지 50년 정도가 걸린 데 비해 일본에서는 25년밖에 소요되지 않았다.

인구감소 및 고령화는 노동력 투입 감소를 통해 경제성장에 마이너스의 영향을 줄 수 있다. 15세 이상 인구 중에서 노동할 의사가 있는 노동력인구(경제활동인구)의 추이를 보면, 총인구가 증가하고 있던 시기에는 노동력인구도 증가하여 1999년에 정점에 달했다(<표 4-3> 참조). 그 후 총인구의 감소와 함께 노동력인구도 감소하기 시작했으나 2013년 이후 완만하게나마 증가세로 반전되었다. 한편 15세 이상 인구에 대한 노동력인구의 비율인 노동력인구비율(경제활동참가율)은 고도성장기에는 하락했으나 1975년 이후 90년대까지 63%대를 유지했다. 2000년대 들어서는 노동력인구의 감소에 의해 59~60%까지 하락한 후 최근에는 그 수준을 유지하고 있다. 이처럼 총인구의 감소 및 고령화의 진전에도 불구하고 노동력인구 및 노동력인구비율이 급속하게 하락하지 않는 것은, 여성 및 고령자의 취업이 증가했기 때문이다. 그러나 일본의 여성 노동력인구비율은 서구 선진국에 비해 10% 포인트 정도 낮은 수준이다.

〈표 4-3〉 노동력인구 및 노동력인구비율의 추이

년도	15세이상 인구 (만명)	노동력인구(만명)			노동력인구비율(%)				
		전체	60-69세	70세 이상	전체	남성	여성	60-69세	70세 이상
1955	5,925	4,194			70.8	85.9	56.7		
1965	7,287	4,787			65.7	81.7	50.6		
1975	8,443	5,323			63.0	81.4	45.7		
1985	9,465	5,963	451	137	63.0	78.1	48.7	39.2	16.8
1995	10,510	6,666	674	192	63.4	77.6	50.0	39.8	16.3
2000	10,836	6,766	691	229	62.4	76.4	49.3	37.5	15.5
2005	11,008	6,651	722	247	60.4	73.3	48.4	34.8	13.7
2010	11,111	6,632	917	273	59.6	71.6	48.5	37.7	13.0
2016	11,111	6,673	991	336	60.0	70.4	50.3	44.0	13.8

자료: 정진성(2018), p.139, 원자료는 総務省, 「労働力調査」.

앞서 2000년대 들어서도 일본의 장기불황은 근본적으로 해소되지 않고 있다고 설명했는데, 이러한 인구구조 때문에 일본의 실업률은 2000년대 후반의 일시적인 기간을 제외하고는 계속해서 하락하고 있다([그림 4-10] 참조). 전통적으로 일본의 실업률은 서구 선진국에 비해 매우 낮은 수준이었는데 90년대 들어 상승하기 시작하여 2000년대 중반에는 큰 차이가 없어졌다. 그러나 2000년대 후반의 글로벌 금융위기 이후 다시금 일본과 서구 각국의 실업률 격차는 커지고 있다. 그리고 2013년 이후 아베노믹스가 본격적으로 실시된 이후에는 그 추세가 강화되고 있다. 한편 구직자수에 대한 구인수의 비율을 나타내는 유효구인배율을 보면, 2009년 3사분기의 0.43을 저점으로 지속적으로 상승하여 2017년 2사분기에는 1.49로 극심한 일손부족 현상을 나타냈다. 노동시장만을 보면 매우 활발한 호황상태라고 할 수 있다. 그런데 호황을 실감하지 못하는 것은, 비정규직 고용의 비중이 높아지고 실질임금 인상이 나타나지 않고 있기 때문이다.

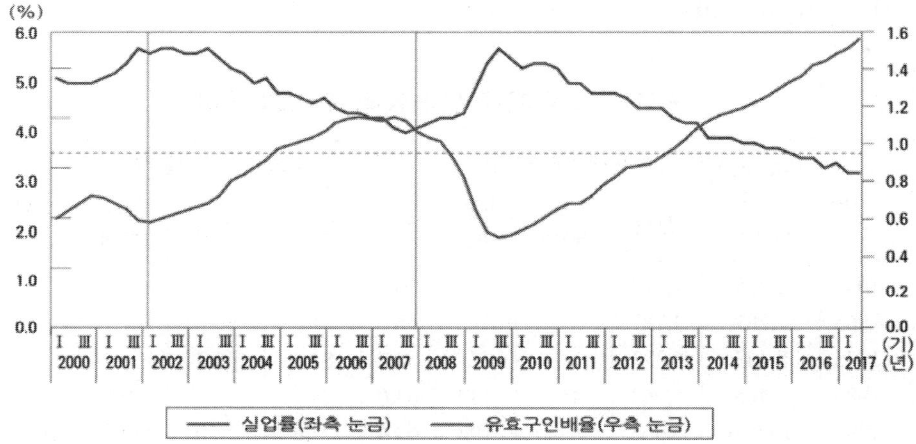

자료: 정진성(2018), p.159. 원자료는 厚生労働省, 「『一般』職業紹介状況」; 総務省, 「労働力調査」.

[그림 4-10] 일본의 실업률과 유효구인배율 추이

일본에서 비정규직 고용자란 파트타임, 아르바이트, 파견사원, 계약사원, 촉탁 등의 고용형태를 포괄하는데, 1990년대 중반부터 그 비중이 매우 급속히 확대되고 있다([그림 4-11] 참조). 즉 1994년에 전체 고용자의 20.3%였던 비정규직의 비율은 2003년에 30%를 넘어섰고 16년에는 37.5%에 달하게 되었다. 이는 최근의 노동력 수요가 주로 비정규직을 대상으로 하고 있음을 의미한다. 실제로 2011년에서 2016년 사이에 비정규직 고용자는 205만 명이 증가한 데 비해 정규직 고용자는 3만 명이 증가하는 데 그쳤다.

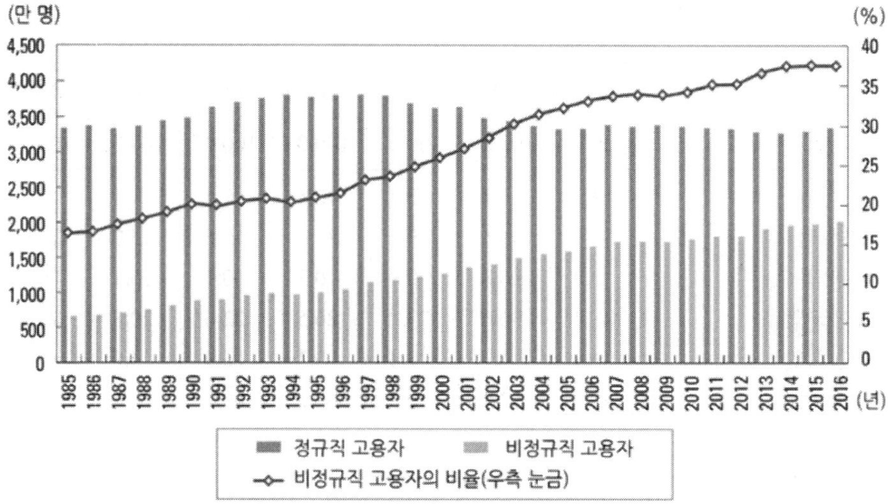

자료: 정진성(2018), p.160. 원자료는 総務省統計局, 「労働力調査 特別調査」.

[그림 4-11] 일본의 비정규직 고용자 수의 추이

이러한 고용사정 하에서 청년층은 실업률도 높고 정규직 고용의 가능성이 줄어들면서 이들의 불안이 사회적 문제로 대두하고 있다. 이미 2000년대 초반에 프리터, 니트 등 적극적인 구직을 포기하는 청년층을 의미하는 용어가 나타나 화제가 되었는데, 2010년대 들어서는 워킹 푸어, 패러사이트족, 사토리족 등 의욕과 희망을 상실한 청년세대를 상징하는 용어들이 유행하게 되었다.

4. 일본의 산업구조

일본경제의 장기적인 성장에 따라, 국민경제 전체에 대한 각 산업의 구성비를 의미하는 산업구조에도 큰 변화가 나타났다(<표 4-4> 참조). 전체 GDP에서 차지하는 비중면에서 볼 때, 1차산업은 1955년에 19.9%였으나 2015년에는 1.1%까지 하락했다. 그와 대조적으로 같은 기간 동안 3차산업은 48.8%에서 72.1%까지 상승했다. 3차산업 중에서도 서비스업은 10%에서 약30%로 3배나 늘어났다.

〈표 4-4〉 국내총생산의 산업별 구성비 추이(명목)

(단위: %)

	1950년	1970년	1980년	1990년	2000년	2010년	2015년
전산업	100.0	100.0	100.0	100.0	100.0	100.0	100.0
1차산업	19.9	6.1	3.7	2.5	1.5	1.1	1.1
2차산업	34.9	44.5	39.2	36.6	29.6	25.7	26.0
광업	2.0	0.8	0.8	0.3	0.1	0.1	0.1
제조업	28.4	36.0	29.2	26.5	22.6	20.8	20.4
건설업	4.5	7.7	9.4	9.3	6.9	4.8	5.5
3차산업	48.8	52.6	60.8	63.8	69.2	73.0	72.1
전기·가스·수도	2.4	2.1	2.7	2.5	3.2	2.8	2.7
도소매업	10.7	14.4	15.3	13.2	13.1	13.8	13.9
금융·보험·부동산	9.6	12.3	14.5	16.2	15.2	16.7	15.8
운수·통신업	7.3	6.9	6.2	6.6	9.5	10.1	10.1
서비스업	10.1	3.6	11.7	16.1	14.6	29.6	29.6
정부·비영리단체	8.7	7.3	10.3	9.2	10.5		
제조업 내역							
제조업 합계	100.0	100.0	100.0	100.0	100.0	100.0	100.0
경공업	58.2	35.5	36.4	35.1	28.4	28.1	26.9
펄프제지·요업토석	7.0	6.8	6.8	6.8	5.8	4.9	4.4
식품·섬유·기타	51.2	28.7	29.6	29.3	22.6	23.2	22.5
중화학공업	41.9	64.5	63.6	64.9	67.3	71.9	73.1
화학·석유석탄	12.1	13.1	11.3	11.3	13.3	14.9	14.7
1차금속·금속제품	13.0	17.3	14.0	14.0	11.1	13.4	13.4
기계류	16.8	34.0	39.6	39.6	42.9	43.6	45.1

자료: 정진성(2018), p.106. 원자료는『国民経済計算』, 각년판.

한편 제조업을 중심으로 한 2차 산업의 비중은 1970년까지 지속적으로 상승하여 44.5%를 기록한 후 하락하기 시작하여 2015년에는 26%에 달했다. 2차산업 가운데 제조업의 비중도 1970년을 정점으로 하락하고 있으나, 2013년에 19.6%

로 저점에 달한 후 하락세를 멈춰 2015년에는 20.4%가 되었다. 이처럼 산업구조가 장기적으로 1차→2차→3차 산업 순으로 비중을 높여가는 현상(Petty-Clark 법칙)은 공업화 과정에서 일반적으로 나타나는데, 일본의 경우 서구 선진국에 비해 그 현상이 단기간에 그리고 급속하게 이루어졌다는 데 특징이 있다.

제조업 부문에서는 장기적으로 경공업에서 중화학공업의 비중이 높아지는 호프만(Hoffman) 법칙이 전형적으로 관찰되었다. 즉 1955년에 경공업과 중화학공업의 비중은 58:42로 경공업의 비중이 높았으나 이미 1960년대에 중화학공업의 비중이 높아졌고, 2015년에는 27:73으로 중화학공업의 비중이 압도적이게 되었다. 중화학공업 중에서도 특히 기계류(일반기계, 전기기계, 수송기계, 정밀기계)가 차지하는 비중은 1955년에 17%였으나 2015년에는 45%까지 상승하여 일본을 대표하는 산업이 되었다.

이러한 산업구조의 변화는 일본을 대표하는 주요 기업의 산업별 분포에서도 확인할 수 있다즉 <표 4-5>는 Fortune지가 매년 조사하는 글로벌 500대 기업중 매출액 기준으로 일본 기업의 순위를 표시한 것인데, 여기에서는 자동차(도요타, 닛산, 혼다, 미쓰비시, 마쓰다, 덴소), 전기전자(히타치, 파나소닉, 도시바, 소니, NEC, 후지쓰, 미쓰비시, 캐논) 등 기계산업의 기업이 다수 포함되어 있음을 알 수 있다. 특히 이러한 기계산업의 급속한 성장은 후술하는 것처럼 '일본적 경영', '일본적 생산방식'이 유명해지는 계기가 되기도 했다.

〈표 4-5〉 세계 500대 기업 중 주요 일본기업의 순위 추이(무역, 금융 제외)

(단위: 억$)

1995년			2000년			2010년			2018년		
순위	기업명	매출액	순위	기업명	매출액	순위	기업명	매출액	순위	기업명	매출액
11	도요타	882	8	도요타	1,157	5	도요타	2,041	6	도요타	2,652
13	히타치	764	13	NTT	936	6	일본우정	2,022	30	혼다	1,386
16	NTT	708	23	히타치	719	31	NTT	1,100	45	일본우정	1,166

1995년			2000년			2010년			2018년		
순위	기업명	매출액	순위	기업명	매출액	순위	기업명	매출액	순위	기업명	매출액
17	마쓰시타 전기	699	24	마쓰시타	656	47	히타치	966	54	닛산	1,079
23	닛산	587	30	소니	601	51	혼다	924	55	NTT	1,065
32	도쿄전력	504	34	혼다	548	63	닛산	810	79	히타치	846
36	도시바	482	36	닛산	537	65	파나소닉	799	85	소프트뱅크	827
43	소니	401	38	도시바	516	69	소니	777	97	소니	771
45	혼다	399	45	후지쓰	472	89	도시바	687	99	JXTG HD	766
48	NEC	379	48	도쿄전기	457	124	세븐&아이 HD	547	103	이온	753
55	미쓰비시 자동차	344	51	NEC	448	127	이온	541	114	파나소닉	720
61	후지쓰	328	92	미쓰비시 전기	339	128	도쿄전력	540	179	세븐&아이 HD	542
62	미쓰비시 전기	327	113	미쓰비시 자동차	300	136	JX HD	514	186	도쿄전력	528
65	다이에	321	120	이토요카도	287	138	후지쓰	504	198	일본제철	512
77	신일본제철	290	143	미쓰비시 중공업	258	185	NEC	386	229	덴소	461
78	미쓰비시 중공업	287	154	다이에	253	191	신일본 제철	376	236	KDDI	455
80	이토요카도	286	167	일본 미쓰비시 석유	242	193	KDDI	371	279	미쓰비시 전기	400
96	간사이전력	256	170	신일본제철	241	201	미쓰비시 전기	361	311	미쓰비시 중공업	371
99	동일본JR	246	178	간사이전력	232	216	캐논	343	313	후지쓰	370
112	마쓰다	222	180	캐논	231	232	덴소	321	317	캐논	364

자료: *Fortune*

5. 일본의 무역구조와 FTA

1) 일본의 무역 규모와 무역수지

일본은 수출대국이라는 이미지가 강하다. 2015년 일본의 수출량은 약 6,249억 달러로 세계 전체의 3.8%를 차지하고 있다. 이는 중국, 미국, 독일에 이어 세계 4위의 수준이다. 한국은 일본에 이어 5위를 차지하고 있다. 일본이 수출대국으로 부상한 시기는 1960년대 이후로, 세계 전체 수출에서 차지하는 비중이 1960

〈표 4-6〉 일본의 국가별·지역별 수출 추이

	1950년	1960년	1970년	1980년	1990년	2000년	2005년	2015년
(금액: 10억$)								
선진공업국	36.8	84.5	223.0	1,264.6	2,462.6	4,003.9	5,751.7	
일본	0.8	4.1	19.3	130.4	287.6	479.2	594.9	624.9
미국	10.0	19.6	43.2	225.6	393.6	781.9	907.2	1,504.6
유럽	15.9	40.9	109.9	646.7	1,232.5	1,780.7	2,857.9	5,594.8
개발도상국	27.6	43.8	92.9	681.8	990.4	2,374.5	4,492.6	
비석유수출국	24.1	37.2	76.3	395.2	790.8	2,014.9	3,809.4	
중국	1.2	3.3	4.9	38.4	146.0	453.6	1,053.8	2,284.5
ASEAN5	3.4	4.2	6.1	66.5	139.0	410.3	568.4	
세계합계	64.4	128.3	315.9	1,946.5	3,453.0	6,378.3	10,243.3	16,293.4
(세계대비비율 %)								
선진공업국	57.1	65.9	70.6	65.0	71.3	62.8	56.1	
일본	1.2	3.2	6.1	6.7	8.3	7.5	5.8	3.8
미국	15.5	15.3	13.7	11.6	11.4	12.3	8.9	9.2
유럽	24.7	31.9	34.8	33.2	35.7	27.9	27.9	34.3
개발도상국	42.9	34.1	29.4	35.0	28.7	43.9	43.9	
비석유수출국	37.4	29.0	24.2	20.3	22.9	37.2	37.2	
중국	1.9	2.6	1.6	2.0	4.2	10.3	10.3	14.0
ASEAN5	5.3	3.3	1.9	3.4	4.0	5.5	5.5	
세계 합계	100.0	100.0	100.0	100.0	100.0	100.0	100.0	100.0

자료: 정진성(2018), p.236. 원자료는 IMF.

년에는 3.2%였으나 70년에는 6.1%로 배증했고 90년에는 8.3%를 기록해 미국에 이어 제2위의 수준이 되었다. 그러나 1990년대 이후 일본 주요 산업의 경쟁력 하락과 해외현지생산의 확대로 그 비중이 하락하기 시작했고, 2000년대 들어서는 중국의 영향으로 그 하락 속도가 더욱 빨라지고 있다.(<표 4-6> 참조)

그런데 일본이 수출대국이라는 점이 일본경제에서 차지하는 수출의 비중이 압도적이 크다는 점을 의미하지는 않는다. GDP에 대한 수출의 비중을 나타내는 수출의존도를 국가별로 비교해보면, 일본은 한국이나 중국은 물론 유럽 주요국에 비해서도 오히려 낮은 수준이다(<표 4-7> 참조). 전통적으로 일본의 수출의존도는 10% 전후 수준을 유지했는데, 2000년대 들어 국내수요가 부진한 가운데 수출은 상대적으로 양호한 실적을 유지하였기 때문에 상승하는 경향을 보이고 있다. 수출의존도에 수입의존도를 합한 무역의존도도 일본은 낮아 한국보다는 미국에 가깝다고 할 수 있다. 이는 일본경제의 전반적인 경기동향이 대외적인 요인보다는 국내요인에 더 크게 영향을 받는다는 것을 의미한다.

〈표 4-7〉 주요국의 무역의존도 (2017년)

(단위: %)

	수출의존도	수입의존도	무역의존도
미국	7.9	12.4	20.3
일본	14.3	13.8	28.1
인도	11.3	17.0	28.3
중국	18.5	15.0	33.5
영국	16.4	23.0	39.4
프랑스	20.6	24.1	44.7
한국	35.3	29.5	64.8
독일	39.5	31.7	71.2
대만	49.3	43.9	93.2
네덜란드	78.2	69.9	147.1

자료: KOSIS

제2차 세계대전 이후 장기간 일본의 최대 무역상대국은 미국이었다. 일본은 미국으로부터 막대한 무역흑자를 기록하여 양국간에는 빈번하게 무역마찰이 발생하였다. 1980년대에 연간 1,000~1,500억 달러에 달하던 일본의 대미 무역흑자는 1990년대 이후 줄어들어 2017년에는 613억 달러에 달했다. 2017년 미국은 일본의 최대수출국이자 두 번째 수입상대국이다(<표 4-8> 참조). 2000년대 이후 일본의 최대 무역상대국은 중국으로 변화했다. 2017년 현재 중국은 일본의 최대수입국이자 두 번째 수출상대국이다. 한국과 달리 일본은 전통적으로 중국으로부터 무역적자를 기록 중인데, 2017년에도 대중국 무역적자는 315억 달러에 달했다.

한편 한국은 일본에게 제3위의 수출상대국이자 제4위의 수입상대국이다. 전통적으로 한국은 일본으로부터 중간재와 자본재를 수입하였기 때문에 만성적인 무역적자를 지속해왔다. 그 구조를 탈피하기 위해 수입선다변화 정책을 추진하기도 했지만 성과를 거두지 못했다. 2017년에도 한국에게 일본은 두 번째 수입상대국이고, 한국은 일본으로부터 252억 달러의 무역적자를 기록했다.

〈표 4-8〉 한국과 일본의 주요 무역상대국 (2017년)

일본					한국				
순위	수출		수입		순위	수출		수입	
	국명	%	국명	%		국명	%	국명	%
1	미국	19.3	중국	24.5	1	중국	25.1	중국	20.5
2	중국	19.0	미국	11.0	2	미국	12.2	일본	11.5
3	한국	7.6	오스트레일리아	5.8	3	베트남	8.2	미국	10.5
4	대만	5.8	한국	4.2	4	홍콩	6.9	독일	4.2
5	홍콩	5.1	사우디아라비아	4.1	5	일본	4.7	사우디아라비아	4.1

자료: 矢野恒太記念会編, 2019/20년판, 원자료는 IMF.

세계 전체에 대한 일본의 무역수지는 1960년대 이후 흑자기조를 유지하기는 했으나, 본격적으로 흑자폭이 확대되기 시작한 것은 1980년대 들어서였다. 그 후 연간 10조엔을 넘는 무역흑자가 2000년대 중반까지 지속되었다([그림 4-12]

참조). 그런데 2008년부터 흑자가 급속히 감소하다가 2011년에는 적자로 반전되어 2015년까지 지속되었다. 최근에는 흑자와 적자와 반복되어 전체적으로 균형을 이루고 있다. 2011년의 무역적자는 그 해 발생한 동일본대지진으로 인해 국내 서플라이 체인이 단절되고 원자력 발전의 대체를 위해 석유 및 천연가스의 수입이 급증한 데 따른 것이었으나, 중장기적으로 볼 때는 앞서 소개한 인구구조에 의한 국내저축 감소로 무역수지의 적자는 불가피할 것으로 전망된다.

한편 일본의 경상수지는 1980년대까지 무역 및 서비스 수지의 동향과 일치했다. 무역수지의 일관된 흑자와 서비스수지의 일관된 적자 그리고 양자의 합이 흑자를 유지하여 경상수지도 1980년대 이후 급증하여 2007년에는 24.9조엔에 달하게 되었다. 그런데 그 후에는 무역수지의 균형과 함께 소득수지의 비중이 경상수지 규모를 좌우하게 되었다. 1990년대 이후 소득수지(제1차 소득수지)의 증가는 일본 해외자산의 증가에 따른 배당금과 이자수입의 증가를 반영하는 것이다.

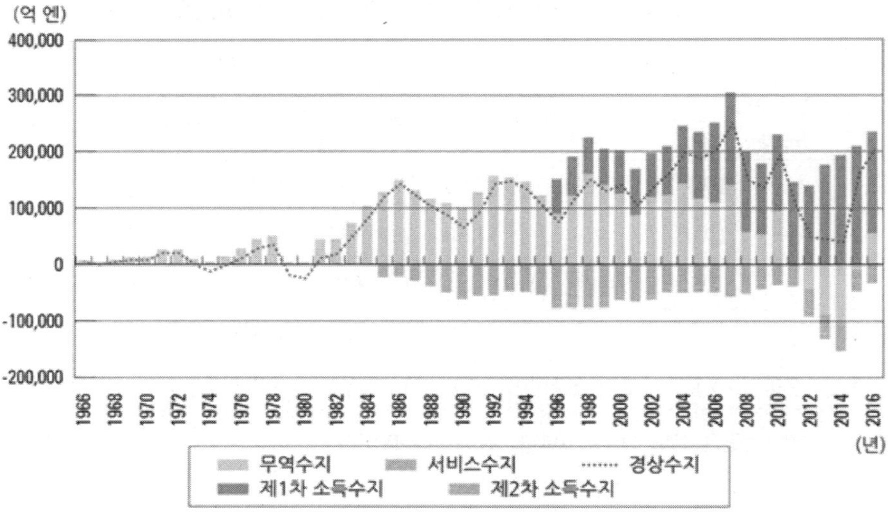

자료: 정진성(2018), p.250. 内閣府, 「長期経済統計」; 財務省, 「国際収支総括表」.

[그림 4-12〉 일본의 주요 국제수지의 추이

2) 일본의 무역구조

일본의 품목별 수출구조 변화는 일본의 산업구조 변화와 밀접하게 대응하고 있다. 고도성장이 개시되던 1955년에 압도적으로 최대 수출품목이던 섬유의 비중이 급속이 하락하고 철강, 화학, 기계 등 중화학공업의 비중이 크게 늘어났다(<표 4-9> 참조). 특히 1980년대 이후에는 철강의 비중도 줄어들고 기계부문의 비중이 압도적이게 되었다. 그중에서도 자동차와 전기기계는 일본을 대표하는 수출부문으로 성장했는데, 자동차의 경우 2018년에는 전체 수출의 1/5을 차지하기에 이르렀다. 한편 전기기계는 후술하는 바와 같이 2000년대 이후 국제경쟁력이 약화되어 전체 수출에서 차지하는 비중도 하락하는 경향을 보이고 있다.

〈표 4-9〉 일본의 품목별 수출구조 추이

(단위: %)

	1955년	1970년	1980년	1990년	2000년	2010년	2018년
섬유	37.3	12.5	4.8	2.5	1.8	0.9	0.9
화학	4.7	6.4	5.2	5.5	7.4	10.3	10.9
철강	12.9	14.7	11.9	4.4	3.1	5.5	4.2
일반기계	4.8	10.4	13.9	22.1	21.5	19.8	20.3
전기기계	1.5	12.3	14.4	23.0	26.5	18.8	17.4
자동차	0.5	6.9	17.9	17.8	13.4	13.6	20.4
선박	3.9	7.3	3.6	1.9	2.0	7.3	1.7
기타	34.4	29.5	28.2	22.8	24.3	27.8	24.2
합계	100.0	100.0	100.0	100.0	100.0	100.0	100.0

자료: 小峰·村田(2020), p.155. 원자료는 財務省, 『外国貿易概況』.

한편 품목별 수입구조의 추이를 보면, 1955년 시점에서는 밀 등의 식료품과 철광석·면화 등 원료품의 수입이 많았으나, 고도성장 과정에서 광물성 연료 특히 원유의 비중이 압도적으로 커졌다(<표 4-10> 참조). 그런데 1980년대 중반 이후 광물성 연료의 비중도 하락하고 제품류의 수입비중이 50%를 넘게 되었다. 이는 동아시아 국가들의 급속한 공업화에 따라 이들 지역과의 수평무역이 진전되었고, 엔고에 의해 수입품 가격이 하락하면서 가격변화에 민감한 공업제품의 수입이 증가했기 때문이다.

이러한 품목별 무역구조의 변화는 지역별 무역구조의 변화에도 반영되었다. 1980년대 중반 이후 수출대상국의 중심이 기존의 북미지역에서 아시아 지역으로 변화되었다. 대미 수출비중은 1986년에 38.4%로 정점에 달한 후, 현지생산의 증대에 따라 하락하게 되었다. 그 대신 아시아 지역으로의 중간재·자본재 수출이 증가하여 2000년대 이후에는 이들 지역의 비중이 50%를 넘게 되었다. 수입도 1980년대까지는 원재료와 광물성 연료의 주된 수입처였던 미국 및 중동의 비중이 컸으나, 80년대 중반 이후 아시아로부터의 수입비중이 늘어나게 되었다. 2000년대 들어서는 특히 중국의 비중이 압도적이게 되었다.

〈표 4-10〉 일본의 품목별 수입구조 추이

(단위: %)

	1955년	1970년	1980년	1990년	2000년	2010년	2018년
광물성연료	11.7	20.7	49.8	24.2	20.3	28.6	23.3
원유	6.0	11.8	37.5	13.5	11.8	15.5	10.8
식료품	25.3	13.6	10.4	13.4	12.1	8.6	8.8
원료품	51.1	35.4	16.9	12.1	6.5	7.8	6.0
제품	11.9	30.0	22.8	50.3	55.1	55.0	42.5
기계류	4.4	9.1	4.6	11.4	31.6	21.2	14.9
자동차	0.6	0.3	0.3	2.7	1.9	1.0	2.9
섬유	0.5	1.7	2.3	5.5	6.5	4.8	1.2
합계	100.0	100.0	100.0	100.0	100.0	100.0	100.0

자료: 小峰·村田(2020), p.155. 원자료는 財務省,『外国貿易概況』.

이처럼 1980년대 중반 이후 일본 무역구조 변화의 가장 큰 특징은 아시아지역과의 수평적 분업이 크게 확대되고 있다는 점이다. 그 이전까지 일본의 무역구조는 원재료를 수입하고 공업제품을 선진국에 수출하는 가공무역형 또는 수직분업형 구조였으나, 그 시기 이후 아시아 지역과 공업제품을 서로 무역하는 수평분업적 무역구조가 형성되었다. 나아가 1990년대 이후 글로벌화의 진전과 함께 주목되고 있는 글로벌 가치사슬(Global Value Chain, GVC)의 확대는 이들 지역간의 공정간 분업이 심화되고 있는 현상을 반영한다고 할 수 있다.

3) 일본의 대내외 직접투자와 FTA

일본의 대외직접투자의 추이를 보면 우선 1980년대 후반에 급증한 후 소강상태를 보이다가 2000년대 들어 다시금 활발해지고 있다(<표 4-11> 참조). 80년대 후반의 대외직접투자는 주로 비제조업 특히 부동산의 증가에 의한 것이었다. 당시 일본은 버블기로 지가가 급등하여 해외의 지가가 상대적으로 저렴했기 때문이다. 뉴욕의 록펠러 센터가 일본의 기업에 매각되고 하와이의 토지가 일본의 부동산회사에 의해 대량으로 구입되어 화제가 되기도 했다. 즉 이 시기의 직접투자는 경영자원의 이전을 위한 투자라기보다는 자산선택상의 필요에 따른 포트폴리오투자였다고 할 수 있다. 이러한 투자를 통해 일본은 1990년에 전 세계 대외직접투자의 21.5%를 점하는 세계 1위의 직접투자대국이 되었다.

1993년 이후의 대외직접투자는 제조업의 투자가 중심이었다. 엔고로 인해 해외에서의 생산이 유리해졌기 때문에, 전기기계, 수송기계 부문을 중심으로 직접투자가 증가한 것이다. 2018년에도 일본의 전 세계 직접투자에서 차지하는 비중은 11%로 세계 제1위 수준이다. 지역별로는 아시와와 유럽이 각각 1/3을 점하고 있는데, 아시아 중에서는 중국의 7%를 훨씬 뛰어넘는 19%의 투자가 아세안 지역에 집중되고 있다.

〈표 4-11〉 일본의 직접투자의 추이

(단위: 연평균, 억엔)

	1983-85년	1986-90년	1991-96년	1997-2005년	2006-10년	2011-18년
대외투자	12,706	45,392	23,603	38,233	81,264	152,285
대내투자	831	505	1,267	7,966	13,376	16,713

자료: 小峰·村田(2020), p.178. 원자료는 財務省, 「国際収支の状況」.

이러한 일본기업의 대외직접투자에 비해 외국기업의 일본에 대한 대내직접투자 규모는 매우 작다. 일반적으로 외국기업이 일본에 진출하기 어려운 요인으로서는 비즈니스 코스트가 높다, 인재확보가 어렵다는 요인뿐만 아니라 일본 시장의 폐쇄성·특수성이 지적되고 있다.

한편 국가간 혹은 지역내에서 무역과 투자의 자유화를 진척시키기 위한 FTA에 대해 당초 일본은 그다지 적극적이지 않았다. FTA를 WTO 등 다국간 무역체제를 보완하는 존재로 간주했기 때문에 1990년대에는 양국간 교섭에 소극적이었던 것이다. 그러나 중국이 ASEAN과 FTA 체결을 적극적으로 추진하자 일본도 지역적인 무역협정에 나서게 되었다.

그런데 일본은 물품의 관세나 서비스무역의 장벽을 제거하는 FTA에 그치지 않고 서비스, 투자, 사람의 이동, 정부조달, 지적재산권 보호, 경쟁정책, 비즈니스 환경 정비, 경제협력 등 광범한 경제적 연계를 포함하는 포괄적인 경제동반자협정(Economic Partnership Agreement, EPA)의 체결을 목표로 하고 있다.

이러한 EPA/FTA의 체결에 대해 2000년대까지는 농업 등 취약한 부문의 보호를 위해 여전히 소극적인 자세를 유지했으나, 아베 정권 이후 성장전략의 일환으로 강력하게 추진하는 방침으로 전환했다. 그리하여 TPP(Trans-Pacific Partnership Agreement, 환태평양경제동반자협정)에 적극적으로 참가하였다. 2017년에 미국이 TPP 체결을 거부하자, 일본이 주도하여 포괄적이고 점진적인 TPP11(CPTPP)를 타결시켰다. 또한 EU와의 FTA를 타결시키고, 2020년에는 중국이 주도하는 RCEP(지역적 포괄적 경제동반자 협정)에도 가입하였다. 그 결과 주요 국가·지역과의 FTA/EPA가 거의 타결되었다.(<표 4-12> 참조)

〈표 4-12〉 일본의 EPA/FTA 체결 상황 (2021년 1월 현재)

체결국명	발효 시점	일본과의 무역비중(%)	비고(한국의 발효시점)
싱가포르	2002. 1		2006. 3
멕시코	2005. 4	1.16	
말레이시아	2006. 7		
칠레	2007. 9	0.61	2004. 4
타이	2007. 11		
인도네시아	2008. 7		
브루네이	2008. 7		
ASEAN	2008. 12~		2007. 6
필리핀	2008. 12		
스위스	2009. 9	0.86	
베트남	2009. 10		2015. 12
인도	2011. 8	1.15	2010. 1
페루	2012. 3	0.22	2011. 8
오스트레일리아	2015. 1	4.20	2014. 12
몽고	2016. 6	0.04	
TPP12	2017. 1 체결		
TPP11(CPTPP)	2018. 12		
EU	2019. 2	12.01	2011. 7
미국	2020. 1	15.36	2012. 3
RCEP 15개국	2020. 11 체결	(약 50%)	2020. 11 체결
영국	2021. 1		
합계 (24개국/지역)		79.0	

자료: 外務省

제3절 일본의 기업시스템과 산업의 국제경쟁력

1. 일본의 기업시스템

두 차례에 걸친 석유위기에 의해 제2차 세계대전 이후의 전 세계적인 호황국면이 종식되고 각국은 불황과 인플레이션이 공존하는 스태그플레이션에 직면하게 되었다. 그러한 상황에서 일본은 위기를 단기간에 수습하고 안정적인 성장을 계속하였기 때문에 일본경제의 성장요인이 국제적으로 주목받게 되었다.

그 요인에 대해서는, 서구제국으로부터 사회문화적 설명, 경제정책적 설명, 산업정책적 설명 등이 제기되었다. 사회문화적 설명이란, 에도시대 이후의 일본인의 근면성, 현실주의 등이 경제성장에 유리하게 작용했다는 것이다. 이 주장은 그 이전부터 존재하던 '독특한 일본인'이라는 이미지를 변형한 것이다. 경제정책적 설명이란, 제2차 세계대전 이후 각국에서 실시했던 금융·재정정책을, 특히 일본정부가 가장 적절하게 운영했기 때문에 경제성장이 가능했다는 주장이다. 또한 산업정책적 설명이란, 산업연관효과가 큰 중화학공업, 특히 자동차·전자·석유화학 등에 집중적인 육성정책을 실시함으로써 해당산업의 국제경쟁력이 강화되었고 결과적으로 일본경제 전체의 성장을 촉진시켰다는 주장이다. 특히 이 산업정책적 설명은, 미일무역마찰 등의 시대적 배경 때문에 가장 설득력 있는 주장으로 널리 받아들여졌다.

그러나 그 이후의 많은 연구 결과, 이상의 설명에는 여러 가지 한계가 있음이 분명해져서 1980년대 이후에는 기업 경영방식에 주목하게 되었다. 그 결과 일본의 기업 및 그 경영방식은, 미국 및 유럽 제국의 그것과는 상당히 다른 독특한 원리에 의해 운영되고 있다는 사실이 널리 알려지게 되었는데, 그것을 일반적으로 '일본적 경영'(Japanese Management Style)이라고 한다.

일본적 경영이란 좁은 의미로는 인사·고용 구조의 특징을 일컫는다. 고용구조의 특징에는 장기고용, 연공서열적 임금체계, 기업별 조합이라는 3가지 중요한 특징에다('3종의 신기'), 정기채용 등의 요소가 포함된다. 즉 일본기업은, 고졸 또는 대졸의 신규 졸업자를 매년 초에 정기적으로 채용하여 특별한 사유가 없는 한 정년까지 고용을 보장하며, 임금은 연령의 증가와 함께 상승하는 구조를 갖고 있다. 또한 노동조합은 기업별로 조직되어 기업의 경영방침에 협력적이다. 이와 같은 점은 화이트컬러의 경우 미국 및 유럽 제국에서도 보편적으로 보여지나, 일본의 경우에는 그것이 블루컬러에도 적용된다는 특징이 있다.

장기고용을 원칙으로 하기 때문에 불황의 대처 방법으로도, 미국처럼 즉각적인 인원감축(일시해고)을 단행하지 않고, 먼저 배당을 축소하며 그 다음으로 임금을 삭감하고 다른 부문으로의 배치전환·출향을 실시한다. 그리고 최후에 해고를 단행하는데, 그 경우에도 지명해고가 아닌 희망퇴직자의 모집이라는 형태를 취한다.

이러한 고용보장을 전제로 기업은 노동자에게 철저한 생산성 향상을 요구하고 그를 위한 여러 관리방법을 모색한다. 그에 따라 노동자에게는 기업 특수적(firm-specific)인 숙련이 축적되는데, 그것이 도요타 자동차로 대표되는 '일본적 생산방식'을 뒷받침하는 가장 중요한 요인이 된다. 그와 같은 생산관리는 기업 내뿐만 아니라 부품을 공급하는 계열내 하청기업에까지 확대된다. 그 결과 고품질·저가격의 국제경쟁력을 갖춘 제품 생산이 가능해지게 되었다.

또한 일본기업의 자금조달은, 일반적인 미국기업과 같이 주식·사채 발행에 의하지 않고 금융기관으로부터의 차입금에 의존한다. 물론 주식에 의한 자금조달이 전혀 없는 것은 아니고 대주주도 존재한다. 그러나 주식소유는 일반적으로 기업간 상호보유라는 형태를 띠고 있고 보유주식을 바탕으로 해당 기업경영에 그다지 관여하지 않는다. 최대의 거래은행인 메인뱅크도 위기상황이지 않는 한 기업경영에 직접적으로 관여하지 않는다. 따라서 일본 기업의 경영자는 좀 더 자유로운 경영권을 유지할 수 있고 장기적인 경영전략을 세울 수 있다. 중화학공업과 같이 장기적인 투자가 요구되는 분야에서 일본기업이 과감한 투자를 계속할 수 있었던 것은 이러한 배경이 있었기 때문이다. 그뿐만 아니라 단기적인 경기변동에도 불구하고 고용을 유지할 수 있는 것도 주주로부터의 단기 이윤 요구를 제어할 수 있었기 때문이다.

〈표 4-13〉 일본과 미국 기업의 특징 비교

	일본	미국
자본주의관	회사 중심의 자본주의 (company capitalism)	자본가 중심의 자본주의 (capitalist capitalism)
기업목적	영속성 추구	이윤 추구
소유주	기업원 (경영진 + 종업원)	주주
주식소유	법인 주주에 의한 상호보유	개인, 기관투자가
전략·전술	장기	단기
의사결정	집단책임(bottom-up)	개인책임(top-down)
인 사	정기채용·연공서열·장기고용	스카우트·발탁·유동형
불황대책	배당축소 → 임금삭감 → 인원감축	인원감축(일시해고) → 배당축소
노동조합	기업내 조합	기능별 조합
생산시스템	종합적 (TQC·CIM)	분업적
노동자관	다능공(多能工)·성장하는 생산요소	단능공(單能工)·성장하지 않는 생산요소
이익처리	투자 지향	배당 우선
자금조달	간접금융 중심	직접금융 중심
기업간 관계	계열간 거래 중심	계열외 거래, 아웃소싱

자료: 일본경제신문사편(1996), p.33을 일부 수정.

이상과 같은 일본기업의 특징을 미국기업의 그것과 비교한 것이 <표 4-13>인데, 단적으로 표현하면 일본기업은 주주=자본가·단기전략 중심이 아닌 회사·장기전략 중심적인 성격을 가지고 있다고 할 수 있다. 이와 같은 특징은 의식적으로 만들어냈다기보다는 제2차 세계대전 중의 변화와 패전 후 부흥과정에서의 여러 문제를 극복하는 과정에서 자연스럽게 형성된 것이었다. 예를 들어 장기고용은 1950년대까지의 극심한 노사분쟁의 결과, 노사 상호간의 인식의 전환에 의해 형성되었다. 또한 각 요소는 상호보완적인 관계를 가지고 있다. 장기고용을 보장함으로써 노동자에게 고도의 긴장감을 요구하는 생산방식을 만들어낼 수 있었고, 경영자가 주주의 간섭으로부터 상대적으로 자유로울 수 있었기 때문에 노동자의 장기고용에 유리한 장기투자에 좀 더 적극적일 수 있었던 것이다.

이상과 같은 일본적 경영 방식은 1980년대까지의 일본경제의 성장과정을 잘 설명해주는 것으로 인식되었다. 즉 중화학공업 부문의 대기업을 중심으로 정착된 이러한 경영에 의해 당해 기업의 성장이 달성되었음은 물론이고, 관련 타 기업 및 산업으로 그 영향이 파급되어 일본경제 전체의 성장이 가능했다고 볼 수 있기 때문이다.

그런데 1990년대 후반부터는 일본경제의 침체를 반영하여, 이상과 같은 일본적 경영이 일본기업의 성장요인으로서가 아니라 후진성, 특수성을 강조하기 위한 것으로 다시금 논의되게 되었다. 그 대표적인 것이 기업지배구조론(corporate governance)이다. 이는 한국에서도 재벌기업의 경영을 투명하게 하기 위한 논의에서도 자주 등장하는데, 요컨대 경영자의 방만한 경영을 견제할 수 있는 주식회사 본래의 기능을 회복시켜야 한다는 주장이다. 주식회사 본래의 기능이란, 소유와 집행의 분리, 집행(경영)자에 대한 소유자의 감시(모니터링)가 가능한 구조를 말하는 것으로, 그를 위해서는 이사회 기능의 활성화가 필수적이다. 이러한 논의는 동아시아 국가의 금융위기가 방만한 기업경영에서 비롯되었다고 하는 OECD 등의 연구가 제시된 이후 세계적으로 급속히 확산되었다.

이러한 기업지배구조론에서 보면, 일본의 기업은 주주가 경영자를 견제할 수 있는 이사회가 유명무실화되어 있는 전형적인 기업으로, 기업의 소유자인 주주의 권리가 충분히 보장되고 있지 않아 장기적인 성장이 불가능하다. 따라서 이를 개선하기 위한 조치가 필요하다고 보고 있고, 실제로 최근의 일본 기업은 사외이사제의 도입 등 글로벌 스탠더드에 걸맞는 구조로 변화해가고 있다.

지배구조의 변화와 함께, 일본적 경영의 요소들도 변화의 조짐을 보이고 있다. 장기고용·정기채용의 원칙을 넘어서 빈번한 고용조정·수시채용이 늘어나고, 연공서열적 임금에서 연봉제로 전환하는 대기업도 나타나고 있다. 또한 종래의 메인뱅크는 대은행간의 합병에 의해 실질적으로 그 기능을 상실해가고 있다.

그러나 이러한 주주중심의 경영, 기업지배구조의 전환이 장기적인 성장을 보장할 수 있을 것인가에 의문이 여전히 남아 있고, 실제로 2000년대 말부터는 예전의 고용방식으로 전환하는 기업도 나타나고 있다. 또한 일본적 생산방식은 여전히 세계적으로 여전히 높게 평가되고 있고 해외로의 보급이 확산되고 있다.

2. 일본 산업의 국제경쟁력

일본경제의 중화학공업화 과정에서 급속하게 생산규모를 늘리고 나아가 일본을 대표하는 수출부문이 된 산업은 전기기계산업과 자동차산업이다. 그런데 1990년대까지 강력한 국제경쟁력을 보유하고 있던 두 산업은 2000년대 이후 명암이 엇갈리고 있다. 자동차산업이 여전히 경쟁력을 유지하고 있는 반면, 전자산업은 한국 및 중국 등 신흥국의 추격에 밀려 경쟁력이 급속히 약화된 것이다.

경쟁력 면에서 자동차산업과 유사한 산업·제품으로는 정밀기계(디지털 카메라), 가정용 게임 등이 있고 반도체, 석유화학 산업은 전자산업에 유사하다고 할 수 있다. 또한 PC와 휴대전화는 그보다도 더욱 경쟁력이 약한 상태에 있다. 그런데 경쟁력을 유지하고 있는 산업과 약화되고 있는 산업간에는 산업의 특징 면에서 큰 차이를 보이고 있다(<표 4-14> 참조). 즉 경쟁력을 유지하고 있는 분야는 기술적 상호의존성 증대속도와 시장수요의 다양성 증대속도가 느리다는 특징이 있다. 즉 제품의 기능에 근본적인 변화가 발생하고 있지 않는 성숙산업이라는 것이다.

〈표 4-14〉 일본 주요산업의 특징과 국제경쟁력 정도

	디지털 카메라	휴대전화	반도체	자동차	가정용게임
기술적 상호의존성 증대 속도	중간	빠름	빠름	느림	느림
시장수요의 다양성 증대 속도	느림~중간	빠름	중간	느림	느림
네트워크화 증대 속도	느림	빠름	빠름	느림	느림
개별 최적성의 중요도	중간~높음	낮음~중간	낮음~중간	높음	중간~높음
제품간 공유비용	중간	낮음~중간	낮음~중간	중간~높음	중간
국제경쟁력 정도	높음	낮음	중간	높음	높음

자료: 青山矢一(2010), p.313.

한편 산업의 특징은 고정적이지 않고 변화할 수도 있는데, 그에 따라 기업의 국제경쟁력이 변화할 수도 있다. 산업·제품의 아키텍처 특성이 변화하여 가전산업의 국제경쟁력이 약화된 것이 그 예이다.

아키텍처(architecture)란 "제품을 구성부품이나 공정으로 분할하고, 거기에 제품기능을 분배하며 그에 필요한 부품·공정간 인터페이스를 설계·조정하는 것", 즉 구성부품의 결합방식을 의미한다. 이에 따라 제품을 구분하면, 부품설계의 상호의존성 정도에 따라 모듈러형과 인티그럴형, 그리고 특정기업과의 연계정도에 따라 오픈형과 클로즈형이 있다. 모듈러형이란 부품의 기능이 완결적이고 독립성이 매우 높으며 인터페이스도 매우 간단하다. 그에 비해 인티그럴형은 부품들이 복잡하게 얽혀 있어 세부조정이 필요하다. 오픈형이란 누구든지 이용할 수 있다는 것으로 다른 기업으로부터 품질 좋은 부품을 조달하여 연결하면 곧바로 기능성이 높은 제품이 만들어진다. 클로즈형은 그에 비해 부품간의 인터페이스 규칙이 한 기업내에 폐쇄되어 있다.

이와 같이 구분할 경우 클로즈-인티그럴의 대표적인 제품은 자동차, 가전, 게임소프트웨어이고, 오픈-모듈러의 대표는 PC, 자전거, 소프트웨어라고 할 수 있다. 이 중에서 일본기업이 경쟁력을 발휘할 수 있는 분야는 클로즈-인티그럴형이다. 이 분야 제품의 특성상, 장기고용을 중시하면서 기업내 커뮤니케이션을 강조하고 개발과정과 생산과정을 상호 조정하는 일본기업의 특징이 제품의 경쟁력으로 연결되기 쉽기 때문이다. 실제로 일본의 자동차산업과 가전산업의 높은 국제경쟁력 요인 가운데 생산시스템이 주목받은 것은 바로 그러한 이유 때문이었다.

그런데 2000년대 이후 제품의 아키텍처에 변화가 발생했다. 종래 클로즈-인티그럴형으로 분류되던 가전제품의 일부가 모듈러적 성격을 강하게 띠기 시작한 것이다. 특히 중국에서 모방과 개선을 통해 이러한 변화가 급속도로 진전되었다. 그에 비해 자동차는 여전히 클로즈-인티그럴형 제품의 특성을 강하게 유지하고 있다. 따라서 앞서 언급한 바와 같이, 자동차산업과 가전산업이 2000년대 이후 국제경쟁력 면에서 차이를 나타나게 되었던 것이다.

제4절 일본의 환동해지역

1. 환동해지역의 개황

일본에서 환동해연안지역이 어느 곳을 지칭하는가에 대해서는 명확히 정의되어 있지 않다. 넓은 의미로 보면, 현의 일부가 동해와 접하고 있는 지역을 모두 포괄하는 것으로 할 수 있고, 좁은 의미로는 현의 주요 지역이 동해에 위치하고 있는 지역이라고 할 수 있다. 전자의 의미에서 보면, 일본전체 지역의 1/3에 달하는 16개 현·부가 해당되고, 후자의 의미로는 호쿠리쿠 지역(후쿠이, 이시카와, 토야마, 니이가타 현), 주고쿠 지역 일부(시마네, 돗토리 현)를 가르킨다. [그림 4-13]은 남반구와 북반구를 거꾸로 한 것으로 일본의 한동해지역에서 '지중해'로서의 환동해권의 의의를 강조하기 위해 자주 이용하고 있다.

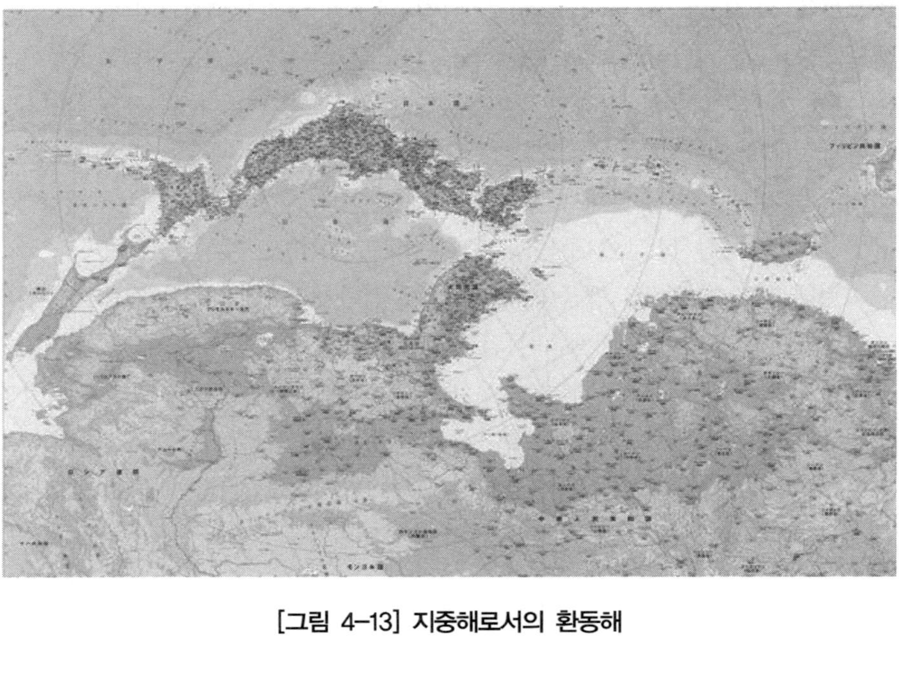

[그림 4-13] 지중해로서의 환동해

넓은 의미에서 본 16개 현·부의 개황을 정리한 것이 <표 4-15>인데, 인구나 지역생산규모 면에서 일본전체의 평균보다 소규모임을 알 수 있다. 또한 이 지역은 취업구조면에서 1차산업의 비중이 일본 전체의 평균보다 상당히 높다. 이는 근대 이후 일본사회가 공업제품의 수출 및 원재료의 수입에 유리한 태평양 연안지역을 중심으로 발전해왔기 때문이다. 이 지역에는 태평양연안과 달리 대도시가 존재하지 않는다. 이 지역 최대인구 도시는 니이가타시의 47만명이고, 30만을 넘는 도시는 가나자와시(43만), 도야마시(32만), 아키타시(30만) 정도이다. 그 외는 현청소재지라 하더라도 인구 20만내외의 소도시이다.

〈표 4-15〉 일본 환동해지역의 개요

	면적	인구	관광객 수	지역 총생산	1인당 소득	취업구조 비중	주요산업	한·중·러의 자매 자치단체
	km^2	만명	만명	1,000 억엔	천엔	1차산업 2차산업		
홋카이도	83,452	568	14,393	203	2,857	9.0% 23.5%	농림수산업, 식료품	흑룡강성
아오모리	9,606	156	4,011	46	2,549	16.9% 21.9%	식료품, 펄프, 철강	
아키타	11,612	119	4,160	39	2,709	13.1% 32.1%	전기기계, 목재	감숙성, 극동
야마가타	9,323	125	3,823	41	2,766	12.9% 35.3%	전기기계, 주물	흑룡강성
니이가타	12,582	249	7,850	98	3,055	9.1% 36.0%	전기기계, 식료품	
도야마	4,247	112	2,640	46	3,197	5.6% 39.8%	알루미늄, 목재배트	요녕성, 연해주 강원도
이시카와	4,185	118	2,118	46	3,182	5.4% 33.5%	컴퓨터, 섬유	요녕성, 경기도
후쿠이	4,189	83	2,409	32	2,925	6.5% 38.1%	섬유, 전기기계	절강성

	면적	인구	관광객 수	지역 총생산	1인당 소득	취업구조 비중	주요산업	한·중·러의 자매 자치단체
	km^2	만명	만명	1,000 억엔	천엔	1차산업 2차산업		
교토	4,613	264	5,816	100	3,161	3.3% 30.5%	전기기계, 수송기계	협서성
효고	8,390	555	12,713	210	3,186	3.0% 33.4%	전기기계, 철강	광동·해남성, 하바로프스크
돗토리	3,507	61	870	21	2,700	14.0% 30.4%	전자, 식료품	하북·길림성 연해주, 강원도
시마네	6,707	76	769	24	2,604	13.7% 30.3%	전기기계, 철강	길림성, 경상북도
야마구치	6,110	154	2,211	58	2,918	8.8% 30.6%	석유화학, 철강	산동성, 경상남도
후쿠오카	4,968	496	7,744	179	2,839	4.3% 26.2%	수송기계, 식료품	강소성
사가	2,439	88	3,158	29	2,621	12.8% 29.3%	도자기	
나가사키	4,091	153	3,018	48	2,566	11.1% 24.7%	전기기계, 수송기계	복건성

자료: シンクタンクせとうち総合研究機構編(2000).

각 지역별로 환동해권 국가들과의 교류가 활발한데, 최근 중국과의 무역확대를 배경으로 중국 각 성과의 자매교류가 가장 많다. 한국과는 시마네현이 경상북도, 야마구치현이 경상남도, 도야마·돗토리 현이 강원도와 각각 자매교류 협정을 체결하고 있다. 시 단위에서는 속초시가 도야마현의 요나고(米子)시와, 춘천시가 야마구치현의 호후(防府)시와 교류협정을 맺고 있는데, 강릉시는 도쿄 근처의 사이타마현 치치부(秩夫)시와 교류하고 있다.(<표 4-16> 참조)

〈표 4-16〉 한일간 자매 자치단체·도시 체결 현황 (2000년 현재)

일본(환동해 지역)	한국	일본(기타 지역)	한국
홋카이도 아사히카와	경기 수원	사이타마현 치치부	강원 강릉
홋카이도 기타미	경남 진주	사이타마현 도코로자와	경기 안양
아오모리현 구로이시	경북 영천	사이타마현 사야마	경남 통영
아오모리현 고토	충북 옥천	사이타마현 히타카	경기 오산
야마가타현 사가에	경북 안동	도쿄도	서울
니이가타현 시바타	경기 의정부	가나가와현	경기도
이시카와현 나나오	경북 김천	가나가와현 가와사키	경기 부천
도야마현	강원도	가나가와현 유가와라	충북 충주
도야마현 츠루가	강원 동해	야마나시현	충청북도
후쿠이현 오바마	경북 경주	와카야마현 와카야마	제주 제주
돗토리현	강원도	가가와현 다카세	경남 합천
돗토리현 돗토리	충북 청주	시가현 오츠	경북 구미
돗토리현 요나고	강원 속초	시가현 오미하치만	경남 밀양
돗토리현 구라요시	전남 나주	시가현 모리야마	충남 공주
돗토리현 핫토	강원 횡성	나라현 나라	경북 경주
돗토리현 도하쿠	강원 인제	나라현 텐리	충남 서산
돗토리현 요도에	강원 고성	나라현 아스카	충남 부여
시마네현	경상북도	오카야마현 다마노	경남 통영
시마네현 오타	대전시	히로시마현 히로시마	대구시
시마네현 야스기	경남 밀양	히로시마현 후쿠야마	경북 포항
교토부 조요	경북 경산	히로시마현 미요시	경남 삼천포
효고현 미타	제주 북제주	구마모토현	충청남도
효고현 데이시	경북 경주	구마모토현 기쿠스이	충남 김제
야마구치현	경상남도	구마모토현 시스이	전북 김제
야마구치현 시모노세키	부산시	오이타현 벳푸	전남 목포
야마구치현 하기	울산시	오이타현 우사	경북 경주
야마구치현 호후	강원 춘천	미야자키현 다카오카	충북 보은
후쿠오카현 기타규슈	인천시	미야자키현 난고	충남 부여
후쿠오카현 후쿠오카	부산시	가고시마현 오구치	경남 남해
후쿠오카현 무나카타	경남 김해		
후쿠오카현 소에다	인천 강화		
사가현 가라츠	전남 여수		
사가현 가라츠	제주 서귀포		
사가현 가시마	전남 고흥		

자료: シンクタンクせとうち総合研究機構(2000).

2000년대 들어 한일간의 교류가 활발해짐에 따라 양국간의 항공, 해상노선도 증가되었는데, 최근의 현황은 <표 4-17>과 같다. 그 중 환동해지역은 항공노선의 경우, 후쿠오카, 니이가타, 치토세, 아사히카와, 하코다테, 아오모리, 아키다, 도야마, 고마츠, 요나고, 기타규슈가 있고, 해상노선은 하카타, 시모노세키, 쓰시마, 사카이미나토가 있다.

〈표 4-17〉 한일간 항공·해상 노선 (2013년 현재)

	한국	일본		한국	일본
항공	김포	하네다(도쿄)	항공	인천	가고시마
		간사이(오사카)			미야자키
	인천	나리타(도쿄)			구마모토
		간사이(오사카)			다카마츠
		주부(나고야)			마츠야마
		후쿠오카			나하(오키나와)
		니이가타			기타규슈
		치토세(삿포로)		김해	나리다(도쿄)
		아사히카와(홋카이도)			간사이(오사카)
		하코타테(홋카이도)			주뷰(나고야)
		아오모리			후쿠오카
		아키타		제주	나리다(도쿄)
		센다이			간사이(오사카)
		후쿠시마			주뷰(나고야)
		도야마			후쿠오카
		시즈오카	해상	부산	하카타
		고마츠(이시카와)			시모노세키
		요나고(돗토리)			오사카
		오카야먀			츠시마
		히로시마		동해	사카이미나토
		오이타			

2. 일본 환동해지역 기업의 한국 진출현황

환동해권 국가에 진출해있는 주요 일본 기업은 <표 4-18>과 같다. 거의 모두가 이 지역을 대표하는 대기업, 혹은 규모는 작지만 세계적인 기술을 보유하고 있는 중견기업들이다.

〈표 4-18〉 환동해권에 진출한 일본환동해지역의 주요 기업

	한국	중국	러시아
도야마	후지코시(不二越), 호쿠리쿠(北陸)전기공업, YKK	다카기세이코, 스기노머신, 후지코시, YKK	후시키(伏木)해륙운송, 다지마(田島)목재, YKK
이시카와	아사히 장설(装設), 다카야마(高山)리드, FEC	고마츠(小松)전업소, 야기 코퍼레이션, 고마니, IO 데이터기기	오쿠노(奥野) 자동차상회
후쿠이	닛카(日華)화학, 세이렌, 다케다레이스	닛카(日華)화학, 세이렌, 다케다레이스	상와 애로우즈

자료: 『環日本海経済ジャーナル』, 2011년 9월호.

한국으로의 진출은, 1980년대 이전에는 한국기업으로부터의 요청에 의한 경우가 많았고, 90년대부터는 시장개척을 위한 경우가 늘어났다. 그런데 제조업의 경우 90년대 후반부터 진출에 따른 이점이 적어 철수하는 경우도 많아지고 있다. 그러나 2000년대 들어 한국정부의 외자유치정책이 활발해져서 다시금 한국시장에 진출하려는 움직임이 활발해지고 있다. 특히 99년 12월 '호쿠리쿠 한국경제교류회의'가 발족됨에 따라 상호 상담회와 기업프레젠테이션 등이 활발하게 개최되고 있다.

2004년 현재 한국에 진출해 있는 기업은, 90년 이전에 진출한 대기업 11사, 91년~98년에 진출한 10사, 99년 이후 진출기업 6사의 합계 27사였다. 업종별로 보면, 기계, 섬유를 중심으로 제조업이 6할을 차지하고, 진출형태는 중국과 달리

합작형식이 압도적으로 많았다. 섬유관계 기업이 많은 것은, 후쿠이현이 전통적으로 유명한 직물업 산지로 섬유관련 기업이 현재에도 다수 분포하기 때문인 것으로 풀이된다.

한국에 진출해있는 기업의 현황을 각 현별로 살펴보면 다음과 같다.

1) 후쿠이현

닛카(日華)화학은 1941년 창립되어 2013년 현재 자본금 29억엔, 종업원 1,172명의 대기업이다. 후쿠이현 후쿠이시에 본사를 둔 화학기업으로 섬유용 계면활성제가 주요 생산품목이나, 그 외 산업용세제, 모발용 의약품·화장품을 생산하고 있다. 세계 8개국에 12개의 관계회사를 보유하고 있다. 중국에는 상해에 연구소를 설립하였고 중국기업과 합작하여 2개의 생산공장을 가동 중이다. 한편 홍콩, 상해, 청도에는 영업거점을 보유하고 있다. 한국에는 서울에 모발용 화장품의 판매자회사, 대구에 계면활성제 생산공장을 보유하고 있다.

세이렌은 1923년에 설립되었는데, 본사는 도쿄에 있으나 생산거점이 후쿠이현에 소재하고 있다. 각종 섬유의 염색가공업에서 출발하여 현재는 에어백, 산업용 필름, 건축자재, 전자부품 등으로 사업을 확대했다. 2013년 현재 그룹 전체 매출액 904억(세이렌만으로는 468억), 종업원 6,062명(세이렌만으로는 1,554명)의 대기업이다. 한국에는 87년에 코오롱그룹과 합작으로 코오롱세이렌을 설립하면서 진출하여 카펫, 인조잔디를 생산하였다.

다케다 레이스는 후쿠이시에 본사와 공장을 두고 있는데, 자본금 8,000만엔, 종업원 180명의 중소기업이다. 레이스 분야의 세계적 기업으로, 한국에는 88년에 운수 레이스를 설립하면서 진출하였다. 현재는 신영와코루 산하의 신영섬유와 합작하고 있다.

2) 이시카와현

다카야마(高山) 리드는 이시카와현 가나자와시에 본사가 소재해있는데, 공장은 이시카와현과 후쿠이현에 있다. 1959년에 창립되어 방직기계용 리드를 전문적으로 생산하는 중견기업이다. 자본금은 4,950만엔 정도이나, 아시아를 중심으로 6개국에 진출해있다. 한국에는 1972년에 진출했는데, 그 당시 한국에서는 섬유제품의 수출을 위해 리드의 품질향상이 과제로 되어 있었다. 그리하여 경상북도 견직물협동조합으로부터 리드의 제공을 요구받아 조합과 합작회사를 설립했다.

FEC는 1980년에 이시카와현 가나자와시에서 설립되었다. 본사는 가니자와에 있는데, 한국 안성에 지사를 보유하고 있다. 자본금 8,000만엔의 중소기업으로 주요 제품은 TV용 안테나에서 시작하여 IC카드태그, RFID 리더·라이터로 확대되었다. 2000년에 삼성SDI와 비접촉형 IC카드 공동개발에 참가하면서 한국에 진출했다.

아사히 장설은 1953년 이시카와현 학산시에 설립되었는데, 공장과 본사 모두 이시카와현에 소재하고 있다. 자본금은 9,800만엔 정도이나 주요제품인 식품가공기계(튀김기, 오븐, 도축설비기계 등)의 일본내 시장점유율은 70%를 차지하는 중견기업이다. 한국에는 1994년에 논산시에 공장을 건설하면서 자본금 3억 원의 한국아사히장설을 설립했다. 한국에서의 급식사업이 부진해지자 2000년에는 중국으로도 진출했다. 2005년에는 수요증가에 따라 중국 및 한국 공장을 각각 3배 규모로 확장했다.

3) 도야마현

YKK는 1934년에 창업했는데, 파스너(지퍼) 분야의 세계 최고 기업이다. 생산품목은 지퍼 이외에 건축자재(섀시, 도어)가 있다. 현재 세계 70개국에 90개의 관련기업을 보유하고 있는 다국적기업이다. 그룹 전체로 2012년 매출액 5,769억엔, 종업원 3.9만명(해외 2.2만)이다. 본사는 도쿄에 있으나, 도야마현 구로베시에 사업부를 보유하고 있다. 한국에는 1977년에 평택공장을 건설하면서 직접 진출했는데, 2000년대 들어 대규모로 공장을 확장했다.

후지코시(不二越)는 1928년 도야마시에서 창립되었다. 강재에서 출발하여 베어링, 절삭공구, 공작기계를 거쳐 로봇 분야로 제품을 확대했다. 도야마현에 생산공장을 보유하고 있다. 2013년 현재 일본내 24개사, 해외 28개사의 관련기업(생산거점은 18개사)을 보유하고 있다. 종업원은 5,850명(후지코시만으로 2,700명), 매출액은 1,722억엔(해외 619억엔)이다. 한국에는 88년에 대성과 합작으로 경남 양산에 유압공기를 생산하는 대성나치유압공업을 설립하면서 진출했다.

호쿠리쿠(北陸)전기공업은 1943년에 도야마시에서 창립되어, 현재도 본사와 공장이 도야마에 소재하고 있다. 2013년 현재 자본금 52억엔, 종업원 3,168명(해외 580), 매출액 450억엔(국내 328억엔)의 대기업이다. 주요 생산품목은 저항기, 가속도·압력·기압용 각종 센서이다. 한국에는 안산시에 판매거점(한륙전자)을 보유하고 있다.

Chapter **5**

북한의 경제와 사회

엄 경 호

05
Chapter

북한의 경제와 사회

제1절 북한의 개황

1. 면적과 인구

1) 면적과 지리적 조건

2020년 기준 북한의 국토 총 면적은 123,214㎢(논밭 19,100㎢-15.5%, 임야 등 기타 104,114㎢-84.5%)이며 남한(100,401)의 약 1.2배이다. 지형은 남한과 유사한 동고서저(東高西低) 형태를 띠며 주로 산악지형으로 이루어져 있다. 북부에는 개마고원이 자리잡고 있으며 백두산 주변 지역은 해발 고도 2,000m가 넘는다. 북한의 해안선 길이는 총 2,495㎞이며, 동·서해 배타적 경제수역인 200해리(370.4㎞)를 관할하고 있으며, 해안선으로부터 50해리의 군사경계수역을 지정[1]하여 일방적으로 통항을 금지하고 있다.

천연자원으로는 석탄, 납, 텅스텐, 아연, 흑연, 마그네사이트, 철광석, 구리, 금,

1) 1977년 8월 1일. 유엔해양법상 영해는 12해리(약 22.224km)이며 그 이상의 범위에서는 국제적으로 통항의 자유가 보장된다.

황화철광, 수금, 형석 등이 풍부하며 특히 내화벽돌 소재인 마그네사이트는 전 세계 매장량의 약 50%를 차지하고 있다(약 60억 톤). 북한의 천연자원은 그 종류가 다양하고 매장량 면에서는 전 세계에서 수위를 차지하지만 이를 채굴하여 경제적 가치로서 활용할 수 있는 인프라와 기술 여건은 열악한 수준이다.

2) 인구

북한의 인구는 2020년 기준으로 약 25,831,000명으로 남한의 약 1/2 수준이며 인구 증가율[2)]은 0.49%(남한 0.26%)이다. 북한의 인구 분포는 평원과 저지대에 집중되어 있으며 인구가 적은 지역은 중국 국경 산악지방이다. 밀집지역은 서부측은 평양, 동부측은 흥남과 원산주변이며 도시인구 비중은 2020년 현재 전체 인구의 62.4%이다.

북한의 인구 증가율은 2020년 기준으로 2013년의 0.53%에 비해 낮아졌다. 이는 출생률이 낮아지고 사망률이 높으면서 고령화가 진행되어간다는 것을 의미한다. 북한의 평균연령은 2020년 현재 34.6세(남자 33.2세, 여자 36.2세)로 나타났다. 남한의 평균연령 43.2세(남자 41.6세, 여자 45세)보다 젊다. 특히 남자의 평균연령은 남한에 비해 10살이나 젊게 나타났다. 이는 경제활동에 있어서 인구분포적 동력이 남한보다 10년이 젊다는 것을 의미한다.

인구분포를 경제사회적 측면에서 볼 때 2020년 기준 총부양비[3)]는 41.2명으로 남한의 39.5명에 비해 높다. 이는 단순히 최저 부양에 필요한 경제적 가치를 북한의 경제규모로 맞추어서 나타낸 것이지만 고난의 행군시기를 거친 세대들 중 현재의 경제활동에 종사할 계층의 부족에서 오는 원인일 것으로 추정된다. 실제로 북한의 연령대별 인구본포를 보면 이러한 추정을 뒷받침하고 있다.(<표 5-1> 참조)

---

2) 인구증가율(rate of population increase) : 비교연도 대비 해당연도의 인구수가 얼마만큼 증가 또는 감소했는지 알아내기 위한 척도이다.(비교연도인구 − 해당연도인구 ÷ 비교연구인구) × 100이며 %로 나타낸다.

3) 생산가능인구(15 ~ 64세)에 대한 유소년인구(0 ~ 14세)와 고령인구(65세 이상)의 합의 백분비로 인구의 연령구조를 나타내는 지표이다. 북한의 '41.2명'은 100명이 부양해야 할 인원수이다.

〈표 5-1〉 북한의 연령대별 인구 분포 현황 (2021년 3월 기준)

연령대	남성	여성	계	
			비율	인원
0 ~ 14세	2,680,145	2,571,334	20.33	5,251,479
15 ~ 24세	1,873,814	1,842,269	14.39	3,716,083
25 ~ 54세	5,671,900	5,633,861	43.77	11,305,761
55 ~ 64세	1,454,000	1,585,830	11.77	3,039,830
65세 이상	878,176	1,640,031	9.75	2,518,207
계	12,558,035	13,273,325	100.0	25,831,360

자료: 미국중앙정보국, The World Factbook.

영아사망률은 2021년 기준 22.42명(1,000명당)으로 2010년의 25.43명과 비교하면 소폭 감소한 것으로 나타났다. 하지만 남한의 2.91명에 비하면 10배 가까이 많은 것으로 나타났다. 이는 현재 북한의 보건위생 상태가 열악함을 나타내는 수치이기도 하다.

2. 정치체제와 통치이념

1) 통치이념으로서 주체사상의 변화

북한의 통치이념인 주체사상은 1970년 제5차 당 대회에서 조선로동당의 공식이념으로 채택된 이래 유일체제 확립과 절대 지배 체제를 정당화하는 이데올로기로서 변화해 왔다. 1980년 제6차 당 대회에서 당의 '유일적 지도사상'으로 규정된 후 김정일에 의해 지배체제의 영속화를 위한 수령론, 혁명적 수령 등으로 해석되었다. 1980년대 말부터 시작된 소련과 동유럽 사회주의정권의 몰락을 목격하면서 '우리식 사회주의'라는 방어적 이름으로 재해석하기도 하였다. 1990년대 중반이후 대내외적 정치경제적 위기를 맞으면서 국방위원회 중심의 선군사상과 사회주의 강성대국이라는 지도이념으로 제시되기도 하였다.

선군사상은 김정일 정권 말기인 2009년 헌법 개정 및 2010년 로동당 규약을 통해 통치이념으로 공식화 되었다. 2012년 김정은 정권에 들어서 "김일성-김정일주의를 유일한 지도사상으로 하고 온 사회의 김일성-김정일주의화를 당의 최고 강령으로 한다"는 내용으로 로동당 규약을 개정하면서 '김일성-김정일주의'를 김정은 시대의 통치이념으로 제시하고 있다.[4)]

2) 조선로동당의 위상

북한의 정치 체제는 사회주의체제로서 당 주도의 국가체계인 당-국가체제이며 '당', '입법부·행정부·사법부', '군대'의 3개의 조직으로 구성되어 있다. 북한의 유일정당인 조선로동당은 최고의 위상과 권한을 지닌 권력의 원천으로 국가기관이나 특정 단체보다 정치권력에 있어서 상위에 위치한다. 당이 정책결정 기능을 총괄, 관리하면서 입법부 기능의 최고인민회의, 행정부 기능의 국무위원회와 내각, 사법부 기능의 사법검찰기관(중앙재판소, 중앙검찰소)이 각각 법 제정과 집행 및 해석의 기능을 수행한다.

북한의 헌법과 당 규약에서는 독점적 지위로 규정된 조선로동당을 북한 권력의 산실임을 명백히 하고 있으며, 당이 여타 기관보다 우위에 있는 권력구조임을 확인시켜주고 있다. 이러한 당-국가체제에서 북한의 로동당원 수는 2021년 3월 기준 약 650만 명으로 전 인구의 1/4 수준이다.

---

4) 통일부, 『2021 북한 이해』, p.33.

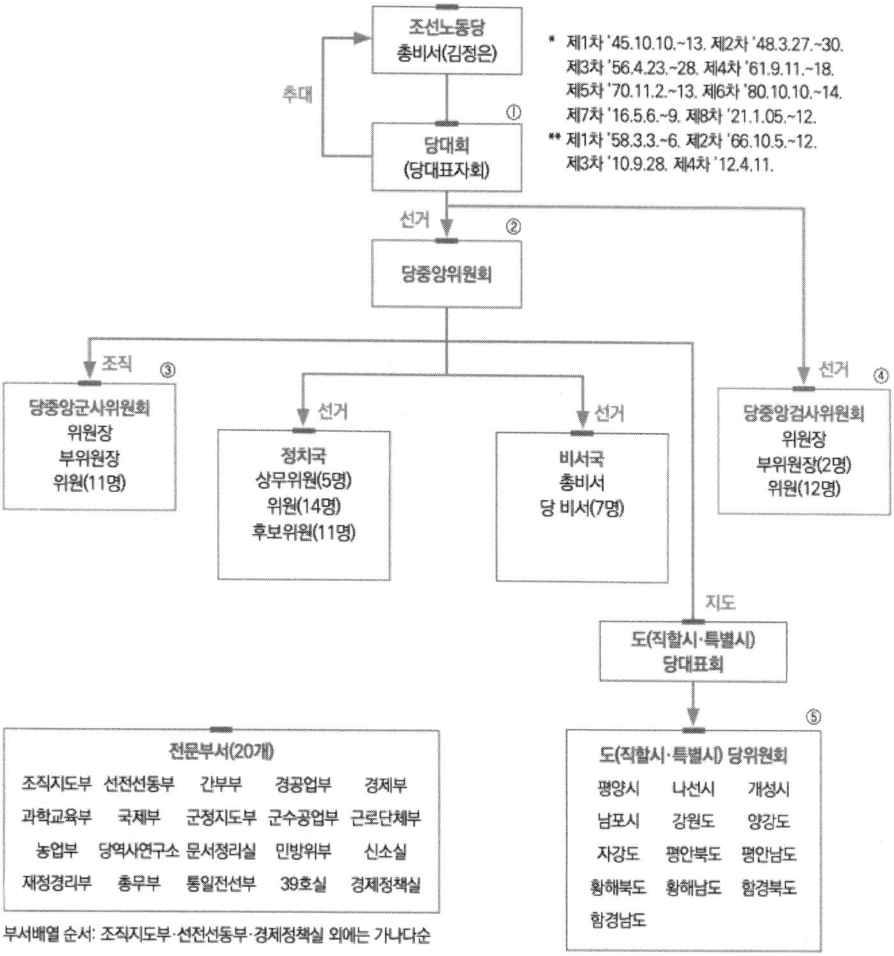

① 당대회·당대표자회: 당 노선·정책 수립, 강령·규약 채택, 당 위원장 추대, 각종 당사업 토의
② 당중앙위원회: 당의 모든 사업을 조직·지도, 당의 재정 관리(전원회의는 1년에 1회 이상 소집)
- 정치국: 당의 모든 사업을 조직·지도
- 비서국: 당 내부사업 등을 토의·결정, 집행을 조직·지도
③ 당중앙군사위원회: 군사분야의 모든 사업을 당적으로 조직·지도, 당의 군사 노선·정책 수립 및 국방사업 지도
④ 당중앙검사위원회: 당의 재정관리 사업을 감사, 당 조직규율 적용·해제 실무 전담
⑤ 인민군·사회안전성·철도성 등의 당조직도 도당급(당대표회와 당위원회가 있으며 당중앙위원회의 지도를 받음)

자료: 『2021 북한 이해』.

[그림 5-1] 조선로동당 기구

3) 국가 조직과 구조

북한의 국가기구들은 중앙집권제 원칙에 의하여 조직·운영되며 조선노동당의 영도 아래 모든 활동을 진행한다. 헌법에 명시되어 있는 국가기구로는 최고 정책적 지도기관인 국무위원회, 최고주권기관이자 입법기구인 최고인민회의, 행정적 집행기관인 내각 그리고 중앙검찰소, 중앙재판소와 같은 사법기관 등이 있다.

북한의 지방행정은 당의 지도를 받는 지방인민위원회가 있다. 도(직할시)와 시(구역)·군에 조직되어 있는 지방인민위원회는 해당 인민회의 휴회 중의 지방주권기관이며, 해당 지방주권의 행정적 집행기관이다. 지방인민위원회는 위원장·부위원장·사무장·위원들로 구성되고 그 임기는 해당 인민회의 임기와 같으며 임무와 권한은 인민회의의 소집, 인민회의 대의원 선거를 위한 사업 등을 행한다.

4) 북한의 군부 조직구조와 군사력

(1) 군부 조직

북한의 주요 군사기구로는 당중앙군사위원회, 국무위원회와 군 총정치국, 군 총참모부, 국방성 호위사령부, 보위국 등이 있다. 당중앙군사위원회는 조선로동당 최고 군사기구이며 당 대회와 당 대회 사이에 군사 분야에서 나서는 모든 사업을 조직지도하며, 당의 군사 노선과 정책을 관철하기 위한 사업을 비롯하여 국방사업전반을 당적으로 지도한다.

국무위원회는 국가의 주요정책을 토의, 결정하는 국가주권의 최고 정책적 지도기관이며 위원장은 국가의 일체 무력을 지휘 통솔하는 무력총사령관으로 규정한다. 군 총정치국은 군 내 당 조직과 정치사업을 관장하는 당의 집행기구이다. 총참모부는 최고사령관의 군령권을 실제 집행, 당의 지도아래 북한 무력 전반을 총지휘하는 군 최고 군사집행기관으로 육·해·공군의 군사전략 및 군사작전의 종합계획을 지휘, 관리, 통솔하는 역할을 수행한다. 국방성은 대외적으로 군을 대표하며 군 관련 대외 업무와 군수 및 재정 등 군정(軍政)기능을 수행한다. 호위사령부는 최고지도자와 그 가족들의 신변 보호와 숙소경계와 관리 등

경호를 담당하며, 보위국은 군내의 모든 군사범죄활동에 대한 수사, 예심 등을 담당한다.

2021년 3월 현재 김정은 위원장은 북한의 조선로동당 총비서 및 당중앙군사위원회 위원장, 국무위원회 위원장, 조선인민군 최고사령관, 공화국 원수로서 당·정·군의 최고 직책을 담당하면서, 무력 일체를 장악하고 군정권과 군령권을 행사하고 있다.

(2) 군사력–핵무기 및 미사일

미국의 국제전략문제연구소(CSIS)는 2020년 군사력 순위에서 북한을 25위로 발표했다. 북한은 2014년 기존의 전략로케트 사령부를 전략군(남한의 미사일사령부에 해당)으로 확대·개편하여 육·해·공군에 이은 제4군종으로 핵·미사일을 담당하는 별도의 군종사령부로 운영하고 있다. 전략로케트 사령부 예하에는 13개 미사일여단을 편성하고 약 1만 명 수준의 병력을 구비하고 있는 것으로 파악된다.

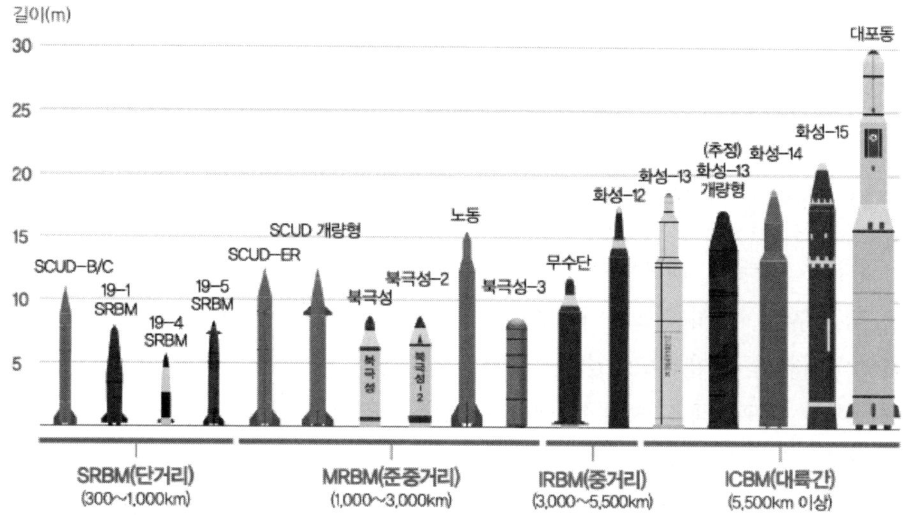

자료: 『2020 국방백서』.

[그림 5-2] 북한이 보유중인 탄도미사일

북한은 영변 핵시설의 5MWe 원자로의 폐연료봉 재처리를 통해 추출한 플루토늄과 핵무기를 만들 수 있는 고농축우라늄(HEU)을 보유하고 있을 것으로 추정된다. 또한 2006년 10월부터 2017년 9월까지 총 6차례의 핵실험을 감안하면 핵무기 소형화 능력도 상당한 수준에 이른 것으로 평가된다.

3. 북한의 대외정책

북한은 대외정책 기본 이념을 '자주·평화·친선'이라고 규정하면서 반제(反帝) 자주역량의 단결 강화, 제국주의 침략과 전쟁책동 반대, 세계 사회주의운동의 발전을 강조하고 있다. 특히 북한의 사회주의 헌법에서는 평등과 자주성, 호상존중(상호존중)과 내정불간섭, 호혜의 원칙과 내정 간섭 반대 및 자주권과 민족적, 계급적 해방을 실현하기 위한 투쟁을 강조하고 있다.

실천방향은 기본이념에 따라 실리주의에 기반하고 있다. 북한의 실리외교의 핵심은 서방세계와의 관계 개선 및 외교 다변화이다. 특히 경제제재 해제를 통한 경제발전과 체제안전을 실현하기 위해 미국과의 관계 정상화가 북한의 대외정책에 있어서 가장 중요한 부분을 차지한다.

1) 대외정책 담당기관과 정책결정 구조

북한은 정부 간 외교는 내각의 외무성이 주로 관장하고 있으며, 정당 간 외교는 당 국제부, 의회 외교는 최고인민회의, 민간외교는 로동당 외곽단체인 대외문화연락위원회 등이 맡고 있다. 내각의 외무성은 과거 정무원내 외교부에 비해 독자적인 외교정책을 수립, 집행할 수 있는 권한이 강화되었다.

대외정책 결정은 헌법상으로는 최고인민회의에서 수립하도록 되어 있지만 당우위 체제 특성상 실제로는 외교정책 결정은 로동당의 당적 지도에 따르도록 되어 있다.

로동당에서는 중앙위원회 정치국이 이를 심의·결정하며 그 중심역할은 대외

문제를 관장하는 비서국의 국제부가 담당하고, 여기서 결정된 문제가 최고인민회의에 통고·추인하는 형태이다.5)

2) 대외정책의 변화와 특징

북한의 대외정책 변화 과정은 크게 세 시기로 나눌 수 있다. 첫째, 정권 수립 후 사회주의 진영외교부터 비동맹 외교, 자주외교, 대서방 실리외교까지의 김일성 시기(1948년~1980년대 말), 둘째, 외교정상화와 함께 대미 외교의 시작과 전방위 외교를 시행한 김정일 시기(1990년대~2011년)를 거쳐 셋째 김정은 시기(2012년~현재)이다.

김일성 시기와 김정일 시기 외교정책의 결과로 나타나는 김정은 시기 북한의 외교는 2018년을 기점으로 기존의 대북, 대미 강경노선에서 변화를 보이기 시작한다. 2017년까지 병진노선 하에, 핵실험과 장거리미사일 실험을 진행하며 강경한 외교 전략을 추진하다가 2018년 평창 동계올림픽 특사단 파견에 이어 북·미, 남·북 대화에 임하기 시작했다. 북한은 제7기 당중앙위 제3차 전원회의(2018.4.20)에서 '사회주의 경제건설 총력 집중'을 선언하면서 비핵화와 체제 안전보장을 위한 미국과의 협상도 시작했다.

북한은 남한과 미국과 대화관계를 유지하면서도 북·중 정상회담, 북·러 정상회담에서 공통적으로 비핵화 의제를 다루는 한편, 체제 안전보장문제도 함께 제기하기도 하였다. 특히 중국과는 2018년부터 2019년까지 시진핑 주석과 5차례의 정상회담을 성사시키면서 2013년 이후 한동안 소원 했던 북·중 관계의 전통적인 유대관계 회복에도 노력을 기울였다. 북한은 한반도 주변국과 활발한 대화를 이어가면서도 일본과의 대화에는 응하지 않았다. 이는 미국과의 포괄적 협상을 원하는 북한 입장에서 일본의 존재는 미국과의 협상과정에서 해결되어야 하는 국가로 인식하기 때문이다.

2020년에 들어서 중국 및 러시아와의 전통적인 관계를 한 층 더 공고히 하면서 미국과의 정상회담을 포함한 대미외교 노력도 기울였으나, 북·미 간의 실질

5) 통일연구원, 『2009 북한 개요』, p.127.

적인 대화진전은 이루어지지 않았다. 한편 2020년 9월 일본의 스가(菅義偉) 정부가 출범하고, 2021년 1월 미국에서 바이든 행정부가 출범하면서 북한의 대외관계는 새로운 환경에 놓이게 되었다.

북한은 2021년 1월 제8차 당 대회에서 대외활동의 자주적 원칙하에 전략적 대미관계, 사회주의 국가들과의 관계, 반제자주역량전략 강화를 재 강조하였다. 특히, 북·중 친선관계 발전을 사회주의 발전의 중요한 축으로 재규정하고, '강대강(强對强), 선대선(善對善)'을 대미관계의 원칙으로 표명하기도 하였다.

3) 북한 핵문제와 주요 국가와의 대외관계

(1) 북한 핵문제

지난 30년간(1990-2020)간 지속되어 온 북한의 핵무기 개발 의혹에 대해 미국 주도의 국제사회의 대응은 시종일관 북한은 여전히 '비핵 국가'라는 전제에 기초한 대응이다. 이는 대한민국 정부의 공식적인 입장이며 대북 핵문제 대응 근거이기도 하다. 북한의 핵무기 개발은 한반도, 동북아 및 국제사회의 평화와 안전을 위협하고 국제비확산체제의 근간을 훼손하므로 어떠한 경우에도 북한을 핵보유국으로 인정하지 않는다는 것이 남한 정부의 입장일 뿐만 아니라 국제사회의 통용된 인식이기도 하다.

북한의 핵무기 개발 실태에 관한 국제사회의 이 같은 평가와는 다르게 2017년 9월 6일 실시된 진도 70～280kt의 여섯 번째 지하 핵실험과 같은 해 11월 28일 실시된 '화성-15호' ICBM의 시험 발사 성공은 북한의 비핵화 문제에 대한 국제사회의 다양한 해석을 유발하고 있다. 특히 스웨덴의 SIPRI(Stockholem International Peace Research Institute, 스톡홀름 국제평화연구소)의 「군비와 군축 및 국제안보에 관한 2019년 연감(年鑑)」에서는 북한을 이미 '20～30개의 핵탄두(核彈頭)'를 보유한 "아홉 번째의 핵보유국"으로 기록하고 있다.

북한의 핵문제와 한반도의 핵문제는 상호 깊은 관련이 있다. 휴전협정 이후 5년 뒤인 1958년 미국은 휴전협정 조항을 위반하면서 남한에 핵무기를 배치한다. 1958년 유엔사령부에서는 미국의 280mm 원자포와 어니스트 존(Honest John)

핵미사일이 남한에 도착했음을 확인했다고 밝혔다. 미국의 남한에의 핵무기 배치는 동북아 지역에 군사적 긴장과 남북한 사이 군사 균형을 무너뜨리는 결과를 초래했다(1991년 미국의 핵무기 철수). 당시 소련과 중국, 북한은 이를 '한반도 핵위기'로 규정하고 문제를 제기하였지만 무시되었다.

이렇듯 한반도의 핵 위기는 전쟁과 냉전의 산물로 출발하여 안보 딜레마적 성격을 경유하여 오늘의 한반도 핵 문제를 야기하고 있다. 남한은 미국의 핵우산 영역 속에서 북한의 핵 위협에 대응하고 있다. 북한의 핵은 북한의 국가와 체제를 보장하는데 역할을 수행할 수 있지만 이로 인해 정치경제적으로 고립을 초래하면서 주변국과의 관계에 악영향을 끼치고 있다.

(2) 남·북 관계

2017년까지 갈등과 반목으로 점철되어 온 남북관계는 2017년 7월 베를린 구상 등 대한민국 정부의 한반도 평화정착 노력과 북한의 대화의지가 결합되어 상호 정치적 방문이 성사되기 시작했다. 특히 2018년 평창올림픽에 선수단을 파견하는 등 남북 간 대화 재개의 여건이 마련되었다. 이를 토대로 11년 만에 남북정상회담이 개최되면서 「판문점선언」, 「9월 평양공동선언」, 「판문점 선언 이행을 위한 군사분야합의서」가 채택되었다.

그러나 2019년 2월 하노이 북·미 정상회담이 결렬된 이후 북한은 남북대화 및 교류에 소극적 태도로 임하기 시작하면서 남한 정부의 독자적 대북정책 추진을 촉구하였다. 북한은 한·미 연합훈련과 우리 군의 F-35A 도입 등의 전력증강 활동을 남북군사합의 위반행위 및 남북관계 악화의 원인으로 주장하면서도, 접경 지·해역에서의 우발적 충돌방지 조치 이행 등 전반적으로 「9·19 군사합의」를 준수하고 있다.

북한은 2020년 새해 첫날 발표한 당 중앙위원회 제7기 5차 전원회의 결과에도 남북관계에 대한 언급이 없었으나, 3월 남한정부에 코로나19 관련 김정은 국무위원장의 친서를 전달하며 남북관계 개선 의지를 나타냈다. 하지만 남측 민간단체의 대북전단 살포 등을 이유로 고사총 발사, 군 통신선 차단, 남북연락사무소를 폭파하면서 긴장관계가 지속되고 있다. 북한은 군사적 조치를 담은 대남군사행동계획을 발표하였으나, 보류 발표를 통해 실제 이행으로 이어지지는 않은 상태로 2021년 현재 남북관계는 답보상태에 있다.

(3) 북·미 관계

북·미 양측은 2017년까지 군사적 긴장이 고조되었지만 2018년 6월 싱가포르에서 역사상 최초로 개최된 북·미 정상회담에서 북한은 새로운 북미관계 구축과 한반도 비핵화, 미군 유해 송환 등에 합의했다. 하지만 2019년 2월 하노이 북·미 정상회담 결렬 이후 양국관계는 다시 교착 상태에 접어들었다. 이후 같은 해 6월 판문점에서 전격적으로 열린 남·북·미 정상회동에서 실무 협상 재개에 합의하였으나, 10월 스웨덴 스톡홀롬에서 열린 북·미 실무협상은 별다른 성과 없이 종료 되고 미국의 바이든 정부가 들어서면서 새로운 관계모색을 앞두고 있다. 북한과 미국 양측은 자국의 정치군사적 이익에 우선하면서 좀처럼 대화와 협력에의 접점을 찾지 못하고 있다. 이는 지난 수 십 년간 이어져 온 북한과 미국과의 신뢰 부족의 연장선이기도 하다.

(4) 북·일 관계

2000년대 이후 오랜 기간 동안 양국관계에 진전이 없는 상태에서 2014년 5월 양국 간 「스톡홀름 합의」를 이루었지만 실질적 관계 개선은 이루어지지 않고 있다. 아베 총리는 2019년 북미 정상회담 이후 김정은 국무위원장과의 '조건 없는 정상회담' 의지를 표명하였고, 9월에는 북·일 우호 야마나시현 대표단이 북한을 방문하기도 하였다. 또한 스가 총리는 2020년 9월 취임 이후 납치자 문제 해결을 위해 김정은 국무위원장과 조건 없이 만날 것임을 표명하기도 하였지만 북한이 일본의 과거사 청산 문제, 대북 압박정책 전환 등을 주장하면서, 양국 간 대화는 아직까지 본격화되지 못하고 있는 상황이다.

(5) 북·중 관계

북·중 관계는 양국에 있어서 유일한 동맹관계를 유지해 오고 있지만 북한의 핵개발 문제로 인해 부침이 반복되었다. 2013년 북한의 제3차 핵 실험 이후 중국이 국제사회의 대북제재에 동참하면서 양국 관계는 경색되었으나, 2018년부터 2019년까지 5차례 정상회담을 성사시키면서 양국은 전통적인 우호관계 회복에 노력을 기울이고 있다. 특히, 북미 대화 전후로 북중 정상회담을 실시하며 전략적 협력관계를 강화하였다. 2019년 6월에는 시진핑 주석이 취임 이후 최초로 평양을 방문하여, 양국 간 경제 및 인사 등 분야별 교류·협력 강화에 합의하였다. 한편, 2020년 코로나19로 인해 1월 말 북·중 국경을 봉쇄한 이후 정상적인 교역 및 인적교류가 제한되는 여건 속에서도 전통적 친선관계를 유지하기 위한 노력을 지속하고 있다.

(6) 북·러 관계

2014년 북·러 경제공동위원회 개최 이후 2015년 3월 북·러 '친선의 해'를 선포하고 공동결의문을 채택하는 등 기본적인 우호 관계를 유지하고 있다. 2019년 4월 25일 김정은 국무위원장은 처음 러시아 블라디보스토크를 방문하여 푸틴 대통령과 정상회담을 실시하였다. 11월에는 최선희 북한 외무성 제1부상이 러시아를 방문하여 러시아 외무부 모르굴로프 차관과 제1차 북·러 전략대화를 실시하였다. 2020년에는 코로나19로 인해 인적교류가 제한되는 상황에서 김정은 국무위원장은 러시아 전승 75주년을 맞아 푸틴 대통령에게 축전을 발송하며 북·러 간 우호관계 발전에 대한 의지를 표출하였다.

(7) 북한의 수교국가 현황

북한의 수교국가 수는 2020년 6월 현재 총 161개국(남한 191개국)이며 남북한 동시 수교국가 수는 158개국이다. 북한은 남한과 수교관계를 맺고 있지 않은 팔레스타인, 시리아, 쿠바와 수교관계를 맺고 있다.

제2절 북한의 경제와 산업

1. 경제규모와 산업구조

1) 경제규모와 경제성장

한국은행은 2019년 기준 북한의 명목상 국민총소득 GNI(Gross National Income) 규모를 35조 5,616억 원(한국 원), 1인당 국민총소득은 140.8만 원(한국 원)으로 추산했다.

〈표 5-2〉 남북한 국민총소득(GNI) 및 경제성장률 비교

년도	국민총소득 (명목, 십억 원)		1인당 국민총소득 (만 원)		경제성장률(%)	
	북 한	남 한	북 한	남 한	북 한	남 한
2004	23,767	906,865	102	1,886	2.1	5.2
2005	24,792	950,685	105	1,974	3.8	4.3
2006	24,429	1,002,665	103	2,070	-1.0	5.3
2007	24,827	1,086,897	104	2,233	-1.2	5.8
2008	27,347	1,154,510	114	2,354	3.1	3.0
2009	28,635	1,203,480	119	2,441	-0.9	0.8
2010	30,049	1,324,587	124	2,673	-0.5	6.8
2011	32,438	1,397,535	133	2,799	0.8	3,7
2012	33,479	1,455,170	137	2,899	1.3	2.4
2013	33,844	1,510,385	138	2,995	1.1	3.2
2014	34,236	1,570,493	139	3,095	1.0	3.2
2015	34,512	1,663,207	139	3,260	-1.1	2.8
2016	36,373	1,747,144	146	3,411	3.9	2.9
2017	36,631	1,843,181	146	3,589	-3.5	3.2
2018	35,895	1,905,838	143	3,693	-4.1	2.9
2019	35,562	1,935,715	141	3,744	0.4	2.0

자료: 통계청, 『2020 북한주요통계지표』, p.109; 한국은행 www.ecos.bok.or.kr 「국민계정」.[6]

김정은 정권은 시장을 활용하여 재정을 확충하고 체제를 유지하려는 이중 경제정책을 펴고 있다. 그러나 북한 경제의 부분 활성화 현상은, 주로 서비스 및 유통 경제, 건설 부문 그리고 비공식경제 부문에 집중된 반면, 제조업·광업 등 실물 산업경제 부문에서의 성과는 미미하다. 또한 평양을 제외한 대부분의 지방 경제 및 전반적인 기초 인프라 상황은 여전히 열악한 것으로 알려져 있다.[7)]

2) 산업구조

1990년대 경제위기를 거치면서 북한의 산업구조는 큰 변화를 겪었다. 2차 산업이 일정 수준 발달되어 있는 중진국형 산업구조에서 1차 산업 위주의 전형적인 저소득 개도국형 산업구조로 퇴보하였다. 이는 제조업 기반이 붕괴됨에 따라 공업, 특히 중화학공업의 비중이 대폭 축소된 것이 주요 원인이다.[8)]

1990년과 2019년의 산업구조를 비교하면 농림어업의 비중은 27.4%에서 21.2%로 하락하였다. 농림어업 비중이 낮아졌음에도 현재 북한의 식량자급률이 1990년대에 비해 높아진 것은 농어업 기술력이 향상된 것으로 볼 수 있다. 광업의 비중은 1990년 9.0%에서 2019년 11.0%로 상승하였다. 이는 국내 연료 수요 증가와 함께 수출 증가도 하나의 이유로 거론할 수 있다. 같은 기간 제조업의 비중은 31.8%에서 18.7%로 대폭 감소했다.

제조업이 감소한 부분은 서비스업이 그 자리를 메우고 있다. 특히 중화학공업 비중이 큰 폭으로 하락한 것은 제조업 기반 붕괴의 원인도 포함된다. 같은 기간 서비스업의 비중은 18.0%에서 34.1%로 대폭 증가한 것으로 나타났다.

---

6) 북한의 자료는 남한의 가격, 부가가치율 등을 적용하여 산출하였으므로 다른 국가들과 직접 비교하는 것은 바람직하지 않음.
7) 통일부, 『2021 북한 이해』, pp.163-164.
8) 통일부, 「산업구조 및 생산성」(북한정보포털 https://nkinfo.unikorea.go.kr).

〈표 5-3〉 북한의 산업구조 변화 (1990-2019)

(단위: %)

구분	농림어업	광공업					전기가스수도업	건설업	서비스업			국내총생산(총비중)
		소계	광업	제조업					소계	정부	기타	
				소계	경공업	중화학공업						
1990	27.4	40.8	9.0	31.8	6.2	25.6	5.1	8.6	18.0	11.0	7.0	100.0
1991	28.0	38.0	9.0	29.0	6.2	22.7	5.0	8.2	20.9	13.0	7.9	100.0
1992	28.5	33.8	9.2	24.6	6.3	18.3	5.1	9.1	23.5	15.0	8.6	100.0
1993	27.9	32.9	8.2	24.7	6.8	17.9	4.8	8.5	25.9	16.8	9.0	100.0
1994	29.5	31.4	7.8	23.6	7.0	16.6	4.8	6.3	27.9	18.6	9.3	100.0
1995	27.6	30.5	8.0	22.5	6.8	15.7	4.8	6.7	30.3	20.7	9.6	100.0
1996	29.0	28.0	7.1	20.9	6.9	14.0	4.3	6.4	32.3	22.5	9.7	100.0
1997	28.9	25.5	6.7	18.8	6.5	12.3	4.3	6.3	35.0	25.1	9.9	100.0
1998	29.6	25.6	6.6	19.0	6.4	12.6	4.2	5.1	35.6	25.3	10.3	100.0
1999	31.4	25.6	7.3	18.3	6.1	12.2	4.5	6.1	32.4	22.8	9.6	100.0
2000	30.4	25.4	7.7	17.1	6.5	11.2	4.8	6.9	32.5	22.6	9.8	100.0
2001	30.4	26.0	8.0	18.1	6.7	11.3	4.8	7.0	31.8	22.2	9.7	100.0
2002	30.2	25.7	7.8	18.0	6.9	11.0	4.4	8.0	31.6	22.0	9.7	100.0
2003	27.2	26.8	8.3	18.5	7.0	11.5	4.5	8.7	32.8	22.9	9.8	100.0
2004	26.7	27.2	8.7	18.5	6.7	11.8	4.4	9.3	32.3	22.6	9.7	100.0
2005	25.0	28.9	9.9	19.0	6.7	12.4	4.3	9.6	32.2	22.6	9.6	100.0
2006	23.3	29.6	10.2	19.5	6.7	12.8	4.5	9.0	33.6	23.7	9.8	100.0
2007	21.2	31.3	11.4	20.0	6.5	13.5	4.6	8.8	34.1	24.0	10.1	100.0
2008	21.6	34.6	12.1	22.5	6.7	15.8	3.4	8.3	32.2	22.8	9.4	100.0
2009	20.9	34.8	12.7	22.1	7.0	15.2	4.1	8.0	32.1	22.8	9.3	100.0
2010	20.8	36.3	14.4	21.9	6.6	15.3	3.9	8.0	31.0	22.4	8.6	100.0
2011	23.1	36.5	14.6	21.9	6.5	15.4	3.1	7.9	29.4	21.2	8.1	100.0
2012	23.4	35.9	14.0	21.9	6.7	15.2	3.5	7.8	29.4	21.3	8.2	100.0
2013	22.4	35.7	13.6	22.1	6.8	15.4	4.1	7.8	30.0	21.7	8.4	100.0
2014	21.8	34.5	13.1	21.3	6.9	14.4	4.3	8.2	31.3	22.7	8.6	100.0
2015	21.6	32.7	12.2	20.4	7.0	13.4	4.5	9.0	32.2	23.3	8.9	100.0
2016	21.7	33.2	12.6	20.6	6.9	13.7	5.2	8.8	31.1	22.4	8.7	100.0
2017	22.8	31.8	11.7	20.1	6.8	13.3	5.0	8.6	31.7	23.2	8.4	100.0
2018	23.3	29.4	10.6	18.8	6.8	12.0	5.4	8.9	33.0	24.6	8.5	100.0
2019	21.2	29.6	11.0	18.7	7.0	11.7	5.4	9.7	34.1	25.2	8.8	100.0

자료: 한국은행, 「북한 GDP 관련 통계」.

주 : 수치는 산업별 생산액이 차지하는 비중(%).

북한의 산업구조변화 비중을 살펴보면 전통적인 1차 산업에서 3차 산업으로 이전해 가는 모습이 뚜렷하다. 이는 대부분의 국가에서 나타나는 국가경제의 단계적 발전의 보편적인 형태로 볼 수 있지만 서비스분야 발전에서 정부서비스 비중이 1990년도에 11%에서 2019년에는 25.2%로 대폭 증가한 것은 시장 경제적 요소의 파생산업인 서비스업을 국가가 부담하는 전형적인 사회주의국가의 경제형태가 강화된 것으로도 볼 수 있다. 이는 향후 북한의 산업부문에서 민간경제 분야가 원활하게 발전하지 않을 것으로 추정할 수 있는 근거가 될 것이다.

2. 사회간접자본

북한의 사회간접자본 중 주요 부문을 차지하는 철도는 2001년 총연장 5,224km에서 2019년 5,295km로 지난 20여 년 동안 거의 변화가 없다. 북한의 장거리 운송은 대부분 철도를 이용하는 것으로 감안한다면 북한의 철도 길이 변화는 미미하다고 할 수 있다. 한편 북한의 전철은 총 연장 변화에 있어서 1985년에 2,741km에서 2019년 4,293km로 전철화율은 81%로 남한의 2019년 전철화율 73.2%[9])보다 높다. 북한의 전철은 남한보다 그 길이와 비율에 비해 앞서 있지만 전력 부족은 이러한 전철 기반의 무력함을 초래하고 있다.

북한의 지하철은 1973년 9월 평양에서 12km로 개통(남한, 1974년 8월)된 이래 1998년까지 34km로 연장된 이후 2019년 현재 34km를 유지하고 있다. 철도차량 보유에 있어서는 2019년 현재 기관차 1,151개, 객차 2,024량, 화차(貨車) 23,665량을 보유하고 있다. 이는 남한의 기관차 3,112개, 객차 821량, 화차 10,359량과 비교하면 기관차 수량을 제외한 객차와 화차 수는 월등하게 많다.

북한의 도로는 고속도로를 포함하여 2019년 현재 26,196km이며 이 중 고속도로는 658km이다. 이는 2001년에 비교하여 각각 23,963km와 724km로 연장 변화가 거의 없다. 고속도로는 오히려 줄어든 것으로 나타났다. 북한의 자동차는 2001년 255,700대에서 2019년 274,000대로 약 1만8천대 증가한 것으로 나타났

9) 통계청, 『2020 북한의 주요통계지표』, pp.141-142.

다. 항공기(민간)는 2001년 20대에서 2019년 24대 나타났다. 북한의 항만 하역능력은 2019년 현재 4,361,000톤이다. 선박은 1,010,000톤이다.

〈표 5-4〉 북한의 사회간접자본 보유 현황과 변화 (2001년-2019년)

항 목		2001년		2019년	
		북 한	남 한	북 한	남 한
철도 총연장(km)		5,224	3.125	5,295	4,087
전철	총연장(km)	4,211	668.7	4,293	2,990.1
	전철화율(%)	80.6	21.4	81.2	73.2
지하철 총연장(km)		34	444.2	34	723.6
철도차량 (전철, 지하철 포함)	기관차(대)	1.168	2,861	1,151	3,112
	객차(량)	1,066	1,421	2,024	821
	화차(량)	18,067	13,413	23,665	10,359
도로(km)	총연장	23,963	91,396	26,196	111,314
	고속도로	724	2,637	658	4,767
자동차(천대)		255.7	12,914.1	274.0	23,677.4
민간항공기(대)		20	156	24	774
항만하역능력(천톤)		35,500	469,535	43,610	1,199,814
선박보유톤수(만 G/T)		85	1,471	101	1,270

자료: 통계청, 『2020 북한의 주요통계지표』.

1) 북한의 통신

북한의 통신기능은 국가의 행정수요를 충족시키고 정부시책과 홍보에 이용되면서 기본적으로 수직적 기본속성을 지닌다. 최근에는 이러한 수직적 정보전달 기능에 더해 한계적으로 수평적 정보공유 기능으로 발전하고 있는 추세이다. 특히 모바일 통신 분야는 실로 비약적인 발전과 확산 현상이 나타나고 있다. 예를 들어 휴대전화 보급률과 함께 모바일 쇼핑, 결제 등 사적 경제 분야로까지 그 기능적 영역이 넓어지고 있다. 하지만 이러한 기능적 영역 확대는 또 다른 부작용을 초래하는데 이는 휴대전화를 비롯한 모바일 통신이 가지는 보편적인 부작용 현상과 함께 체제유지를 위한 간헐적 통제 조치가 반복되고 있다.

북한 당국은 외부의 인터넷과 내부의 인트라넷을 분리하여 운영하고 있다. 외부의 인터넷은 북한 체신성 조선국제통신국에서 관리하고 인트라넷은 전자공업성 중앙과학기술통보사에서 운영 관리하고 있다. 2010년부터는 중국 단둥과 신의주 사이를 해저 광케이블로 연결하고, 이를 평양까지 연결시키면서 관리는 중국 차이나 유니콤이 담당하고 있다. 2017년 10월에는 러시아 블라디보스톡 국영철도회사의 인터넷 통신업체인 트랜스텔레콤과 인터넷을 연결하여 사용하고 있다. 북한의 인터넷은 러시아 60%, 중국 40% 연결 비중을 유지하고 있는 것으로 알려져 있다. 2012년 이후 평양 광케이블 공장의 광케이블 자체 생산량 증대와 북한 당국의 인프라 구축 노력으로 현재에는 각 도, 시, 군, 면, 리 단위까지 광케이블이 연결되어 있으며 ADSL 모뎀[10]을 이용한 통신이 운영되고 있다.

중앙과학기술통보사가 개발한 인트라넷인 '광명'은 데이터 검색, 전자우편, 전자게시판, 웹사이트 검색 등이 가능하다. 북한의 광역망인 '광명'은 4단계로 구성되며 1단계는 국가과학원 중앙과학기술통보사가 각급기관의 협조 하에 전국망을 구축하고, 2단계는 내각 소속의 각 성, 위원회 및 중앙행정부처 소속 과학기술정보기관들이 부문망을 형성하고, 3단계는 시급기관의 지역망, 4단계는 말단 기관 과학기술정보실이 구축하는 국부망이다. 북한은 컴퓨터관리법상 전국망-부문망-지역망-국부망을 구분하여 그 운영주체를 달리하고 있다.[11]

북한의 이동통신 가입자 수에 대해서는 여러 연구에서 다양한 분석 방법으로 실태를 파악하고 있다. 이러한 분석들은 대개 북한 이탈 주민을 대상으로 하는 설문과 인터뷰 등을 그 근거로 하고 있다. 이 들 연구들에 따르면 북한 이탈 주

---

10) ADSL(Asymmetric Digital Subscriber Line, 비대칭 디지털 가입자 회선) : 인터넷 접속, 멀티미디어 원격 교육 등 가능.
11) 김영일·송영아·연승호(2018), p.214.

민의 경우 약 60%정도 휴대전화를 보유했다고 증언하고 있다. 또한 평양의 휴대전화 보급률이 100%라는 분석 결과[12)]도 나오고 있다. 한편 2017년 보급률이 381만대에서 2018년에는 600만대를 기록한 추세[13)]로 본다면 2021년 현재 북한의 보급률을 추산할 수 있다. 이들 증언과 분석 자료를 토대로 추정한 수치들과 정황 등을 감안하면 2021년 3월 현재 북한의 휴대전화 보급은 약 1,200만대 정도로 파악되며 이는 북한 인구의 약 45% 정도에 해당한다.[14)]

북한의 유선전화는 2009년 당시 118만 가입자로 정체되어 있지만 이동통신은 3세대 기술을 기반으로 폭발적인 증가세를 보이고 있으며[15)] 기술 발전에 따라 보급 속도는 더욱 빨라질 것으로 예상된다. 북한의 휴대전화는 '평양터치', '아리랑', '진달래', '푸른하늘' 등이 있으며 스마트폰(북한명, '지능형손전화')형태가 과반수이상의 비중을 차지하며 인터넷은 이용할 수 없고 심(SIM)카드를 꽂고 북한 내부 정보망인 인트라넷에만 접근할 수 있다. 이러한 제약 속에서도 북한에서의 스마트폰은 북한 주민들의 모바일 쇼핑, 결제 등에 활발하게 이용되고 있다.[16)] 이러한 사용 환경은 '미래'라는 Wi-Fi 서비스가 상용화된 영향이기도 하다.

북한은 모바일 기술의 발전 추세와 함께 최근 몇 년 전부터는 휴대전화 사용에 관한 보편적인 규제(교내에서의 무분별한 사용, 불건전한 사용 방법)에 정부 당국의 통제 행위도 증가할 것으로 보인다.

---

12) 채수란(2020), pp.130-131.
13) 김영미·조성봉(2020), p.664.
14) 일부 연구에서는 북한의 휴대전화 가입자 수가 부풀려진 것이라고 주장하는데 그 이유로 고가(2016년 당시 기준 미국달러 기준 200~700달러 수준)의 휴대전화를 월 평균 1달러의 수입을 얻는 북한 주민이 이를 구입할 수 없다고 보는 이유이다.(이정진, 2020) 하지만 이는 단순히 휴대전화를 일시불로 구매한다는 전제로 단정하는 것이다. 통상 휴대전화는 일시불로 구매하지 않고, 할부 또는 분할 납부로 구매하는 비율이 높다는 것을 감안하여야 한다.
15) 이정진(2020), p.180.
16) 『연합뉴스』, 「북한 이동통신 가입자 600만명 시대 진입」, 마이더스 2019권 1호, 2019. 이 기사는 2018년 12월말 기준으로 작성된 것으로 2021년 현재 북한의 휴대전화 보급은 약 1,200만대 정도로 파악된다.

2) 북한의 첨단산업

북한은 첨단산업에도 국가적 역량을 집중하고 있다. 북한에서의 첨단기술, 또는 첨단산업은 '새 기술'로 불리우면서 정보(IT) 나노(NT), 생물산업(바이오,BT) 산업 등에 국가 자원을 투입하고 있다.[17)]

북한은 과학기술을 통한 경제발전을 강조하는 가운데 평성과 평양사이에 '은정첨단기술개발구'를 설치하였다. 은정첨단기술개발구는 첨단과학기술과 생산이 밀착돼 연구-개발-생산-판매가 일체화된 지역적 거점으로 지식과 기술, 인재가 일정한 지역에 집중되고 교육과 과학연구, 생산이 하나로 밀착되는 특징을 가지는 기존의 개발구와는 다른 새로운 특징을 보인다. 북한은 2019년 현재 은정첨단기술개발구에서 해외의 기술 및 자본과 북한내 연구 인프라를 결합한 ICT 중심지로의 발전을 모색하고 있는 것으로 알려졌다.[18)]

3. 식량과 에너지 생산

1) 식량문제

북한의 식량사정은 최근 농업기술의 발전과 함께 절대적인 식량위기에서는 벗어났다는 의견이 지배적이지만 부족상황은 계속 이어지는 것으로 추정되고 있다. 북한은 영농 기계화 수준이 낮아 토지, 노동, 자본의 기본 생산 3요소 중 노동력에 의존하여 이에 집중 투입하여 생산량을 높이는 구조이며 모내기철, 수확철과 같은 농번기에는 많은 노동력이 필요하다. 이러한 농업 형태는 전적으로 인력에 기대기 때문에 인력의 이동이 제한된다면 농업생산에 적지 않은 영향을 끼칠 수밖에 없다. 북한의 식량 사정은 2020년에 들어서 좀 더 악화된 것으로 추정할 수 있는데 이는 코로나19 사태로 인한 인력의 이동제한과 통제가 곧 농업생산량 감소로 이어지기 때문이다.[19)]

---

17) 임을출(2019), pp.6-7.
18) 김보라(2019), p.11.

〈표 5-5〉 북한의 식량수급 현황 (2012 ~ 2018년)

(단위: 천톤)

연도	생산량(A)	외부 도입량(B)	총공급량 (C=A+B)	총소요량 (D)	필요량 (E=D-C)
2012	4,676	646	5,322	5,429	△ 107
2013	4,806	365	5,171	5,370	△ 199
2014	4,802	255	5,057	5,489	△ 432
2015	4,512	105	4,617	5,495	△ 878
2016	4,823	99	4,922	5,608	△ 686
2017	4,701	170	4,871	5,524	△ 653
2018	4,558	257	4,815	5,755	△ 940

자료: 최용호(2020), p.3.

2) 에너지 문제

북한 산업생산력의 붕괴는 '주탄종유主炭從油' 체계에 기초한 에너지 공급 체계가 단기간 내 급격하게 붕괴된 것이 직접적인 원인이라 할 수 있다. 북한은 1990년대 후반, 산업 연관관계 복구와 함께 에너지 공급 체계의 정상화를 위해 매년 신년사설, 최고인민회의 발표문, 국가경제발전 5개년 전략 등을 발표 시, 에너지 문제를 우선순위로 두어 왔지만, 아직 에너지 산업의 정상화를 달성하지 못하고 있다.

[그림 5-3]에서 북한 석탄·원유의 도입·발전량이 1998년도에 1990년 대비 각각 56%, 19.9%, 74.8% 수준으로까지 추락했었다. 2000년대 이후 북한 경제가 점진적으로 개선되는 양상을 보여주고 있지만, 자본과 기술의 부족, 에너지 분야 연관 산업의 지속 곤란, 외화 확보 위주의 석탄 생산 등으로 인해 에너지경제 부

19) 최용호(2020), p.8.

문에 있어서 가시적인 개선은 보이지 않고 있다. 다만 2016년 기준 원유 도입량이 1990년 대비 21.1%, 전력 생산량은 86.2%, 석탄 생산량은 93.6% 수준으로 석탄 생산량만 1990년도 수준에 접근해 가고 있을 뿐이다.”[20)]

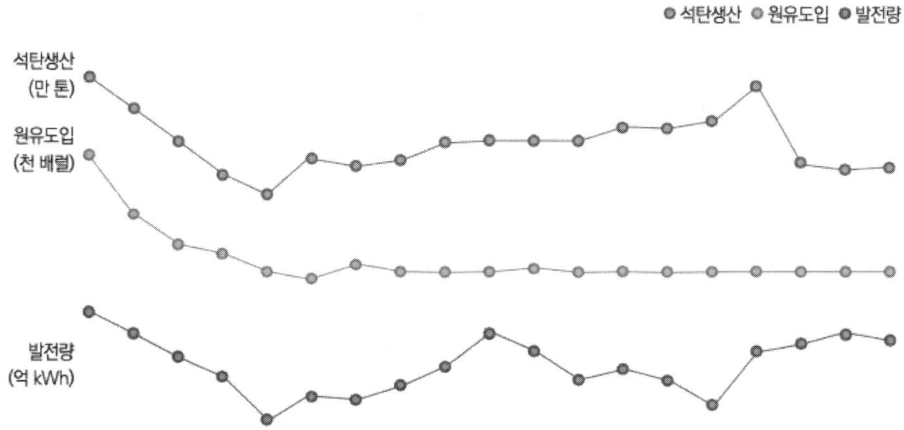

구분	1990	1992	1994	1996	1998	2000	2002	2004	2006	2008	2010	2012	2013	2014	2015	2016	2017	2018	2019
석탄 생산	3,315	2,920	2,540	2,100	1,860	2,250	2,190	2,280	2,468	2,506	2,500	2,580	2,660	2,709	2,749	3,106	2,166	1,808	2,021
원유 도입	18,472	11,142	6,670	6,861	3,694	2,851	4,376	3,900	3,841	3,878	3,870	3,834	4,237	3,885	3,885	3,885	3,885	3,885	3,885
발전량	277	247	231	213	170	194	190	206	225	255	237	215	221	216	190	239	235	249	238

자료: 통계청, 『북한의 주요통계지표』; 통일부, 『2021 북한 이해』.

[그림 5-3] 북한의 에너지 공급 추이

북한의 석탄 공급량은 1990년대를 기준으로 1998년에는 56%까지 하락 후 2016년도에 이르러 약 94% 수준까지 회복되었다. 전력생산량은 1998년도에 1990년 대비 61% 수준까지 감소되었다가 2016년도에 약 87% 수준까지 회복되었으나, 2017년에는 다시 약 65% 수준으로 하락하였다. 한편, 원유도입량은

20) 통일부, 『2021 북한 이해』, 2021, 통일부, p.169.

2019년 현재 1990년 대비 약 21% 수준에 머무르고 있으며, 이는 대북제재 영향으로 추정된다.

북한은 1990년대 이후부터 원유도입의 대부분을 중국에 의존하고 있지만 1992년부터 중국은 북한에게 경화결제 방식을 요구함으로써 북한으로서는 최소한도의 원유만을 도입하고 있다. 북한이 현재 도입하고 있는 300만 배럴 대 수준의 원유는 군 경제와 관련된 산업 및 기간산업 부문, 수송·운송 분야, 석탄 화력발전소에서의 착화용으로 이용되고, 북한 가계의 난방용 및 취사용 목적 비중은 낮을 것으로 추정된다.

북한은 2000년대 들어서 '에너지문제 해결 3개년 계획(2003~2005년)'을 세우고, 북창, 평양 화력발전소 등 핵심 석탄 화력발전소들의 노후화된 발전설비들의 교체 및 기술개건·보수, 전력 및 석탄 생산에 자본·노동력·수송 등의 집중 재정배분, 일부 탄갱의 기술개선 및 설비 현대화 등의 정책들을 시행하였다. 또한 메탄가스 등 대용연료의 개발 및 풍력·태양열·조력 등 대체에너지의 활용도 모색하고 있다.

그러나 북한의 이러한 노력들은 에너지문제를 근본적으로 해결하기 어려운 미봉책들이다. 북한이 전력문제 해결의 주요 핵심으로 의존하고 있는 수력발전소들은 강우량에 의존하므로 안정적으로 산업생산 부문에 전기를 공급해 주기 어려울 뿐만 아니라 대부분 자체 제작된 발전설비들을 사용하면서 효율성이 떨어질 수밖에 없다. 북한의 에너지 부족 문제는 국제사회와의 본격적인 경제협력을 통해서 해결이 가능할 것으로 여겨진다. 하지만 이는 핵문제가 해결되지 않고 있는 현 상황에서는 단기간 안에는 해결하기 어려운 문제로 남아 있을 것으로 예상된다.

4. 경제체제와 발전전략의 변화

1) 사회주의 경제체제와 중앙집중적 계획경제

북한의 경제체제는 기본적으로 사회주의 소유제도에 토대를 둔 계획경제 체제이며 유일적인 지휘에 따라 움직이는 경제이다. 따라서 계획수립을 비롯한 모든 경제적 의사결정과 이에 필요한 정보의 흐름이 중앙당국에 집중되어 있으며 하부조직은 중앙의 명령에 절대적으로 복종하도록 되어 있어 '중앙집권적 명령(지령)경제체제'라고도 한다. 하지만 1990년대 이후 재정의 위기로 '계획의 일원화·세부화 원리'에 따른 중앙집중적인 계획화 자체가 한계에 부딪치면서 과거의 엄격한 관리 시스템으로 작동되지 않고 있다.

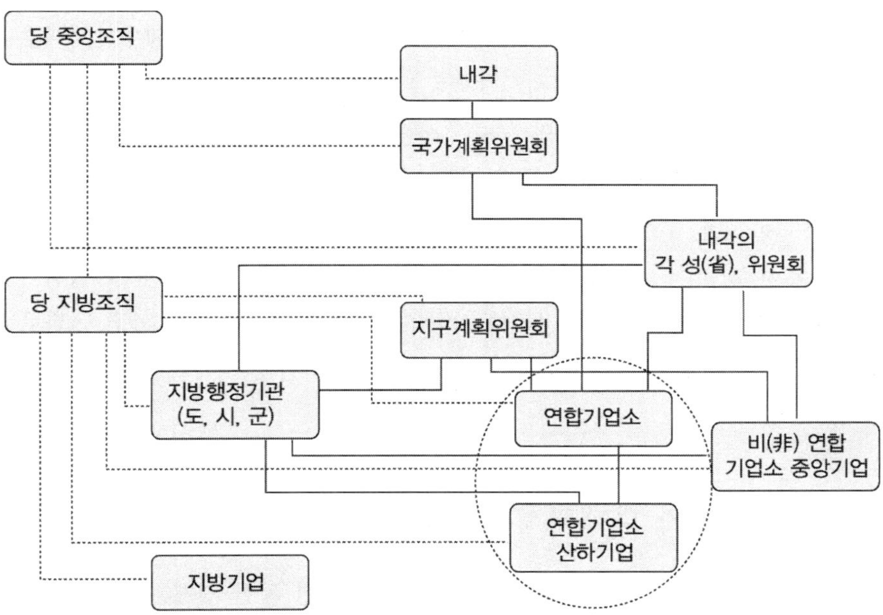

자료: 양문수(2020).
주 : 실선은 행정의 지도관계, 점선은 당의 지도관계.

[그림 5-4] 북한의 계획관리 기구

북한은 1990년대 고난의 행군시기를 거쳐 오면서 사회주의 헌법 개정 이후 최근까지 사회단체와 개인의 소유 범위를 부분적으로 확대해 오고 있다. '합법적 경리활동을 통해 얻은 수입'의 개인 소유 및 상속을 인정함으로써 경제난 이후 확산되고 있는 개인밭(소토지) 경작물, 상설 종합시장에서 장사활동을 통해 획득한 수입, 발명과 같은 지적 재산으로 얻은 수입 등도 개인 소유 대상으로 확대하고 있다.

2) 경제발전 전략 변화

북한은 1960년대 사회주의 공업화를 본격화하면서 국가 경제의 거시 재생산 체계를 자체적으로 해결하고자 하는 '자립적 민족경제 건설 노선', '중공업 우선 발전 노선', '경제·국방 병진노선' 등을 주요 경제정책 기조로 삼아 경제발전을 추진해왔다. '자립적 민족경제 건설 노선'은 국가 경제의 거시 재생산체계를 자체적으로 해결하고자 하는 정책이다. '중공업 우선 발전 노선'은 국가의 공업화 중심을 중공업의 선차적 발전에 두는 정책이다. 이는 자립적 공업체계를 확립하고자 하는 사회주의 공업화 노선의 일환이다. '경제·국방 건설 병진노선'은 경제발전과 군사력 강화를 동시에 추구하는 노선이다. 이는 북한의 산업을 군산복합형으로 조성하고 북한 경제 내에 인민경제 외에 이른바 '군 경제'를 독립적 경제구조로 정착시킨 정책이다. 북한은 1990년대 이후 대내외경제 환경 변화로 인해 이 정책 기조들을 부분 수정하고 있지만, 본질적인 정책 기조 변화를 시도하지 않고 있다.

3) 북한경제의 대내외적 구조적 문제

중앙집중식 계획경제와 사회주의 소유제로 출발한 북한 경제는 1950년대까지 고도성장을 이루어내면서 아시아 제2의 공업 강국으로 부상하기도 하였다. 하지만 1960년대부터 성장이 둔화되고, 1970년대 후반부터는 본격적으로 하락하기 시작하면서 현재까지 40여 년간 장기 침체로 이어지고 있다. 이러한 장기침체의 주된 원인은 과도한 군사비 지출과 사회주의권 붕괴로 인한 무역체계 단절 등이다. 이 외에 사회주의경제의 경직성으로 실리적 유효성 저하, 국가 경제정책의 정치에 의한 왜곡 등을 들 수 있다. 결국 경제개발 전략은 유효성과 기능이 저하된 상태로 그럭저럭 이어져 오는 만성적인 침체상황에서 대외적 요인이 겹치면서 다시 초기 경제발전 전략으로 되돌아가려는 강한 관성이 나타나면서 악순환이 반복되고 있다.[21)]

북한의 핵심 경제구조인 집권적 계획경제는 경제의 규모가 작고 비교적 단순한 단계에서 대량의 인적·물적 자원을 특정 전략부문에 집중 투입하여 단기간에 공업화를 달성하는 데 적합하다. 하지만 경제규모가 커지고 경제의 연관성이 복잡해지는 단계에 들어서면 그 유효성은 크게 하락하고, 이는 산업적 비효율성으로 나타날 수밖에 없다. 한편 1970년대 이후 북한은 급속한 공업화 드라이브, 무역정책의 실패, 오일쇼크, 도입차관의 만기도래 등이 겹치면서 외화부족 사태를 초래하게 되었다. 이러한 상황에서 사회주의권 붕괴는 북한의 수출·수입 부진의 결정적인 영향을 끼치게 된다. 수입부진은 에너지 부족으로 이어지고 이로 인한 물자부족 사태가 겹치면서 현재에 이르고 있다.

4) 김정은 정권의 경제발전 계획과 한계

김정은 정권은 집권 초기 '경제·핵무력 병진노선'을 경제정책의 기조로 채택하였다. 당시 북한은 현 시대에서는 핵무력 강화가 '혁명발전의 합법칙적 요구'이므로 이를 결코 포기하지 않고 지속시켜 나갈 것이며, 경제건설도 동시에 병행할 것이라고 주장하였다. 그러나 김정은 정권의 경제정책 기조인 병진노선은 사실상 국방 부문에 대한 과잉 예산배분으로 산업부문의 불균형과 소비재산업 발전을 위축시켰으며, 국제적인 대북제재를 초래하여 경제적 어려움을 더욱 가중시켰다.

2018년 4월 20일 당중앙위원회 제7기 제3차 전원회의에서 혁명발전의 새로운 높은 단계의 요구에 맞게 '사회주의 경제건설에 총력을 집중할 것'이라는, 새로

21) 양문수(2014), pp.403-417.

운 전략노선을 공표하였다.[22] '경제건설 집중' 노선의 당면 목표로 경제발전 5개년 전략 기간 중에(2016~2020년) 공장·기업소의 생산 정상화를 실현할 것과, 장기목표로는 경제의 주체화·현대화·정보화·과학화를 높은 수준에서 달성할 것을 강조하였다. 이를 위해 첫째, 전력문제의 해결, 둘째, 석탄·금속·철도 운수부문의 획기적인 발전, 셋째, 기계·화학·건설·건재공업 부분의 발전, 넷째, 농업·수산업·경공업부문의 발전, 다섯째, 대외무역·합영, 합작·경제개발구 등 대외경제관계의 확대 발전, 여섯째, 사회주의 기업 책임관리제의 실효성 제고를 목표로 하였다.

이러한 목표를 2020년 당 창건 75주년을 맞아 완성하려 하였으며 이를 위해 '정면돌파'(2019.12.28.~12.31. 당중앙위원회 제7기 제5차 전원회의)와 '자력갱생'을 전면에 내세웠다. 그러나 경제제재와 자연재해, 코로나19까지 겹치면서 북한의 경제목표 달성은 차질을 빚게 되었다.

5) 북한 경제의 시장과 국가의 이중적 구조

1990년대 이후 계획기능이 원활하게 작동되지 못하고 시장화 현상이 확산되면서, 북한은 1998년 사회주의 헌법 개정 이후 최근까지 사회단체와 개인의 소유 범위를 부분적으로 확대해오고 있다. 시장경제 활동을 통한 주민들의 부의 축적 현상은 장사 및 각종의 개인 경제활동을 통해 벌어들인 돈을 화폐적 자산으로 보유하고, 이를 가동 및 운영이 중단된 공장·기업소, 상업기관 등에 투자함으로써 사실상 생산수단을 개인적으로 소유하는 현상으로 이어진다. 제도적으로 주택과 같은 부동산의 사적 소유가 인정되지 않지만, 당국의 묵인 하에 주택의 사적 거래도 이루어지고 있다.

---

22) '사회주의 경제건설에 총력을 집중할 것'이라는 새로운 전략은 김정은 정권의 초기 정책기조인 경제·핵무력 병진노선의 실패로부터 개선된 정책 기조라기보다, 핵무력의 완성단계에서 경제에 집중하고자 하는 정책적 의지의 반영이라는 의견이 지배적이다.

평양 통일거리 종합시장 지방의 장마당

자료: 통일부, 『2021 북한 이해』.

[그림 5-5] 북한의 주요 시장

주민들이 '국가주택 이용 허가증'(입사증)을 뇌물을 주고 관할기관에 명의 변경하는 방식으로 주택을 사고팔고 함으로써 주택의 사적 소유화 현상이 부분적으로 나타나고 있는 것이다. 북한이탈주민에 따르면, 현재 북한 주민들은 소토지, 살림집, 매대를 '3대 재산권' 대상으로 인식하고 있다고 한다.

한편, 북한의 경제는 1990년대 이후 과거의 엄격한 중앙집중적·계획적 관리 시스템으로 작동되지 않는다. 재정 위기로 '계획의 일원화·세부화 원리'에 따른 중앙집중적인 계획화 자체가 한계에 부딪쳤기 때문이다.

2002년 7.1조치 이후 북한은 전략적으로 의의가 있고 국가적으로 해결해야 하는 중요 지표들(국방공업, 기간산업, 선행 경제부문들의 경제지표)만 중앙의 국가계획위원회에서 계획적으로 관리하고 있다. 그 외의 경제지표(지방지표, 기업소지표) 들은 해당 기관이나 공장·기업소에서 자체 계획을 세워 생산하도록 하고, 그 결과에 대해서는 현물계획에서 액상(금액)계획 달성으로 전환하여 운용하는 것을 허용하고 있다.

김정은 정권은 2014년 이른바 '5.30 조치'를 통해 '사회주의기업 책임관리제'를 도입하고, 「사회주의 기업소법」도 2014년, 2015년 두 차례 개정하면서 사실상 시장을 활용해 이루어졌던 계획지표 달성 활동을 제도적으로 부분 공식화하고 있다. 즉 지배인의 자율적 경영지표를 확대해주고 시장을 활용한 기업 자체의 계획도 부분 인정하는 분권적 조치를 취하고 있는 것이다.

북한이탈주민들에 따르면, 시장화 현상 확산 이후 북한의 공장·기업소들은 형식적으로는 국가계획을 수행한다는 합법적 명분을 내세워 시장경제 활동을 행하고, 여기서 벌어들인 소득으로 금액지표를 납부하는 현상이 증가하는 추세라고 한다.

따라서 현재의 북한 사회주의 경제체제는 제도상 사회주의 소유제도와 계획경제 시스템을 유지하고 있지만 현실 경제에서는 시장화 현상이 확대되어 계획과 시장이 병존하는 혼종, 또는 이중 구조적 특징을 나타내고 있다.

제3절 북한의 대외무역과 대외개방

1. 북한의 대외무역

1) 무역 규모 및 상대국

냉전시대에 북한경제는 자립경제발전 노선, 사회주의 우호무역 방식에 의한 구소련으로부터의 원유 등 전략물자 수입 등의 영향으로 대외무역 의존도가 낮은 수준이었다. 북한의 대외경제관계는 북한 내수시장에서 생산되지 않는 생산요소들의 수입을 위해 최소수준으로 유지되었다. 경제난 이전의 북한의 무역액은 1990년 42억 달러가 가장 높은 규모였다. 그러나 1990년대 구소련의 체제전환과 중국의 개혁·개방으로 북한의 대외무역은 1998년 14.4억 달러까지 추락하였다. 북한의 대외무역은 2000년대 이후 점진적으로 회복세를 나타내면서 2016년 65.4억 달러로 여타 경제부문과 달리 1990년대 이전 보다 증가세를 나타냈다.

(단위: 백만불)

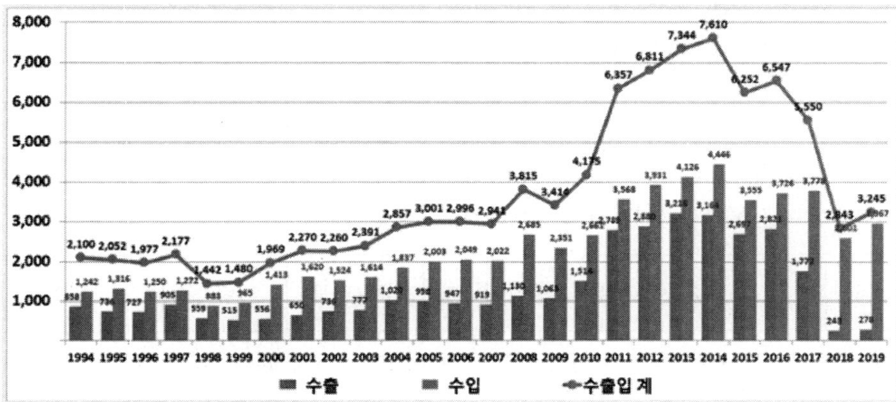

자료: 통일부, 「북한정보포털」 https://nkinfo.unikorea.go.kr

[그림 5-6] 남북교역을 제외한 북한의 대외무역 규모 추이

그러나 2016년부터 2017년까지 6차례 UN안보리 제재 결의 이후 2017년부터 무역액이 감소세를 보이고 있다.

북한의 대외무역 국가별 비중에서 중국의 비중은 압도적이다. 중국은 2019년 현재 북한의 무역 총액인 32.4억 달러 중 95.36%인 30.9억 달러를 차지하고 있다. 2위는 러시아로 0.48억 달러(1.48%), 3위는 베트남 0.28억 달러(0.9%)이며 인도, 브라질, 방글라데시, 스위스, 파키스탄, 남아공, 나이지리아 순으로 나타났다."[23]

〈표 5-6〉 북한의 대중국 무역 비중 변화

(단위: %)

년도	'09	'10	'11	'12	'13	'14	'15	'16	'17	'18	'19
비중	78.5	83.0	89.1	88.3	89.1	90.2	91.3	92.5	94.8	95.8	95.4

자료: 통일부, "대외경제", 「북한정보포털」 https://nkinfo.unikorea.go.kr

〈표 5-7〉 북한의 주요 5개 품목의 대중국 교역 현황

구분	2017년		2018년		2019년	
	수출	수입	수출	수입	수출	수입
1	의류 (면류 외)	광물성 연료	휴대용기계 무브먼트	대두유	휴대용기계 무브먼트	인조섬유
2	광물성 연료	전기기기	합금철	인조섬유	합금철	대두유
3	광, 슬랙, 회	보일러·기계류	가발류	질소비료	가발류	쌀
4	수산물	플라스틱	텅스텐	밀가루	전시용기구, 모형	시계부품
5	과실, 견과류	인조섬유	전기에너지	의류(편물)	텅스텐	밀가루

자료: 통일부, "대외경제", 「북한정보포털」 https://nkinfo.unikorea.go.kr
주 : 노란색 표시 품목은 대북경제제재에 따른 수출·입 금지 및 제한 품목.

23) 통일부, 「대외경제」(북한정보포털」 https://nkinfo.unikorea.go.kr)

2) 2019년 무역 동향[24)]

2019년 북한의 대외무역(남북교역 제외) 규모는 전년대비 14.1% 증가한 32.4억 달러를 기록하였다. 이는 2016년 이후 3년 만에 증가세로 전환한 것이다. 수출은 대북 제재의 영향으로 큰 폭의 감소세를 보인 전년도 기저효과로 인해 전년대비 14.4% 증가한 2.8억 달러를 기록했으며, 수입도 14.1% 증가한 29.7억 달러를 기록하였다. 무역수지는 전년대비 3.3억 달러 증가하여 26.9억 달러 적자를 기록하였다.

최근 북한의 최대 수출품목은 시계 및 부분품(HS 91)으로 2019년도 기준 전체 수출에서 차지하는 비중은 17.8%(49백만 달러)이며, 전년도 최대 수출 품목이었던 철강(HS 72)은 12.7%(35백만 달러) 차지하였다. 최대 수입품목은 원유· 정제유 등 광물성연료(HS 27)로 전체 수입의 11.7%(3.5억 달러) 비중이며, 그 뒤를 이어 플라스틱 및 관련 제품 (HS 39)이 9.3%(2.7억 달러) 차지하였다.

대분류 기준 북한 최대 수출품목은 광학·정밀기기류(HS 90-92)로 2019년 현재 전년대비 53.2% 증가한 6,934만 달러 수출을 기록했으며, 신발·모자류(HS 64-67류)가 4,152만 달러 수출로 그 뒤를 이었다. 최대 수입품목은 섬유 제품류(HS 50-63)로 전년대비 23.6% 증가한 6.6억 달러를 수입했으며, 유지 및 조제식품류(HS 15-24)가 4억 달러를 수입하며 수입 상위 2위에 올랐다.

북한의 중국에 대한 무역 의존도는 2019년 기준 전년대비 소폭 하락한 95.4%를 기록했으나 2년 연속 95%를 상회하는 중국 편중현상이 지속되고 있다. 對중국 수출은 2.2억 달러로 전년대비 10.7% 증가했으며, 수입도 28.8억 달러(원유수입 추정치 반영 기준)로 전년대비 13.9% 증가하였다. 10대 교역국 중 아시아 국가는 총 5개국이며, 교역 비중은 2019년 기준 전년도 97.2%에서 97.0%로 소폭 축소되었으나 금액 면에서 절대적 비중을 차지하는 중국으로 인해 아시아 지역 편중 현상은 계속되고 있다.

북한의 대외무역 의존도를 수출입 대비 GDP(국내총생산)로 나타내면 2019년

24) 북한의 대외무역에 관한 통계 등에 관한 자료는 KOTRA, 「2019 북한 대외무역 동향」, KOTRA자료 20-187, 2020를 인용하였다.

시점으로 북한의 대외무역 의존도는 총 GDP 28,214,910 달러[25]를 기준으로 수출에서 3,244,944천 달러로 0.98%(남한 32.94%), 수입에서 10.5%(남한 30.57%)로 나타났다.[26] 북한의 무역의존도는 남한에 비해 월등히 낮지만 수입의 10.5%에는 산업투입요소 중 필수 요소인 기초 원부자재 비율이 높은 비율로 나타나면서 실질적인 경제운영에 있어서 대외무역의존도가 높다고 할 수 있다.

2. 북한의 대외 경제정책과 경제특구

1) 북한의 대외 경제정책

북한은 대외경제정책을 국가독점의 원칙, 자급자족경제의 원칙, 호혜평등의 원칙에 입각하여 자립경제 완성을 위한 보조적인 수단으로 간주해 왔다. 국가독점의 원칙이란 사회주의적 소유에 기초하여 모든 대외경제활동을 국가의 직접적 혹은 통일적인 통제와 사전적 계획 하에 집행한다는 것이며, 자급자족의 원칙은 대외경제기능을 계획경제의 추진을 위하여 부족한 물자 조달을 위한 역할로 국한시킨다는 의미이다.

호혜평등의 원칙은 자본주의국가들과의 모든 무역관계를 선·후진국간의 불균등 교환을 통한 약탈적 관계로 인식하고, 북한과 정치적·사상적 공감대를 형성하고 있는 사회주의국가들과의 교류·협력을 중심으로 대외경제정책을 운영하겠다는 것이다. 이 같은 폐쇄적·소극적 대외경제정책 추진으로 북한의 대외무역은 국제 분업에 의한 무역의 이익과 효율성이 경시되었을 뿐 아니라 수출은 주로 수입에 필요한 외화획득 목적으로 추진되었다.

북한의 대외경제정책은 시기별로 1960년대까지는 사회주의 국가로부터의 유·무상 원조정책을, 1970년대는 선진자본주의국가로부터의 차관 도입정책(기술 포함)을, 1980년대와 1990년대는 각각 합영법과 경제특구에 의한 외자유치정책

25) 통계청 데이터인 2019년 북한의 총 GDP 32,918.9십억 원에 대해 2019년 대미 평균환율 1,166.72원(우리은행)을 적용하였다.

26) 통계청, “무역의존도(수출입의 대 GDP 비율)”, http://kosis.kr

으로 구분할 수 있다. 2000년 이후에는 대내적으로 자본주의 풍토를 배격하면서도 대외적으로는 자본주의 경제 질서에 대한 편입노력을 적극 전개하고 있으며, 대외무역 활성화 및 경제개방 확대를 위한 노력을 경주하는 등 변화된 국제환경에 부응하려는 시도를 하고 있다.[27)]

2) 북한의 경제특구 정책

북한은 1990년 사회주의 경제권의 붕괴로 산업간 연결 관계의 단절 현상이 야기되자 대외경제 개방을 모색하기 시작했다. 그러나 개혁·개방을 체제 위협 요인으로 인식하는 북한은 "문은 열되 모기장을 치고 연다."는 의미의 '모기장식 개방론'을 내세우고 1991년 12월 처음으로 함경북도 최북단 항구 도시인 라진·선봉을 경제특구로 지정하고 외국인 투자 관련법 등을 제정하였다. 라진·선봉 경제특구를 중계무역, 수출 가공, 관광 및 금융 중개 기능을 수행하는 국제 교류의 거점으로 육성할 목적으로 총 투자 건수 119개에 47억여달러를 유치하는 계획을 세웠지만, 2000년 12월말까지 이 지역에 대한 투자는 약 1억 2,000만 달러에 불과했다. 그나마도 대부분 호텔, 식당, 카지노, 운수업, 상업 등 서비스 분야에 편중되었다. 투자자도 화교 자본이 약 70%, 조총련 자본이 약 20%를 차지하여 서방 자본의 투자는 미미 하였다.

2000년대 들어오면서 북한은 자력으로는 1990년대 붕괴된 산업 경제를 정상화시킬 수 없음을 인식하고 변방의 경제특구를 확대 해 나갔다. 2002년 7.1 조치를 시행하면서 「신의주특별행정기본법」, 「개성공업지구법」, 「금강산관광지구법」 등을 제정하여 라진·선봉 경제특구와 신의주·개성·금강산까지 합해 4대 경제특구를 지정하였다.

신의주는 특수 행정 단위로 중앙의 관할 아래에 두지만 자율적인 입법권, 사법권, 행정권을 부여하려고 했다. 정치제도 면에서는 홍콩식을, 경제특구 제도 면에서는 사회주의 계획경제 토양 위에 시장 경제 제도를 도입한 중국의 심천특구를 선별 혼합한 방식의 내용을 각각 담고 있었다. 그러나 북한이 당시 계획

27) 통일연구원, 『2009 북한 개요』, pp.288.

한 '신의주특별행정구'는 중국의 초대 행정관으로 임명된 화교 사업가 양빈이 중국 당국에 탈세 혐의로 체포 되면서 무산되었다. 개성공업지구와 금강산관광지구는 남한 자본이 단독 투자·개발하는 형태의 특구로 개설되어 가동되었다. 그러나 금강산관광은 관광객 피격사건으로 2008년 8월에 중단되었고, 개성공단은 2016년 2월 중단되었다.

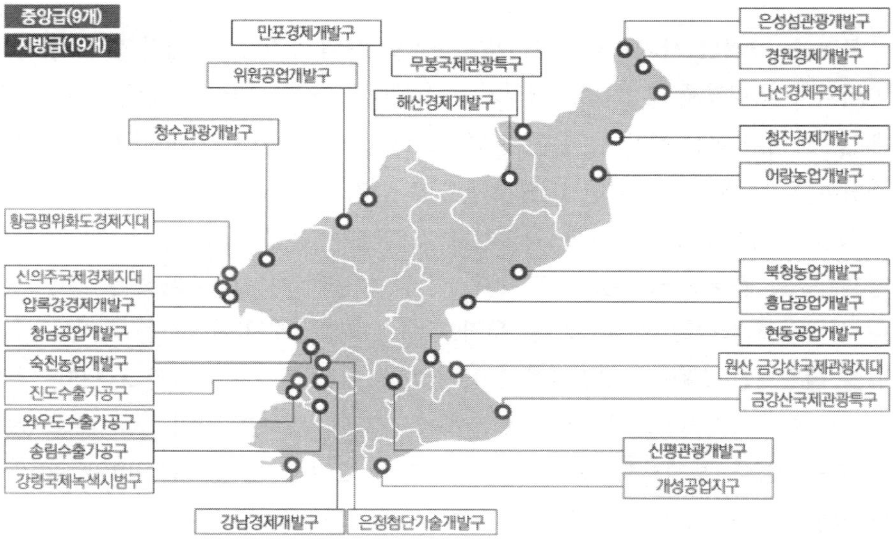

자료: 통일부, 『2021 북한 이해』.

[그림 5-7] 북한의 경제특구 및 경제개발구

김정은 정권은 나선, 황금평·위화도, 금강산, 개성공업지구 등 4대 중앙 특구 외에 지방에도 경제개발구를 개발하고 있다. 2013년 5월 29일 「경제개발구법」을 제정하고, 순차적으로 경제개발구 설치를 발표함으로써 현재 중앙급 9개와 지방급 19개 경제개발구 등 총 28개의 경제개발구를 설치하고 있다. 이중 공업개발구 4개, 농업개발구 3개, 관광개발구 6개, 수출가공구 3개, 첨단기술개발구 1개 등이 있다.

김정은 정권의 경제개발구 추진은 기존 북한의 대외개방 정책보다 확대된 내용들을 보여주고 있다. 우선, 중국식 경제특구 정책인 경제특구·개발구를 중앙급, 지방급으로 이원화하고 있다. 또한 기존의 종합경제특구 정책에서 벗어나 각 지방 정부들이 보유한 비교 우위 요소를 기초로 특화된 경제개발구들을 추진하고 있다. 그리고 경제개발구 지대 밖의 북한 기업이 새로운 경제특구·경제개발구에 진출할 수 있게 하고(경제개발구법 제20조), 지대 내의 외국 자본이 지대 밖의 북한 기업들과 연계될 수 있도록(경제개발구 기업 창설 규정 제21조) 제도화하였다. 기존 라진 및 개성공단에 진출한 기업들은 지대 밖 북한의 기업들과 위탁가공 내지는 생산 공정의 분업관계를 맺기 어려웠던 점을 개선하고자 노력하였다.

김정은 정권의 이러한 경제개발구 정책은 2013년 경제개발구 신설을 선포 한 이후 제대로 추진되지 못하고 있는데 이는 4차례에 걸친 핵실험과 다수의 미사일 발사 시험을 강행한 것이 주요 원인이다. 또한 국제사회의 대북제재 강화와 함께 시장 개혁 지체, 개성공단의 중단, 전력 부족과 열악한 인프라, 낙후된 물류체계 등이 겹쳐 경제개발구 추진을 어렵게 만들고 있다.[28)]

3) 북한의 대중국 개방 확대

북한은 2010년 천안함 폭침 이후 남한의 5.24 조치에 의해 남북 경협이 위축되자, 대중국 개방을 더욱 확대하는 조치를 취하고 외화를 확보하는 방향으로 대외 경제정책을 변화시켰다. 2010년 라선시를 특별시로 격상시키고, 2011년 황금평·위화도를 새로운 경제특구로 지정했으며, 라선·황금평·위화도를 중국과 함께 공동 개발하고자 하는 정책을 추진했다. 2011년 북한 장성택과 중국 상무부 장관이 참여하는 공동 착공식을 개최하고 '조·중 라선 경제 무역지대와 황금평 경제지대 공동개발 총 계획 요강'이라는 공동개발 청사진을 발표했다. 또한 중국의 동북 3성 지역과 북한 북부 접경지역 간 교량, 도로, 철도 등 인프라를 연결 및 증축하는 데 합의하였다.

28) 통일부, 『2021 북한 이해』, pp.191-198.

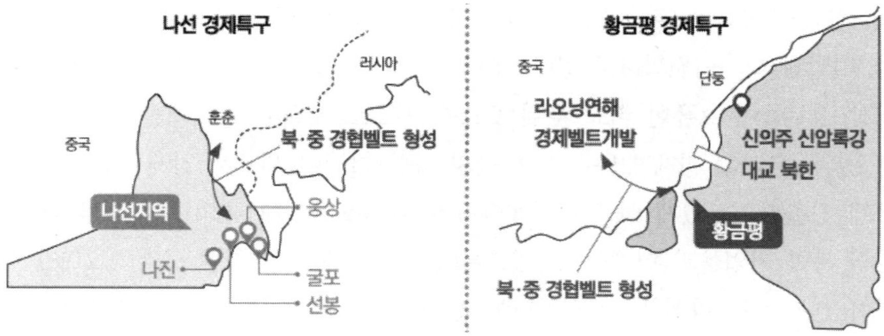

자료: 통일부, 『2021 북한 이해』.

[그림 5-8] 라선·황금평 경제특구

하지만 2013년 12월 북·중 접경지역 경제특구 업무를 담당했던 장성택 숙청과 계속되는 북한의 핵실험 및 국제사회의 대북제재 강화로 인해 양 지역 경제특구 공동개발은 답보 상태에 머물고 있다. 라선 경제특구의 경우 북·중 간 합의된 소규모의 프로젝트만 몇 개 추진되었다. 즉 중국이 사용하는 라진항 1호 부두 개보수 및 창고 건설, 북한 원정리 세관과 라진항 간 도로 확장(2차선→4차선), 길림성-라선시 간 고효율 농업시범구 협력사업 일부 등만 전개되었을 뿐이다. 중국의 라선 경제특구 내 자본 투자는 주로 식당·가라오케·숙박업·물류업 등 서비스 업종 위주이고, 인프라 및 제조업 부문 투자는 적극 추진되지 않고 있다. 중국은 라선 경제특구의 개발보다는 라진항을 이용해 자국 남방 지역으로의 물류 이동에 필요한 원정리-라진 간 도로 확장·개선과 제2두만강대교 건설에 주력해왔다.

북한 발표에 따르면 2013년 5월까지 라선 경제특구의 외자 유치는 약 4.1억 유로(약 4.8억 달러)에 불과했다. 중국은 북·중 경제특구 공동개발에는 소극적으로 대응했지만, 2011년 북·중 간 합의되었던 통상구 연결 다리와 도로의 개보수 및 신설은 자국의 필요에 따라 꾸준히 추진해오고 있다. 즉 국제사회의 대북제재가 점진적으로 강화되고 있는 상황에서도 신압록강대교를 건설하고 신두만강대교를 개통(2016년)하는 한편, 중국 집안-북한 만포 간 다리 및 철로를 신축(2019년)하였으며, 현재는 중국 도문-북한 남양 간 다리를 새롭게 건설 중이다.

그 결과 최근 2~3년 사이 통상구 다리를 이용한 중국인의 대북 자가용 관광, 1일 혹은 반나절 관광 등이 진행되고 있다.[29]

자료: 통일부, 『2021 북한 이해』.

[그림 5-9] 신압록강대교('15년 2월)와 집안-만포간 철로('17년 7월)

제4절 남북 경제협력

1. 남북 경제협력 전개과정[30]

1) 경제협력의 시작

남북간 경제교류는 1988년「7·7 선언」이후 같은 해 (주)대우가 홍콩 중개상을 통해 북한의 도자기 519점에 대한 정부의 반입 승인을 받으면서 시작되었다. 이후 남북 경제교류는 일반교역, 위탁가공교역, 직접투자 순으로 발전해 왔다. 남북교역 시작 당시에는 단순 상품교역만 이루어졌으나, 이후 남측이 원부자재

29) 통일부, 『2021 북한 이해』, pp.191-198.
30) 통일부, 『2021 북한 이해』를 토대로 작성하였다.

와 설비를 제공하고, 북측에서 가공하여 완제품을 들여오는 위탁가공 교역이 모색되었다. 위탁가공 교역은 남북의 필요와 장점을 살린 초보적인 형태의 경제협력사업이라 할 수 있으며, 이는 본격적인 대북 직접투자로 이어졌다.

1990년 8월 '남북교류 협력에 관한 법률'과 '남북협력기금법'이 제정되면서 1994년과 1998년 두 차례에 걸쳐 '남북 경제협력 활성화 조치'가 발표됨으로써 민간 경제협력이 확대될 수 있는 기반을 마련하였다. 이러한 제도적 기반 위에서 2000년대 남북 당국 간에 본격적인 대화가 시작되었고 당국 차원의 경제협력 사업을 추진하게 되었다.

2) 철도·도로 협력

남북 간 철도·도로 연결은 모든 협력의 기본 인프라이다. 인적교류와 물류이동의 가장 기본적인 인프라이면서 장차 한반도와 대륙과의 원활한 교류 협력의 기반이 될 수 있다. 2000년 남북정상회담 이후 추진된 남북 철도·도로 연결 사업에서 도로는 2002년 9월 18일 착공식을 개최하면서 공식적으로 착수되었다. 도로의 경우 2004년 10월 경의선과 동해선의 남북 연결공사가 완료되어 개성공단과 금강산관광지구 방문 등 남북 왕래시 이용되었다.

철도는 2007년 5월 17일 남북 열차 시험운행이 실시되었으며, 2007년 남북정상회담과 총리회담 합의에 따라 2007년 12월 11일부터 경의선 남측 도라산역과 북측 판문역 간에 남북 화물열차를 정례적으로 운행하였다. 그러나 2008년 12월 1일 북한의 육로 통행 제한조치에 따라 남북 간 화물열차 운행은 중단되었다.

2018년 남북은 「판문점선언」에서 동해선·경의선 철도·도로 연결 및 현대화에 합의하고, 후속조치로 열린 철도협력 분과회담(6.26.), 도로협력 분과회담(6.28.)에서 '남북철도 연결구간'에 대한 공동점검 및 철도·도로 '북측구간 현지 공동조사' 등에 합의하였다.

합의사항 이행을 위하여 철도의 경우 동해선은 2018년 7월 20일, 경의선은 7월 24일에 공동점검을, 11월 30일부터 12월 17일까지 경의선·동해선에 대한 현지 공동조사를 실시하였다. 도로의 경우에는 8월 13일부터 8월 20일까지 경의선 현지 공동조사를, 12월 21일부터 12월 23일까지 동해선 현장 점검을, 12월 24일 경의선 현장 점검을 진행하였다.

남북은 「평양공동선언」에서 연내 '철도·도로 연결 착공식 개최'에 합의하고 2018년 10월 15일 남북고위급회담에서 시기 등을 협의한 후 12월 26일 북측 판문역에서 '경의선·동해선 철도·도로 연결 및 현대화 착공식'을 개최하였다. 또한 2019년 2월 25일 경의선·동해선 철도 현지 공동조사 결과보고서, 철길 관련 종합 자료 등 철도·도로 협력 관련 자료를 남북공동 연락사무소를 통해 교환했다.

2018년 6월 7일 남한은 국제철도협력기구(OSJD, Organization for Cooperation of Railways) 29번째 회원국이 되었다. OSJD는 1956년 폴란드, 러시아, 중국, 북한 등 동유럽 및 아시아 국가를 중심으로 창설된 국제기구로 회원국을 관통하는 시베리아 횡단철도TSR, 중국 횡단철도TCR 등 국제철도의 운송정책과 전략 개발, 회원국 간 여객운송 협정 및 화물운송 협정 SMGS 등을 관장하고 있다. OSJD 회원국 가입으로 남한은 대륙철도 진출의 교두보를 확보하였으며, 향후 남북 간 실질적 경제협력이 이루어지고 한반도 종단철도가 현실화되면 유라시아 철도망과 서로 연결되어 주변국과의 경제협력이 더욱 강화될 것으로 기대된다.

3) 해운·물류 협력

남북교역 및 경협사업에 따른 물류가 증가하면서 2004년 5월 「'남북해운합의서'와 '남북해운합의서의 이행과 준수를 위한 부속합의서'」가 채택되었다. 동 합의서는 2005년 8월 1일 발효되어 남한의 인천·부산·속초 등과 북한의 남포·청진·나진 등을 연결하는 직항로가 개설되면서 제3국 국적선이 운항하던 항로에 남북의 국적선이 운항할 수 있게 되었다. 남북해운합의서 발효 이후 2013년까지 남북간 선박운항은 34,350회이며, 북한 선박은 남한 해역을 2,165회(제주해협 통과 866회 포함) 운항하였지만 2021년 3월 현재 양측 간 해운 통항은 중단된 상태다.

4) 농업 협력

남북농업협력은 2005년 8월 제1차 남북농업협력위원회에서 시범농장 조성운영, 종자정선시설 지원, 농업과학기술 분야 협력 등 5개항이 합의되면서 추진되었다. 그러나 북한의 소극적인 태도로 남북 당국간 농업협력이 여의치 않은 상황에서 남한 정부는 우선 민간전문단체를 통해 시범 공동영농사업을 추진하기로 했다. 이에 따라 (사)통일농수산사업단은 2005년에서 2007년까지 3년간 금강산 지역 삼일포금천리협동농장을 중심으로 공동영농단지를 조성하고, 이 지역의 성과를 바탕으로 2007년 개성지역으로까지 확대하였다. 그러나 2009년 제2차 북핵 실험 이후 남북농업협력사업은 중단된 상태이다.

5) 경공업 협력

남북간 경공업 및 지하자원개발 협력사업은 2006년 6월 제12차 경추위에서 「남북 경공업 및 지하자원개발 협력에 관한 합의서」를 채택하면서 시작되었다. 남측은 2007년 7월부터 2008년 3월까지 8,000만 달러 상당의 경공업 원자재(섬유, 신발, 비누 등)를 (현물로) 북한에 차관으로 제공하였다. 이에 대하여 북한은 지하자원으로 대가를 상환하기로 한 합의에 따라 2007년 12월부터 2008년 1월까지 초년도 3%(240만 달러)에 해당하는 아연괴 1,005톤을 상환하였다. 남은 97%는 5년 거치 10년 분할 상환조건에 따라 2014년 3월 첫 상환기일이 도래하였으나, 북한은 현재 원리금(860만불)을 연체중이다.

6) 경제협력 중단

2010년 5월 24일부터 남한 정부는 북한의 천안함 폭침 사건('10.3.26)에 대응하여 「①북한선박의 우리 해역 운항 전면 불허 ②남북교역 중단 ③우리 국민의 방북 불허 ④북한에 대한 신규투자 불허(개성공단 제외) ⑤인도적 차원의 대북 지원사업 원칙적 보류」 등의 조치(「5.24조치」)를 시행하고 있다.

2. 남북한 교역규모와 교류협력

1) 교역규모31)

(1) 물품 반출·입(건수, 품목수, 금액)

남북한 간 본격적인 교역이 시작된 1989년부터 2020년까지 반출·입 건수는 810,255건이다. 2012년까지 증가추세에 있다가 2013년에는 전년대비 약 1/2로 줄어든 것으로 나타났다. 이는 2013년 북한의 제3차 핵실험의 여파로 개성공단의 중단과 재개가 반복되었던 시기와 맞물린다. 2016년에 들어서 반출·입 모두 급격하게 감소하는데 이는 개성공단 중단에 따른 여파라고 할 수 있다.

〈표 5-8〉 연도별 남북교역 건수

(단위: 건수)

구분	'89~02년	2003년	2004년	2005년	2006년	2007년	2008년
반입	25,268	6,356	5,940	9,337	16,412	25,027	31,307
반출	22,732	4,853	6,953	11,828	17,039	26,731	36,202
계	48,000	11,209	12,893	21,165	33,451	51,758	67,445
구분	2009년	2010년	2011년	2012년	2013년	2014년	2015년
반입	37,307	39,800	33,762	36,504	20,566	38,460	45,640
반출	41,293	44,402	40,156	45,311	25,562	47,698	55,267
계	78,600	84,202	73,918	81,815	46,128	86,158	100,907
구분	2016년	2017년	2018년	2019년	2020년	계	
반입	5,352	1	212	49	2	377,238	
반출	6,072	3	487	385	43	433,017	
계	11,424	4	699	434	45	810,255	

자료: 통일부, 「주요사업통계」.

31) 남북간 교역통계는 통일부 "주요사업통계"를 이용하여 작성하였다. www.unikorea.go.kr/unikorea/business/statistics/

2017년 이후 남북 교역에 있어서 반입 액은 그다지 크지 않다. 다만 같은 시기 반출에 있어서 건수와 품목 수에서는 일정한 수치가 나타나지만 금액 면에서는 상대적으로 거의 나타나지 않는다. 이는 이 시기 북한으로의 반출이 인도적 지원 품이 다수였다는 것을 의미한다.

〈표 5-9〉 연도별 남북교역액

(단위: 백만 달러)

구분	'89∞02년	2003년	2004년	2005년	2006년	2007년	2008년
반입	2,066	289	258	340	520	765	932
반출	1,505	435	439	715	830	1,033	888
계	3,571	724	697	1,056	1,350	1,798	1,820
구분	2009년	2010년	2011년	2012년	2013년	2014년	2015년
반입	934	1,044	914	1,074	615	1,206	1,452
반출	745	868	800	897	521	1,136	1,262
계	1,679	1,912	1,714	1,971	1,136	2,343	2,714
구분	2016년	2017년	2018년	2019년	2020년	계	
반입	186	0	11	0	0	12,607	
반출	147	1	21	7	4	12,254	
계	333	1	31	7	4	24,861	

자료: 통일부, 「주요사업통계」.
주 : 반올림에 의해 년도 별 반입/반출의 합계와 전체금액의 합계가 다를 수 있음.

(2) 관광

금강산 관광은 1998년 11월 18일부터 현대의 금강호가 동해-장전항을 운항하면서 시작되었으며, 2003년 9월부터는 육로 관광이 실시되었다. 2007년에는 내금강 관광이 시작되는 등 사업이 지속적으로 확대되었으며, 2008년 7월 11일까지 누적 관광객이 193만 명을 기록했다.

자료: 통일부, 『2021 북한 이해』.

[그림 5-10] 개성관광 모습(선죽교)

〈표 5-10〉 남한의 대북 관광객 현황

(단위: 명)

구분		'98~'00년	2001년	2002년	2003년	2004년	2005년
금강산 관광	해로	371,637	57,879	84,727	38,306	449	-
	육로	-	-	-	36,028	267,971	298,247
	합계	371,637	57,879	84,727	74,334	268,420	298,247
개성관광		-	-	-	-	-	1,484
평양관광		-	-	-	1,019	-	1,280

구분		2006년	2007년	2008년	'09∽'20	계
금강산 관광	해로	-	-	-	-	552,998
	육로	234,446	345,006	199,966	-	1,381,664
	합계	234,446	345,006	199,966	-	1,934,662
개성관광		-	7,427	103,122	-	112,033
평양관광		-	-	-	-	2,299

자료: 통일부, 「주요사업통계」.

그러나 2008년 7월 11일 북측 군인의 총격에 의해 남측 관광객이 사망하는 사건이 발생하면서 7월 12일부터 금강산 관광은 잠정 중단되었다. 이후 북한은 2010년 금강산 지구 내 남측 자산을 몰수·동결하고, 2011년 「금강산 국제관광특구법」을 제정하였으며, 우리측 체류인원을 전원 추방하였다.[32)]

개성 관광은 2005년에 세 차례 시범관광이 실시된 후 2007년 12월 5일부터 본격적으로 시작되었으며, 2008년 11월 28일까지 누적 관광객 11만 명을 기록했다. 하지만 북한의 일방적인 중단조치로 2008년 11월 29일 개성 관광도 중단되었다.

2) 개성공단[33)]

개성공단 사업은 2000년 8월 남측 기업 (주)현대아산과 북측 기구 조선아시아태평양평화위원회 간 체결한 개발합의서를 계기로 시작되었다. 그러나 북한 지역에 위치한 곳에서 공단을 개발하기 위해서는 남북 당국 간 협조가 반드시 필요했기 때문에 정부 차원의 사업으로 협력단위가 확대되었다.

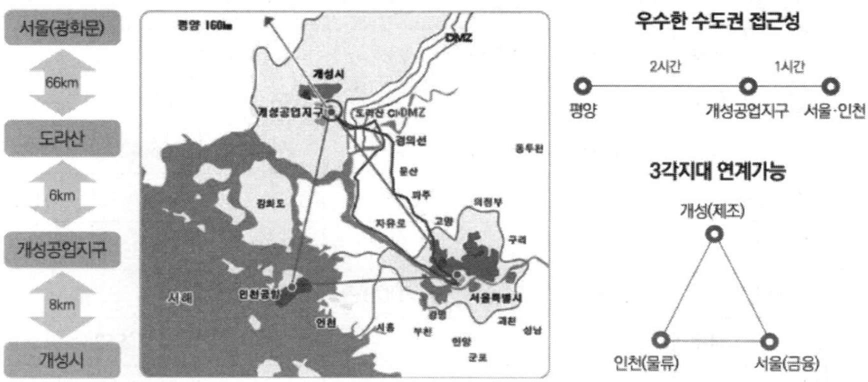

자료: 통일부, 『2021 북한 이해』, p.77.

[그림 5-11] 개성공단 위치 및 입지

---

32) 통일부, 『2021 북한 이해』, p.75.

33) 통일부, 『2021 북한 이해』를 토대로 작성하였다.

북한은 2002년 11월 「조선민주주의인민공화국 개성공업지구법」(이하 개성공업지구법)을 제정하였으며 「개성공업지구 개발규정」 등 하위규정을 지속적으로 정비하였다. 아울러 남북은 통행, 통관, 검역, 통신 및 투자보장 등 개성공단 개발과 경제협력에 관한 합의서들을 체결하였다.

2003년 6월 30일 개성공단 1단계(공장구역 100만 평 규모) 착공식을 거행하였고, 2007년 10월에는 1단계 기반시설을 준공하였다. 법제도적·물적 기반이 구축되어 감에 따라, 2004년 6월 시범단지 입주를 시작으로 공단 내에서 생산 활동을 희망하는 기업들이 입주하였다. 2004년 12월에는 개성공단에서 첫 제품을 생산하였으며, 2005년 본 단지 제1차 분양, 2007년 본 단지 제2차 분양을 실시하였다.

개성공단이 가동 중단된 2016년 2월 기준으로 개성공단에는 총 125개 기업이 입주하였으며 이 중 123개 기업이 생산시설을 가동하고 있었다. 개성공단에 입주한 기업들은 주로 섬유, 신발, 기계금속, 전기전자 등 노동집약적 산업이 주를 이루었다.

2016년 2월 가동이 중단된 시점에 개성공단 내에서 근무하는 북한 근로자는 약 5만 5,000명에 달했으며 개성공단에 상주하는 남측 근로자 주재원도 약 820여명이었다. 개성공단의 기업들은 연간 약 5억 6,000만 달러의 생산액을 기록하였고 개발 착수 이후 누적 총 32.3억 달러 이상의 생산액을 달성하였다.

[그림 5-12] 개성공단 전경

자료: 통일부, 『2021 북한 이해』.

(단위: 명, 만 달러)

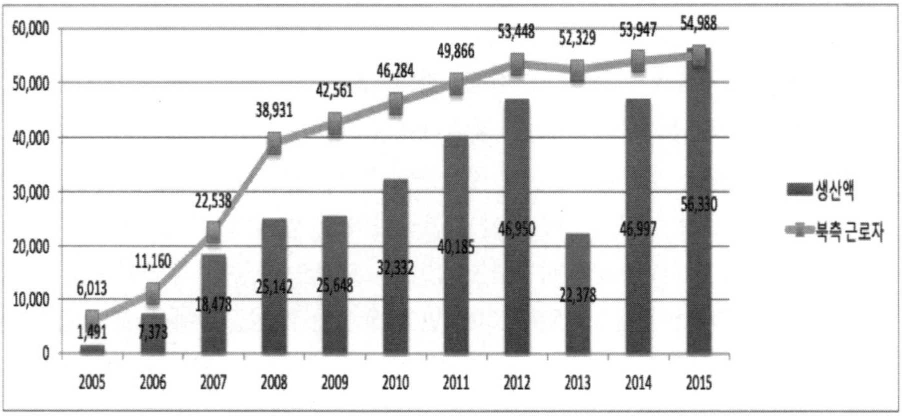

자료: 통일부, 「주요사업통계」.

[그림 5-13] 개성공단 생산액 및 북한 근로자 현황

북한은 2012년 12월 장거리미사일을 발사하고 2013년 2월 제3차 핵실험을 강행하면서, 이러한 도발에 대한 남한 정부의 항의와 대응 조치를 빌미로 3월 말 개성공단 입·출경을 중단하고 남북 간 군 통신선을 차단하였으며 4월 9일 북한 근로자를 전면 철수시킴으로써 개성공단의 가동이 일시 중단되었다. 그러나 남북은 회담을 통해 8월 14일 「개성공단 정상화를 위한 합의서」를 채택하였고 9월 16일부터 공단을 다시 가동하였다. 이후에도 북한은 핵·미사일 개발을 멈추지 않았으며, 2016년 1월 6일 제4차 핵실험 및 2월 7일 장거리미사일 발사를 또 다시 강행했다.

남한 정부는 북한의 계속되는 도발에 대처하기 위해 2월 10일 국가 안전보장회의 상임위원회를 개최하여 개성공단 전면 중단을 결정하였다. 이에 북한은 2월 11일 일방적으로 남측 인원을 추방하였다.

2017년 5월 문재인 정부 출범 이후 2018년 9월 평양에서 열린 남북정상회담에서 남북 정상은 "조건이 마련되는데 따라 개성공단과 금강산 관광 사업을 우선 정상화"(「평양공동선언」 제2조 제2항) 하기로 합의하였지만 2021년 현재 이러한 합의는 이행되지 않고 있다.

3. 남북경제협력 전망[34)]

1) 2018년 이후 경제분야 회담 과정

2018년 평창 동계올림픽을 계기로 남북대화가 재개되어 3차례 정상회담을 통해 「판문점선언」, 「평양공동선언」이 채택되었고, 정상회담 이행 차원에서 6~7월 남북철도협력분과회담, 남북도로협력분과회담, 남북산림협력분과회담이 차례로 개최되었다. 분과회담에서 남북은 철도·도로 공동연구조사단 구성, 산림협력방안 등에 합의하였고, 이후 남북 철도·도로 연결 및 현대화를 위한 현지조사와 산림 병해충 공동방제를 실시하는 등 합의사항을 이행하기 위해 체계적인 노력을 기울였다.

2019년에도 남북도로협력실무접촉(1.31.) 및 철도·도로 협력 관련 자료 교환(2.25.)이 개성 남북공동연락사무소에서 이루어졌다. 한편 북한은 금강산 관광이 재개되지 않자 2019년 10월 25일 일방적으로 금강산 관광시설 철거를 요구해왔다. 이에 남측이 실무회담을 제안하였으나, 북측은 이를 거부한 이래 현재에 이르고 있다.

2) 남북경제협력 계획과 기대효과

남북경제협력 전망은 최근 남과 북이 합의된 협력계획은 존재하지 않으므로 당분간은 교착상태가 지속될 것이다. 북한 측에서는 한반도단위 경제협력에 관한 거시 계획을 제시하지 않는다. 또한 현재 남북관계는 경제협력에 대한 구체적인 방안을 제시할 수 없는 정치적 상황에 처해 있다. 남북관계의 정치군사적 긴장완화 정도에 따라 개별 산업과 품목에 대한 구체적인 경제협력 계획이 수립될 수 있다. 본 항목에서는 이러한 남북한 정치경제적 상황을 반영하여 남북경제협력의 거시적 계획과 목표, 주요 내용을 2021년 대한민국 통일부의 주요 정책 계획을 토대로 기술하였다.

34) 통일부, 『2021 북한 이해』를 토대로 작성하였다.

(1) 남북협력 계획

남한의 대남협력의 기본 국정전략은 '남북한 화해협력과 한반도 비핵화'이다. 이를 위해 ① 한반도 신경제지도 구상 및 경제통일 구현, ② 남북기본협정 체결 및 남북관계 재정립, ③ 북한인권 개선과 이산가족 등 인도적 문제 해결, ④ 남북교류 활성화를 통한 남북관계 발전, ⑤ 통일 공감대 확산과 통일국민협약 추진을 기본 방침으로 제시했다.

이러한 기본방침의 목표는 남북 간 경협 재개 및 한반도 신경제지도 구상 추진, 남북한 하나의 시장협력을 지향함으로써 경제 활로 개척 및 경제통일 기반 구축을 목표로 하고 있다. 주요 내용은,

첫째, (한반도 신경제지도 구상 실행) 3대 벨트 구축을 통해 한반도 신성장동력확보 및 북방경제 연계 추진.

① 동해권 에너지·자원벨트 : 금강산, 원산·단천, 청진·라선을 남북이 공동개발 후 한반도 동해안과 러시아를 연결.

② 서해안 산업·물류·교통벨트 : 남한의 수도권, 개성공단, 평양·남포, 신의주를 연결하는 서해안 경협벨트 건설

③ DMZ환경·관광벨트 : 설악산, 금강산, 원산, 백두산을 잇는 관광벨트 구축 및 DMZ를 생태·평화안보 관광지구로 개발.

둘째, (남북한 하나의 시장) 민·관 협력 네트워크를 통해 남북한 하나의 시장협력 방안을 마련하고, 여건조성 시 남북 시장협력을 단계적으로 실행하여 생활공동체 형성.

셋째, (남북경협 재개) 남북경협기업 피해에 대한 조속한 지원을 실시하고, 남북관계 상황을 감안하여 유연하게 민간경협을 재개. 여건 조성 시 개성공단 정상화 및 금강산 관광을 재개하고, 남북공동 자원 활용을 위한 협력 추진.

넷째, (남북접경지역 발전) 통일경제특구 지정·운영, 남북 협의를 통해 남북접경지역 공동 관리위원회 설치, 서해 평화협력특별지대 추진 여건 조성.

(2) 기대효과

첫째, 남북경협 활성화로 통일여건 조성 및 고용창출과 경제성장률 제고, 둘째, 동북아 경제공동체 추진으로 한반도가 동북아지역 경협의 허브로 도약할 수 있는 기회를 넓힐 수 있다.

자료: 통일부, 「국정과제 및 실천과제-한반도 신경제지도 구상 및 경제통일 구현」.

[그림 5-14] 남북경제협력의 3대 경제벨트

Chapter 6

환동해지역의 물류

안 우 철

06
Chapter

환동해지역의 물류

제1절 환동해지역 물류의 중요성

1. 세계 물류환경 변화

Global Insight는 세계 경제를 2030년대까지 미국, 유럽, 중국이 주도할 것으로 전망하였지만, 최근 경제개발협력기구(OECD)의 「OECD@100」보고서에 따르면, 2060년까지 세계경제는 연평균 3.0% 성장하고 세계 GDP가 350% 증가할 것이며, 성장속도 둔화 및 경제중심축은 아시아·아프리카로 집중될 것으로 전망하였다. 특히 아시아국가들 중 인도네시아, 말레이시아, 필리핀, 태국, 베트남이 핵심 주체가 될 것이며, 세계 무역구조 역시 아시아의 Non-OECD 국가들 중심으로 변화할 것으로 예상된다.

2008년 금융위기 이후 세계경제의 지속적인 불황에도 불구하고 글로벌 물류시장은 지속적으로 성장해 왔다. TMR(Transparency Market Research)사에 따르면 글로벌 물류시장규모는 2013년 4.5조 달러에서 2017년에는 2020년의 전망치인 8.1조 달러를 훨씬 초과해 8.7조 달러에 달하였으며 2026까지 연평균 증가율이 7.3%로 16.4조 달러에 달할 것으로 전망하고 있다.[1)]

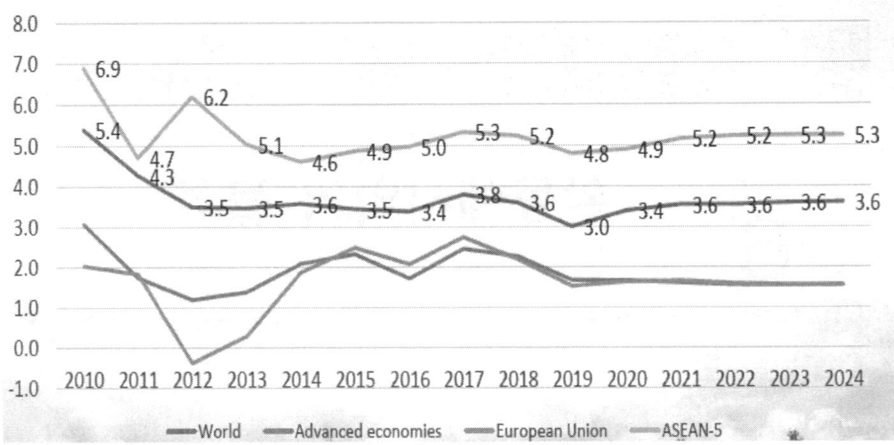

자료: 한국해양수산개발원(2020)

[그림 6-1] 세계 경제성장률 변화

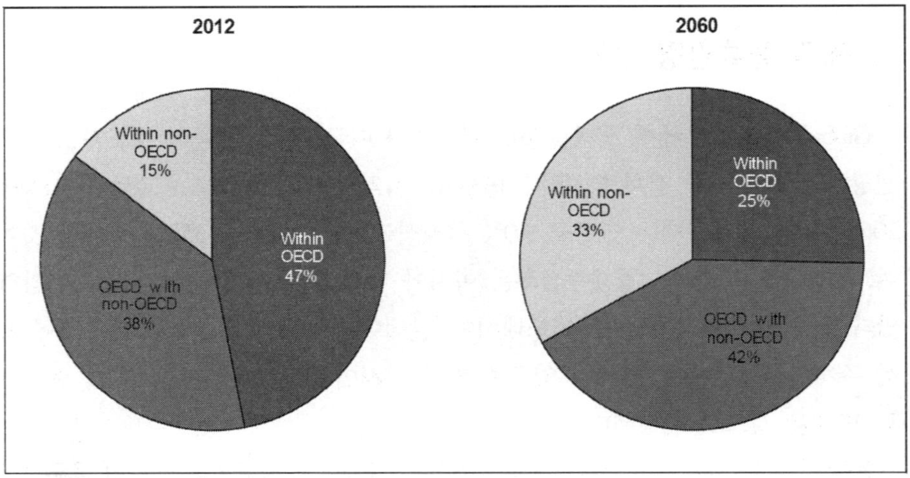

자료: 한국해양수산개발원(2020)

[그림 6-2] 세계 무역구조 변화 전망

1) Transparency Market Research(2017)

이 같은 세계 물류시장의 성장세는 전자상거래 시장이 주도할 것이며, 3PL 서비스 확대와 물류기술 발전을 통한 물류비 절감도 동반될 것으로 예상하고 있다. 따라서 글로벌 물류시장은 전자상거래의 증가와 물류기술의 급속한 발전에 따라 확대되고 있어 글로벌 기업들에게 미개척 시장으로 중요하게 인식되고 있다. 그러나 물류보안·신뢰성 증대를 위한 ICT 인프라 부족과 이를 구현하기 위해 대규모 투자가 요구되며, 자본력을 갖춘 경쟁자들이 등장할 것으로 예상된다. 특히 아시아지역의 물류시장은 2017년 2.8조 달러에서 5.5조 달러에 이를 것으로 연평균 8%씩 증가할 것으로 전망된다.

아세안지역의 향후 물류시장은 지속적으로 증가할 것으로 예상되는데, 이러한 근거로 아시아-태평양 물류시장 자체의 성장을 들 수 있다. TechNavio 리서치사는 아시아-태평양(APAC)의 물류시장이 2020년부터 2024년간 연평균 6%의 성장할 전망이며, 2024년에는 1,301억 8,000만 달러에 달할 것으로 예측하였다.

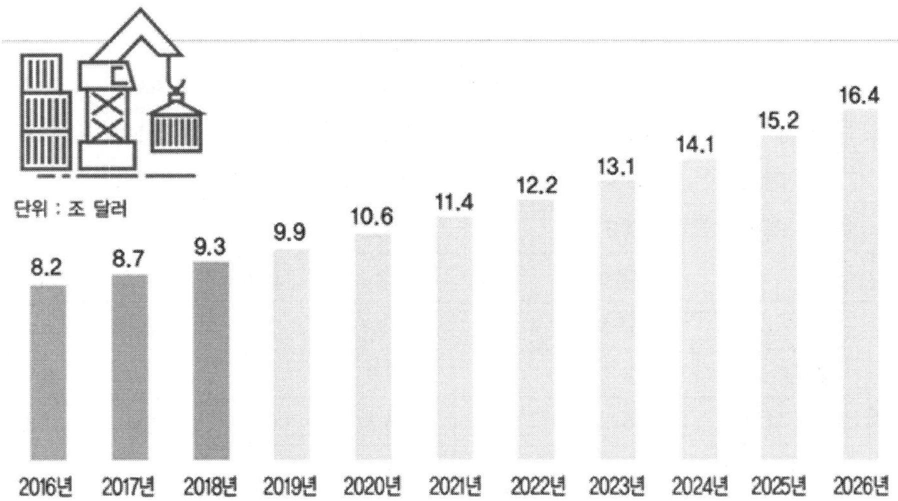

자료: Transparency Market Research(2017)

[그림 6-3] 글로벌 물류시장 규모 전망

2013~2017년 세계 각 지역별 평균 컨테이너 처리비중의 변화는 미미하였으나, 아시아 및 유럽지역 항만의 처리수준 변화가 세계 컨테이너화물 처리량 증감을 견인하였다. 한편 최대기간 항로가 속한 아시아(53.5% → 53.9%) 및 유럽(18% → 17.3%)의 컨테이너화물 처리 비중 증가세는 둔화됐고 남미(-0.6%) 및 아프리카(-0.1%)는 감소세를 나타냈다.

〈표 6-1〉 세계 지역별 항만 컨테이너 물동량 (2013-2017)

(단위: 천 TEU)

구분		2013년	2014년	2015년	2016년	2017년	연평균 증가율
물동량	북미	53,489	55,696	58,343	59,126	63,494	4.4
	유럽	115,407	120,555	118,201	122,085	129,014	2.8
	아시아	343,927	362,506	367,858	379,337	402,159	4.0
	중동/남아시아	53,120	57,651	60,765	63,139	67,177	6.0
	남미	42,325	42,540	42,795	42,345	44,995	1.5
	아프리카	23,384	24,362	25,078	24,695	26,051	2.7
	오세아니아	10,826	11,308	11,590	11,833	12,576	3.8
	합계	642,478	674,616	684,629	702,559	745,466	3.8
비중	북미	8.3	8.3	8.5	8.4	8.5	0.2
	유럽	18.0	17.9	17.3	17.4	17.3	-0.7
	아시아	53.5	53.7	53.7	54.0	53.9	0.4
	중동/남아시아	8.3	8.5	8.9	9.0	9.0	0.7
	남미	6.6	6.3	6.3	6.0	6.0	-0.6
	아프리카	3.6	3.6	3.7	3.5	3.5	-0.1
	오세아니아	1.7	1.7	1.7	1.7	1.7	0.0
	합계	100	100	100	100	100	0

자료: Drewry(2018)

〈표 6-2〉 세계 지역별 항만 컨테이너 물동량 전망 (2017-2022)

(단위: 천 TEU)

구분		'17	'18	'19	'20	'21	'22	증가율
물동량	아시아	402,159	429,072	457,322	482,485	511,463	541,312	6.1
	유럽	129,014	137,570	142,901	148,038	154,410	160,956	4.5
	북미	63,494	65,236	68,238	70,426	73,159	76,230	3.7
	남미	44,995	48,658	51,829	55,145	58,557	61,975	6.6
	중동	40,067	41,178	44,202	46,755	49,356	51,828	5.3
	남아시아	27,110	30,119	32,473	35,758	38,678	41,694	9.0
	아프리카	26,051	28,636	28,939	30,155	32,079	33,975	5.5
	오세아니아	12,576	13,370	13,891	14,406	15,031	15,698	4.5
	합계	745,466	793,839	839,795	883,168	932,733	983,668	5.7
비중	아시아	53.9	54.1	54.5	54.6	54.8	55.0	1.1
	유럽	17.3	17.3	17.0	16.8	16.6	16.4	-0.9
	북미	8.5	8.2	8.1	8.0	7.8	7.7	-0.8
	남미	6.0	6.	6.2	6.2	6.3	6.3	0.3
	중동	5.4	5.2	5.3	5.3	5.3	5.3	-0.1
	남아시아	3.6	3.8	3.9	4.0	4.1	4.2	0.6
	아프리카	3.5	3.6	3.4	3.4	3.4	3.5	0.0
	오세아니아	1.7	1.7	1.7	1.6	1.6	1.6	-0.1
	합계	100	100	100	100	100	100	-

자료: Drewry(2018)

2. 동북아시아의 부상

동북아시아는 한국, 중국, 일본, 북한, 러시아, 몽골 등 6개국이며, 그 중에서도 환동해지역에 포함되는 한·중·일·러는 동북아시아 지역의 경제협력 주체이자 핵심이 되는 국가라 할 수 있다. 그러나 국제적 위상과 협력관계는 유럽과 북미대륙에 비하여 상대적으로 미흡하며, 그 수준에 큰 차이가 있다. 또한 북한을 포함하면 동북아시아 지역의 통상 및 물류환경 조성은 상당히 어려운 문제이다.

동북아시아에 상존하고 있는 정치·군사적 갈등구조와는 달리 경제적 협력과 교류는 꾸준히 확대하고 있다. 1965년 한일 국교정상화 이래 한일 경제관계는 급속히 진전되어 왔으며, 한국의 경제성장 모델은 일본의 전후모델과 함께 동아시아 발전모델의 대표적인 사례로 평가되고 있다. 중국의 경우 1978년 개혁개방 선언을 시작으로 실사구시와 정경분리의 원칙에 기초하여 다양한 경제협력정책을 펴고 있다. 특히 과거 한·중·일은 안행형(雁行型) 발전모델(Flying Geese Model)[2])에 따른 삼각분업체제를 형성하였다. 특히 1999년 11월 28일 마닐라에서 동북아시아 최초로 한·중·일 정상회담이 개최되었으며, 이때 한·중·일 경제협력에 대한 필요성과 논의를 본격화하였다.[3]) 또한 경제통합 형태측면에서 보면 한·일 자유무역협정(FTA)을 위한 논의 및 연구가 진행 중인 상태이며, 역내 기술협력과 다자무역단계에 이르기까지 많은 시간이 소요될 것으로 예상된다.

최근 2020년 11월 중국 주도의 15개국이 서명한 역내포괄적경제동반자협정(RCEP), 포괄적·점진적 환태평양경제동반자협정(CPTPP) 등 아시아-태평양 국가 주도의 메가 FTA의 추진이 예상되며, EU, NAFTA와 더불어 세계 3대 경제권 중 하나로 부상한 동북아시아경제권은 향후 세계경제를 견인할 전망이다.

세계 교역환경의 악화에도 불구하고 아시아의 역내교역은 지난 20~30년 간

---

2) 안행형 발전모델은 제2차 세계대전 이후 일본을 중심으로 아시아경제를 재편하려는 미국의 아시아지역통합 구상이 국제 정치·경제적 배경으로 작용하였으며, 일본을 중심으로 한국과 동남아시아를 원료기지와 상품시장으로 수직 통합하여 중국 등 사회주의권과 대항하는 자본주의 경제권을 구축한다는 아시아 전략의 일환으로 시작되었다. 과거 미국이 제공하는 수출시장의 하늘에 일본이 선두에서 이끌고 홍콩·싱가포르가 좌우에서 뒤따르고 그 뒤를 한국·대만·말레이시아·태국이 좇아가는 형태로 함께 고도성장을 이뤘다. 이 같은 위계적 국제 분업구조는 마치 기러기 떼가 비상하는 모습과 흡사하다고 해서 '안행형 성장 모델'이라고 부른다.

3) 한·중·일 자유무역협정은 동북아 경제통합 기반 마련을 위해 2013년 3월 협상 개시되었으며, 제15차 협상이 개최(2019년 4월)되었다.
(https://www.customs.go.kr/ftaportalkor/cm/cntnts/cntntsView.do?mi=3304&cntntsId=981)

지속적으로 증가세를 유지해왔으며, 아시아 지역의 역내교역 비중[4])은 EU의 역내교역 비중에 비해 낮지만 북미에 비해 높다.

아시아의 역내교역 비중은 2017년 50% 수준에서 2019년 기준 57.5%으로, EU (71% → 63.2%)보다 낮지만, 2007년 이후 꾸준히 역내교역 비중이 증가하여 EU 수준에 근접하고 있다. 향후 메가 FTA 등의 역내 자유무역협정을 실시함에 따라 이러한 교역비중은 높아질 것으로 예측된다.

한편, ASEAN국가들은 무역의존도가 높고 무역을 원활히 하기 위하여 물류시장이 지속적으로 커져갈 것으로 전망하였는데, 2017년 기준 싱가포르와 말레이시아의 역내 무역의존도는 각 348%와 173%를 기록하였다.

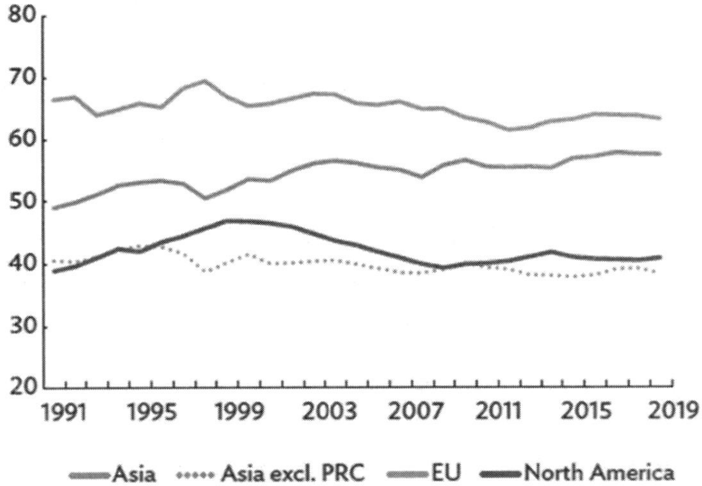

자료: Asian Development Bank(2021)

[그림 6-4] 주요 지역별 역내교역 비중 (1991-2019)

4) 해당 지역의 전체교역에서 역내국 간 교역이 차지하는 비율을 말함.

3. 환동해지역 물류의 중요성[5)]

환동해권은 아시아의 역내교역 비중의 증가와 지역화 및 통합화가 진행되는 있는 공간으로 글로벌, 국가, 지역, 지방 등 다양한 주체의 자율화가 병존하고 있다. 하지만 아직까지도 환동해권의 성장 잠재력이 현실화 되지 못하고 있다. 환동해지역은 국가발전전략에서 차지하는 위상이 상대적으로 낮거나 혹은 낙후 지역이었다는 점 외에도, 정치·군사적 긴장관계를 주요한 원인이라고 할 수 있다. 하지만 무엇보다도 환동해권의 성장을 저해하는 직접적 원인은 변경의 폐쇄성에서 기인한 낮은 개방성와 열악한 물류네트워크와 인프라로 산업 및 자본 유치의 어려움에 있다. 즉 환동해권 성장 잠재력은 높지만 물류 여건의 미비로 상당기간 동안 발전이 지체되어 왔으며, 여러 정책적 노력과 시도에도 불구하고 여전히 큰 성과를 보이지 못하였다.

그러나 2008년 '창지투 개발계획'[6)]에 따라 물류 인프라와 네트워크를 중심으로 두만강 유역의 초국경 협력개발이 진전되어 환동해권 활성화의 새로운 기회를 제공하고 있다. 특히 나진항을 중심으로 국제물류운송 시스템의 기반이 마련됨에 따라 환동해권의 물류협력이 본격적으로 시작되었다고 할 수 있다. 특히 환동해권의 물류협력은 남·북한을 포함 동북아 역내 국가 간 정치적 갈등 및 분쟁 상황을 개선하는 역할을 수행할 수 있으며, 협력과정에서 갈등이 비교적 적은 분야이다. 하지만 환동해권 물류분야의 국제 협력이 진행되기 위해 역내 충분한 물동량이 확보되어야 하는데, 이를 위해서는 산업단지 조성이 필요하다.

또한 역으로 환동해권의 산업단지 조성에 필요한 국내외 투자를 유치하기 위해서는 물류 인프라 및 네트워크의 확충이 전제되어야 한다. 이처럼 산업단지의 조성과 물류 인프라 및 네트워크의 확충은 서로 밀접한 보완관계를 갖는다. 이러한 이유로 최근 중국 및 러시아의 지역균형전략에 따른 국가적 차원의 변경지

5) 원동욱(2015)의 연구를 재정리함.

6) 창지투(창춘-지린-투먼) 개발 계획은 중국의 자체적 지역 개발 정책이다. 연변 자치구와 함께 국가가 시행하는 개발 계획으로서, 중국 국내의 지역 산업 및 인프라 개발이다. 창지투 지역 개발은 두만강 유역으로서 모든 연변 지역을 포괄하고 있다.(자료: 한겨레신문, 「중국의 창지투 개발계획과 환동해권 전략의 연계 가능성」, 2011년 11월 22일자.)

역 개발 프로젝트에서도 산업단지 조성과 물류 인프라 및 네트워크 확충이 중점 사업으로 진행되어 왔으며, 더욱이 두만강유역 초국경협력의 진전에 따라 환동해권의 물류환경이 점차 개선되고 있다.

환동해지역의 경제성장 잠재력을 현실화하기 위해서는 이들이 우선적으로 선행되어야 하며, 당연히 개방에 따른 지역 내 자유롭고 원활한 인적·물적 소통과 이동을 담보할 수 있는 물류 인프라 및 네트워크의 구축이 매우 절실하다.

제2절 강원권 물류 현황

1. 강원권 수출입 현황

강원도 주요 수출 품목은 '광학기기, 사진용기기, 영화용기기, 측정기기 검사기기, 정밀기기와 의료용기기 및 이들의 부분품과 부속품', '철강', '철도 또는 궤도용 이외의 차량 및 그 부분품과 부속품' 순으로 나타났다. '광학기기, 사진용 기기, 영화용 기기, 측정기기, 검사기기, 정밀기기와 의료용기기 및 이들의 부분품과 부속품'은 4.8억 달러를 수출하였으며, 전년대비 21% 증가한 것으로 나타났다. 또한 '철강'은 2.6억 달러를 수출하였으며, 전년대비 4.9% 증가하였으며, '철도 또는 궤도용 이외의 차량 및 그 부분품과 부속품'은 1.9억 달러를 수출하였으며, 전년대비 약 5% 감소하였다.

2018년 강원도 수입액은 48억 달러이며, 주요 수입 품목군은 '광물성생산품', '동물성제품', '기계·전자기기' 순으로 나타났다. '광물성생산품'의 수입액은 36.3억 달러로 2018년 연간 수입액의 76%, '동물성제품'은 2.4억 달러를 수입하고, '기계·전기기기'는 1.7억 달러를 수입하였다.

〈표 6-3〉 강원도 수출 품목 상위 10위

(단위: 천 달러, %)

품목명	2016년	2017년	2018년		
	금액	금액	금액	증감율	비중
광학기기, 사진용기기, 영화용기기, 측정기기, 검사기기, 정밀기기와 의료용기기 및 이들의 부분품과 부속품	390,841	395,159	477,954	21.0	23
철강	194,374	251,391	263,765	4.9	13
철도 또는 궤도용 이외의 차량 및 그 부분품과 부속품	219,546	203,533	193,640	-4.9	9
소금, 황, 토석류, 석고, 석회, 시멘트	154,076	197,94	182,828	86.7	9
곡물, 곡물분, 전분, 밀크의 조제품, 베이커리제품	15,446	75,396	137,093	81.8	7
의료용품	85,744	110,475	125,775	13.8	6
음료, 알코올, 식초	121,026	120,483	113,275	-6.0	5
원자로, 보일러와 기계류 및 이들의 부분품	75,638	82,095	98,806	20.4	5
정유와 레지노이드, 조제향료, 화장품류, 화장품용품류	34,909	60,090	80,095	33.3	4
전기기기와 그 부분품	34,814	33,267	49,363	48.4	2
그 외	333,390	352,923	374,356	6.1	18
총 계	1,659,803	1,782,759	2,096,951	17.6	100

자료: 한국무역협회(http://stat.kita.net/)

〈표 6-4〉 강원도 수입 품목 상위 10위

(단위: 천 달러, %)

품목명	2016년	2017년	2018년		
	금액	금액	금액	증감율	비중
광학기기, 사진용기기, 영화용기기, 측정기기, 검사기기, 정밀기기와 의료용기기 및 이들의 부분품과 부속품	390,841	395,159	477,954	21.0	23
철강	194,374	251,391	263,765	4.9	13
철도 또는 궤도용 이외의 차량 및 그 부분품과 부속품	219,546	203,533	193,640	-4.9	9
소금, 황, 토석류, 석고, 석회, 시멘트	154,076	197,94	182,828	86.7	9
곡물, 곡물분, 전분, 밀크의 조제품, 베이커리제품	15,446	75,396	137,093	81.8	7
의료용품	85,744	110,475	125,775	13.8	6
음료, 알코올, 식초	121,026	120,483	113,275	-6.0	5
원자로, 보일러와 기계류 및 이들의 부분품	75,638	82,095	98,806	20.4	5
정유와 레지노이드, 조제향료, 화장품류, 화장품용품류	34,909	60,090	80,095	33.3	4
전기기기와 그 부분품	34,814	33,267	49,363	48.4	2
그 외	333,390	352,923	374,356	6.1	18
총 계	1,659,803	1,782,759	2,096,951	17.6	100

자료: 한국무역협회(http://stat.kita.net/)

강원도 주요 수입 품목은 '광물성연료·광물유·이들의 증류물, 역청물질, 광물성왁스', '광, 슬랙스, 회', '어류, 갑각류, 연체동물 기타 수생무척추동물' 순으로 나타났다. '광물성연료·광물유·이들의 증류물, 역청물질, 광물성왁스'의 수입액은 33.7억 달러로 전년대비 51.7% 큰 폭으로 증가하였으며, 전체 수입액의 70%를 차지하였다. 또한 '광, 슬랙스, 회'는 2.5억 달러를 수입하였으며, 전년대비 28.1%, '어류, 갑각류, 연체동물, 기타 수생무척추동물'은 2.3억 달러를 수입하였으며, 전년대비 35.3% 증가하였다.

2. 강원권 항만 현황

강원권에는 국가관리무역항인 동해·묵호항과 지방관리무역항인 속초항, 옥계항, 삼척항, 호산항 등이 운영 중에 있다. 동해·묵호항의 동해지구는 1979년 2월 8일 개항한 강원 최대 무역항으로서 인공굴입식 항만으로, 주로 시멘트, 유연탄과 석회석을 처리하고 있다.

또한 배후산업단지와 주변 고속도로 등 교통망 연계 및 한·러·일 국제여객항로를 운영하고 있어 동북아 물류 거점항으로의 역할을 수행하며, 2009년 12월 동해항과 묵호항이 통합되었으며, 동해항을 동해·묵호항 동해지구, 묵호항을 동해·묵호항 묵호지구로 지정하였다. 동해지구 항만일반시설의 경우 2019년 현재 총 6개 부두에 접안능력 16선석을 보유하고 있으며, 연간 21,702천 톤의 하역능력을 갖추고 있다. 보관시설의 경우, 창고 면적은 59,818㎡(북부두 3, 남부두 2, 서부두 2, 석회석부두상옥 1)이며, 8개소의 야적장(161,970㎡)시설을 보유하고 있다.

묵호항은 1930년대 삼척·태백지역의 탄광개발과 더불어 무연탄 출하 중심 항만으로 개발되었고, 현재는 시멘트, 석회석, 철광석 등을 주로 처리하며, 동해항의 지원 항만 기능을 수행하고 있다. 또한, 울릉도 및 독도를 연결하는 연안 관광거점항으로 지역경제 및 해양관광산업 발전에 크게 기여하고 있다. 항만일반시설의 경우, 물양장을 포함하여 총 10개의 부두에 6선석을 보유하고 있으며, 연간 5,407천 톤의 하역능력을 갖추고 있다. 묵호지구는 중앙부두 1선석(3천 톤급 1선석), 제1부두 2선석(6천 톤급 2선석), 제3부두 2선석(1만 톤급 2선석), 제4부두 1선석(5천 톤급 1선석)으로 구성되어 있다.

속초항은 현재 국제관광항만으로 향후 확대될 북방교역에 대비한 관광과 물류가 조화된 항만이다. 1962년 4월 27일 지정항으로 개항된 항구로 본래 어항의 기능만을 주로 담당하는 항구였으나 1960년대 인근의 철광석이 개발되면서 철광석 적출항의 역할을 하였으며, 2005년 7월에는 남북직교역항만으로 지정되었다. 일반시설의 경우, 물양장을 포함한 총 4개의 부두에 8선석을 보유하고 있으며, 연간 8,140천 톤의 하역능력을 갖추고 있다. 보관시설의 경우, 창고 면적은 1,980㎡이며, 야적장 면적은 41,000㎡이다.

옥계항은 한라시멘트에서 민간 자본을 투입하여 건설 후 1994년 12월말에 국가 귀속한 무역항으로서 영동 중부지역의 시멘트 및 부원료, 유연탄의 해상 수송 전담기지로써 동해항 보조항만 기능을 수행하고 있다. 일반시설의 경우, 유류부두를 포함한 총 4개 부두에 5선석을 보유하고 있으며, 연간 10,130천 톤의 하역능력을 갖추고 있다. 또한 보관시설은 15,200㎡의 야적장을 갖추고 있다.

호산항은 강원도 삼척시에 소재한 무역항으로 1972년 5월 4일 지방관리항으로 지정되었다. 호산항에는 돌핀부두를 포함한 6개의 부두에 6선석을 보유하고 있으며, 연간 하역능력 16,740천 톤의 하역능력을 갖추고 있다.

삼척항은 1976년 무역항으로 지정되어 시멘트 운송 및 연근해 수산업 전진기지의 역할을 수행하고 있다. 삼척항은 7선석을 보유하고 있으며, 연간하역능력은 8,140천 톤의 처리능력을 갖추고 있다. 보관시설의 경우, 3부두에 10,000㎡의 야적장을 갖추고 있으며, 액체화물 저장태그 3기 및 방제 기자재 창고, 펌프실, 냉동창고 등 상옥시설 7개 동을 갖추고 있다.

〈표 6-5〉 강원권 항만 현황

구분		호산	삼척	동해·묵호	옥계	속초
연간하역능력 (천 톤)		16,740	8,140	29,030	10,130	720
안벽 (m)		1,271	764	4,477	1,092	1,497
방파제 (m)		3,210	1,030	3,410	1,305	1,394
잔교 (기)		0	0	2	0	0
물양장 (m)		676	1,288	1,133	0	3,228
접안능력 (척)		6	7	24	5	4
상옥	동수 (동)	0	0	4	1	0
	면적 (㎡)	0	0	68,999	0	0
	수용능력 (톤)	0	0	434,000	0	0
일반 창고	창고 (동)	0	0	8	0	1
	면적 (㎡)	0	0	40,702	0	555
	수용능력(톤)	0	0	287,480	0	1,980
야적장	면적 (㎡)	0	10,000	190,280	15,200	41,000
	수용능력 (톤)	0	107,139	597,260	54,963	46,000
예선	척수 (척)	4	1	5	1	0
	마력 (HP)	16,000	1,820	16,100	2,400	0
순찰선	척수 (척)	1	0	1	0	1
	톤수 (G/T)	40	0	40	0	30

자료: 동해지방해양수산청 홈페이지(https://donghae.mof.go.kr/index.do)

강원도 무역항의 최근 3년간 화물처리 실적은 2017년 60,279천 톤에서 2019년 62,316천 톤으로 연평균 1.7%의 증가율을 보이고 있으며, 특히 수출물동량의 증가세가 높게 나타났다. 2017년~2019년 연평균 증가율은 동해·묵호항 1.8%, 호산항 6.6%, 삼척항 -6.8%, 옥계항 -0.6%, 속초항 142.9%로 속초항의 물동량 증가세가 높았다.

〈표 6-6〉 강원도 무역항 화물 처리 실적 추이

(단위: 톤, %)

구분		2017년	2018년	2019년	연평균 증가율
강원도	입항	22,254,042	26,155,673	23,321,394	2.4%
	출항	3,768,577	5,884,453	7,089,293	37.2%
	연안	34,256,684	30,538,199	31,905,059	-3.5%
	소계	60,279,303	62,578,325	62,315,746	1.7%
호산항	입항	11,625,249	14,940,341	13,211,653	6.6%
	출항	0	0	0	
	연안	75,023	107,190	73,059	-1.3%
	소계	11,700,272	15,047,531	13,284,712	6.6%
삼척항	입항	367,082	168,646	87,048	-51.3%
	출항	223,700	114,513	0	-100.0%
	연안	7,106,545	5,216,295	6,605,933	-3.6%
	소계	7,697,327	5,499,454	6,692,981	-6.8%
동해·묵호항	입항	9,312,342	10,179,888	9,137,654	-0.9%
	출항	2,737,616	4,692,858	5,375,217	40.1%
	연안	21,273,246	20,065,541	19,997,688	-3.0%
	소계	33,323,204	34,938,287	34,510,559	1.8%
옥계항	입항	946,471	863,830	881,275	-3.5%
	출항	807,245	1,077,035	1,714,076	45.7%
	연안	5,731,253	5,034,099	4,798,425	-8.5%
	소계	7,484,969	6,974,964	7,393,776	-0.6%
속초항	입항	2,898	2,968	3,764	14.0%
	출항	16	47	0	-100.0%
	연안	70,617	115,074	429,954	146.7%
	소계	73,531	118,089	433,718	142.9%

자료: 국가물류통합정보센터(http://www.nlic.go.kr)
주 : 수출입 환적화물 포함.

동해·묵호항은 2019년 총 34,511천 톤을 처리하였으며, 주요 처리화물은 기타광석 및 생산품, 시멘트, 유연탄 순으로 나타났다. 기타광석 및 생산품 처리실적은 15,547천 톤으로 동해·묵호항 처리실적의 45%의 큰 비중을 차지하고 있으며, 시멘트는 전년대비 3.7% 감소한 10,472천 톤으로 처리실적의 30.3%의 비중을 차지, 유연탄은 전년대비 14.4% 감소한 4,918천 톤을 처리하였으며, 동해·묵호항 처리실적의 14.3%의 비중을 차지하였다.

속초항은 2019년 총 433천 톤을 처리하였으며, 주요 처리화물은 모래, 석유정제품, 어패류·갑각류 순으로 나타났다. 모래는 전년대비 306% 증가한 415천 톤을 처리하였으며, 속초항 처리실적의 95.7%로 대부분을 차지하였다. 석유 정제품은 전년대비 13.1% 감소한 10.5천 톤을 처리하였으며, 속초항 처리실적의 2.4%, 어패류·갑각류는 전년대비 24.8% 증가한 3.8천 톤을 처리하였으며, 0.8%의 비중을 차지하였다.

2019년 옥계항 화물처리실적은 전년대비 6% 증가한 7,394천 톤을 처리하였으며, 주요 처리화물은 시멘트, 기타광석 및 생산품, 석유 정제품 순으로 나타났다. 시멘트 처리실적은 전년대비 8.8% 증가한 5,670천 톤으로 옥계항 화물처리실적의 76.7%의 큰 비중을 차지하였으며, 기타광석 및 생산품은 전년대비 12.8% 감소한 778천 톤을 처리하였으며, 10.5%의 비중을 차지, 석유 정제품은 전년 대비 10.3% 감소한 399천 톤을 처리하였으며, 6%의 비중을 차지하였다.

2019년 호산항 화물처리실적은 전년대비 11.7% 감소한 13,284천 톤을 처리하였으며, 주요 처리화물은 석유가스 및 기타가스, 유연탄, 석유 정제품 순으로 나타났다. 석유가스 및 기타가스 처리실적은 전년대비 12.4% 감소한 7,801천 톤으로 호산항 전체 화물처리실적의 58.7%를 차지, 유연탄은 전년대비 10.3% 감소한 5,409천 톤을 처리하였으며, 석유 정제품은 전년대비 31.5% 감소한 72천 톤을 처리하였다.

2019년 삼척항 화물처리실적은 전년대비 21.7% 증가한 6,692천 톤을 처리하였으며, 주요 처리화물은 시멘트, 기타광석 및 생산품, 석유 정제품 순으로 나타났다. 시멘트 처리실적은 전년대비 23.8% 증가한 6,325천 톤으로 삼척항 화물처리실적의 94.5%의 비중을 차지, 기타광석 및 생산품은 4.2% 감소한 357천 톤을 처리하였으며, 석유 정제품은 5.2천 톤을 처리하였다.

〈표 6-7〉 동해·묵호항 품목별 화물처리 실적

(단위: 톤(R/T), %)

화물품목	동해묵호항	호산항	삼척항	속초항	옥계항
합계	34,510,559	13,284,712	433,718	6,692,082	7,393,776
어패류·갑각류 등	14,326		3,764		
기타동· 식물성 생산품	2,697				
조제식품· 음료· 주류 등	6,335				
시멘트	10,471,549			6,325,082	5,670,801
모 래	723,611		415,178	840	
무연탄	1,292,210				
유연탄	4,918,406	5,409,885			546,971
철광석	236,524				
기타광석 및 생산품	15,546,601		4,100	357,078	777,896
석유 정제품	983,874	71,959	10,496	5,156	399,108
석유가스 및 기타가스		7,801,768			
화학공업 생산품	74,936				
플라스틱· 고무및 제품	2,540			150	
목재· 목탄· 코르크 등	7,063			100	
철강 및 그제품	11,800	1,100	45	100	
비철금속 및 그제품	43,964				
기계류 및 그부품	11,037				
전기기기 및 그부품	4,219				
차량 및 그부품	40,118				
기 타	118,617		135	4,475	

자료: 항만물류정보시스템 항만통계(https://new.portmis.go.kr/)

3. 강원권 공항 현황

강원도에는 양양국제공항과 원주공항이 위치하고 있다. 양양국제공항은 강원도 유일의 국제공항으로 1986년 ‘영동권 신공항 건설 추진계획’에서 시작하여 약 3,580여억 원을 투입하여 건설하였으며 2002년 개항하였다. 원주공항은 군공항으로 이용되었으나, 1997년 2월 28일 민항기 취항이 추진되어 현재까지 한국공항공사에서 운영하고 있다. 국내 공항 중 규모가 가장 작고, 운항편수도 적다. 현재 원주공항에서 운항하는 노선은 국내선(제주)이 유일하다. 지금까지는 제주 노선을 대한항공만 단독으로 취항했었지만, 2020년 10월 원주공항에서 철수를 결정, 자매사인 진에어가 매일 2번씩 취항 중이다.

〈표 6-8〉 강원도 공항 시설 및 운항현황

구분		양양		원 주
		국내	국제	
시설 현 황	소재지	양양군 손양면 공항로 201		횡성군 횡성읍 횡성로38
	부 지(㎡)	2,488,500		16,429(*)
	활주로(m)	2,500×45		2,743×45
	계류장(㎡)	72,385		6,590
Facilities	여객터미널(㎡)	10,083	16,047	1,671
	주차장(㎡)	14,734		4,412
처리능력	운항 횟수 (년)	43,000		115,000
	동시 주기(대)	25(일반7/소형18)		1
	여객(만명)	207	110	28
Capacity	동시 주차(대)	534		173
	운항 항공기	B737, A320, A321		B737, A220
2020년 운항현황	운항 실적(회)	2,388	154	404
	여객(천명/년)	224	14	37
	화물 (톤/년)	1019	157	213
비고		2002.4.3 개항		1997.2 취항

자료: 국토교통통계누리, 국내공항시설현황(https://stat.molit.go.kr/portal/main/portalMain.do)

강원도 양양군에 위치한 양양국제공항은 시설과 입지여건이 열악한 속초와 강릉공항의 대체공항으로 영동권 관광자원을 활용하여 중장기적으로 영동권 중심 공항이며, 강원도의 관문으로서 연간 317만 명을 처리할 수 있는 여객터미널과 498대를 수용 가능한 주차장시설을 갖추었다.

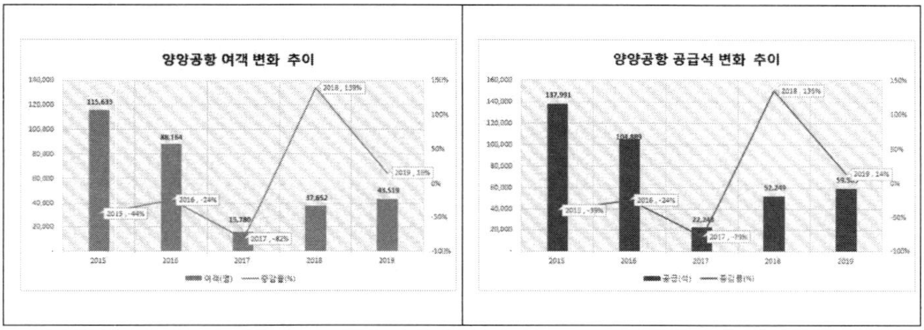

자료: 항공정보포탈시스템(http://www.airportal.go.kr)

[그림 6-5] 강원도 공항 여객 및 공급석 변화 추이

현재 국내 저비용항공사(LCC : Low Cost Carrier)[7]는 제주항공, 티웨이항공, 진에어, 에어부산, 이스타항공, 에어서울, 플라이강원이 항공운송사업자면허를 발급받아 운항 중이며, 에어로케이, 에어프레미아가 운항준비 중이다. 플라이강원은 양양국제공항을 모기지(母基地)로 운영하고 있으며 TCC[8]를 표방하고 있는데, 항공사 뿐 아니라 여행사업까지 확대 운영한다는 관광융합형 비즈니스 모델이다. 플라이강원은 2016년 4월 16일 설립, 2019년 10월 국토교통부에서 항공운항증명(AOC : Air Operator Certificate)를 교부 받아, 11월 양양-제주, 12월 양양-타이페이를 취항했다. 현재 제주노선을 제외하고 휴항 중이나 향후 타이페이, 클락, 베트남 호치민, 다낭, 하노이, 필리핀 마닐라를 운항할 계획이다.

---

7) 영업과 운송 방식의 단순화, 서비스의 최소화, 조직의 다기능화 등을 통하여 운영비용을 줄여 이용객들에게 저렴한 항공권을 제공하는 항공사를 말한다.
8) Tourism Convergence Carrier의 약자로 항공과 관광의 복합 캐리어를 말한다.

4. 강원권 도로·철도 현황[9)]

2019년 기준 전국의 총 도로연장은 113,313,953m이고, 강원도의 총 도로연장은 9,940,221m로 전국 도로연장의 8.9%를 차지하고 있다. 강원도 도로연장 규모를 살펴보면 고속국도는 472,020m로 전체의 0.4%이며, 일반국도는 1,934,872m(1.74%), 지방도는 1,650,539m(1.48%), 시도는 2,635,952m (2.37%), 군도 3,246,838m(2.91%)이다.

〈표 6-9〉 강원도 도로연장 현황

(단위: m)

구분	계	고속국도	일반국도	특별·광역시도
전국	111,313,953	4,767,340	14,029,855	4,944,521
강원도	9,800.07	348.84	1,944.92	-
구분	지방도	시도	군도	구도
전국	18,021,461	25,507,901	22,776,055	16,442,406
강원도	1,637.39	2,603.92	3,265.00	-

2017년 기준 강원도에는 14개의 철도노선, 32개의 역이 있으며, 철도 연장길이는 418,651m, 면적은 9,573,636㎡이다. 세부적으로 일반철도는 13개 노선, 31개 역이 있고, 고속철도는 1개 노선과 1개 역이 있다.

9) 제1차 강원도 지역물류 기본계획(2017), 국가물류통합정보센터(http://www.nlic.go.kr), 도로 및 보수현황시스템(http://http://www.rsis.kr)의 자료를 재정리함.

〈표 6-10〉 강원도 철도시설 현황

(단위: m, m²)

구분		계	춘천	원주	강릉	동해	태백	속초	삼척	영월	평창	정선	철원
소계	시설수	46	7	4	4	6	1	0	1	5	3	14	1
	노선수	14	1	2	2	3	1	0	1	0	1	2	1
	역수	32	6	2	2	3	0	0	0	5	2	12	0
	연장	418,651	64,500	46,353	20,990	36,448	38,423	0	30,485	34,935	42,050	102,185	2,282
	면적	9,573,636	2,174,078	1,660,482	883,018	728,960	878,774	71,550	441,466	932,497	769,971	951,991	80,849
일반철도	시설수	44	7	4	2	6	1	0	1	5	3	14	1
	노선수	13	1	2	1	3	1	0	1	0	1	2	1
	역수	31	6	2	1	3	0	0	0	5	2	12	0
	연장	397,661	64,500	46,353	0	36,448	38,423	0	30,485	34,935	42,050	102,185	2,282
	면적	8,789,748	2,174,078	1,660,482	99,130	728,960	878,774	71,550	441,466	932,497	769,971	951,991	80,849
고속철도	시설수	2	0	0	2	0	0	0	0	0	0	0	0
	노선수	1	0	0	1	0	0	0	0	0	0	0	0
	역수	1	0		1	0	0	0	0	0	0	0	0
	연장	20,990	0	0	20,990	0	0	0	0	0	0	0	0
	면적	783,888	0	0	783,888	0	0	0	0	0	0	0	0

자료: 토지e음(www.eum.go.kr) 2019년 도시계획현황통계.

〈표 6-11〉 강원도 품목별 철도화물 처리 실적 (2020년)

노선	컨테이너	시멘트	석탄	광석	일반기타	건설	사업용
중앙선	119,842	5,084,204	0	234,082	4,472	0	75,818
경춘선	0	0	0	0	0	9,207	0
영동선	348,264	0	278,786	239,067	566,029	96	4,651
정선선	0	0	0	0	0	0	16,650
태백선	148,124	4,495,763	0	643,727	1,051	0	3,407
묵호항선	0	0	9,768	0	0	0	0
북평선	0	676,478	100,191	0	0	0	0

자료: 한국철도공사, 철도통계(노선별 화물수송실적), 각년도.

현재 강원도에는 동해 CY, 옥계 CY 2개소가 위치해 있다. 현재 동해역과 옥계역은 연간 각각 3,000 TEU, 29,000 TEU의 수용능력을 보유하고 있다. 동해역 철도 CY는 전체면적 1,610m^2으로 유연탄 등을 취급하고 있으며, 2016년 기준 조성 중인 옥계역 철도 CY는 전체 면적 8,834m^2로 조성 후 우드팰릿 등을 처리할 예정이다.

〈표 6-12〉 컨테이너 철도수송시설 현황

(단위: m^2 · TEU/년)

구분	면적	수용능력	취급품목	공용개시일
동해CY	1,610	3,000	유연탄 등	2013. 5.
옥계CY	8,834	29,000	우드팰릿 등	조성 중

자료: 한국철도공사(강원물류사업단) 내부 자료.

〈표 6-13〉 강릉물류단지 현황

물류단지명	강릉물류단지	구분	운영중
시행자	원익엘앤디(주)	사업비	552 (억)
위치	강원도 강릉시 구정면 제비리 1277-9		
총면적 (m^2)	174,236 (m^2)	물류단지시설면적 (m^2)	78,917 (m^2)
		지원시설면적 (m^2)	34,966 (m^2)
		공공시설면적 (m^2)	60,015 (m^2)
분양률	19(%)	입주율	9(%)
지정고시일	1999-11-26	사업기간	1999년 ~ 2018년
주요입점업체	GS25물류센터 등	기타 특이사항	

자료: 국가물류통합정보센터(http://nlic.go.kr)

강원도의 물류단지는 강릉시 구정면에 1개소가 유일하게 조성되어 운영 중이며, 물류단지시설 78,917㎡, 공공시설 60,015㎡, 복합 지원시설 34,966㎡ 등 총면적 174,236㎡의 규모, 총사업비 552억 원으로, 2018년에 완공되었다.

전국 공영차고지는 총 47개(2019년 기준)이나, 강원도의 화물자동차 공영차고지는 춘천시에 1개소가 있으며 총면적 89,140㎡의 규모로 총사업비 20,400백만 원으로 2013년 12월에 완공하여 현재 운영 중에 있다. 조성 계획 중인 화물자동차 공영차고지는 원주시에 1개소가 있으며 총면적 43,193㎡의 규모, 총사업비 17,200백만 원으로 2018년까지 완료할 계획이다. 특히 강원도에는 물류터미널, 내륙물류기지, 화물차휴게소가 아직 조성되지 못해 내륙물류 인프라가 상대적으로 열악하다.

〈표 6-14〉 강원도 공영차고지 현황

구분	공영차고지명	사업기간		면적(m^2)	주차(면)
		시작	준공		
운영중	춘천	2009년	2013년	89,140	302
계획	원주	2017년	2018년	43,193	

자료: 국토교통부(2014)

제3절 환동해지역 물류 현황

1. 환동해지역 항만 현황

1) 극동러시아 항만[10)]

극동러시아는 5개주, 22개 항만이 위치하고 있으며, 이들 항만 중 20개 항만이 연해주(7개), 하바롭스크주(8개) 및 사할린주(5개)에 있다. 나머지는 마가단주와 캄차트카주에 각각 1개 항만을 보유하고 있다. 이들 항만들은 시베리아 횡단철도(Trans-Siberian Railway, 이하 TSR) 및 바이칼아무르 철도, 중국 철도 등의 물류네트워크와 연계되는데, 중부 대도시 지역인 블라디보스토크, 보스토치니는 TSR과 연계되어 동북아시아 지역과 컨테이너 물류네트워크가 연결된다.

〈표 6-15〉 극동러시아의 지역별 항만 현황

구분	항만 수	항만명
연해주	8	포시예트, 보스토치니, 바니노, 블라디보스토크, 자루비노, 올가, 나호드카, 샤흐쵸르스크
하바롭스크주	7	코르사코프, 니콜라옙스크-나-아무르, 드-카스트리, 소베츠카야 가반, 라자레바, 포로나이스크, 오호츠크
사할린주	5	알렉산드롭스크-사할린, 홀름스크, 모스칼보, 네벨스크, 프리고로드노예
마가단주	1	마가단
캄차트카주	1	페트로파블롭스크-캄차트카

자료: 한국수출입은행(2017)

10) 한국수출입은행(2017)와 한국개발연구원(2018) 자료 발췌, 재정리함.

북부 하바롭스크 지역인 바니노, 소베츠카야가반은 바이칼아무르 철도와 연계, 북미 지역과 가장 단거리로 연결할 수 있다. 남부 국경인근 지역인 자루비노항은 중국, 북한 등과 연계, 또한 사할린의 항만들은 일본으로 석유와 가스 등 에너지 연계루트를 형성한다.

극동러시아 지역의 항만별 총 물동량 처리실적을 살펴보면, 주로 연해주 지역 항만인 보스토치니, 바니노, 나호드카, 블라디보스토크 4개 항만의 처리실적이 비교적 높게 나타났다. 2017년 연해주지역 항만물동량은 1억 4,720만 톤으로 연평균 8.3% 증가했고, 극동러시아 물동량에서의 비중은 76.8%로 2014년의 78.0%에 비해 다소 감소했다.

〈표 6-16〉 극동지역 항만의 연간 물동량 처리실적 추이

(단위: 백만톤, %)

구분	2012년	2013년	2014년	2015년	2016년	2017년	연평균 증가율
보스토치니	42.5	48.3	57.8	65.2	68.5	69.2	10.2
바니노	20.3	23.8	26.2	26.8	30.2	29.2	7.5
나홋카	16.9	18.4	20.7	21.3	23.3	24.2	7.4
블라디보스토크	13.2	14.5	15.3	12.9	14.3	16.9	5.1
포시예트	5.8	5.6	6.7	6.5	8.2	7.7	5.8
연해주소계(A)	98.7	110.6	126.7	132.7	144.5	147.2	8.3
비중(A/C)	73.5	76.4	78.0	77.6	77.9	76.8	-
프리고로드노예	16.3	16.3	16.1	16.0	16.4	17.4	1.3
드 카스트리	7.4	7.0	8.2	10.5	11.5	10.8	7.9
소계(B)	122.4	133.9	151.0	159.2	172.4	175.4	7.5
비중(B/C)	91.2	92.5	92.9	93.1	92.9	91.5	
합계(C)	134.2	144.8	162.5	171.0	185.5	191.7	7.4

자료: 한국개발연구원(2018)

극동러시아 주요 항만은 석탄이 최대의 화물이며, 블라디보스토크는 컨테이너 화물이 주요 품목이다.

〈표 6-17〉 극동 러시아 주요 4대 항만의 물류 특성 비교

구분	주요 화물
나호드카	석탄(40.6%), 석유(36.7%)
보스토치니	석탄(46.7%), 석유(43.1%), 컨테이너(8.1%)
바니노	석탄(81.9%), 석유(7.6%)
블라디보스토크	컨테이너(36.6%), 석유(23.5%), 석탄(0.9%), 금속(11.1%)

자료: 한국수출입은행(2017)

특히 환동해지역에 포함되는 연해주지역는 지리적으로 바다에 인접한 만(灣) 구조를 형성하고 있으며, 블라디보스토크를 비롯한 남부 지역 위주로 항만시설이 발달하였다. 주요 항만은 크게 블라디보스토크, 나호드카-보스토치니, 슬라뱐카-자루비노, 발쇼이카멘, 올가 지역으로 구분되며, 2016년 기준 연해주 전체 물동량은 연 5,300만 톤으로 보스토치니항 약 67%, 블라디보스토크항 21%, 포시에트항 9%, 올가항 3%의 비중이다.

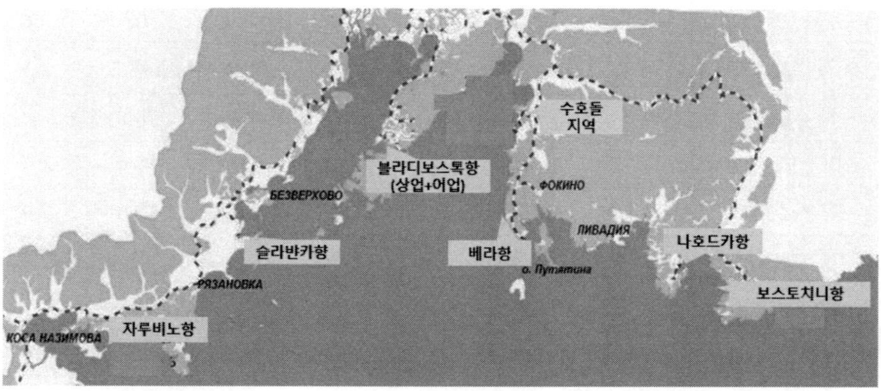

자료: KOTRA 해외시장뉴스, 「연해주 항만개발 어떤 프로젝트가 있나」, 2018년 6월 28일자.

[그림 6-6] 연해주 주요 항만 위치

(1) 블라디보스토크항

러시아 극동지역의 관문인 블라디보스토크항은 골드 혼(Gold Horn)만의 남쪽에 위치, 북한·중국·러시아 3국 국경을 마주하고 있다. 중국 동북 3성과 근거리에 위치하여 항만 물동량이 지속적으로 증가 추세이다.

특히 도로 및 철도를 통해 중국, 북한과의 국경 교역이 이루어지며, 항만 배후는 연해주의 경제와 산업의 중심으로 인접 국가들의 화물이 집결되는 지역이라고 할 수 있다. 주로 벌크 및 일반화물, 양곡, 석탄, 원유, 철강 그리고 수산물을 취급하고 있으며, 해군기지로도 사용되고 있다.

블라디보스토크항은 본항, 디오미드만, 오데사만, 루스키섬, 볼쇼이카멘만 등 총 5개항으로 구성되며, TSR이 시작되는 곳으로서 항만 내 모든 부두는 인입철도(28km)로 연결, 철도를 이용한 화물운송이 상대적으로 타 항만에 비해 저렴하다.

〈표 6-18〉 블라디보스토크 항만 시설 현황

구분	시설 현황
총 면적	225.71ha
선석 개수	57개
선석 연장	1,2315.7m
화물처리능력 (연간)	2,134.329만t
액상화물	230.249만t
건화물	1,145.92만t
컨테이너화물	63.18만TEU
여객처리능력 (연간)	33,850명
접안 가능한 선박 최대크기	길이 290m, 너비 35m, 흘수 13m
창고면적	25.571만㎡
야적장 면적	43.662만㎡
석유제품 저장능력	21.783만t

자료: 한국개발연구원(2018)

이용가능 최대 선급은 30,000 톤급, 수심은 항만 입구부의 컨테이너 부두(#12~#16선석)는 약 13m정도이고, 항내의 교량이 위치해 있는 해역은 14~21m이다.

(2) 보스토치니항

보스토치니항은 연해주 동해연안 나호드카 만 안쪽 브란겔(Wrangel) 내포에 위치하며, 일반화물과 벌크화물 전문항만으로, 블라디보스토크항과 나호드카항으로는 아시아-태평양 국가들과의 원활한 화물처리가 어려워 보스토치니항의 수요가 급격히 증가하고 있다. 보스토치니항은 극동지역의 가장 큰 컨테이너 선석과 전체 물동량의 80%이상을 처리하는 석탄 터미널을 보유하고 있어 러시아 전체 석탄 생산량의 20%, 극동지역의 40%의 수출화물을 처리하고 있다.

〈표 6-19〉 보스토치니항 입주하역업체

회사명	주요 취급 품목
OAO ≪Vostochniy Port(동부항구)≫	석탄
OOO ≪Specialijirovanniy morskoy neftenalivnoy port Kozmino (코즈미노 석유전용항구)≫	석유
OOO ≪Vostochnaya stividornaya kompaniya (동부하역회사)≫	컨테이너
OOO ≪Maliy port≫	석탄
OOO ≪Vostochno-uralskiy terminal 동부-우랄 터미널≫	석탄
OOO ≪Vostochniy neftehimicheckiy terminal 동부 석유 터미널≫	석유화학제품 및 액화가스
OOO ≪Lesnoy port≫	목재
ZAO ≪Toplivno-bunkernaya kompaniya연료벙커회사	기타 선석업무

자료: 한국개발연구원(2018)

항로수심은 최대 22m, 150,000DWT급의 선박의 입출항이 가능하며 처리하는 주요 화물은 유류, 벌크, 원목, 잡화, 컨테이너 등이다. 보스토치니항 컨테이너터미널 운영사인 VICS사는 호주의 회사와 러시아 정부가 각각 80%, 20%의 지분을 보유한 합작회사 형태로 운영 중이다.

항만 면적은 3.97㎢이며, 수역면적은 62.66㎢이며 창고면적은 41,050㎡, 야적장 면적은 422,930㎡이며, 석유탱크용량은 28,000㎥, 보스토치니항은 지역적으로 나호드카에 속하며 공유하는 지역 항계선이 존재한다.

(3) 나호드카항

연해주 동해 북서쪽에 위치한 나호드카항은 러시아 태평양 연안 항만 중 가장 큰 항만으로 상트테페부르크항, 노보로시스크항과 함께 러시아 3대 항만으로, 항만면적은 2.84㎢이며, 수역면적은 127.45㎢이며 창고면적은 316,130㎡, 야적장 면적은 481,830㎡이며, 석유탱크용량은 225,000㎥이다.

〈표 6-20〉 나호드카항 개요

구분	시설 현황
총 면적	284.24ha
선석 개수	108개
선석 연장	1,6810.35m
화물처리능력 (연간)	2,647.225만t
액상화물	736만t
건화물	1,360.4만
컨테이너화물	45.894만 TEU
석유제품 저장능력	2.5만t

자료: 한국개발연구원(2018)

나호드카항은 극동지역에서 외국선박의 입항이 가능한 항만으로 동시에 TSR의 시작점이 되어 성장의 발판을 마련하였다. 블라디보스토크 공항으로부터 130㎞ 거리에 위치해 있으며, 비교적 물류 접근성이 양호하지만, 항만 배후부지는 주민시설의 포화로 추가 확장은 어려운 실정이며, 시설이 대부분 노후화되어 있다.

나호드카항 인근 도로현황은 아르톰에서 나호드카항까지 연결된 A-188도로가 있으며, 비교적 포장 및 노면상태가 양호한 편이다. 현재 TSR 시작 지점이 나호드카에서 보스토치니로 옮겨졌다. 그러나 여전히 철도 연계는 뛰어나 연해주시에서 원활한 화물수송을 위해 나호드카-보스토치니항 사이에 철도 2개역을 신설하는 등 리모델링에 중점을 두고 있다.

(4) 포시에트항

포시에트항은 연해주 동해 위치한 수출용 석탄 선적을 전문으로 처리하며, 한반도로부터 가장 근접한 항만으로 향후 통일시대 대비 및 환동해 지역에서 전략적 가치가 매우 큰 항만이다.

〈표 6-21〉 포시에트항 개요

구분	시설 현황
총 면적	88.1ha
선석 개수	15개
선석 연장	2,408m
수심	9.5m
화물처리능력 (연간)	361만t
동시보관능력	23만t
접안능력	2만 DWT
화차처리량(일일)	200VAN
창고 및 야적장 면적	13.7만㎡
석유제품 저장능력	250~300t/h(4만t)

자료: 한국개발연구원(2018); 한국해양수산개발원(2016) 재정리.

2004년부터 러시아 철강 및 석탄개발회사 메첼(Mechel)사의 전용 석탄수출항으로 OAO가 자회사로 운영 중에 있다. 특히 훈춘, 나진·선봉, 포시에트를 잇는 두만강 하구 약 1천 ㎢의 삼각지구에 국제 자유무역지대를 설립하는 동북아지역 협력 프로젝트 개발의 중심에는 포시에트항이 위치한다.

자료: 한국해양수산개발원(2016)

주1: 프리모리예-1은 극동러시아 연해주의 보스토치니항, 나호드카항, 블라디보스토크항을 기점으로 중국의 TCR과 연계해 헤이룽장성 수이펀허와 하얼빈까지 이어주는 국제수송회랑임.

주2: 프리모리예-2는 포시에트항, 자루비노항을 기점으로 크라스키노를 지나 중국 지린성 훈춘과 이어졌으며 북한의 나진항과도 연계 가능한 국제수송회랑임.

[그림 6-7] 연해주 국제운송회랑 노선

극동러시아 주요 항만 중 하나인 포시에트항은 나진-하산 물류 프로젝트를 가장 가까이에서 잇는 간선항로의 중심이며, 해운·항만 네트워크상 주변지역과의 물류거점으로서 발전 가능성이 기대된다. 과거부터 포시에트항은 러시아 하산, 중국 훈춘, 북한 나진·선봉 지역 개발 프로젝트인 광역두만강개발계획(GTI:

Greater Tumen Initiative)11)의 중심에 있었으며, 항만이 위치한 두만강 유역은 TSR과 제일 근접한 연결지점으로 유라시아 철도물류의 시작이라고 볼 수 있다.

현재 포시에트항은 자루비노항과 더불어 [그림 6-7]에서와 같이 '프리모리예-2' 국제수송회랑의 기점이며, 이 노선은 북한 나진~하산 지역을 연결하며 TSR과도 이어져, 향후 동북아 물류 흐름에서의 중요한 역할을 할 수 있다.

(5) 자루비노항

자루비노항은 대규모 국제항만의 개발에 적합한 조건으로 포화상태인 블라디보스토크항을 대신하여 TSR 환적항으로 부상하고 있으며, 장기적으로 농산물 물류 수출항으로 발전 가능성을 지니고 있다. 자루비노항의 주요 화물로는 냉동수산물 컨테이너, 자동차, 고철 등이다.

자루비노항은 도로 접근성과 TSR을 통해 항만까지의 접근성이 우수하며, 일본에서의 자동차 수입 전용열차가 별도로 운영 중에 있는데, 히로시마 공장에서 자루비노항까지 해상운송 후, 전용열차로 모스크바까지 약 9,300km 운송하고 있다. 자루비노항 인근역인 수하노프카역 간 철도를 통해, 크라스키노-훈춘 간 육로를 통해 중국으로의 화물수송이 가능하다.

---

11) 두만강 유역을 중심으로 한 동북아지역의 경제발전을 목적으로 추진하는 다자간 경제협력 사업. 두만강개발계획(TRADP; Tumen River Area Development Programme)은 두만강 하류를 중심으로 한 동북아지역의 교통, 에너지, 관광, 환경 분야의 개발과 투자유치를 도모하기 위한 사업으로, 1992년 유엔개발계획(UNDP)의 지원을 받아 출범하였다. 이후 1995년 12월 두만강 접경국인 북한, 중국, 러시아와 비접경국인 남한, 몽골이 '두만강권 지역개발'에 관한 협정을 체결함으로써 사업이 공식 추진되었으며, 동북아 지역의 다자간 제도적 경제협의체로 각국 차관급 대표로 구성된 5개국위원회가 설립되었다.(자료: 네이버 지식백과 광역두만강개발계획)

〈표 6-22〉 자루비노 항만 개요

구분	시설 현황
총 면적	39.2ha
선석 개수	7개
선석 연장	841m
수심	7.5~9.5m
화물처리능력 (연간)	120만t
접안능력	길이 130m, 너비 18m, 흘수 7.8m
화차처리량(일일)	80 VAN
창고 면적	2.638만㎡
야적장 면적	1.983만㎡
1라인당 평균 생산성	28~63t/h
수산물 냉장고 용량	1.5만㎥

자료: 한국개발연구원(2018)

2) 서일본 항만

(1) 사카이(境港)항[12)]

사카이항은 돗토리현 사카이미나토시에 위치한 항만으로 일본 항만법상 중요 항만으로 지정되어 있고, 특이하게 돗토리현과 시마네현이 일부사무조합(특별지방공동단체)으로 공동 관리하는 항만이다. 1951년 중요 항만으로 지정되었으며, 1953년 제3종 어항, 1973년 특정 제3종 어항으로 지정되었다.

12) 사카이미나토 항만 관리조합 홈페이지의 항만개요 내용을 재정리함.

〈표 6-24〉 사카이항 시설 현황

시 설 명	현재	장래 계획	비 고
대형 선박 계류 안벽			수심
(140 천톤 급)	1 선석	1 선석	-14.0m
(50 천톤 급)	1 선석		-13.0m
(40 천톤 급)	0 부두		-12.0m
(30 천톤 급)	1 선석	1 선석	-10.0m
(15 천톤 급)	3 선석		- 9.0m
(10 천톤 급)	5 선석	1 선석	- 7.5m
중소형 선박 계류 안벽	27 선석		-7.0 ~ -4.5m
화물 처리 시설 (창고)	7 동	+CFS 1	
냉동 컨테이너 전력 공급	250V 용 4 개, 440V 용 20 개		
크레인	갠트리 크레인 1 기 다목적 크레인 1 기		
야적장	49 개소 (면적 38.6ha)	+2 개	부두 계획 지역
수면 저목(貯木)[13)]장	면적 23.1ha		공공·민간

자료: 사카이미나토 항만 관리조합 홈페이지(http://sakai-port.com/publics/index/8/)

사카이항의 항로별 물동량 현황을 살펴보면, 2019년 기준 한국항로의 수출 컨테이너 화물량은 13,513 TEU으로 전년 대비 2.5% 증가하였으며, 종이·펄프 1,474 TEU 증가, 도료·염료·합성수지 등 43 TEU 증가하였다. 수입 컨테이너 화물량은 전년 대비 2.4% 감소하였으며, 주로 비금속광물 505 TEU, 산업기계 112 TEU가 감소하였다. 2019년 기준 중국항로의 수출 컨테이너 화물량은 806 TEU로 전년 대비 33.2%가 증가하였으며, 산업기계 92 TEU, 전기기계 65 TEU가 증가하였다. 수입 컨테이너 화물량은 전년 대비 2,514 TEU으로 13.6% 증가하였으며, 비금속광물 670 TEU, 기타제조공업품 63 TEU가 증가하였다.

13) 목재를 비교적 장기간 저장하는 것.

〈표 6-23〉 사카이항 컨테이너 취급 화물량의 추이

(단위: TEU)

구분		2015년	2016년	2017년	2018년	2019년	전년 대비 증가율
한국항로	수출	11,081	12,008	13,276	13,178	13,513	2.5%
	수입	9,119	9,528	10,482	9,814	9,583	-2.4%
	계	20,200	21,536	23,758	22,992	23,096	0.5%
중국항로	수출	579	651	571	605	806	33.2%
	수입	2,684	2,737	2,168	2,213	2,514	13.6%
	계	3,263	3,388	2,739	2,818	3,320	17.8%
합계	수출	11,660	12,659	13,847	13,783	14,319	3.9%
	수입	11,803	12,265	12,650	12,027	12,097	0.6%
	계	23,463	24,924	26,497	25,810	26,416	2.3%
전년 대비 증감율		1.4%	6.2%	6.3%	-2.6%	2.3%	

자료: 사카이미나토 항만 관리조합 홈페이지(http://sakai-port.com/publics/index/8/)

사카이항은 환동해 교류 촉진을 위한 해운물류 네트워크의 구축을 목표로 환동해 국제물류 거점항만으로의 도약을 위해 2018년을 목표년도로 2005년 7월에 항만 계획을 수립하였다. 2030년의 목표 항만물동량은 전체 600만 톤으로, 외항 약 260만 톤(페리 10만 톤), 내항은 340만 톤(페리 10만 톤)이다.

(2) 교토-마이즈루(京都舞鶴港)항

교토-마이즈루항의 항만 관리는 교토부(京都府)가 담당하고 있다. 항만법으로는 중요 항만, 항칙법상으로는 특정항으로 각각 지정된 항만이다. 2004년부터 교토-마이즈루항이라는 호칭을 사용하였다. 2017년을 기준으로, 환적 물동량은

1,161만 톤이며, 컨테이너 처리량은 19,272 TEU(수입 13,402 TEU)이며, 이용 여객 수는 연간 누적 72,538명, 컨테이너 크레인 5기를 보유하고 있다. 특히 2011년 11월 교토-마이즈루항은 중앙정부로부터 환동해지역 거점항만으로 선정되었다.

〈표 6-25〉 교토-마이즈루항 화물 처리량

(단위: 톤)

구분	총화물량	전년대비(%)	외항			내항		
			합계	수출	수입	합계	수출	수입
2012년	11,998,032	109.8	5,355,950	256,716	5,099,234	6,642,082	3,430,802	3,211,280
2013년	11,081,380	92.4	4,703,093	281,194	4,421,899	6,378,287	3,203,581	3,174,706
2014년	10,751,891	97.0	4,583,525	248,109	4,335,416	6,168,366	3,053,636	3,114,730
2015년	11,039,474	102.7	4,813,251	209,117	4,604,134	6,226,223	3,092,865	3,133,358
2016년	10,829,779	98.1	4,700,892	228,126	4,472,766	6,128,887	3,099,280	3,029,607

자료: 교토-마이즈루항 진흥회 통계자료(http://www.port.maizuru.kyoto.jp/statisticaldata)

교토-마이즈루항의 항로 현황을 살펴보면, TSCS 항로(트랜스 시베리아·컨테이너 항로)는 1958년에 극동지역 원자재를 중심으로 한 목재 수입기지로 발전해 왔으며, 1989년에 러시아 유럽·중동을 시베리아 철도로 연결하는 TSCS의 기항지가 되어, 복합일관운송의 거점으로서 중요한 위치를 차지하였으나, 현재 휴항 중이다. 나호드카 정기항로는 1958년 일본과 러시아를 잇는 유일한 정기항로이며, 기항지로 지정되어 러시아를 잇는 환동해지역의 국제 관문으로서 중요한 역할을 하였으나, 2020년 현재 휴항 중이다. 마지막으로 러시아 블라디보스토크 항로로 월 2회 RO-RO선을 운항하고 있다.

한국 정기항로는 1990년 3월 개설 이래, 부산을 통해 중국·동남아·유럽 등 세계 각지와 직결되어 있으며, 흥아해운과 장금상선이 주 2회, 고려해운이 주 1회

운항 중이다. 중국 정기항로는 2007년 4월부터 개설되어, 중국의 대련·청도·상하이를 잇는 컨테이너 정기 항로가 주 1회 운항 중이다.

〈표 6-26〉 교토-마이즈루항 컨테이너 항로별 현황

구분		전년 대비	2015년			2016년		
			수출	수입	합계	수출	수입	합계
한국항로	화물량	158.2%	44,183	55,299	99,482	68,773	88,581	157,354
	컨테이너	153.5%	2,270	2,805	5,075	3,483	4,307	7,790
중국항로	화물량	91.7%	24,268	52,217	76,485	26,935	43,167	70,102
	컨테이너	91.8%	1,168	2,342	3,510	1,294	1,928	3,222
한일러 페리항로	화물량	4506.9%	99	2	101	919	3,633	4,552
	컨테이너	1374.3%	33	2	35	124	357	481
합계	화물량	131.8%	68,550	107,518	176,068	96,627	135,381	232,008
	컨테이너	133.3% 126.7%	3,471 (5,963)	5,149 (5,740)	8,620 (11,703)	4,901 (7,338)	6,592 (7,448)	11,493 (14,826)

자료: 교토-마이즈루항 진흥회 통계자료(http://www.port.maizuru.kyoto.jp/statisticaldata)
주 : 컨테이너 개수는 실입 컨테이너, (　)는 공 컨테이너 포함.

교토-마이즈루항 FAZ(Foreign Access Zone)는 항만이나 공항 주변지역에 설정된 "수입 촉진 지역"으로 1995년, 동해 항만에서는 최초로 FAZ의 지정을 받았다. 1997년 10월에는 무역 사업자를 위한 사무실과 물류시설 등 무역 관련 기능을 집약시킨 교토-마이즈루항 FAZ의 핵심 시설이 완성되었고, 이에 따라 교토-마이즈루항의 물류기능은 크게 향상되었으며, 수출입 사업의 지원체제가 한층 강화되었다.

〈표 6-27〉 교토-마이즈루항 항만시설 현황

구분	연장	선석 수	수심
마이즈루 국제 부두	350m	1	-14.0m
제 2 부두	130m	1	-8.0m
	185m	1	-10.0m
	165m	1	-9.0m
	165m	1	-9.0m
제 4 부두	185m	1	-10.0m
	300m	3	-5.5m
키타 부두	130m	1	-7.5m
	240m	1	-12.0m
마에지마 부두	130m	1	-7.5m
	250m	1	-9.0m
	180m	1	-5.5m

자료: 교토-마이즈루항 진흥회 통계자료(http://www.port.maizuru.kyoto.jp/statisticaldata)

(3) 니가타(新潟港)항[14)]

니가타항은 1868년에 개항한 5항(하코다테, 니가타, 가나가와, 효고, 나가사키)의 하나로서 역사가 깊은 국제무역항이다. 1967년 일본 서해안 지역 중에서도 특정 중요 항만으로 지정되는 등 일본 서해안 지역의 대표적 무역항이다.

니가타항은 1995년 6월에 정부의 중장기 항만정책에서 동해 측의 "국제 중심 항만"으로 지정되고, 1996년 3월 수입촉진지역(FAZ)의 승인을 받았다. 또한, 2011년에는 국제 거점항만으로 지정되었다.

14) 북방물류연구지원센터, 「일본 니가타항, 나오에츠항 무역동향」, 『월간 동향』, 2020년 12월호, 자료를 발췌·정리함.

특히 니카타 동항은 컨테이너 터미널, 상온 창고, 냉동 창고 등 일본 서안 지역의 국제 물류거점 기능을 확충·정비하고 있다.

2015-2019 니가타항의 수출입금액 추이 (단위: 백만엔)

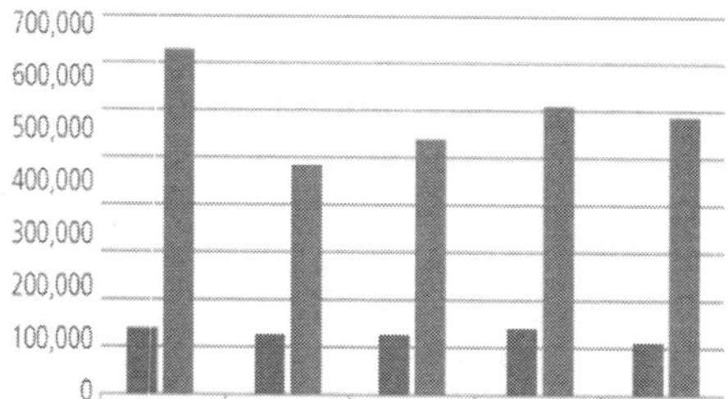

	2015	2016	2017	2018	2019
■수출액	121,379	113,944	119,472	121,041	103,006
■수입액	645,517	431,393	468,553	536,218	518,589

2015-2019 나오에츠항의 수출입금액의 추이 (단위: 백만엔)

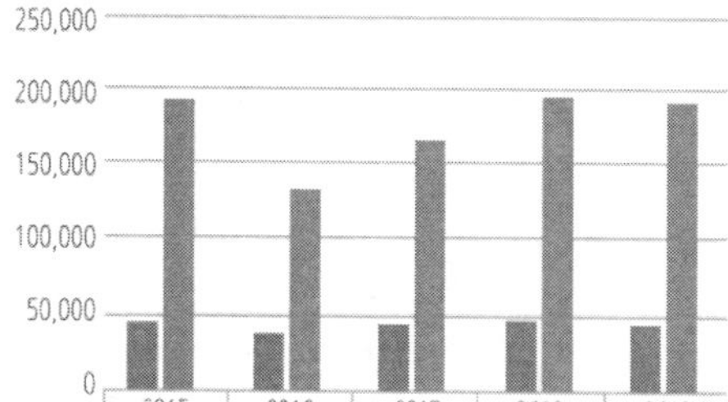

	2015	2016	2017	2018	2019
수출액	43,990	39,173	43,433	46,219	43,889
수입액	193,134	133,647	168,432	197,179	193,579

2019년 니가타항 수출 상위 5개국 · 지역 (단위 : 백만엔)

순위	국가·지역	금액
1	대한민국	25,042
2	중화인민공화국	20,230
3	미국	9,177
4	대만	9,038
5	타이	4,516

2019년 니가타항 수입 상위 5개국 · 지역 (단위 : 백만엔)

순위	국가·지역	금액
1	중화인민공화국	156,534
2	대한민국	23,381
3	미국	22,118
4	칠레	14,809
5	남아메리카공화국	10,912

[그림 6-8] 니가타항 수출입금액 및 수출입 상위 지역

2019년도 니가타항의 수출액은 약 1,030억 엔으로 전년 대비 15%, 수입액은 약 5,186억 엔으로 전년 대비 3.3% 등 수출 감소 폭이 커지고 있다, 2019년도 나오에츠항의 수출액은 약 439억 엔으로 전년 대비 5%, 수입액은 약 1,936억 엔으로 전년 대비 1.8% 등 수출입 모두 소폭 감소했다. 또한, 2019년도 니가타항의 전국 점유율은 수출 0.13%, 수입 0.66%, 수출입 합계 0.40%를 차지하고 있다. 국토교통성의 항만별 무역액 순위(2018) 기준에 의하면, 니가타항은 전국 120개 항만 중 31위, 나오에츠항은 48위이다.

지리적으로 인접한 한국 및 중국항로는 니가타항의 주요 항로로 생산과 소비 활동에 중요한 역할을 담당하고 있으며, 니가타현에서는 니가타항, 나오에츠항에서의 수출입 컨테이너 화물의 이용 촉진을 도모하기 위해 화주나 운송사업자 등에 대한 지원사업을 실시하고 있다.

〈표 6-28〉 니가타항 한국/중국 항로 수출입 물동량

(단위: 천톤)

구분		2016년	2017년	2018년	2019년	2020년
니가타-한국	수출	82,073	84,777	89,117	92,316	90,356
	수입	81,724	84,225	87,532	91,103	88,453
	합계	163,797	169,002	176,649	183,419	178,809
	전년 대비 (%)	96.6	103.2	104.5	103.8	97.5
니가타-중국	수출	15,533	17,985	20,927	21,884	20,040
	수입	15,272	17,581	19,645	20,642	19,939
	합계	30,805	35,566	40,572	42,526	39,979
	전년 대비 (%)	85.7	115.5	114.1	104.8	94.0

(4) 쓰루가(敦賀港)항

쓰루가항은 약 1600년의 역사를 가진 항만이며, 또한 일본의 역사적 관점에서 대륙의 관문으로 중요한 역할을 담당해 왔다. 헤이안 시대 초기 발해의 사신을 위한 접대시설인 송원(客館)이 설치되어 있어, 발해와의 교류 중심지였으며, 메이지 시대에는 블라디보스토크와의 정기항로와 시베리아 횡단철도를 통해 일본과 유럽을 잇는 이국적인 항만 도시가 되었다. 쓰루가항은 후쿠이현 쓰루가시의 쓰루가만에 위치한 항만으로 후쿠이현에서 관리하고 있으며, 항만법에 중요 항만, 항칙법에서 특정 항만으로 지정되어 있다.

최근 쓰루가항 국제터미널 완공과 국제 RO-RO선 취항 등으로 컨테이너 물동

량이 빠르게 증가하고 있고, 2011년 국토교통성은 쓰루가항을 일본 서안의 거점항 중 하나로 선정하여, 교토-마이즈루항과 상호보완적으로 발전하는 중이다.

쓰루가항의 주요 화물은 석탄, 목재, 컨테이너화물 등이며, 정기 컨테이너 선박은 한국(부산) 항로가 주 2항차, 2012년 중국(상하이·닝보) 항로가 주 1항차가 운항 중이다. 또한 쓰루가항은 본항지구와 1977년 신항지구로 구분되는데, 신항지역의 배후에는 석탄화력발전소 및 시멘트 공장이 입지하고 있으며, 수심 12m, 8m의 공용선석, 수심 14m, 10m의 다목적 컨테이너 전용부두, 그리고 대형 페리 선박의 접안이 가능한 페리 전용부두가 위치하고 있다.

〈표 6-29〉 쓰루가항 다목적 컨테이너 터미널 시설 현황

<table>
<tr><td rowspan="5">터미널 면적</td><td colspan="2">17.6ha</td></tr>
<tr><td>컨테이너 야드</td><td>6.5ha</td></tr>
<tr><td>벌크 야드</td><td>2.1ha</td></tr>
<tr><td>에이프런</td><td>0.6ha</td></tr>
<tr><td>배후 보관 야드</td><td>6.5ha</td></tr>
<tr><td>항만 관련 용지</td><td colspan="2">2.5ha</td></tr>
<tr><td>기타(임항 도로, 녹지 등)</td><td colspan="2">6.1ha</td></tr>
<tr><td>안벽</td><td colspan="2">남쪽 A 안벽 280m × 1 선석 (-14m)</td></tr>
<tr><td rowspan="3">하역 기계</td><td>갠트리 크레인</td><td>1 기</td></tr>
<tr><td>갠트리 크레인 중량</td><td>50.1 톤</td></tr>
<tr><td>아웃 리치</td><td>32.0m</td></tr>
<tr><td>변전동</td><td colspan="2">총 면적 150㎡ (철근 콘크리트 조)</td></tr>
<tr><td>냉동플러그</td><td colspan="2">12 구 (440V)</td></tr>
<tr><td>접안 능력</td><td colspan="2">50,000 톤급</td></tr>
</table>

자료: 쓰루가항 홈페이지

3) 지린성 훈춘(琿春)항[15]

중국 지린성 훈춘(琿春)은 남쪽으로 두만강을 경계로 북한 나선특별시, 동쪽으로 러시아 연해주와 마주보는 국경도시이다. 특히 훈춘은 동북쪽이 육지로 막힌 중국으로선 바다에 진출할 수 있는 최적지로 훈춘에서 동쪽으로 15㎞ 거리에 동해를 접할 수 있으며, 훈춘과 러시아 자루비노항은 철도로 연결돼 있고, 북한도 쉽게 드나들 수 있다. 훈춘 취안허(圈河) 통상구에서 남쪽으로 두만강대교를 건너 함경북도 은덕군 원정리를 지나 나진항까지는 53.5km 정도이다.

이렇듯 훈춘은 중국, 북한, 러시아를 연결하는 지정학적 물류 요충지라 할 수 있어 현재 중국 정부는 훈춘시를 '동북아의 홍콩'으로 만들기 위한 계획을 진행하고 있다. 지린성 정부는 2000년 '두만강 지역 국제합작시범구'를 본격적으로 개발하였으며, 2020년까지 조성할 시범구는 90㎢면적에 국제산업합작구역, 국경무역합작구역, 북·중 훈춘경제합작구역, 중·러 훈춘경제합작구역 등 4개 구역으로 나눠 개발 중이다.[16]

또한 중국 정부는 '창지투(長吉圖) 개방 선도구' 개발사업에도 박차를 가하고 있는데 2009년부터 2020년까지 투자를 완료할 계획이다. 창지투와 훈춘을 연결하려고 교통망 구축을 위해 2010년 9월 창춘-지린-옌지-투먼-훈춘을 잇는 고속도로와 고속철도를 개통하고 2012년 8월 훈춘과 북한 나진항을 연결함으로써 나진항까지의 운행시간을 종전 90분에서 40분으로 절반 이상 단축, 대형 트럭을 이용해 석탄 등의 자원을 나진항까지 원활하게 수송할 수 있게 되었다.

또한 이미 2009년 나진항 1호 부두 사용권과 확장공사를 통해 연간 100만 톤의 하역능력과 2010년 나진항 4~6호 부두를 개발해 50년간 사용할 권리도 확보하여 나진항을 통해 동북3성에서 생산하는 석탄을 상하이 등 남부지역으로 운송하고 있다.[17]

---

15) 리춘위·안우철(2019) 연구의 훈춘항 개요 부분을 발췌·정리함.
16) 주간동아, 「훈춘 개발 돈 쏟아붓는 중국 동북아 거점기지 오랜 꿈 실현」, 제843호, pp.38~40. 발췌·재정리함.
17) 앞과 동일.

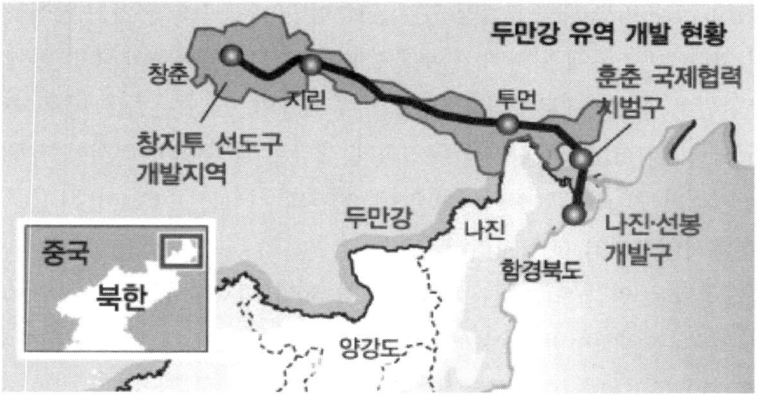

자료: 百度文库(https://wenku.baidu.com/)

[그림 6-9] 훈춘지역지도

훈춘역내 대외 국가급 항만은 4개(훈춘항만, 훈춘철도항만, 사투오자항만, 취안허항만)가 위치하고 있는데, 그 중에 훈춘항만(珲春口岸), 훈춘철도항만(珲春铁路口岸)은 대 러시아항만과 교역하고, 사투오자항만(沙坨子口岸), 취안허항만

〈표 6-30〉 훈춘지역 국제해운항로 현황

항선	개통 시간	화물 공급원	운영 업자
훈춘-자루비노-속초	2000개통;2010년 정지;2013년 복항	중-한;한-러	한국동춘 해운주식회사
중러일한4국 한선	2009년개통; 2009.09정지	중-한일;한-러	동아시아 해운주식회사
훈춘-자루비노-부산	2011.06개통	중-한;한-러	대련영길선박관리유한공사
훈춘-자루비노-니가타	2011.08개통	중-일;일-러	일본반야항운주식회사
훈춘-나진-부산	1996년개통; 2008.12정지	북한-한;중-한	연변현통물류해운집단유한공사

자료: 훈춘시청(http://www.hunchun.gov.cn)이 발표한 자료와 인터넷 데이터에 근거하여 재정리함.

(和圈河口岸)은 바로 대북한 항만이다. 훈춘항만, 훈춘철도항만, 취안허항만은 물동량이 연간 50만 톤에 달하여, 사투오자항만은 매년 물동량이 10만 톤에 달한다

훈춘항만은 훈춘시내로부터 15㎞ 떨어져 있으며, 그 맞은쪽은 바로 러시아 크라스키노 항만이며, 대 러시아에 유일하게 개방된 항만이다. 러시아 자루비노 항만과의 거리가 71㎞이고, 블라디보스토크까지의 거리는 170㎞이다. 훈춘 철도항만은 훈춘시내로부터 6㎞ 거리에 있다.

화물물동량은 연간 50만 톤, 여객은 연간 50만 명으로 철도 및 항만기능이 확대되고 있다. 취안허항만은 북한 나진항과 48㎞ 거리에 있으며, 중국과 북한 나진-선봉 자유무역지대 연결하는 유일한 통로이다. 화물물동량은 연간 60만 톤, 여객이 연간 60만 명이며, 1995년부터 취안허항만-나진-부산 육상해운항로가 운영되어 왔다.

〈표 6-31〉 훈춘지역 기본개요

<table>
<tr><td rowspan="6">훈춘지역
기본현황</td><td colspan="3">면적</td><td>5,145㎢</td></tr>
<tr><td colspan="3">인구</td><td>25만명</td></tr>
<tr><td colspan="3">통상구</td><td>훈춘 통상구, 훈춘 철로 통상구, 권하 통상구, 사타자 통상구</td></tr>
<tr><td rowspan="3">교통</td><td rowspan="2">도로</td><td>도로개황</td><td>46개도로 총길이 687.147(㎞)</td></tr>
<tr><td>국제노선</td><td>훈춘-나진, 훈춘-블라디보스토크</td></tr>
<tr><td colspan="2">고속철도</td><td>지린-훈춘</td></tr>
<tr><td>훈춘
지리개황</td><td colspan="4">• 중국, 북한, 러시아 3개국과 인접하는 국경도시
• UNDP가 주도하는 두만강지역 국제협력핵심지역
• 중국에서 한반도 동해안, 일본서해안, 북미, 북유럽까지 최단거리에 위치
• 훈춘주변의 러시아 포시에트, 자루비노, 블라디보스토크와 북한의 나진항과 통항가능</td></tr>
<tr><td>훈춘
해상항로</td><td colspan="4">• 중국 훈춘- 러시아 자루비노- 한국 속초- 일본 니이가타
• 중국 훈춘- 북한 나진- 한국 부산/ 중국 동부연해</td></tr>
</table>

자료: 리춘위 · 안우철(2019), pp.125-150.

사투오자항만은 민간무역항으로 화물 통관능력이 연간 10만 톤, 여객은 연간 10만 명으로 2007년부터 대외개방이 시작되었다. 훈춘항만부터 러시아, 북한 항만을 통한 한국, 일본항으로 화물운송이 가능하며, 중국 다롄항에서의 운송거리에 비해 거리가 거의 절반에 가깝고 운송시간이 1/3, 운송비용이 30%~40% 절약된다.[18]

4) 북한 나진항[19]

나진항은 한반도종단철도(TKR), 시베리아횡단철도(TSR), 만주횡단철도(TMR) 등 3개의 주요 철도네트워크가 연결되는 지역에 위치한 부동항(不凍港)이며, 한만(韓滿)철도노선의 동북부 종착역으로 교통의 요충지이다. 특히 지린성과 헤이룽장성의 경우 훈춘-다롄항은 거리가 1,300㎞나 되지만, 훈춘-나진항은 100㎞로 지리적 이점을 가질 수 있다. 1973년부터 무역항으로 개항하고 중국선박을 이용한 부산·나진 항로를 통해 한국과 중국 동북 3성간 해상물류를 수행하고 있으며, 3개의 부두가 설치되어 있는데 이중 제2호 부두가 무역항으로 활용된다.

나진항은 제1호, 2호, 3호의 3개 부두로 10개의 선석이 있으며, 선석의 총 연장 3,290m, 평균 수심 9~11m, 연간 화물처리능력은 600만 톤, 주요 화물은 컨테이너 운송물, 비료, 목재, 석탄, 석유 등을 처리하고 있다. 항만의 설비로는 5~15톤의 크레인 등이 비치되어 있으며, 러시아의 하산역으로부터 표준궤[20]와 광궤[21]의 철도가 제3호 부두와 연결된다. 부지면적은 38만㎡, 보관면적은 203,000㎡인데 창고면적 26,000㎡ 야적창고면적 177,000㎡이다.

---

18) 东北亚近海口岸城市珲春(2014),『管理观察』

19) KDB산업은행(2015)을 재정리함.

20) 표준궤: 1,435mm

21) 광궤: 1,524mm

〈표 6-32〉 나진항 주요 현황

구분		내용
주요시설	부두연장	2,515m
	동시접안 척수	15척
	주요 장비	5~15톤급 크레인
	접안능력	1.5만 톤
	최대수심	11m
	연간처리능력	600만 톤
	기타	러시아 화차 진입
이용현황	주요 취급화물	석탄, 비료 원목, 잡화
	대외항로	속초, 부산
	무역비중	9.3%
	기타	• 1974년 무역항 개항 • 소련의 대동남아 수출관문 • 한중, 동북 3성간 물류운송

자료: KDB산업은행(2015)

나진항의 제1호 부두는 북한의 내항 부두로 활용되었으며, 2008년 11월 중국에 의해 벌크화물인 석탄 전용부두로 사용하기 위한 개조공사가 착공되어 2009년 6월 완공되었다. 개조공사로 제1호 부두는 3만 톤급 선박의 접안이 가능하고, 컨베이어가 설치되어 대량 벌크 화물의 운송 및 수출화물용 부두로 사용되고 있다.

나진항의 제3호 부두는 유일하게 수출입 화물을 취급하는 외항 전용부두로 2010년부터 러시아 정부의 철도회사에 의해 7만 톤급 선박의 접안이 가능하도록 부두 끝단의 30m 연장 등의 보강공사가 이루어졌다. 그밖에 러시아의 광궤철도와 연결하는 개보수 공사가 완료되어 2010년 10월 나진~하산 철도구간의 시범운행이 실시되었다.

〈표 6-33〉 나진항 부두시설 개요

부두명	길이	접안능력		하역능력	하역장비	취급화물	사용권
		7천 톤	1만 톤				
1호	1,120m	2척	3척	50만 톤/년	지브 10대, 지게형 1대	비료 전용	중국(10년)
2호	864m	2척	3척	150만 톤/년	지브 6대	강재, 파철원목 등	스위스 (미정)
3호	460m	-	3척	400만 톤/	지브 7대	석탄 전용, 곡물	러시아 (50년)
계	2,444m	4척	9척	600만 톤/년	지브 23대, 지게형 1대	-	-

자료: KDB산업은행(2015)

2. 환동해지역 항공물류 현황

항공화물시장은 2007년부터 2017년까지 10년간 연간 2.6%대의 성장률을 기록하고 있으며, 고부가가치산업의 증가와 전자상거래의 활성화로 향후 급격한 성장이 예상된다. 이미 동북아시아 지역은 북미, 유럽에 뒤이어 3대 항공화물 시장으로, 동북아의 주요국인 중국과 일본, 그리고 한국은 세계 항공 물동량에서 많은 비중을 차지하고 있다.

아시아-태평양 항공시장은 이미 전세계에서 가장 높은 38.8%의 점유율을 차지하고 있으며, 이 중 동북아시아 3국인 한·중·일은 66%를 차지한다. 이는 전세계 25.6%에 이르며, 세계적 항공기 제작사 보잉의 보고서(Boeing, 2018)에서는 아시아 역내의 물동량 중 대부분이 동북아시아 역내 물동량으로 나타났다.

〈표 6-34〉 2017년 세계 항공화물 운송실적

Region	Freight Tonne-km(Millions)	Percentage of world traffic
Europe	51,650	23.1
Africa	4,167	1.9
Middle east	30,787	13.8
Asia and Pacific	86,712	38.8
(China)	23,324	(10.4)
(Hong Kong SAR)	12,415	(5.5)
(Macao SAR)	33	(0.1)
(Republic of Korea)	11,002	(4.9)
(Japan)	10,685	(4.8)
North America	44,433	19.9
Latin America and Caribbean	5,981	2.7
Total	223,730	

자료: ICAO(2018)
주 : 괄호 안의 수치는 Asia and Pacific에 포함된 수치.

〈표 6-35〉 아시아 역내 국가 간 항공화물물동량 순위

순위	Trade	순위	Trade
1	China-Korea	6	Hong Kong-Japan
2	Japan-Korea	7	Japan-Taiwan
3	Hong Kong-Korea	8	Australia-Singapore
4	Hong Kong-Taiwan	9	Hong Kong-Singapore
5	China-Japan	10	Japan-Thailand

자료: Boeing(2018)

〈표 6-36〉 2018년 국제항공화물운송 성장률

Region	History 2007–2017(%)	Forecast 2018–2037(%)
World	2.6	4.2
East Asia-North America	1.2	4.7
Europe-East Asia	4.2	4.7
Intra-East Asia	3.8	5.8
Europe-North America	0.0	2.5
Intra-North America	2.3	2.3
Domestic Chaina	5.0	6.3
Latin America-Europe	3.0	4.0
Latin America - North America	-0.3	4.1
African-Europe	-1.0	3.7
South Asia-Europe	2.4	4.2
Middle East-Europe	3.3	3.2
Intra-Europe	3.1	2.3

자료: Boeing(2018)

현재 세계 항공화물시장에서도 아시아는 가장 큰 시장으로 부상하고 있으며, 그 중에서도 환동해권을 포함한 동북아시아는 이미 가장 큰 시장으로 자리 잡고 있다. 세계 항공화물 물동량의 경우, 2007년부터 2017년까지 2.6%, 2038년까지 연평균 4.2%의 증가가 예상되며, 동북아시아 경우, 2038년까지 중국은 6.9%, 동아시아 역내시장은 5.8% 증가가 예상된다.

1) 블라디보스토크(Vladivostok) 국제공항

러시아 프리모르스키(Primorsky) 지방 아르툠에 있는 공항으로 블라디보스토크의 시내 중심지에서 북서쪽으로 약40km에 위치해 있다.

〈표 6-37〉 블라디보스토크 국제공항 주요시설

<table>
<tr><th>구분</th><th>내용</th></tr>
<tr><td>활주로</td><td>
<table>
<tr><th>ID</th><th>Dimensions</th><th>Surface</th><th>PCN</th><th>ILS</th></tr>
<tr><td>07R/25L</td><td>11483 × 197 feet
3500 × 60 meters</td><td>Hard</td><td>-</td><td>-</td></tr>
<tr><td>07L/25R</td><td>11483 × 197 feet
3500 × 60 meters</td><td>CONCRETE</td><td>052RBXT</td><td>YES</td></tr>
</table>
</td></tr>
<tr><td>여객 터미널</td><td>• 24시간 운영되며, 47,500㎡의 면적을 차지
– 국제선 및 국내선 터미널이 연결
– 28개의 체크인카운터, 4개의 수하물 컨베이어 벨트가 설치</td></tr>
<tr><td>화물단지</td><td>• 새로운 화물터미널은 2014년에 개장했으며 50,000톤의 화물을 처리가능</td></tr>
</table>

자료: 항공정보포탈시스템(http://www.airportal.go.kr)

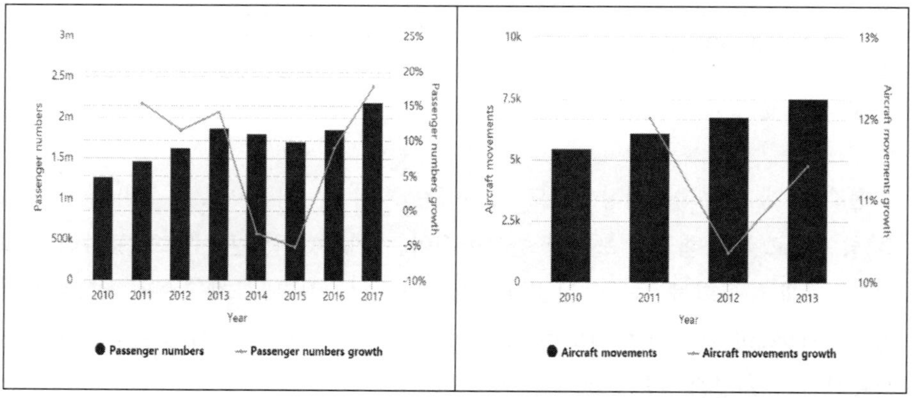

자료: 항공정보포탈시스템(http://www.airportal.go.kr)

[그림 6-10] 블라디보스토크 국제공항 여객 및 운항횟수 변화 추이

블라디보스토크 국제공항은 터미널이 국내선 터미널과 국제선 터미널로 나뉘어 있다. 2012년 블라디보스토크에서 개최하는 APEC 정상회담에 맞춰 공항을 재단장하였다.

운영주체는 블라디보스토크 항공(Vladivostok Avia)으로 활주로는 3곳이며 각각 길이 973m, 3,500m, 602m 규모이다. 2008년 1,003,718명의 승객이 공항을 이용하였으며 운항 횟수는 5,168회, 2017년의 여객 수는 2,179,000명이다.

〈표 6-38〉 블라디보스토크 공항 취항 현황

직항 여객노선	국가	노선수
Domestic (17)	Russia	17
Asia Pacific (18)	China	8
	Hong Kong	1
	Japan	2
	North Korea	1
	South Korea	6
직항 화물노선	**국가**	**노선수**
Asia Pacific (1)	Hong Kong	1
North America (1)	United States of America	1

자료: 항공정보포탈시스템(http://www.airportal.go.kr)

공항의 운항노선은 약 35개의 도시와 연결되어 있으며, 국내선 17개 노선, 국제선 18개 노선, 직항 화물노선 2개이다. 오로라 항공, S7항공 등의 국적항공사 및 대한항공, 에어부산, 이스타항공, 제주항공, 일본항공, 전일본공수, 고려항공 등 러시아 및 아시아의 주요 13개 항공사가 취항 중이다.

2) 간사이(関西) 국제공항

일본 오사카부 오사카 만에 조성된 인공섬에 위치한 일본의 공항으로 인천국제공항보다 6년 반 앞선 1994년 9월 4일에 개항하였다. 현재 오사카시, 고베시, 교토시 등 간사이(関西) 지방 일대의 국제 관문 역할을 하고 있다.

〈표 6-39〉 간사이 국제공항의 시설·설비 현황

면적	
1 기 공항 섬	약 510ha
2 기 공항 섬	약 545ha (전체 계획)
활주로	
A (1) 활주로	길이 : 3,500m, 폭 : 60m
B (2) 활주로	길이 : 4,000m, 폭 : 60m
제 1 여객 터미널 빌딩	
건축 면적	116,126m^2
연면적	303,943m^2
윙 셔틀 : 제 1 여객 터미널 빌딩 본관과 남북 각 날개의 출발·도착 게이트를 연결 AGT (자동 여객 수송 시스템)	
기차 치수	길이 : 28.15m, 폭 : 2.69m, 높이 : 3.38m
최고 속도	30km/h
정원 (3 량 편성)	출발 여객용 (1량) : 82명, 도착 여객용 (2량) : 161명
제 2 여객 터미널 빌딩	
건축 면적	60,911m^2
연면적	37,111m^2

자료: 간사이국제공항 홈페이지
(http://www.kansai-airports.co.jp/company-profile/about-airports/kix.html)

운항 횟수

여객 수

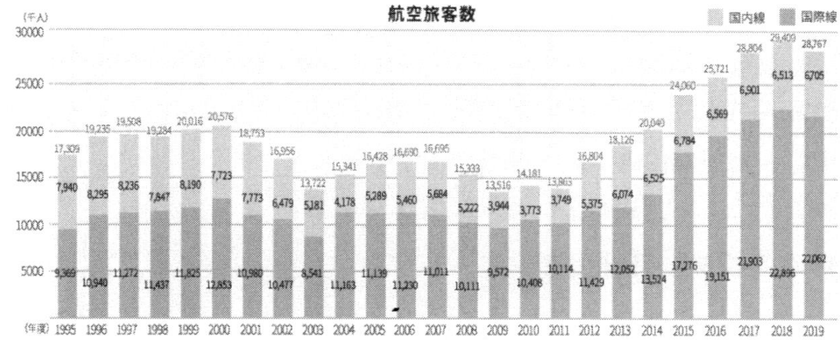

화물 취급량

자료: 간사이국제공항 홈페이지
(http://www.kansai-airports.co.jp/company-profile/about-airports/kix.html)

[그림 6-11] 간사이 국제공항의 여객 및 화물실적 추이

국내선은 인근에 위치한 오사카 국제공항이나 고베 공항을 중심으로 운항된다. 1964년에 실시된 해외여행 자유화 등으로 항공 수요가 폭증에 대비하기 위해 도심에서 떨어진 곳으로 부지 선정하는 계기가 되어 건설되었으며, 도심에서 40km 떨어진 인공섬에 건설되었다. 일본항공(JAL)과 전일본공수(ANA), 일본화물항공, 피치항공, 페덱스익스프레스의 아시아 국제 허브로 40여 개 항공사가 취항 중이다.

간사이 국제공항 제1터미널은 총 4층으로 2018년 기준 연면적 296,043㎡, 길이는 총 1.7㎞로 세계에서 가장 긴 공항 터미널이다. 터미널에는 윙 셔틀이라는 모노레일이 있어, 각 게이트로 빠르게 이동시켜 준다. 간사이 국제공항 터미널2는 터미널1보다 낮은 착륙료를 제공하여 더 많은 저비용 항공사(LCC)를 유치하기 위해 설계된 LCC 터미널이다. 피치 항공, 춘추항공, 제주항공이 독점 점유하고 있다. 제트스타 재팬, 세부 퍼시픽 항공과 같은 간사이 서비스를 제공하는 다른 LCC는 메인 터미널1을 사용한다.

3) 후쿠오카 국제공항

일본 규슈(九州) 제1의 도시인 후쿠오카시의 동부 시내에 위치하고 있고, 2015년 이용 여객 수 기준으로 하네다, 나리타, 간사이에 이어 일본 4위의 공항이다. 이 공항은 도심의 동쪽에 인접한 하카타구에 있어서 도심에서 접근성이 매우 용이하나, 소음 문제로 Crufew(야간운항통제시간)[22]을 적용하고 있다.

---

22) '통행금지'를 뜻하는 표현으로 항공부문에 있어서는 공항 운항제한시간을 말한다. 커퓨는 야간 시간대 항공편 수가 적어 굳이 공항을 오픈해 운영할 필요가 없는 경우이거나, 정치적으로 야간 시간대의 교통, 움직임을 제한하는 경우 공항 역시 운영이 제한된다. 하지만 최근의 커퓨(Curfew)는 항공기 이착륙에 따른 소음(Noise) 문제 등으로 야간 시간대에는 항공기 운항을 금지하는 것을 의미한다.

〈표 6-40〉 후쿠오카 국제공항 주요시설

<table>
<tr><th>구분</th><th>내용</th></tr>
<tr><td>활주로</td><td><table><tr><th>ID</th><th>Dimensions</th><th>Surface</th><th>PCN</th><th>ILS</th></tr><tr><td>16/34</td><td>9186 × 197 feet
2800 × 60 meters</td><td>ASPHALT</td><td>097FDXT</td><td>YES</td></tr></table></td></tr>
<tr><td>여객
터미널</td><td>• 국내선 터미널
  – 크게 세 개의 건물로 구분
  – 지하층에는 지하철역이 위치
• 국제선 터미널 : 4층으로 이루어진 터미널</td></tr>
</table>

자료: 항공정보포탈시스템(http://www.airportal.go.kr)

2017년 기준 후쿠오카 국제공항 여객처리실적은 23.7백만 명으로 전년 대비 8.2% 증가하였으며, 화물처리량은 2017년 26만 톤으로 전년 대비 약 2%대 증가율을 나타내고 있다.

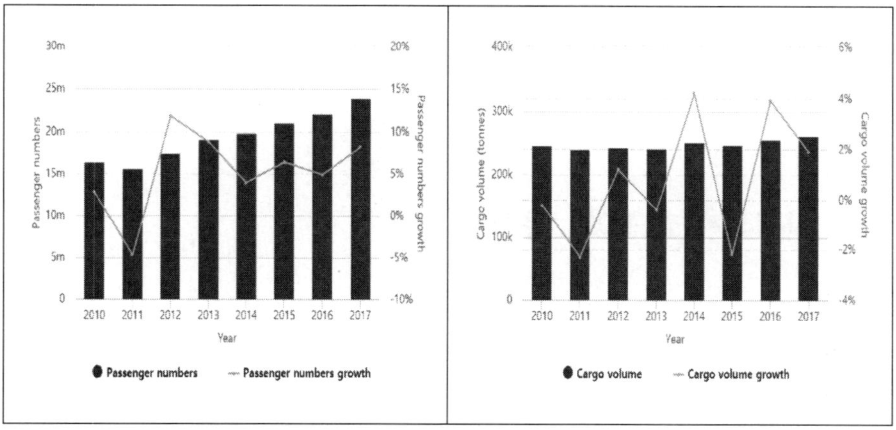

자료: 항공정보포탈시스템(http://www.airportal.go.kr)

[그림 6-12] 후쿠오카 국제공항 여객 및 화물실적 변화 추이

후쿠오카 국제공항의 취항 여객노선은 국내선 47개, 국제선 19개, 총 66개 노선이며, 국제선 주요 노선은 중국 4개, 한국 3개, 베트남 2개, 미국 1개 등이다.

〈표 6-41〉 후쿠오카 국제공항 취항 현황

직항 여객노선	국가	노선수
Domestic (47)	Japan	47
Asia Pacific (17)	China	4
	Guam	1
	Hong Kong	1
	Macau	1
	Philippines	1
	Singapore	1
	South Korea	3
	Taiwan	2
	Thailand	1
	Vietnam	2
Europe(1)	Finland	1
North America(1)	United States of America	1

자료: 항공정보포탈시스템(http://www.airportal.go.kr)

4) 신치토세(新千歲) 공항

신치토세 공항은 홋카이도 제1의 도시인 삿포로시의 도심에서 남동쪽으로 약 40 km 떨어져 있고, 이용 여객 수 기준으로 도쿄(하네다), 나리타, 간사이, 후쿠오카에 이어 일본 5위의 공항이다.

과거 항공자위대의 치토세 기지를 군·민 공용인 치토세 공항으로 이용하였으나, 민항기 운영 문제로 치토세 기지의 동남쪽에 부지를 확보하고 기존 활주로에서 동쪽으로 1,490m 이격해 활주로를 건설, 1988년 7월 신치토세 공항을 개항하였다. 신치토세 공항은 일본의 제2종 공항으로, 대한민국, 괌, 러시아, 중국, 홍콩, 대만 등의 국제선이 운항 중이며, 신치토세-도쿄 국제공항 노선은 일본에서 제일 이용객이 많은 국내선이다.

2017년 기준 신치토세 공항 여객처리실적은 22.7백만 명으로 전년 대비 6.6% 증가하였으며, 화물처리량은 2017년 19.2만 톤으로 전년 대비 약 8% 감소하였다.

〈표 6-42〉 신치토세 공항 주요시설

<table>
<tr><th>구분</th><th colspan="5">내용</th></tr>
<tr><td rowspan="3">활주로</td><td>ID</td><td>Dimensions</td><td>Surface</td><td>PCN</td><td>ILS</td></tr>
<tr><td>01R/19L</td><td>9840 × 200 feet
2999 × 61 meters</td><td>ASPHALT</td><td>083FCXT</td><td>YES</td></tr>
<tr><td>01L/19R</td><td>9840 × 200 feet
2999 × 61 meters</td><td>ASPHALT</td><td>083FCXT</td><td>YES</td></tr>
<tr><td>여객 터미널</td><td colspan="5">• 국내선 터미널
– 지하 : JR Line과 연결
– 1층 : 도착층
– 2층 : 출발층, 쇼핑구역
– 3층 : 식당가
– 4층 : 영화관과 목욕시설을 갖춘 Oasis Park
• 국제선 터미널
– 1층 : 커브사이드, 로비
– 2층 : 도착층
– 3층 : 출발층
– 4층 : 식당가</td></tr>
</table>

자료: 항공정보포탈시스템(http://www.airportal.go.kr)

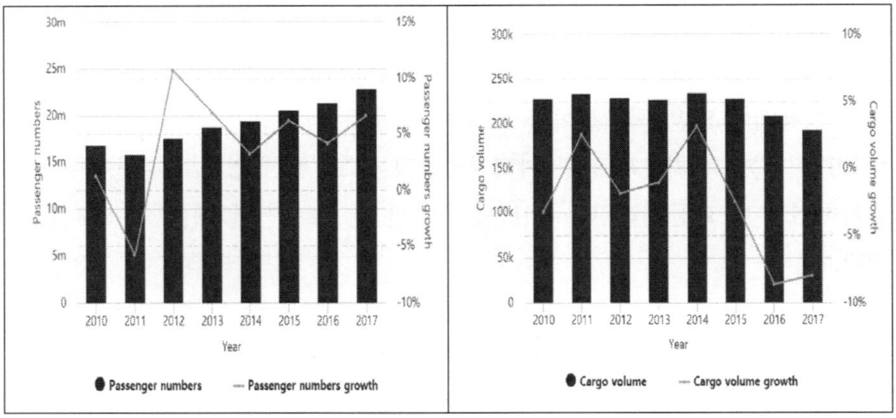

자료: 항공정보포탈시스템(http://www.airportal.go.kr)

[그림 6-13] 신치토세 공항 여객 및 화물실적 변화 추이

신치토세 공항의 취항 여객노선은 국내선 31개, 국제선 16개, 총 47개 노선이며, 국제선 주요 노선은 중국 5개, 한국 3개, 대만 2개, 태국 2개 등이다.

〈표 6-43〉 신치토세 공항 취항 현황

직항 여객노선	국가	노선수
Domestic (31)	Japan	47
Asia Pacific (14)	China	5
	Hong Kong	1
	Malaysia	1
	South Korea	3
	Taiwan	2
	Thailand	2
Europe (1)	Russian Federation	1
North America (1)	United States of America	1

자료: 항공정보포탈시스템(http://www.airportal.go.kr)

3. 환동해지역 해운네트워크

환동해지역 국제 정기해운항로는 2004년 개설된 속초~니가타~자루비노·중국 훈춘을 연결하는 동북아페리 항로와 2009년 개설된 동해~사카이미나토~블라디보스토크의 DBS크루즈페리 항로가 있다. 이들 2개 항로는 2008년 1월 운항을 시작한 동해~부산~보스토치니 컨테이너선 항로와 더불어 환동해권 해상순환 물류네트워크로 환동해 시대에 대비, 강원도가 관광과 물류의 거점기능은 물론 환동해권의 중심적 역할을 기대하였으나, 여객 및 화물운항실적 저조와 선사의 경영난으로 운항이 중단되었다.

동북아페리 항로는 2006년 속초항과 블라디보스토크를 운항하던 '뉴동춘호'(1만2,961톤, 승객정원 560명)가 승객과 화물량의 저조로 자본잠식 등의 경영난과 선박 충돌사고 등으로 끝내 2010년 10월 운항이 중단되었다. 또한 2009년 7월 '퀸칭다오호', 2012년 3월 동일 항로로 재취항한 속초항의 '뉴 블루 오션호' 역시 경영난으로 중단되었다.[23)]

〈표 6-44〉 DBS크루즈 여객 및 운항실적

구분	2016년		2017년		2018년				2019년	
	항차	인원	항차	인원	항차	인원	(6)월말		(6)월말	
							항차	인원(A)	항차	인원(B)
여객(인)	1,259	482,499	1,182	437,568	1,417	472,532	681	230,650	819	279,250
화물(톤)	19,773(983)		24,770(1,126)		24,956(1,155)		12,622(598)		12,972(536)	

자료: 동해지방해양수산청 내부자료.
주 : 화물 ( )안은 TEU

DBS크루즈페리 항로는 동해항과 일본의 사카이미나토-교토마이즈루, 러시아의 블라디보스토크를 서로 연결하는 페리항로로 이스턴드림호[24)]를 운항하였다.

---

23) 뉴스타운, 「동북아 국제항로' 得인가, 毒인가?」, 2013년 5월 9일자.
24) 2009년 6월 29일 첫 정기 출항을 시작으로 한-러-일 환동해권 경제 블록의 중심항인 동해항을 중심으로 블라디보스토크와 사카이미나토를 정기운항하는 카훼리선임.

2009년 6월 29일 외항정기여객운송사업 면허를 받아 취항 후, 일본과 러시아로 수출입 화물과 여객을 수행해 왔으나, 한일관계 악화 등으로 인한 물동량 감소로 2019년 말 운항을 중단하였으나 2021년 3월 두원상선이 환동해 항로 운항을 재개하였다.

2018년 기준 1,417항차를 운항하였으며, 여객 수송인원은 47만 2,532명, 화물은 총 24,956톤(1,155TEU)을 처리하였다.

• 선박명 : M.VEastern Dream
• 운항속력 : 20.15 Knots
• 전장 : 140m 폭 : 20m
• 화물적재량 : 130TEU

• 총톤수 : 13,000톤급
• 취항일 : 2009년 6월 29일
• 수송능력 : 여객정원 530명
(선원 50명 포함)

자료: DBS 크루즈훼리(주) 홈페이지(https://www.dbsferry.com)

[그림 6-14] 이스턴드림호 제원 및 운항노선

4. 환동해지역 철도네트워크

1) 시베리아 횡단철도[25]

시베리아 횡단철도(Trans-Siberian Railway, 이하 TSR)는 세계 최장 철도망이자 유럽-아시아를 연계하는 최단 육상교통망으로 모스크바에서 블라디보스토크까지 총 연장은 9,288.2km이며, 컨테이너 운송 시, 보스토치니 항을 기점으로 하여 모스크바까지 9,364km이다. 동쪽으로는 북한, 중국, 몽골과 연계하며 서쪽으로는 독립국가연합(CIS)[26] 및 유럽연합(EU)과 연계하고 있고, TSR을 이용하여 러시아를 통과하는 컨테이너 열차 노선은 30개 이상이며 핀란드, 폴란드, 독일, 헝가리와 우즈베키스탄 등 CIS국가들과 연계하여 운영 중이다. 모스크바와 보스토치니를 잇는 경로에는 주요 역이 59개이며, 전 구간 복선 전철화 완료되어 있으며, 광궤를 사용한다. 극동러시아에는 5개 주에 TSR과 연계한 항만이 22개 있으며 연해주에 8개, 하바롭스크 주에 7개, 사할린 주에 5개, 마가단 주와 캄차트카 주에 각각 1개씩 있다.

TSR 노선 상에 위치한 지역은 천연자원이 풍부한 곳으로 러시아 전체 석탄의 65%, 석유제품 20%, 산업용 목재 25%가 TSR이 지나는 구간에서 생산되며 석유, 천연가스, 금속 및 비철금속도 집중되어 있다. 러시아 동부지역은 에너지 자원이 풍부한 지역으로서 러시아 전체 원유매장량 의 16%인 19억 톤, 가스매장량의 21.7%인 7조 5천억㎥가 매장되어 있으나 탐사율은 10% 이하이기 때문에 향후 개발가능성이 클 것으로 예상된다. 따라서 향후 TSR을 활용하여 대 유라시아 수출품 수출 및 조립부품 현지조달 등을 보다 원활히 할 수 있으며, 한국기업의 유라시아 진출에 교두보가 될 잠재력이 매우 높다고 할 수 있다.

---

25) 박은경(2014)를 발췌·정리함.

26) Commonwealth of Independent States, CIS : 독립국가협동체(獨立國家協同體)는 1991년 소련(소비에트 연방)의 해체로 독립한 국가들의 국제기구이다. 러시아, 몰도바, 벨라루스, 아르메니아, 아제르바이잔, 우즈베키스탄, 카자흐스탄, 키르기스스탄, 타지키스탄이 공식 회원국으로 참여하고 있으며 투르크메니스탄, 몽골, 아프가니스탄은 비공식 참관국으로 참여하고 있다. 본부는 벨라루스 민스크에 있다.

TSR은 핫산, 그로데코보, 자바이칼스크, 나우시키역 등을 통해 동쪽으로 북한, 중국, 몽골과 연결되는데, 시베리아횡단철도운영위원회(CCTT)[27]에서 구분하고 있는 TSR 주요노선은 크라스노예(벨로루시 접경)~모스크바~니즈니 노브고로드/카잔~예카테린부르크~튜멘/쿠르간~옴스크~노보시비르스크~타이세트~울란-우데~하바롭스크~블라디보스토크/보스토치니/나호드카로 이어지는 구간이다. TSR은 행정구역상 하바롭스크, 블라디보스토크, 콤소몰스크, 틴딘스키, 사할린 지역을 통과하며, 극동 철도 관리국은 하바롭스크시에 있다.

자료: 노홍승(2017)

[그림 6-15] 시베리아 횡단철도 주요 노선

시베리아횡단철도운영위원회에서 구분하고 있는 TSR 지선은 12개로 북한, CIS, 중국, 몽골, 일본 등과 연계되며, TSR을 통해 러시아를 통과하는 컨테이너 열차 노선은 30개 이상이며 핀란드, 폴란드, 독일, 헝가리, 우즈베키스탄, CIS 등과 연계된다.

---

27) the Coordinating Council on Transsiberian Transportation

〈표 6-45〉 시베리아 횡단철도 통과 컨테이너 열차 주요 노선

구분	노선
1	나호드카/보스토치니/블라디보스토크~부슬롭스카야
2	나호드카/보스토치니/블라디보스토크~마르쩨보
3	나호드카/보스토치니~모스크바
4	나호드카/보스토치니~브레스트
5	나호드카/보스토치니~부다페스트, 베를린
6	자바이칼스크~마르쩨보
7	베이징~자바이칼스크~부슬롭스카야
8	베이징~자바이칼스크~모스크바
9	베이징~자바이칼스크~브레스트
10	베를린~브레스트~모스크바/쿤쩨보2, 베카소보, 그로스스베에렌~말라세비체~CIS (동부 노선)
11	모스크바/쿤쩨보2, 베카소보~베를린(서쪽 노선)
12	모스크바/쿤쩨보2, 베카소보~슬라브쿠브~부다페스트(차르다시)
13	칼루가1~브레스트~베를린(폭스바겐)
14	브레스트~울란바토르~에를랸, 후흐호토~울란바토르~나우시키~브레스트(몽고노선)
15	리투아니아~라트비아~러시아~카자흐스탄~우즈베키스탄(발티카~트란짓)
16	브레스트~아리시(카자흐스탄 노선)
17	알라샤코우~도스틱~오진키~크라이페드 항(사울레)
18	리가~오진키~악토베(유라시아 1)

자료: 유라시아 화물운송에 관한 국제조정위원회 홈페이지
(http://en.icctt.com/international-importance)

TSR 컨테이너 화물운송은 전체 TSR 화물운송의 약 6%를 차지하며, 유라시아 주변 나라들과의 수출입화물이 대부분을 차지하며, 2016년 기준 TSR의 국제컨테이너 수송 실적은 통과화물을 포함하여 연간 77만 1,670 TEU로써, 그 중 대부분인 86% 정도가 수출입화물이다.

〈표 6-46〉 시베리아 횡단철도 컨테이너 국제화물 수송실적

(단위: TEU/년)

구분	수출입화물		통과화물		총계
	물동량	비율(%)	물동량	비율(%)	
2000년	127,961	69.8	55,351	30.2	183,312
2005년	392,750	75.9	124,960	24.1	517,710
2010년	442,862	93.2	32,407	6.8	475,269
2015년	639,417	85.5	108,452	14.5	747,869
2016년	663,758	86.0	107,912	14.0 .	771,670

자료: 유라시아 화물운송에 관한 국제조정위원회 홈페이지
(http://icctt.com/mezhdunarodnoe-znachenie)
주 : 1) 수출입 화물은 통과화물을 포함하지 않은 물량으로 러시아로 이동하는 컨테이너 물동량.
2) 통과화물은 러시아를 거쳐 제3국에서 기타 제3국으로 이동하는 컨테이너 물동량.

운송수단에 따른 주요국가의 도착지별 거리, 시간 및 운임은 <표 6-47>과 같다. 국내에서 유라시아로 운송되는 부산발 화물들의 주 목적지는 러시아 도시들을 비롯하여 유럽의 독일 베를린과 폴란드 바르샤바이다. TSR 이용 주노선인 부산에서 모스크바까지 운송시간은 25~30일이며, 이는 부산~모스크바 노선에서 TSR 이용 시 해상운송보다 약 20일 단축할 수 있으며, 부산~나호드카/보스토치니 항까지 해운 2일, 나호드카/보스토치니항에서 통관 및 수송 준비기간 4일, TSR 블록열차 이용 시, 약 1,000㎞/일의 속도를 가정하면 10일 내외로 소요될 수 있으나, 통관 및 환적으로 인해 10일 이상이 지체될 수 있다.

〈표 6-47〉 목적지별 운송노선별 거리, 시간 및 운임

(단위: km, 일, USD/FEU)

출발지	도착지		TSR			해운		
			거리	시간	운임	거리	시간	운임
부산항	러시아	모스크바	10,264	35	3,500	21,900	55	3,100
		노보시비르스크	7,453	30	3,100			
		울란우데	5,845	28	5,700			
		치타	5,527	26	5,200			
	독일 베를린		11,963	40	9,600	20,500	38	3,850
	폴란드 바르샤바		10,667	37	8,600	21,200	38	4,000

자료: 한국개발연구원(2018)
주 : 2018년 4월 기준

2) 나진-하산 프로젝트[28)]

나진-하산 프로젝트는 두만강을 사이로 마주보고 있는 북한 나선시와 러시아 하산시를 잇는 철도를 개보수하여 시베리아 석탄 등을 러시아 하산과 북한 나진항을 잇는 국제철도로 운송한 뒤 해상이나 철도를 이용해 한국으로 수출할 수 있도록 하는 물류 협력사업이다.

나진항 제3호 부두에서 하산까지 철도(54km)를 개보수하고, 화물터미널 건설과 화물열차 확보를 통해 나진항과 TSR을 연계하는 물류사업이며, 부산·포항~나진 간 해상 수송 후 TSR를 경유한다. 즉 해운과 철도가 결합한 유라시아 복합물류운송을 남·북·러 3자간 추진하는 데 큰 의미를 부여하고 있다. 이러한 유라시아 지역의 에너지와 물류네트워크는 역내 국가간 물류비 절감과 무역 확대

28) 나진-하산 프로젝트 위키디피아 자료 발췌 정리.

에 기여하고, 역내 지역의 경제권을 활성화하는 데 중요한 역할을 할 것이다.

북한은 노후화된 철도 일부의 복원을 통해 나선지역 경제 활성화는 물론 러시아와의 협력 강화를 기대할 수 있다. 또한 향후 경협사업의 기반을 확보할 수도 있다. 러시아는 포화상태의 극동지역 항만의 문제를 해결하고, TSR 경쟁력 제고를 통한 유라시아 물류네트워크를 활성화할 수 있다. 또한 북-러간 관계를 개선하고, 환동해권에서 정치·경제적 영향력을 확대할 수 있다.[29)]

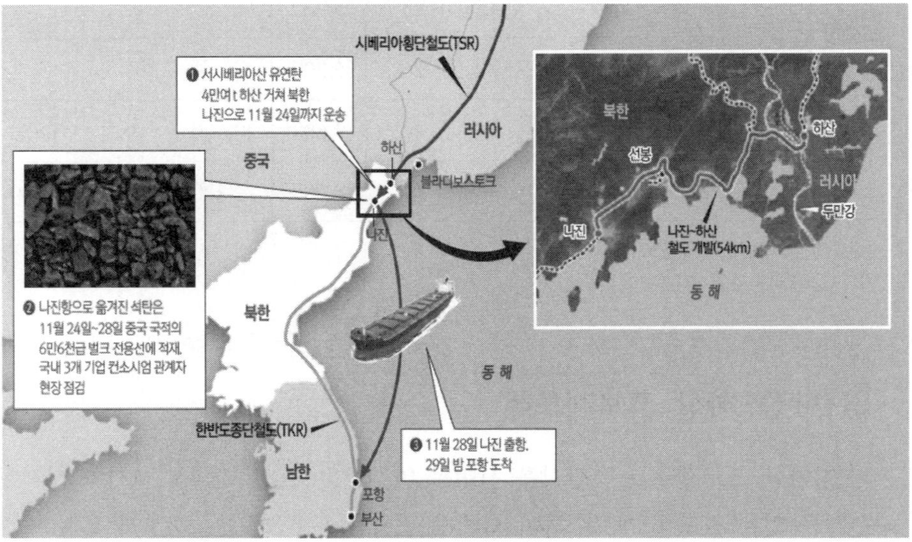

자료: 통일한국, 「닫힌 영토'에서 '열린 영토'로! 본격 시동 나진-하산 프로젝트」, 2015년 12월.

[그림 6-16] 나진-하산프로젝트 개요

29) 통일한국, 「닫힌 영토'에서 '열린 영토'로! 본격 시동 나진-하산 프로젝트」, 2015년 12월.

제4절 환동해지역 물류발전 전망

1. 강원권 물류지도 변화

1) 신북방정책 로드맵30)

북방경제 활성화의 일환으로 북한과의 관계 개선을 통해 다시금 남북교류와 남북경제협력 등의 활성화를 시도 중이며, '9 브릿지 정책'을 통해 북방경제 비전과 목표를 제시한 바 있다. 또한 북한과의 경제협력을 위해 우리나라 각 지자체별로 여러 가지 정책들을 제시하고 있는 실정이며, 신경제지도에서 제시한 환동해권 벨트는 원산·함흥, 단천, 나선, 러시아를 연결하는 에너지·자원 벨트로 강원도 및 경상도 동해안권이 주도적인 역할을 담당해야 할 것으로 기대하고 있다.

〈표 6-48〉 한반도 신경제 지도 3대 벨트 부문별 주요 프로젝트

구분	부문	주요 예상 프로젝트
환동해권 벨트	에너지	• 남·북·러 가스관 건설 • 수력발전소 현대화 및 화력발전소 신규 건설
	자 원	• 단천 자원특구 개발
	교통·물류	• 경원선, 동해선 철도·도로 연결 및 현대화 • 원산, 흥남, 청진, 나진·선봉 등 주요 항만 현대화 • 남·북·중·러 육상운송로 연결
	산 업	• 원산, 금강산, 칠보산 등 동해안 관광지구 개발 • 원산, 함흥, 청진, 나진·선봉 등 주요 도시 경제특구·산업단지 개발

자료: 북방경제협력위원회 홈페이지(http://bukbang.go.kr/bukbang/)

30) 북방물류연구지원센터(2019)와 북방경제협력위원회 홈페이지 신북방정책 자료 재정리.

신북방정책 로드맵의 주요 분야별 프로젝트는 농업·수산, 철도, 북극항로, 관광, 가스, 전력 등으로 구성되어 있으며 강원도 동해안권과 매우 밀접한 연관성이 있다. 또한 신경제지도와 신북방정책은 국내뿐만 아니라 중국과 러시아는 일대일로, 신동방정책 등 신경제루트를 통해 북방경제의 새로운 패러다임을 예고하고 있다. 이 시점에서 강원도와 동해안권 지자체들은 한반도의 지정학적 우위를 활용하여 주변국의 경제루트를 서로 연결하는 교두보 역할을 해야 할 것이다.

- 초국경 경제협력 추진
  - 경제특구 다자간 개발
  - GTI 활성화
- 유라시아 복합물류망 구축
  - 시베리아 횡단철도(TSR) 이용 활성화
  - 중국 횡단철도(TCR) 블록트레인 활성화
  - 국제철도협력기구(OSJD) 협력
  - 남북철도 연결
  - 항공용량 증대 및 신규항로 개설
- 북극항로 진출로 해운·조선 신시장 개척
  - 해운·조선 연계 북극항로 이용 활성화
  - 극동지역 항만개발

자료: 북방경제협력위원회 홈페이지(http://bukbang.go.kr/bukbang/)

[그림 6-17] 신북방정책 주요 물류관련 내용

2) 도로 및 철도물류망 구축[31)]

환동해권 복합물류체계를 실현하기 위해서는 물류 인프라가 뒷받침되어야 되어야 하지만, 지금까지 강원권 물류 인프라 현실은 정부 물류정책에서 소외되어

31) 북방물류연구지원센터(2019)와 강원일보 등 관련기사 재정리.

왔다. 하지만 2018 평창동계올림픽을 계기로 도로 및 철도 인프라 지속적으로 개발, 확장되고 있는 추세이지만 아직까지 부족한 실정이다.

강원도에서는 2012년 통일 및 북방경제시대를 대비하여 대륙으로 가는 전진기지 역할 수행을 위해 '강원도 신광역교통망 구상안'을 발표하였는데, 이 구상안에서는 4개의 추진전략과 10개 추진사업을 발표하였으며, 이 중 백두대간 축(양구~봉화~부산)과 동서 6축(제천~삼척) 사업을 우선순위에 두었다. 이 중 동서 6축 고속도로인 삼척~평택선은 2015년에 제천~평택 구간(127.3km)이 연결되었고, 영월~제천 구간(30.8km)이 최근 예비타당성조사 대상으로 선정되었다. 나머지 연결 구간인 삼척~영월 구간(92.3km)이 연결된다면 서해 평택항과 강원 영동권 항만을 연결하여 새로운 횡축 물류네트워크를 형성할 수 있을 것이다.

철도부분은 2020년 3월 원주～강릉~동해 고속철도가 개통되어 수도권과 그 외의 광역지역에서 강원도로의 접근성과 이용 교통수단의 다양성이 확보되었다. 2020년 이후에도 서울～속초 동서고속화철도, 동해선 철도, 원주～철원 내륙 종단 철도 등의 지속적인 확충으로 강원도와 국내 광역지자체간의 접근성이 크게 개선될 것으로 전망하고 있다. 남북 철도망 연결계획을 살펴보면 크게 경의선, 동해선, 경원선으로 구성되어 있으며, 이 중 동해선은 부산에서 북한 남양까지 연결하는 철도로 거리는 약 1,856.3km, 경원선은 단절구간 14.2km 복구 등으로 구성되어 있다. 이외에도 용문~홍천(광역철도), 삼척~강릉, 만종~원주, 동해신항선 등의 철도 사업이 제4차 국가철도망 구축계획에 포함되었다.

동해선(동해-부산)전 구간 전철화 사업은 정부의 '2019 국가균형발전 프로젝트' 예비타당성조사 면제 사업으로 2022년까지 4,875억 원을 투입하여 2022년까지 동해에서 부산을 연결하는 사업이다. 전철화 사업은 디젤 기관차만 운행 가능한 기존 구간에 전기철도시스템을 도입해 운행하는 것으로 현재 100km대의 속도가 200km까지 빨라져 공사가 끝나면 부산에서 동해까지 1시간 40분 만에 이동이 가능해진다.

현재 동해에서 포항까지 미연결 구간은 총 178.7km이다. 이 구간이 개통되면 부산행 1일 6회, 동대구행 1일 5회 운행할 예정이다. 동해선 전철화 사업은 국가균형발전 프로젝트의 일환이나 장기적으로 볼 때 남북을 잇는 한반도 종단철도로 대륙으로 나가는 유라시아철도의 시작점이 될 중요한 사업이다.

특히, 동해북부선은 강릉에서 제진을 잇는 종단철도로 1967년 노선이 폐지된 후 현재까지 단절 상태로 남아 있다. 2021년 3월 남북교류협력추진협의회에서 남북협력사업으로 인정하고, 예비타당성조사가 면제되었다. 동해북부선은 남강릉역에서 강릉역을 거쳐 제진역까지 총 110.9km를 잇는 구간으로 단선 전철로 건설된다. 총 사업비는 2조8500억원 규모로 동해선 철도가 온전히 연결되면 남북 경제협력의 기반과 환동해경제권이 활성화에 기여 할 수 있다. 동해선철도의 생산유발효과는 4조7400억원, 부가가치 유발효과와 고용 유발효과는 각각 1조 9100억원, 3만8900명으로 추정된다.

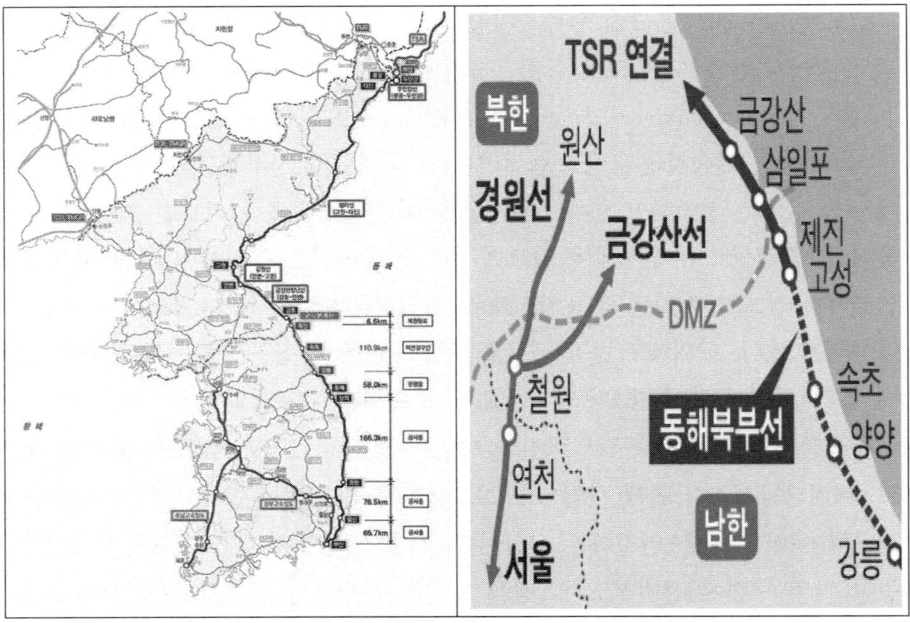

자료: 강원일보, 「동해북부선<강릉~제진> 예비타당성 면제 사실상 확정」, 2020년 4월 21일자.

[그림 6-18] 동해선 및 동해북부선 추진 현황

3) 동해신항 개발[32)]

강원도 항만분야를 살펴보면 현재 강원도 지역의 유일한 국가관리 무역항인 동해·묵호항은 3단계 공사를 진행 중이다. 2019년 8월 제2신항만 건설 기본계획에서는 동해·묵호항 3단계를 신항으로 포함하여 정부에서도 적극적으로 지원하고 있다. '제2차 신항만 건설 기본계획'의 반영으로 인해 동해항의 7개 민자투자 선석(부두) 가운데 2번 선석이 국가재정사업으로 투자가 확정됐으며, 1·3번 선석의 민자투자가 확정된 가운데 기타 광석을 하역할 7만 톤급 2번 선석에 1,100억여 원의 국비가 투입될 전망이다.

동해신항 5만 톤급 잡화부두는 총사업비 1,833억 원을 들여 안벽시설 300m, 면적 13만 5,300m^2 규모로 2023년 12월까지 준공 목표로 추진된다. 현재 타 지역 항만을 통해 공급되던 동해권 기존 및 신규화력발전소 우드팰릿 물량의 동해신항 잡화부두 반입으로 화주들의 물류비용 절감효과가 기대되며, 동해신항 3단계 개발이 완료되고 추후 컨테이너 물동량이 증가한다면 명실상부 북방물류거점항만으로 성장할 것이다.

자료: 「동해신항 '1833억 잡화부두'조성사업 '순항'」, 『프레시안』, 2019. 07.13; 「항만 글로벌 경쟁력 강화 계획」, 『연합뉴스』, 2020년 11월 17일.

[그림 6-19] 동해항 3단계 5만 톤급 잡화부두 조감도

---

32) 북방물류연구지원센터(2019)와 강원일보 등 관련기사 재정리.

4) 환동해권 복합물류네트워크 구축

환동해권 복합물류네트워크 구축을 위하여 거점간의 연계 효율성을 향상시키기 위한 물류거점 공항만의 육성과 더불어 Hub & Spoke 체계를 구축·확대해야 한다. 또한 강원도 권역을 환동해 경제벨트의 거점 축으로 만들기 위해서는 국제항만·공항과 더불어 국제철도를 연결할 수 있는 중장기적 관점에서 물류인프라계획 수립도 필요하다.

또한 이를 위해 강원도 지자체의 물류 인프라 통합할 수 있는 복합물류체계 및 클러스터를 구축한다면 새로운 고부가가치를 창출할 수 있을 것으로 기대된다. 최근 부산이나 새만금에서 추진 중인 항만, 공항, 철도 등을 연계한 트라이포트[33]의 개념도 복합운송과 같은 개념으로 볼 수 있다. 이에 강원도 동해안 지역에도 이러한 복합운송체계인 트라이포트 개념 도입을 통한 발전방안 마련이 필요한 시점이며, 현재 공사 중인 동해항 3단계(동해 신항)과 양양국제공항, 추후 개발 예정인 동해선-TSR 등 국제철도망을 연결함으로써 지금까지 소외되어 왔던 강원도 글로벌화는 물론 환동해권 국제 물류망 형성을 통한 인터모달리즘[34]을 실현할 수 있다.

2. 북극해 항로[35]

'북극'의 지리적 범위는 보통 북위 66도 33분 이북지역을 가리키지만, 과학적·정치적·기후적·생물학적 필요에 의해 다양하게 정의되고 있다. 예를 들어, 나무의 북방한계선 이북지역, 영구동토층의 한계선, 7월 평균 최고 기온이 10도 이내인 지역 등이 북극을 지칭하는 기준으로 활용되기도 하며, 북극이사회 8개 회원

---

33) 항만과 공항, 철도 등을 연계하는 복합물류체계.

34) 단일 운송수단만으로는 제공할 수 없던 서비스의 빈틈을 메울 목적으로 모든 운송수단을 고려해서라도 이용자에게 최선의 서비스를 제공하기 위해 개개의 운송수단 활동을 전체적 관점에서 조망하려는 시각을 의미.

35) KMI(2020)와 2020 동해포럼 자료 재정리.

국인 미국, 캐나다, 아이슬란드, 덴마크, 노르웨이, 스웨덴, 핀란드, 러시아를 북극권 국가로 분류한다.

북극해 항로는 북동항로와 북서항로로 구분되며 러시아 정부는 북동항로 구간 중 카라해에서 베링해협 입구에 이르는 구간을 북극항로(NSR: Northern Sea Route)로 규정하고 있다. 북서항로는 태평양과 대서양을 연결하는 항로로서 미국의 알래스카와 캐나다 북부 해역을 지나며, 북동항로는 북극항로 및 바렌츠해, 노르웨이해역을 포함하며 아시아와 유럽을 연결하는 항로이다.[36]

특히 북극항로는 동아시아와 북대서양 양 지역을 잇는 최단 해상 운송경로로 북동항로를 이용할 경우 부산항과 로테르담항간 거리는 기존 20,100㎞에서 13,000㎞, 시간은 10일 이상 단축된다. 또한 해상운송 보험료 감소 등 거리, 안전성, 비용 측면에서 기존 수에즈항로보다 훨씬 경제적이다.

〈표 6-49〉 북극항로 이용 시 기존항로와의 효과 비교

구분	기존항로		북극항로		단축효과	
	경로	거리(km)	경로	거리(km)	거리(km)	시간
부산-노테르담	수에즈운하	20,100	북동항로	13,000	7,100	10일
부산-뉴욕	파나마운하	18,000	북서항로	13,000	5,000	6일

자료: 한국해양수산개발원(2020)

세계 각국은 북극항로의 경제성뿐만 아니라 북극해의 자원개발 사업에 참여하기 위해 북극지역 주도권 확보에 노력하고 있다. 또한 러시아 정부의 북극항로 인프라 개발정책은 북극항로의 활성화를 앞당길 것으로 예상되는데, 2019년 북극항로의 물동량을 3,000만 톤으로, 관련 기관들의 예상 목표치는 9,300만 톤까지 증가할 것으로 예측한다.

36) Arctic Council(2009)

자료: 한국해양수산개발원(2020)

[그림 6-20] 북극항로와 남방항로 비교

따라서 자원개발과 북극항로 활성화에 따라 관련 인프라 투자, 신규 사업 추진이 예상되며, 에너지 및 광물자원의 운송 확대로 접근성이 크게 개선될 것이다. 또한 북극항로를 통한 관련 국가들의 공동 협력사업도 활발하게 추진될 수 있으며, 자원 운송과 해운산업 구조 변화 등 북극항로 활성화가 미치는 영향은 클 것으로 예상된다. 따라서 강원도가 환동해권 북방경제의 중심이 되기 위해서 지속적으로 내륙 물류네트워크의 효율화와 항만고도화가 진행되어야 할 것이다.

그 가운데 강원도의 중심항인 동해항의 역할과 기능의 재정립이 필요하다. 현재 동해신항 3단계 시설과 동해북부선이 건설 중으로 이들 물류시설이 정비 및 확충된다면 환동해지역 물류 전진기지로서 손색이 없다.

그러나 환동해지역 물류 전진기지 역할 수행을 위해 동해항의 기능 고도화가 선행되어야 할 것이다. 제4차 항만기본계획(2021~2030)에 따라 동해신항은 컨테이너 화물 처리가 가능한 잡화부두 조성을 통해 복합물류 거점항으로의 기능과 역할이 가속화될 전망이다. 묵호항은 여객과 관광을 위한 관광미항으로 업그레이드가 필요하며, 내륙물류망 확보를 위해서 춘천~속초, 삼척~동해~강릉 구간의 직선 고속화 철도연결과 KTX 서울~원주~강릉~동해선의 완전고속화, 평택~영월~삼척~동해를 연결하는 동서 고속도로의 조기 추진 노력이 요구된다. 그리고 이러한 물류인프라뿐만 아니라 중앙정부, 지자체, 민간부분의 공동협력과 리더십, 환동해지역 물류 전진기지로 나가야 할 구체적이고 세밀한 핀포인트(Pin Point) 전략이 세워져야 할 것이다.

Chapter 7

환동해경제권의 전망 및 발전방안

황 원 규

07 Chapter 환동해경제권의 전망 및 발전방안

환동해권은 동북아시아 국제관계의 한 축을 차지하는 중요한 공간이지만, 각국의 이해관계가 첨예하게 대립하고 있고, 북한 핵문제로 인해 연안국들끼리의 미묘한 외교-안보적 대치상태가 노출되는 권역이기에 양자간(bilateral)보다는 다자간(multilateral) 접근법이 요구되는 공간이다. 따라서 연안국 중앙정부들의 관심이 '동북아'란 보다 거대하고 추상적인 공간으로 쏠리는 경향이 있고, '환동해'라는 구체적, 실체적인 공간은 의도적으로 외면하는 암묵적 합의가 이루어지고 있는 것처럼 보인다. 이런 맥락에서 정치-외교적 사안에서 보다 자유로운 지방자치단체의 역할이 상대적으로 돋보이고 있다.

연안국 지방정부들은 다양한 형태의 환동해협력을 추진하고 있다. 즉, 도시간 자매결연 등 양자간 협력관계를 추진하기도 하고, 지방정부들의 연합체를 결성하여 다자간 협력을 추구하기도 한다. 또한 민간기업인 혹은 역내 대학, 단체들이 참여하는 준(準) 공식적 접촉이 성행하고 있다.[1)]

---

1) 환동해권 지방정부간 협력기구로는 강원도가 주축이 되어 1994년 이래 추진되어 온 「환동해지사성장회의」, 경상북도가 주축이 된 「동북아자치단체연합(NEAR)」, 일본 니이가타현이 주축이 되어 매년 개최되는 「동북아시아경제회의」, 돗토리현이 주축이 된 「환일본해지방정부환경포럼」, 「환일본해관광촉진협의회」 등이 있다.

이 장에서는 환동해권역 지방정부 중 한국, 특히 환동해 경제협력에 가장 관심이 높은 강원도의 추진전략 및 노력을 중점적으로 논의한다.

제1절 한국 동해 연안 지방의 환동해 협력 현황

한국의 동해안 연안 지방정부는 광역자치단체로 강원도, 경상북도, 울산시가 있고, 기초자치단체로는 강원도의 18개 시·군 중 6개 시·군(고성군, 속초시, 양양군, 강릉시, 동해시, 삼척시)과 경상북도의 23개 시·군 중 5개 시·군(울릉군, 울진군, 영덕군, 포항시, 경주시), 그리고 울산시(북, 중, 남, 동 4개구와 울주군)가 해당된다.[2] 환동해권역 주민들은 광역권 인구기준으로 2020년 12월 현재 5,318,279명으로 전국민의 10.3%이고, 이 중에서 동해연안 지방자치단체로 국한할 경우 환동해권역 주민은 2,493,016명으로 전국민 대비 4.8%에 불과한 실정이다. 강원도와 경상북도의 전체 인구 중에서도 환동해권 연안에 거주하고 있는 기초자치단체 주민들의 비중은 각각 32.8%와 32.2%이다. 이는 우리나라 전체의 교역방향이 서해와 태평양으로 쏠리고 있고, 지방경제가 수도권 경제에 연계-종속되어 있으며, 거의 모든 지방자치단체의 최우선적 관심이 중앙정부와의 관계 형성에 있음을 감안할 때 동해 연안 광역 자치단체에서조차도 환동해권 협력에 대한 합의를 도출하기 쉽지 않은 구조임을 보여주고 있다.

---

2) 환동해권 교역-물류에서 압도적인 비중을 차지하고 있는 도시는 부산이다. 여기에 덧붙여 최근에는 북극해 항로 개통을 염두에 두고 부산이 환동해권역의 중심 대도시 역할을 수행해야 한다는 주장이 대두되고 있다. 2013년 11월 15일 부산에서는 부산시청이 후원하는 「환동해발전미래전략포럼」이란 조직이 발족되었다. 그러나 부산은 글로벌 허브 항구로서의 비전과 아시아-태평양 경제협력에 치중하는 도시이기에 이 책에서는 환동해권역 도시에서 배제하기로 한다.

〈표 7-1〉 한국 동해안 연안 시군 인구 (2020년 12월 현재)

	강원도		경상북도		울산시	
(1) 전체인구	1,542,840		2,639,422		1,136,017	
동해 연안 시군 인구	고성	26,757	울릉	9,077	북구	219,014
	속초	82,665	울진	48,716	동구	156,806
	양양	27,946	영덕	36,313	중구	217,595
	강릉	213,321	포항	502,916	남구	320,064
	동해	90,593	경주	253,502	울주군	222,538
	삼척	65,243				
(2) 합계	506,525		850,524		1,136,017	
비율: (1)/(2)	32.8%		32.2%		100%	

자료: 통계청 KOSIS

이런 상황 속에서 동해안 지역경제의 환동해권역 의존도를 기초자치단체까지 조사하는 것은 통계수집상 어려움이 많다. 따라서 광역자치단체 전체의 교역현황을 살펴보면, 동해 연안 3개 광역자치단체의 환동해권역 국가들과의 교역은 절대액에서는 상당한 증가세를 구현하고 있으나, 비율 면에서는 2000년 초 약간의 증가추세를 보였으나 이후 대략 25%선에서 답보하고 있는 실정이다. 강원도의 경우에도 중국, 일본, 러시아 3국이 지역의 전체 수출에서 차지하는 비중은 2000년 33.7%에서 2020년 30.4%로 3.3% 포인트 감소하였고, 같은 기간 수입의 비중은 33.9%에서 47.6%로 13.7% 포인트 증가하였다. 이들 교역 통계가 환동해권만이 아닌 국가전체를 대상으로 한 것이기에 순수한 의미에서 환동해권과의 교역통상은 그 비중이 훨씬 더 낮을 수밖에 없다.3)

3) 국가 차원의 환동해권역 국가와의 교역 비중도 비슷한 추세를 보이고 있다. 2020년 국가 전체 수출액 5,125억불 중 중국이 1,326억불, 일본이 251억불, 러시아가 69억불을 차지하여 전체 수출액에서 환동해 3국의 비중이 32.1%였고, 수입액 4,676억불 중 중국 1,089억불, 일본 460억불, 러시아 106억불로 환동해권역의 비중이 35.4%였다.

〈표 7-2〉 동해안 지역의 수출입

(단위: 백만 달러, %)

지역	연도	세계		중국		일본		러시아	
		수출	수입	수출	수입	수출	수입	수출	수입
강원도	2000	338	381	22	67	87	58	5	4
	2010	1,509	1,133	148	257	240	108	83	96
	2020	2,023	3,146	359	317	205	109	50	536
경상북도	2000	15,653	12,162	1,970	946	1,645	3,933	65	226
	2010	44,937	19,295	10,244	2,284	3,431	4,791	612	527
	2020	37,102	13,356	11,798	2,749	2,309	1,962	535	695
울산시	2000	19,972	14,268	2,196	437	2,665	2,137	26	170
	2010	71,384	62,994	12,679	2,049	4,372	5,516	1,165	1,873
	2020	56,091	28,286	8,024	1,324	3,505	1,332	783	228
동해안 전체 ①	2000	35,964	26,811	4,188	1,450	4,397	6,128	96	400
	2010	117,830	89,422	23,071	4,590	8,043	10,415	1,860	2,496
	2020	95,216	44,788	20,161	4,390	6,019	3,403	1,368	1,459
나라 전체 ②	2000	172,267	160,481	18,455	12,799	20,466	31,828	788	2,058
	2010	466,384	425,212	116,838	71,574	28,176	64,296	7,760	9,899
	2020	512,498	467,633	132,565	108,885	25,098	46,023	6,900	10,630
①/②	2000	20.9%	16.7%	22.7%	11.3%	21.5%	19.3%	12.2%	19.4%
	2010	25.3%	19.6%	19.7%	6.4%	28.5%	16.2%	24.0%	25.2%
	2020	18.6%	9.6%	15.2%	4.0%	24.0%	7.4%	19.8%	13.7%

자료: 한국무역협회(kita.or.kr) 무역통계.

동해안 연안 지방정부들은 한결같이 그들의 지향점이 환동해라고 천명하고 있다. 그러나 환동해 국가들과의 경제협력이 동해안 연안 지방정부들에게 과연 얼마나 큰 중요성을 갖고 있는가를 알아보기 위해서는 허핀달-허쉬만 집중도 지수(Huffendahl-Hirschman Index: HHI)를 활용하여 지역별 무역집중도를 계산해 보면 알 수 있다.

〈표 7-3〉 동해안 지역의 환동해 국가별 수출입 비중

(단위: 백만 달러, %)

지역	연도	세계		중국		일본		러시아	
		수출입	비중	수출입	비중	수출입	비중	수출입	비중
강원도	2000	719	100%	89	12.4%	145	20.2%	9	1.3%
	2010	2,642	100%	405	15.3%	348	13.2%	179	6.8%
	2020	5,169	100%	676	13.1%	314	6.1%	586	11.3%
경상북도	2000	27,815	100%	2,916	10.5%	5,578	20.1%	291	1.0%
	2010	64,232	100%	12,528	19.5%	8,222	12.8%	1,139	1.8%
	2020	50,458	100%	14,547	28.8%	4,271	8.5%	1,230	2.4%
울산시	2000	34,240	100%	2,673	7.8%	4,802	14.0%	196	0.6%
	2010	134,378	100%	14,728	11.0%	9,888	7.4%	3,038	2.3%
	2020	84,377	100%	9,348	11.1%	4,837	5.7%	811	1.0%
동해안 전체 ①	2000	62,775	100%	5,638	9.0%	10,525	16.8%	496	0.8%
	2010	207,252	100%	27,661	13.3%	18,458	8.9%	4,356	2.1%
	2020	140,004	100%	24,551	17.5%	9,422	6.7%	2,827	2.0%
전국 ②	2000	332,748	100%	31,254	9.4%	52,294	15.7%	2,846	0.9%
	2010	891,596	100%	188,412	21.1%	92,472	10.4%	17,659	2.0%
	2020	980,131	100%	241,450	23.6%	71,121	7.3%	17,530	2.0%
①/②	2000	18.9%		18.0%		20.1%		17.3%	
	2010	23.2%		14.7%		20.0%		24.6%	
	2020	14.3%		10.2%		13.2%		16.1%	

자료: 한국무역협회(kita.or.kr) 무역통계.

예를 들면 강원도의 환동해권 국가와의 교역비율지수는

$$HHI^{강원} = \frac{(강원도\ 환동해권역\ 국가와의\ 교역액)/(강원도\ 총\ 교역액)}{(국가\ 전체\ 환동해권\ 교역액)/(국가\ 전체\ 총\ 교역액)}$$

같이 계산할 수 있다. 이를 바탕으로 환동해권 지방자치단체의 무역집중도를 계산해 보면 <표 7-4>와 같다.

〈표 7-4〉 동해안 지역의 환동해 국가별 수출입 비중

(단위: 백만 달러, %)

지역	연도	전체	중국+일본+러시아		HHI
		수출입	수출입	비중	①/②
강원도	2000	719	243	① 33.8%	130
	2010	2,642	932	① 35.3%	105
	2020	5,169	1,576	① 30.5%	91
경상북도	2000	27,815	8,494	① 30.5%	91
	2010	64,232	20,750	① 41.1%	123
	2020	50,458	20,048	① 39.7%	118
울산시	2000	34,240	7,480	① 21.8%	84
	2010	134,378	27,654	① 20.6%	61
	2020	84,377	14,996	① 17.8%	53
동해안 전체	2000	62,775	16,659	① 26.5%	102
	2010	207,252	50,475	① 24.4%	73
	2020	140,004	36,804	① 26.3%	78
전국	2000	332,748	86,394	② 26.0%	
	2010	891,596	298,543	② 33.5%	
	2020	980,131	330,101	② 33.7%	

이 <표 7-4>에서 볼 수 있는 바와 같이 동해안 광역자치단체의 환동해권역 무역집중도는 2000년에 102로 다른 지역에 비해 약간 높았을 뿐 이후에는 2010년에 73, 2020년에 78을 기록하여 오히려 그 중요도를 점차 상실해 가고 있는 중이다. 특히 이 수치가 해당국의 환동해권 지방정부와의 교역액만을 나타내는 것이 아니기 때문에 실제 환동해권역 지방정부 간의 교역은 이 수치보다 매우 적을 것으로 추정된다. 이렇게 볼 때 환동해 경제협력이란 슬로건은 21세기 초인 아직까지도 미완의 과제로 남아 있다고 생각된다.

한편, 동해안지역의 연안국가에 대한 수출입은 동해안 지역 항만의 외국과의 물동량 증가에 부분적으로 반영되고 있다고 여겨진다. 2000년대 들어 동해안 연안항만별 외항 출입 물량을 살펴보면 총량면에서는 완만한 증가세를 보여주고 있으나, 국가 전체 물동량 중 차지하는 비율은 점점 줄어들고 있음을 알 수 있다.

〈표 7-5〉 한국의 동해안 소재 항구별 외국과의 입출항 물량 추이

(단위: 백만 GT)

구분	출항			입항		
	2000년	2010년	2019년	2000년	2010년	2019년
강원도 소재항구	7.9	16.3	25.3	7.8	16.0	25.7
포항항	30.5	44.0	54.6	30.3	43.6	54.6
울산항	136.9	173.7	208.6	138.0	179.7	201.9
소계 (1)	175.3	234.0	288.5	176.1	239.3	282.2
부산항	238.1	444.5	665.3	217.9	445.4	657.0
전국 합계 (2)	755	1,347	1,836	738	1,369	1,847
(1)/(2) %	23.2%	17.4%	15.7%	23.9%	17.5%	15.3%

자료: 해양수산부, 『2020년 해양수산통계연보』.
주 : 1) 외국으로의 출항(outbound) 및 입항(inbound)하는 선박의 물량(vessel traffic) 기준.
2) 강원도 소재 항구 : 동해/묵호, 속초, 옥계, 삼척, 호산항.
3) GT는 Gross ton의 약자로 '총 톤수'를 일컬음.

즉, 입출항 모두 2000년 23%대에서 2010년에는 17%, 2019년에는 15.7%로 하락하였다. 게다가 울산항과 포항항 교역의 상당 부분이 철강 및 자동차 관련 제품이기에 환동해권과의 교역이 차지하는 부분은 매우 제한적일 수밖에 없다. 더욱이 환동해권 교역에서 부산이 차지하는 실질적인 위상을 고려한다면 강원도와 경상북도 지역이 환동해권역 국가와 교역하는 물동량의 비중은 더욱 초라한 실정이다. 강원도 5개항 물동량의 합계가 전체 물동량에서 차지하는 비중이 2000년 이래 1% 수준에 머물고 있음이 이를 반증하고 있다.

동해 연안의 강원도, 경상북도, 울산시는 2004년 「동해권 3개 시도협의회」를 창립하여 광역자치단체장이 참석하는 연례회의를 개최하기로 합의한 바 있다. 협의회는 해당 시도 부설 연구원들이 주도하는 「동해안발전포럼」을 발족시키고 「동해안 광역권 발전계획」을 수립하여 한반도의 L자형 개발축을 동해안을 포함하는 U자형 개발로 확장하여 국토의 균형개발을 완성하고, 일본-중국-러시아로 연결되는 환동해 광역 클러스터를 구성하는 안(「Peace Sea Vision」)을 중앙정부에 제시하였다.

그러나 그동안 발족 당시의 해당 자치단체장들이 교체되어 한동안 협의회의 동력이 떨어졌으나, 2013년 9월 5일 해양수산부의 부활을 계기로 해양수산부 장관, 3개 시도지사 및 연안 15개 시장-군수-구청장이 참여한 「신동해안 비전발표 및 공동선언」을 채택하여 환동해 항만물류 특화기반을 조성하는 방안 등 "공생 공영 공존의 바다, 동해"란 모토 하에 환동해권에 대한 관심을 새롭게 촉구하는 계기를 마련하였다.

1. 강원도의 환동해 진출방안

1) 강원도의 산업구조와 대외교역

강원도는 동해와 접하는 212km에 이르는 긴 해안선을 보유하고 있으며 지정학적으로도 환동해권의 중심적인 위치를 차지하고 있다. 또한 경북, 울산 등 여타 광역자치단체에 비해 환동해권역과의 교류협력에 관심이 보다 높은 지방정부이다. 그러나 지금까지 수산업과 관광자원의 기능을 제외하면 동남해안 공업벨트와 서해안 공업단지와 같은 임해지역의 장점을 크게 살리지 못하고 있었다. 다시 말해서, 임해공업의 활성화와 항만을 통한 대양으로의 진출 등이 타 지역에 비해 뒤떨어져 있었던 것이다.

산업구조면에서 보면, <표 7-6>에서 보듯이 강원도는 농림어업의 비중이 낮아지고 있으나 전국평균에 비해 아직도 높은 편에 속하고, 제조업의 비중은 2018년 기준 10.5%로 당해 연도의 전국 평균 29.1%보다 훨씬 낮은 산업구조이다. 반면 서비스업의 비중은 2018년 강원도가 71.9%이고, 전국 평균이 60.9%이다. 1995년부터 2011년까지 지난 16년 동안 나라 전체의 산업구조가 제조업 및 서비스업 모두 완만하게 증가한 추세를 보이고 있는 반면, 강원도는 제조업이 19.3%에서 10.6%로 급감하였고, 서비스업은 52.7%에서 70.6%로 급증하여 전국 어느 시도보다 매우 빠른 속도로 탈산업화(deindustrialization)가 진전되고 있는 중이다.[4] 똑같은 통계를 동해안에 면한 강원영동지역 6개 시·군(북에서 남으로 고성군-속초시-양양군-강릉시-동해시-삼척시)에 적용해 보면 2018년 제조업의 비중은 9.2%로 더욱 낮고, 서비스업의 비중은 70.4%로 더 높은 경제구조이다.

강원도 경제에서 서비스업의 비중이 높아지는 추세는 후기 산업사회(post-industrialized society)를 선도할 지식기반 제조업이나 금융, 무역 등의 고부가가치 서비스업이 증가했다기보다는 민간부문의 경제활동이 위축됨에 따라 공공행정 및 교육, 의료 등 공적지출이 차지하는 비중이 높게 나타나고 있음을 의미한다.[5] 다시 말해서 지역경제의 공적지출 의존도가 높아지고 있음을 의미한다. 일반적으로 알려진 것처럼 강원도나 영동지역이 관광산업에의 의존도가 높은 산업구조도 아니다.

---

4) 보다 엄밀하게 얘기하자면 강원도는 고도산업화의 단계로 심화되지 못한 상태에서 서비스화로 이행되는 현상이 나타나고 있다.

5) 2018년 강원도의 지역총생산(GRDP) 중 공공행정·국방·사회보장과 교육서비스업, 그리고 보건 및 사회복지사업이 차지하는 비중은 각각 23.3%, 8.5%, 5.2%로 공공 서비스의 비중이 매우 높음을 단적으로 보여주고 있다. 이러한 추세는 2011년에 비해서도 강화되었다. 2018년 강원 영동지역 6개 시군의 경우 이 비중이 18.4%, 7.4%, 5.1%로 집계되었다.

〈표 7-6〉 지역내 총생산 구조 비교

(단위: %)

구 분	강원도				전국				영동
	1995년	2003년	2011년	2018년	1995년	2003년	2011년	2018년	2018년
농림어업	10.6	6.9	5.7	4.9	6.3	3.8	2.7	1.9	3.0
제조업	19.3	10.3	10.6	10.5	27.6	26.4	31.3	29.1	9.2
건설업	17.4	16.3	8.1	8.8	11.6	9.6	5.9	5.9	9.9
서비스업	52.7	62.4	70.6	71.9	51.8	57.2	58.0	60.9	70.3
(합계)	(100%)	(100%)	(100%)	(100%)	(100%)	(100%)	(100%)	(100%)	(100%)

자료: 통계청 국가통계포털(KOSIS) 및 강원통계정보(stat.gwd.go.kr)
주 : 1) 2003년 이후 통계는 광업 및 전기가스수도사업이 포함되지 않은 통계임.
2) 2018년 통계에서 광업 및 전기가스수도사업의 비중은 강원도가 1.9%, 2.1%이고 전국은 0.1%, 2.0%이며, 강원영동 6개시군은 2.9%, 4.4%임.

2011년 강원도의 경우 숙박 및 음식점업(3.5%)과 예술·스포츠·여가 관련 산업(3.1%)을 다 합해도 6.6%에 불과하고, 영동지역은 3.8% 및 2.9%로 강원도 전체와 비슷한 수준이다.

강원도의 대외 수출입 활동은 지정학적 요인으로 인해 중국, 일본과 러시아가 중요한 교역 상대국이다. 그러나 일본의 비중은 21세기 들어 점감하고 있는 추세이고, 러시아와는 수출실적은 미미한 채 광물성 연료 및 수산물을 중심으로 한 수입이 급증하고 있다. 2018년 기준 주요 수출국으로는 중국-미국-일본 순이고, 수입은 러시아-호주-미국-인도네시아-중국 순이었다.

2) 강원도의 환동해권 협력방안

우리나라 지방자치단체 중에서 환동해권 협력에 가장 적극적인 곳이 강원도이다. 강원도는 영동지역을 중심으로 동해를 활용하는 발전전략을 꾸준히 추진하여 왔다. 강원도청은 지난 1964년 수산관련 업무를 전담하는 강원도 동해수산

사무소를 출범한 뒤 1987년 동해출장소, 지난 2001년 환동해출장소, 2012년 7월에는 환동해본부로 격상시켜 강원도청 제2청사 기능을 하도록 했다. 즉, 1990년대 이후 강원도의 행정이 대외지향성을 띄기 시작한 이래 환동해란 주제는 강원도정의 중요한 화두로 논의되고 있다.

현재까지 강원도의 환동해권 협력방안은 대략 다음과 같은 3단계를 거쳐 추진되어 왔다.

(1) 제1단계 :「환동해권 카르텔(KARTELL)」 구상

강원도는 1994년 7월에 환동해권 진출정책의 일환으로「환동해권 카르텔(KARTELL: Kangwondo's Active Role Toward East-sea rim's Local Leader)」구상을 발표하였다. 구체적인 실천전략으로는 제1단계로 환동해권 지방정부간 교류협력의 확대를 꾀하고, 제2단계에서는 환동해권 지방정부의 상설협의기구를 구성한 후, 마지막 제3단계에서 환동해권 관광·무역의 운송네트워크를 구축해 나간다는 것이었다.

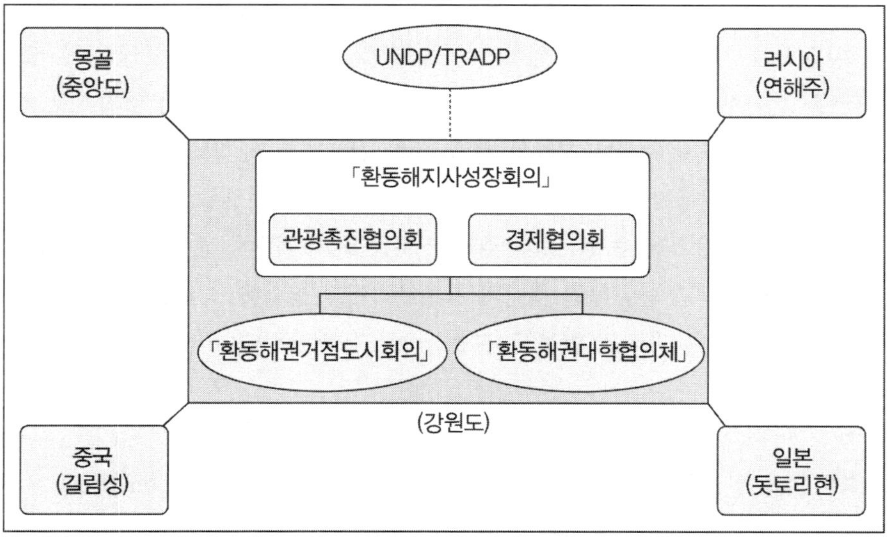

[그림 7-1] 강원도의 동북아 협력관계

이의 성과로 강원도, 일본 돗도리현, 중국 길림성, 러시아연해주의 「환동해권 4개국 지사·성장회의」를 1994년 개최하고 이를 통해 국제교류를 적극적으로 도모해 왔다. 그밖에 「환동해지사·성장회의」의 산하조직으로 1996년에 「환동해권 관광촉진협의회」를 구성하였고, 1997년에는 「환동해권 경제협의회」를 발족하였으며, 1999년에는 몽골의 중앙도(Tuv Aimag)가 가입하여 환동해권의 범위를 동해에 국한하지 않고 보다 넓은 범위로 영역을 넓히고자하는 의욕을 보였다.

2000년 4월에는 강원도의 주도적 노력에 연해주와 길림성이 호응하여 해륙교통로인 「백두산항로」를 개통하였고, 그 해 9월에는 「동아시아관광포럼(EATOF)」을 창설하였으며, 양양-장춘, 양양-대련, 양양-요나고 간 전세기를 개통해 관광활성화를 도모하였다. 그러나 이러한 강원도의 선도적인 노력에도 불구하고 「환동해지사·성장회의」를 통한 가시적인 성과는 미미하였다. 그 이유는 지방정부간의 이해관계가 상이하고, 강원도의 대외협력 역량이 아직 미흡하며, 해외협력을 실천해 나갈만한 지역기업이 없다는 데 있다. 동북아 차원에서의 폐쇄성, 체제의 상이성 및 발전격차가 주요 제약요인으로 작용하고 있어, 지방차원에서의 협력을 전개할만한 여건이 조성되어 있지 않다는 점도 지적할 수 있다. 또한 낙후된 경제와 항만이나 공항 등 국제적 교류인프라의 미비로 강원도가 환동해권 교류의 실질적인 거점이 될 만한 위치에 있지 않다는 점도 인정하지 않을 수 없다. 여기에 덧붙여 한동안 잘 추진되던 금강산 관광사업이 남북관계 경직으로 폐쇄되면서 강원도를 통한 남북교류와 협력 또한 현재까지 재개되지 못한 상태이다.

1990년대의 시행착오를 바탕으로 강원도는 기존의 「카르텔(KARTELL) 구상」이 갖는 문제점을 극복하고 보다 분명한 목적을 지향하며 구체적인 실천계획을 마련하고자, 2001년 환동해권 역내의 자유무역지대 창립을 최종 목표로 하는 「황금의 육각계획」을 새로운 환동해 진출전략으로 채택하였다.

(2) 제2단계 : 「황금의 육각계획(Golden Hexagon Plan)」

2001년도에 강원도가 구상한 「황금의 육각계획(Golden Hexagon Plan)」은 환동해권의 실천적 협력모형으로서 환동해경제권의 제도화를 단계적으로 지향하는 계획이다. 여기서 '육각'은 그동안 논의되어 오던 동북아지역에 있어서의 다각경제협력체제를 지역차원에서 발전시켜 환동해권 지역의 6개국 지방정부 및 지역을 포함하는 지역간 다각경제협력체제를 의미하며, 이는 곧 지방의 세계화(glocalization)를 통한 국가의 세계화를 시사하고 있다. 또한 '황금'이란 표현은 환동해경제권이 아시아에서 가장 가능성 있는 경제블럭으로 부상하고 있고, 동해가 그동안의 '조용한 바다'에서 '아시아의 지중해(Asia's Mediterranean Sea)'로의 발전 가능성이 있음을 나타내고 있다.

「황금의 육각계획」에서의 환동해경제권의 제도화는 환동해권 6개국간, 6개의 협력주체에 의해, 6단계에 걸친 실천방안인 '6-6-6 시스템'으로 표현될 수 있다.

① 환동해권 6개국

〈표 7-7〉 환동해권 6개국과 지자체

국가	지 방 정 부	비 고
한국	강원도, 경상북도, 울산광역시	
북한	함경남북도, 북강원도	
일본	홋카이도(道), 교토부(府), 12개 현(縣)	아오모리에서 후쿠오카에 이르는 일본해에 면한 12개 현(縣)
중국	요녕성, 길림성, 흑룡강성	동북3성
러시아	연해주, 하바로프스크주, 사할린주	극동지역
몽골	중앙도	

② 6개의 협력주체

ⓐ 지방정부 : 육각의 지방정부를 연계하는 다자간 협력체계의 구축
ⓑ 지역대학/연구소 : 각 지역의 싱크탱크를 연결하는 다자간 협력체계의 확립
ⓒ 지역기업 : 다국적기업의 유치 및 다국적 제3섹터 기업의 창업
ⓓ 지역주민 : 지역주민간의 문화, 체육, 예술 등의 교류 및 협력
ⓔ 지역거점도시 : 자유무역 및 관광벨트 조성을 위한 지역거점도시의 구축
ⓕ 중앙정부 : 지방간의 국제교류·협력을 후방지원

③ 6단계 협력 실천방안

기본적으로 실행하기 쉬우면서 범위가 좁은 사업으로부터 점차 실행하기가 까다롭고 범위가 넓은 사업으로 점진적으로 확대해 나가도록 하는 소위 점-선-해면-지면-준입체-입체의 6단계의 실천방안이다.

ⓐ 1단계 점(點) 전략 : 교류·협력기반 조성 및 지역거점의 구축
역내 국가, 지역 간의 차이를 극복하기 위해서는 무엇보다 교류가 많아야 한다. 따라서 각국에 교류의 거점이 되는 지역을 집중적으로 육성한다.

ⓑ 2단계 선(線) 전략 : 거점지역간 운송네트워크의 구축
현재 환동해 지역간의 교통사정은 지리적 인접도에 비하여 낙후되어 있다. 따라서 환동해권역 전체를 연결하는 육상, 해상 및 항공 교통로를 개설함으로써 총체적인 수송네트워크를 만들고 지역 상호간의 교류를 확대할 기반을 조성한다.

ⓒ 3단계 해면(海面) 전략 : 동해수역의 공동협력사업 시행
환동해권의 공동해역인 동해에서 수자원 및 해저자원을 공동으로 탐사하고 관리함으로써, 그동안 군사적 대결의 지역으로 방치되어 왔던 동해를 살아있는 바다, 상생의 바다로 만든다.

ⓓ 4단계 지면(地面) 전략 : 역내 지방간의 경제협력사업 추진
개발가능성과 개발효과가 큰 지역을 선정하여 지역 내 국가가 공동으로 개발하는 프로젝트를 추진한다. 공동개발 프로젝트로서는 도시개발, 공업개발, 자원개발 및 서비스산업개발 등 개발목적에 따라 공동개발 대상이 달라질 수 있으나 외국의 투자를 유치하기 위한 목적으로 조성된 각국의 경제특구에 참여하는 방안을 적극 추진한다.

ⓔ 5단계 준입체(準立體) 전략 : 선형자유무역지대(Linear Free Trade Zone) 형성
각 지역이 안고 있는 경제통합의 제약요인을 고려할 때, 제한된 지역과 제한된 산업에 국한하여 각국 간 무역과 생산요소 이동의 자유화를 추진하는 것이 바람직하다. 이는 사실상 연안지역의 개방도시 및 개방특

구만을 연결하는 선형자유무역지대(Linear Free Trade Zone 또는 Free Trade Zone)의 형태를 취하게 될 것이다.

ⓕ 6단계 입체(立體) 전략 : 전면적 자유무역지대(Free Trade Area) 형성
환동해경제권이 구축되는 단계로서, 역내 모든 국가가 참여하는 전면적인 자유무역지대의 형성 단계이다.

(3) 제3단계 : 「대륙국가로 가는 전진기지 전략」

강원도의 환동해 진출전략은 2010년 시작된 민선 5기 자치단체장이 당선 이후 수개월 만에 교체되고 새로운 선거를 치르는 과정에서 한동안 표류하게 된다. 그러나 2011년 제12차 「광역두만강계획(GTI)」회의가 평창에서 개최되고, 2013년 「GTI 무역투자박람회」가 강릉에서 개최되면서 강원도의 환동해 협력전략을 다시 한 번 정립할 필요성이 대두되었다.

강원도는 2013년 박근혜 대통령의 취임과 더불어 대두된 화두인 '북방시대'와 그 중심정책 중 하나인 「유라시아 이니셔티브 전략」과 병행하여 2013년 11월 강원도의 새로운 발전을 위한 '중심지' 발전전략을 선포하였다. 이 전략은 강원도가 극동아시아 환동해의 중심지로서 환동해의 인력·자본·관광·기술·정보·문화를 강원도 중심으로 활성화 시키자는 전략으로 강원도정을 글로벌화, 첨단화, 지역화, 대륙화, 인간화하겠다는 구상이다. 이 가운데 글로벌화와 대륙화의 구상 속에서 기존의 환동해권 협력방안이 추진되는 구도를 제시하였다.

제3단계 환동해권 협력전략에서는 향후 강원산업을 주도할 비철·비금속자원 가공산업과 동해안 초광역개발권 육성산업으로 선정된 에너지산업의 육성에 연계하여 추진하는 실용적인 접근법이 대두되고 있다.

3) 강원도의 환동해 전략 평가

강원도의 환동해 진출전략은 1994년부터 시작되었으나, 김진선 지사가 3기에 걸쳐 12년(1998년~2010년) 동안 지사직을 수행하면서 장기적인 안목에서 추진될 수 있었다. 그동안 강원도는 「환동해지사성장회의」를 주창하여 회의 운영의

중심적인 역할을 수행하였고, 동북아 협력구도를 넘어서 동남아시아까지 포함하는 「동아시아관광포럼(EATOF)」를 결성하여 동북아 지방정부와의 협력구도를 이중 6각형 구도로 확장하였다. 또한 평창동계올림픽을 추진하기 위한 비전을 실현하기 위해 2000년대 초 이래 도정 국제화의 시야를 동아시아에서 글로벌한 장(場)으로 끌어 올렸다는 평을 듣고 있다. 강원도의 동아시아 협력 네트워크를 이중 오각형 구도로 도시하면 다음과 같다.

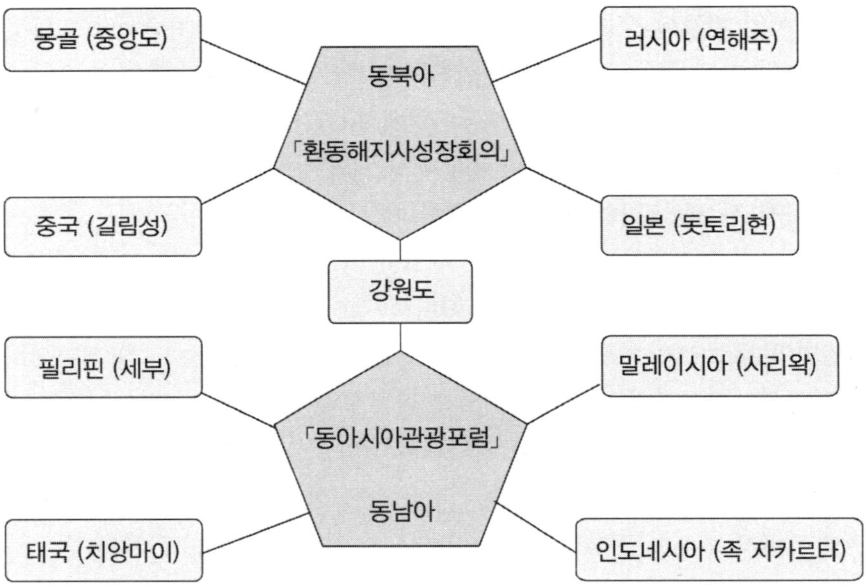

[그림 7-2] 강원도의 이중 오각형 다자간협력기구 체계

그러나 이러한 과정에서 환동해권 협력의 순수성을 잃게 되어 환동해권 진출 전략이 적극적으로 추진되지 못한 면이 있다. 또한 환동해권 협력의 중심기구인 「환동해지사성장회의」가 처음부터 실효성보다는 강원도의 주도권 확보가 우선시되어, 참여 지방정부 선정이 개인적 친분으로 선정되었다는 비판을 받고 있다. 또 다른 비판으로는 환동해협력이 실질적인 경제교류가 되지 못하고 지사·성장들의 연례 모임을 개최한데 의의를 두어왔으며, 공무원들의 외유성 교류가 주를 이루어 민간기업인들의 참여가 제한적이었다는 지적이 있다.

2010년 시작된 민선 5기는 강원도의 환동해 협력에 새로운 전기를 가져 오게 하였다. 도정 최고 책임자의 빈번한 교체와 대북관계의 경직성 속에서 환동해는 도정의 중심과제로 격상되지 못하였고, 박근혜 정부에서 추진하는 「유라시아 이니셔티브」에 발맞추기 위해 환동해라는 해상을 통한 협력보다는 대륙으로의 진출방안의 시각에서 동북아 지방정부 간 협력이 추진되기 시작하였다. 이러한 맥락에서 2013년 이래 동해 및 속초항을 기항으로 하는 컨테이너 정기항로 활성화와 북방항로 화객선 취항, 양양공항을 동북아의 거점공항으로 육성하는 구상 방안이 활성화되면서 강원도의 '유라시아 관문(Gateway)지방 역할론', '중심지론' 등의 다양한 논의가 제시되기 시작하였다.

이런 가운데 2013년 창립된 동해안권 자유경제구역(EFEZ)는 첨단소재부품 및 관광산업 특화단지로 조성되어 환동해권 교역의 배후 산업단지 역할이 기대되고 있다. 최근에는 러시아산 수산물 수입이 급증하면서 이를 보관-저장-가공할 수 있는 저온물류 표준공장(콜드체인) 사업이 추진되고 있다. 그러나 강원도 동해안의 적은 인구와 빈약한 산업설비 때문에 환동해 관련 대부분의 제안사업이 답보상태를 면치 못하고 있는 실정이다.

2. 경상북도의 환동해 전략

경상북도는 2009년 지역발전 5개년계획을 작성하면서 환동해 진출을 도정 발전의 장기비전으로 제시한 바 있다. 또한 2013년 환동해 국제해양포럼을 개최하는 등 환동해권에서의 일정한 위상을 차지하기 위한 비전과 의욕은 갖고 있는 편이다. 그러나 환동해 진출을 위한 구체적인 정책이 추진되지 않고 있는 것으로 여겨진다. 경상북도의 환동해 전략은 동북아협력이라는 더 큰 틀 안에서 추진되고 있다. 경상북도는 1996년에 「동북아자치단체연합(NEAR)」의 결성에 선도적 역할을 하여, 6개국 40개 지자체를 포함하고, 지리적 범위도 중국의 남부에까지 이르는 대규모 기구를 결성하였다.

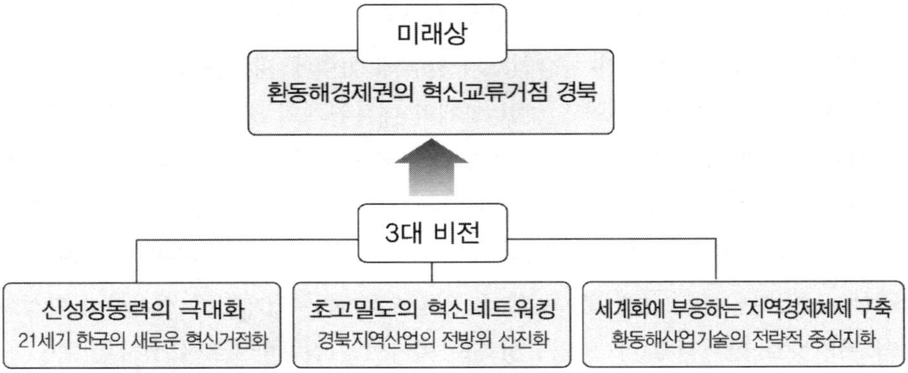

자료: 지역발전위원회(2009), 『제1차 지역균형발전 5개년 계획』, 경상북도 편.

[그림 7-3] 경상북도의 환동해 진출 비전

1996년 1차 총회를 경북에서 개최한 다음 격년으로 지방 순회 개최를 원칙으로 하였다. 2005년에는 사무국을 포항에 유치하여 동 기구의 명실상부한 중심역할을 하였다. 경제통상, 문화교류, 환경, 방재 및 일반교류의 5개 분과위원회를 운영하고 이와 별도로 비즈니스 촉진회의 개최하여 민간의 참여와 경제활성화를 유도하기로 하였다. 2019년에는 울진군 죽변항에 있는 「경북바이오산업연구원」을 「환동해산업연구원」으로 개편하여 환동해 연안국 지방정부와 공동으로 수산 및 해양자원을 연구하고 교역활성화를 위한 센터로 개편 운영 중이다.

이외에도 경상북도에서는 한중일 세 나라의 청소년 교류사업을 주관하여, 다양한 문화 이해의 폭을 높이고 있다. 위와 같은 연합이나 포럼 이외에 경상북도는 개별적으로 세계 여러 나라의 성이나 주와 결연관계를 맺고 있으며, 동북아에서는 러시아의 이르쿠츠크주, 중국 하남성 등과 긴밀한 교류관계를 가지고 있다. 일본의 시마네현과는 1989년부터 2005년의 단교[6] 이전까지 매우 활발한 교류협력을 전개해 왔다. 그밖에 영일만에 신항만을 착공한 포항시는 향후 환동해권의 물류를 담당할 핵심거점으로의 성장시킬 계획을 추진하고 있다.

6) 2005년 시네마현에서 '독도의 날'을 제정하자 경북은 이의 철회를 요구하며 단교를 하였다.

경상북도의 이러한 노력은 동북아의 개방화에 대응하는 것이기도 하지만, 이웃 강원도를 의식한 경쟁적 정책 산물이었다는 점도 간과할 수 없다. 경상북도가 선도하는 「동북아자치단체연합」은 그간의 성과에도 불구하고, 실질적이고 구체적인 효과를 거두기에는 규모가 너무 방대하고 상호 관심사가 다양하여 연합체의 결속력이 문제가 되지 않을 수 없다고 여겨진다.

2019년 경상북도는 대통령 직속 북방경제협력위원회 4차 회의에서 문재인 정부의 신북방정책을 연계한 『기업을 위한 경상북도, 북방국가 통상확대 전략』을 발표하였다. 이에 따르면 2018년 경북의 북방국가 수출액 50억불을 2030년까지 100억불로 확대하기 위해 다음의 세가지 전략을 추진할 계획이다. ① 북방진출 신통상 프론티어, ② 국제협력 네트워크 구축, ③ 경북-북방을 잇는 SOC기반 확충 등 북방국가 통상확대 전략을 추진해 북방경제 협력의 기반을 강화하고 유라시아 시대를 선도해 나간다는 내용이다.

경북에서 환동해 협력에 가장 큰 관심을 보이고 있는 도시는 포항이다. 포항시는 그동안 POSCO에 의존한 도시발전전략에서 벗어나기 위해 2005년 영일신항만 건설을 계기로 환동해 물류네트워크의 중심 항만이자 환동해 비즈니스 허브로 육성하기 위한 비전을 추구하고 있다. 이에 따라 「환동해권거점도시회의」에 적극적으로 참여하는 한편 일본 동해안권의 중심도시인 니이가타시와 교류관계를 설정하기 위해 노력하고 있다.

2020년 포항시는 교류 네트워크 구축, 경제협력 강화, 문화·학술 교류 확대 등 '북방정책 3대 핵심전략'을 통해 '북방경제를 선도하는 환동해 경제수도 포항'의 새로운 미래를 열어가겠다는 포부를 밝혔다.

2020년 포항에서 개최되는 「동북아 CEO경제협력 포럼」, 「환동해 거점도시회의」를 기회로 환동해권 지방정부간 실질적인 교류협력을 강화해 나가고 영일만항을 국제 경쟁력 있는 항만으로 착실한 개발을 추진하는 한편 인입철도 개통으로 인한 항만 물동량 확대 유치로 영일만항 물류 활성화를 적극 추진하기로 했다. 특히 환동해 국제 크루즈 항로개설·페리 삼각벨트 구축을 포항시 북방정책의 최우선 과제로 정하고 해양과 대륙을 연결하는 해양관광 인프라 구축으로 환동해 경제 중심도시의 위상을 확립해 나가겠다는 계획이다.

그러나 2020년 회의가 코로나 사태로 인해 화상회의로 축소 운영되면서 포항시의 큰 구상이 시작 시점부터 난관을 맞고 있는 형국이다.

3. 울산광역시의 환동해 전략

울산은 한국 제1의 중화학공업도시로 자동차, 조선, 화학산업을 중심으로 한 제조업이 지역총생산의 63.4%(2018년 기준)를 차지하고 있는 제조업 특화도시이다. 울산의 교역은 환동해가 아닌 전세계를 대상으로 하고 있는 세계수준의 공업도시이기에 환동해에 대한 열망은 강원도나 경북에 비해서도 비교적 높지 않은 편이다. 비록 강원도 및 경상북도와 함께 동해안 지역개발을 위한 공동 보조를 취하고는 있으나, 울산의 관심 대상은 환동해권 지역에 머무르지 않고 전세계에 걸쳐있다고 할 수 있다. 울산의 경제력과 주력산업이 자동차, 조선, 석유화학임을 감안하면, 울산의 대외교류의 범위는 당연히 넓을 수밖에 없을 것이다. 그러나 울산이 중국의 장춘시, 러시아의 톰스크시, 일본의 야마구치현 하기시와 자매결연관계를 맺고 있어, 울산의 의지 여하에 따라 환동해권에 대한 역할을 기대해볼 수도 있을 것이다.[7)]

2009년 발간된 울산발전연구원의 정책보고서[8)]에서는 그동안 환동해권 협력이 두만강개발과 강원도의 관광협력에 함몰되어 실효성이 없었음을 지적하면서 환동해권에 면한 유일한 대도시인 울산이 개입하여 산업협력을 통해 실질적인 역내협력을 추진할 수 있고, 이 과정에서 울산이 역내 비즈니스의 중심도시로 부각될 수 있음을 주장하고 있다.

보다 구체적으로는 전략적 접근분야와 보완적 접근분야의 '2단계 접근법(two-tier approach)'으로 나누어 추진할 것을 제안하고 있다. 전략적 접근으로는 지역산업과 연계된 교류 가능 분야인 에너지협력분야, 지하자원협력분야, 물류협력분야를 선정·제시하고 있으며, 보완적 접근으로는 교류와 협력을 촉진하기

---

7) 울산광역시 홈페이지에서 자료 발췌. 김원배 외(2005)에서 재인용.
8) 강영훈(2009).

위한 방안으로 관광산업분야와 학술교류 및 인적 교류를 제안하였다.

울산시는 2019년 3월 대통령직속 북방경제협력위원회 회의석상에서 발표한 『울산시 신북방정책』을 토대로 2020년 '북방경제협력 및 북방교류 실행전략'을 수립하였다. 주요 추진사업으로는 오일·가스허브 기반 조성, 에너지 트레이딩 기반 구축·지원, 조선기자재업체 협력사업, 엘엔지터미널 연관사업 집적화 추진, 북방지역 자매·우호협력도시 체결 확대, 제3차 한-러 지방협력포럼 개최, 북방경제협력 현지사무소 설치 등이 있다.

4. 환동해권 외국 지방정부의 노력

환동해권 협력은 한국의 지방정부 뿐 아니라 동해 연안 일본 및 중국, 러시아의 지방정부들도 큰 관심을 보이고 있는 편이다.

일본의 경우 국토 서안(西岸)지역의 신 국토축 균형발전이란 취지하에 일본해(즉, 동해)에 면한 지역의 발전과 환일본해 연안국가와의 경제협력 활성화를 추진하고 있다. 즉, 환일본해 협력 강화를 위한 국토종단형 지역제휴 구조를 형성하고, 일본 전체의 균형잡힌 발전 추구로 국토리스크 관리 및 경제의 저비용화 공간구조를 달성하는 것을 목표로 하고 있다. 이를 위한 세부 과제로는 지역별 자생적 발전과 지역간 경쟁·제휴 촉진, 환동해권 외국정부와 교류를 활성화하고 종합 교통체계 정비로 국제 관문(gateway) 기능 향상, 국제교류 거점도시 형성 등이 포함되어 있다.[9] 이를 위해 일본 서해연안 지방정부들은 「일본해연안지역진흥연맹」(1964), 「환일본해교류 서일본협의회」(1993) 등의 협의체를 결성하여 내부적 협력방안을 강구하고 있다.

환동해지역과의 교류·협력에 가장 적극적인 지방은 니이가타현, 돗토리현 및 도야마현 등이다. 니이가타(新潟)현은 1990년대부터 한국과 중국 동북3성, 러시아 극동지역과 교류·협력을 추진하고 있으며, 일본 서안에서 가장 큰 도시인 니이가타시에 「환일본해경제연구소(ERINA)」를 설립하고 매년 '동북아시아경제발

9) 이재원·권나은(2009).

전회의'를 개최하여 환일본해 지역에서의 다자간 지역발전과 협력방안을 모색하고 있다. 니이가타현은 서울에 연락사무소를 두고 투자교역 활성화를 위해 노력하고 있다. 돗토리(鳥取)현은 현내에 있는 국제항인 사카이미나토(境港)항을 활용하여 일본 오사카, 교토 등 간사이 지방의 경제와 환동해권역을 연결하는 랜드브리지(land bridge)로서 일본을 대표하는 환동해권의 물류 중심지로서의 위상을 확립하기 위해 노력하고 있다.

또한 강원도와 손잡고 동북아 지방정부 지사·성장회의, 동아시아관광포럼(EATOF)에 적극적으로 참여하면서 환동해 지방정부 간 협력에 중추적인 역할을 수행하고 있다. 도야마(富山)현은 호쿠리쿠(北陸)지역의 중심도시로「동북아자치단체연합(NEAR)」및 한국과의 경제교류회의에 참여하고 있으며, 중국 요녕성과 우호협정을 체결하고 대련에 사무소를 운영하는 등 환동해권 지방정부와의 교류를 중시하고 있다. 또한 일본 무역진흥기구(JETRO)의 위탁으로『환동해무역저널』을 발행하면서 환동해 무역투자 세미나 개최 및 전문조사를 실시하는 등 환동해권 거점지역으로서의 역할 강화에 매진하고 있다.(김원배 외 2005, 30-33).

중국은 동북3성, 특히 길림성과 흑룡강성을 중심으로 동해로의 출구를 확보하기 위해 환동해경제권으로의 편입에도 심혈을 기울이고 있다. 중국은 2007년 8월 발표된 '동북진흥 추진 종합계획'을 기반으로 중화학공업과 자원개발 등 동북지역이 가지고 있는 비교우위에 바탕에 둔 동북3성의 발전전략을 추진하고 있다. 나아가 중국은 나진·선봉지역으로 이어지는 철도와 도로 건설에 박차를 가하고 있으며,「두만강개발계획(TRADP)」및 이후 후속사업인「광역두만강계획(GTI)」에 대한 적극적으로 참여하는 등 북한과 러시아를 비롯한 환동해권 국가들과의 협력을 도모하고 있다.

중국의 동북3성 주에서도 길림성은 환동해 협력에 가장 적극적인 자세로 임하고 있다. 길림성은 동해 바다로 나가는 통로가 북한 및 러시아에 막혀 있는 내륙 성(省)으로 성 경계로부터 동해까지 방천(坊川)이라는 강 지류가 흐르고 있으며, 그 거리가 16km에 불과하다. 따라서 환동해 협력 및 두만강개발사업에 적극적으로 참여함으로써 가까운 바다를 통해 외부세계와 연결되고자 하는 열망이 큰 지방자치단체이다.

러시아는 1980년대 중반 고르바초프 집권기의 개혁(페레스트로이카)과 개방(글라스노스트) 전략을 추진하는 과정에서 동북아지역 국가들과의 협력을 통해 낙후된 러시아 극동지역의 개발을 도모하는 정책이 시작되었다. 집권 2년차인 1986년 고르바초프는 「블라디보스톡선언」을 통해 러시아가 아시아-태평양과 유럽을 연결하는 교량 역할을 수행하겠다고 밝히면서 극동지방 개발 및 아태지역 국가와의 협력의 중요성을 강조하였다. 이를 구체화하기 위해 같은 해 나홋카를 특별경제구역으로 지정하고, 이어 「광역 블라디보스톡 자유경제구역 계획」(1991), 「극동·자바이칼 경제사회발전 프로그램」(1996) 등의 다양한 계획들을 수립하여 추진해 오고 있다. 2013년에는 기존의 중기 지역개발계획을 수정한 「극동·바이칼 지역 사회경제개발 2025」란 장기계획이 제시된 바 있다.

러시아 정부는 2012년 아태경제협력기구(APEC) 정상회의를 블라디보스톡에서 개최하기 위해 블라디보스톡시를 대대적으로 정비하고, 보다 전향적으로 태평양국가와의 협력에 나서고 있다. 2012년 9월 블라디보스톡 APEC정상회의에 앞서 5월에는 중앙정부 내에 「극동개발부」를 설치하여 극동지역에 대한 개발 및 협력 의지를 천명하였다. 2018년 러시아 중앙정부는 지방행정구역 개편을 통해 극동지역 연방관리청을 기존의 9개주에서 11개로 확대 개편하고, 연방청 소재지를 하바로프스크에서 블라디보스톡으로 이전하였다.

그러나 러시아의 극동개발은 두 가지 딜레마에 직면해 있다. 한 가지는 낙후된 지역개발을 위해 외국의 자본을 최대한 끌어들여야만 하는 과제이고, 다른 하나는 외국계 자본 중 대종을 이루는 중국자본과 노동력이 러시아 극동 지역경제를 압도하는 문제를 여하히 제어하느냐 하는 문제이다.[10)] 이를 위해 러시아 정부는 카스피해 연안 및 중앙아시아의 노동력을 유입하는 방안도 추진[11)]하는

10) 러시아는 극동지역에서 중국의 영향력 및 인구유입이 갖는 파장에 대해 매우 심각하게 고심하고 있다. 예를 들면 2010년 중앙정부의 극동지역 지원예산보다 3배 많은 금액이 중국기업에 의해 투자되었고, 극동 유태인자치구역 투자의 90%를 중국자본이 차지하며, 중국인 불법 이민자수도 극동지역 전체 주민의 약 10% 수준까지 육박하고 있다.

11) 2016년부터 러시아 정부는 극동지역 인구증가를 위해 내외국인을 막론하고 극동지역에 5년 동안 거주할 경우 1ha의 땅을 무상 지급하는 법을 제정하였다. 이는 주로 동우크라이나인들의 집단 이주를 독려하기 위한 조치이다.

한편 일본 및 한국의 자본을 끌어들여 중국의 투자와 균형을 유지하려는 의도를 갖고 있다.

그러나 러시아는 중앙집권식 의사결정 구조와 뿌리 깊은 공산주의 관료제의 폐해로 외국계 민간기업인들에게 매력적인 투자처를 제공하지 못할 뿐 아니라, 극동지역 지방정부의 자율권이 제한적이어서 지역의 관심과는 달리 환동해권역 내 여타 지방정부와의 협력에 적극적으로 참여하지 못하고 있는 실정이다.

제2절 환동해권의 전망과 대응전략

무릇 인간세상의 집합체인 국제정치의 영역에서 미래를 예측하는 것은 매우 어려운 일이다. 그 중에서도 강대국의 이해관계가 직접 맞닿아 있는 환동해권에 대한 장기 전망은 지구촌의 다른 어느 지역보다도 예측하기 어렵다. 환동해의 지정학적 여건을 감안할 때 21세기 환동해권 협력의 전망은 이 해역을 둘러싸고 있는 동북아의 정치경제적 여건에 크게 달려 있다고 아니할 수 없다.

1. 동북아 정치경제의 변화와 환동해권

환동해권을 둘러싸고 있는 동북아시아는 국제정치의 여러 가지 변수가 혼재하고 있는 세계에서 가장 역동적이고도 불안정한 지역이다. 동북아의 21세기는 정치적으로 중국이 초강대국으로 부상(浮上)하면서 그 세력을 외부로 확장시키려는 힘과, 미국과 일본이 합작하여 중국의 팽창을 억제하려는 강대국 간의 거대한 힘겨루기의 장(場)이 될 전망이다. 여기에 북한체제의 불안정성과 이에 따른 한반도 정세 변화가 추가되고, 중국의 민족주의와 일본의 극우주의가 충돌할 가능성이 있고, 러시아가 다시 일어서서 극동지역에서 한 축(軸)을 담당하는 그

야말로 '혼동의 장(Field of Turbulence)'이 될 가능성이 있다.

이러한 가능성은 동북아 국가간 군비경쟁 속에서 쉽게 파악할 수 있다. 경제 규모의 확대와 더불어 중국은 국방비 지출을 급속히 확대하고 있고, 이에 불안을 느낀 일본이 재무장하고 군비지출을 증강하는 파국적 경쟁이 가속화될 가능성이 있다. 스웨덴의 국제전략문제연구소(CSIS)는 중국의 국방비지출이 25년 이내에 미국을 추월하여 세계 최대 군사력을 가진 초강대국으로 격상될 것으로 예측하고 있다.

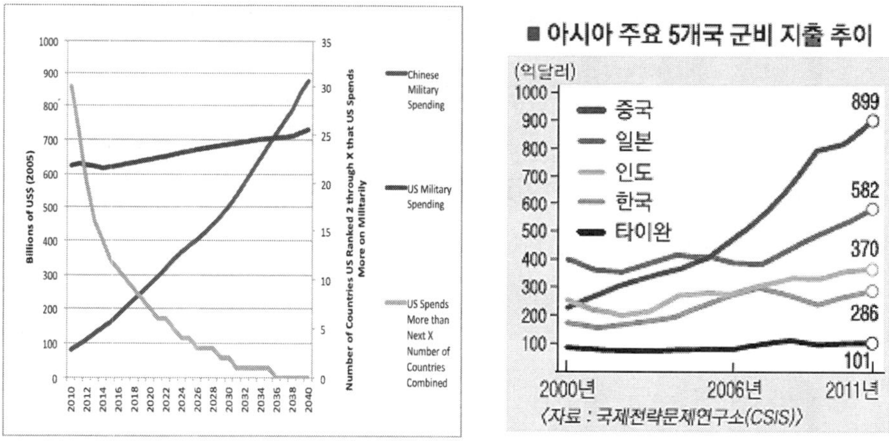

자료: Moyer, Jonathan (2014).; 『동아일보』, 2012년 10월 17일자.

[그림 7-4] 세계 주요국의 국방비 지출: 실적 및 전망

2013년 하반기 빚어진 중국-일본-한국 간의 영공을 둘러싼 항공식별구역 설정이 그 갈등의 한 단면을 보여주고 있다. 2013년 11월 중국이 배타적 방공식별구역을 동쪽으로 확장하면서 기존 일본의 구역과 중첩되어 갈등을 빚고 있고, 미국이 이를 인정하지 않기 위해 이 구역으로 자국 전투기의 작전비행을 실시하여 군사적 충돌의 가능성이 높아지고 있는 실정이다. 2019년에는 러시아의 군용기가 독도영공을 침범하는 초유의 사건이 발생하기도 하였다.

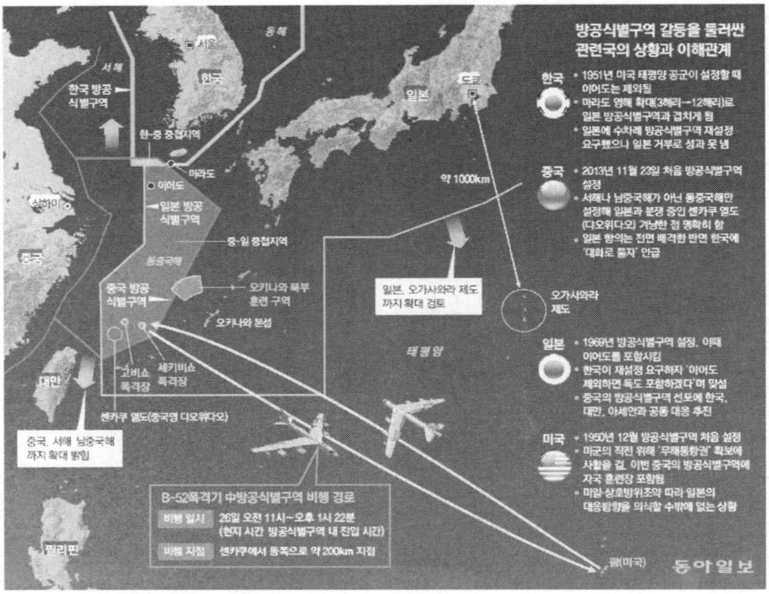

자료: 『동아일보』(2013년 11월 28일)

[그림 7-5] 동북아시아의 비행식별구역 갈등도

현 시점에서 환동해권역의 불안정성을 가중시키고 있는 가장 큰 국제정치적 변수는 북한의 핵무장과 이에 따른 경제봉쇄이다. 지난 수년간 북한의 비핵화를 위한 다자간-양자간 노력이 지속되어 왔으나 2020년 말까지도 촌보의 진전을 이루고 있지 못하고 있다. 2021년 초 미국 바이든 행정부의 등장과 함께 중국 압박을 위한 새로운 국제공조전략이 추진되고 있는 상황에서 북한 핵문제는 당분간 그 우선순위가 내려가면서 오히려 북한의 핵무장을 기정사실화하게 만드는 유예기간이 만들어질 가능성이 있다.

경제적 측면에서는 중국의 고성장이 지속되어 동북아 경제의 견인차 역할을 하고, 일본과 한국의 경제가 고도화하면서 동북아 경제권 사이의 산업적 연계가 강화될 뿐 아니라 북한의 개방, 러시아의 인프라 건설로 시장이 확장되고 자원개발이 가속화될 경우 동북아 경제권의 통합화가 진전될 가능성이 있다, 또한 지구 온난화 추세가 지속될 경우 북극항로가 활성화되면서 동해를 둘러싼 환동해권역은 21세기 세계경제의 새로운 번영을 상징하는 새로운 역동적인 경제권, 즉 '번영의 장(Field of Prosperity)'이 될 가능성도 제기되고 있다.

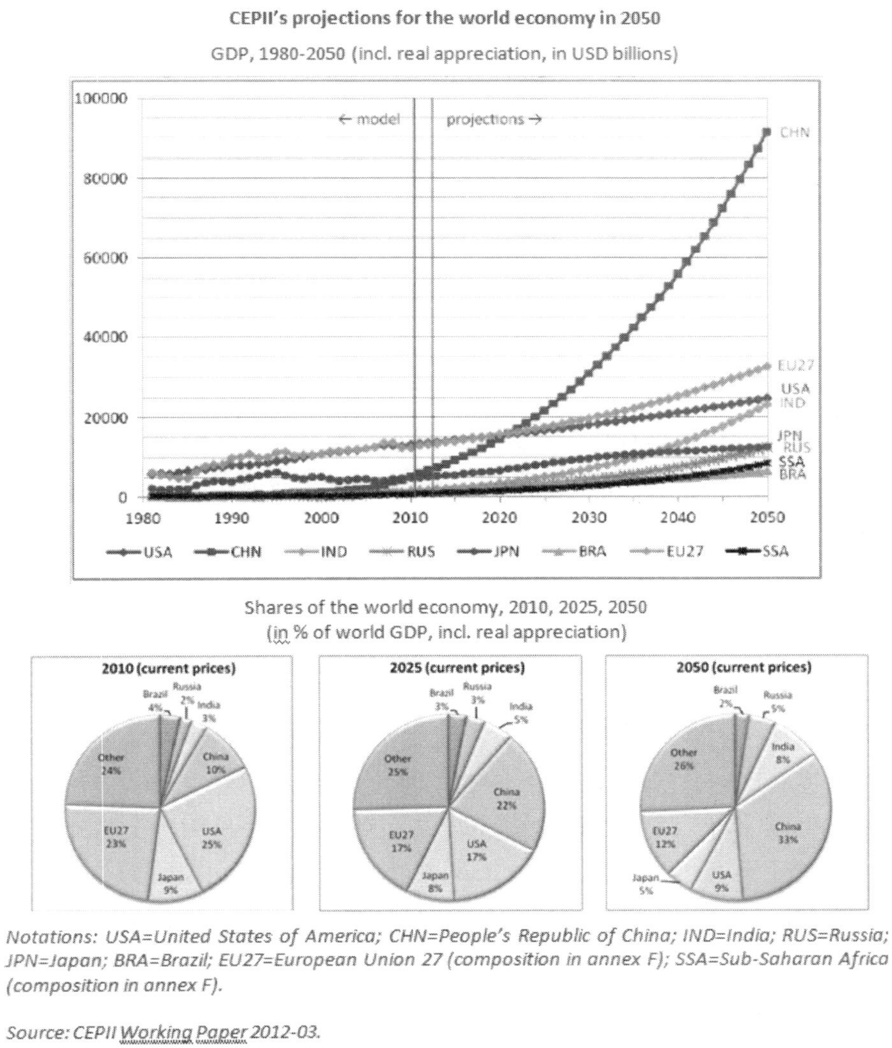

자료: Foure, Jean et. al (2012).

[그림 7-6] 주요국의 경제규모 장기전망 (2010-2050)

동북아를 전망하는 또 하나의 변수는 이 지역 인구구조의 변화와 이동을 빼놓을 수 없다. 이미 일본이 2006년 초고령사회로 진입하였고, 한국은 2018년 고령사회로 진입한데 이어 2025년에 초고령사회로 진입할 것으로 예상된다. 중국 또한 2022년경 고령화사회로, 2033년이면 초고령화사회로 진입할 전망이다. 그러나 국별 인구 고령화의 시차는 동북아 국가 사이의 국제정치경제적 역학관계에 당분간 상당한 영향을 미칠 것이고, 이보다 더 중요한 변수는 중국 '한(漢)족의 팽창'이다. 한(漢)족의 이주는 이미 티벳과 신장 위구르 지역에서 심각한 인종간 갈등을 초래하고 있을 뿐 아니라, 주변 국가와도 갈등을 초래하고 있다. 러시아인들이 유럽으로 이주하여 극동 및 시베리아 인구가 감소하고 있는 반면, 그 공백을 중국인 이주민들이 메꾸고 있는 실정이다. 이제 지구온난화와 인프라 확장으로 중국의 농민과 근로자들이 몽골과 러시아의 시베리아 및 극동지역으로 대거 이주하여 그 지역 인종분포의 새로운 변화를 초래하기 시작하였다.

극동 러시아는 1991년 이래 약 20%의 인구가 감소하여 2011년 러시아 극동지역의 인구는 628만 명에 불과한 반면, 이 지역과 경계를 나누고 있는 중국 3개 성의 인구는 1억 1천만 명이었다. 러시아 극동지역의 인구감소는 앞으로도 진행되어 2025년에는 470만 명까지 줄어들 것으로 예상되고 있으나 중국과의 교역확대 및 밀입국으로 이 지역의 중국인 불법이민자는 벌써 50만 명을 넘어서는 것으로 추계되고 있다. 2009년 당시 메드베데프 대통령이 중국의 투자를 요청한 이래 2010년 극동지역에서의 중국 투자는 30억불에 달했던데 반해 모스크바 중앙정부의 지원액은 그 1/3에도 못 미치는 수준이었다. 러시아 극동지역은 점점 더 중국의 영향권으로 편입되고 있다. 러시아 정부는 이러한 문제를 타개하기 위해 '극동개발부'를 설치하고, 카스피해와 중앙아시아 지역의 근로자들을 극동지역으로 이주시키고 있으나 이주 근로자들의 대부분이 무슬림들이기 때문에 새로운 형태의 갈등을 유발하고 있고, 극동지역에서 중국의 영향력 증대에 대처하고 영토를 방어하기 위해 심지어는 수도를 동쪽으로 이전해야한다는 과격한 주장까지 제기되고 있는 실정이다.[12)]

12) Bowen, Andrew S. and Luke Rodeheffer (2013).

2. 환동해 경제권의 전망과 발전방안

환동해권을 둘러싼 국제정치의 불안정성에도 불구하고 21세기에 환동해권의 경제적 상호의존도는 점차 심화될 수밖에 없는 실정이다. 현재까지는 권역 내 경제기반이 취약하고 배후지역과의 연계적 협력이 없는 독자적인 경제권으로의 발전이 어려워 보이나, 중국의 동북3성 등 배후지역의 발전이 본격화되고 러시아 극동지역의 자원개발 및 수송 인프라가 확충되며, 역내 국가간 중간재와 완제품의 생산 및 교역이 증가하면 환동해 연안지역은 자원가공산업과 물류수송산업의 거점으로서 중요한 역할을 감당할 수 있을 것이다.

환동해권은 현재 국경의 개방 정도가 미약하고, 관련국의 정책도 소극적 차원에 그쳐 제한적 교역과 인적 교류에 머물고 있으나 장기적으로는 에너지 공동체나 수송체계 구축 등을 중심으로 하는 동북아 국가간 협력이 본격화될 경우 지역 공동체 구축에서 중심적인 입지를 점하게 될 것이다.

동북아의 국가간 협력은 일시적이고 전면적으로 추진되기보다는, 점진적이고 부분적으로 진행될 가능성이 크다. 김원배(2005)에 따르면 경제적 협력은 추진주체에 따라 중앙정부나 지방정부 등 공적기관에 의해 주도되는 정책주도형이 있고, 민간에 의한 투자로 활성화되는 시장주도형이 있다.[13] 또한 국경의 부분개방이냐, 완전개방이냐에 따라 개발의 양상이 달라지기도 한다. 이와 같은 네 가지 변수에 의해 동북아 국가간 협력의 결과는 다양하게 나타날 것이며, 어떤 변수를 선택하는가는 각 국가의 정치적 상황이나 경제적 여건에 의해 다를 수 있다. 이와 관련한 정치·경제의 변화는 다음의 네 가지 시나리오로 정리할 수 있다.

〈표 7-8〉 동북아 정치·경제 변화의 시나리오

구 분	국경 부분개방	국경 완전개방
정책주도적	Ⅰ. 주요 개방지역 중심 개발	Ⅱ. 지역 공공재 중심개발
시장주도적	Ⅲ. 교역중심적 개발	Ⅳ. 교역/투자/기술교류

13) 김원배외(2005)에서 요약 발췌함.

현재까지의 환동해권의 정치경제적 역학관계를 고려할 때 한-중-일의 양자간 경제협력은 위의 표의 <유형 Ⅳ>가 대세를 이룰 것이다. 그러나 북한과 러시아의 정치적 상황을 고려하면 5자간의 다자적 협력은 전면적인 개방보다는 부분적인 개방이, 시장주도적 협력보다는 정책주도적 협력이 대세를 이룰 것으로 예상된다. 따라서 위의 표에서 <유형 Ⅰ>의 주요 개방지역 중심개발이 가장 유력한 환동해권 경제협력의 유형이 될 것으로 전망된다. 이러한 전망을 뒷받침하는 또 하나의 변수는 환동해권 지방의 인프라 시설 부족으로 어차피 주요 도시별, 경제자유구역별 협력으로 추진될 수밖에 없다는 점이다. 이런 맥락에서 당분간 환동해권 협력의 경제지리적 유형은 주요 협력거점을 연결하는 '선(線)형 경제협력'으로 추진되는 것이 바람직하다고 할 것이다.

중국 동북3성의 개발과 시베리아·극동지역의 에너지 자원 수출기지화 등 최근 개발 동향은 환동해권 경제협력의 촉진제로 작용할 것으로 예상 된다. 동북3성 개발은 산업발전과 기반시설 건설에 필요한 중간재 수요를 창출하게 되어 중간재와 완제품의 수출입 물류를 발생시켜, 현재 대련항 중심의 수출입 물류 일부가 환동해권 교역루트를 이용할 가능성이 커진다.

또한 시베리아 송유관이 페레보즈나야로 이어질 경우, 울산을 비롯한 환동해권 거점항만 지역에 석유산업관련의 클러스터가 형성될 가능성이 있다. 환동해권 경제협력의 잠재적 비교우위분야는 에너지, 광물, 농수산 등 자원분야에 있고 수송기반의 구축과 국경장벽의 제거로 동북아의 자원공급기지 및 물류기지로서의 역할이 가능하다.

한편 중기적으로는 중국 동북3성과 러시아 극동지역의 개발이라는 자극요인으로 북한의 개방이 이루어질 가능성이 높아져 북한 동해안의 나진, 선봉, 청진, 원산 등의 항구도시가 환동해권 교역항으로 개방되어 활용될 가능성이 있다. 다만 북일관계가 정상화되기까지는 상당한 시간이 필요할 것이므로 당분간 중국, 러시아, 남북한을 중심으로한 환동해권 좌측 연안지역에서의 협력 위주로 전개될 가능성이 농후하다.

3. 환동해권 지방간 협력의 발전방안

1) 환동해권 지방간 협력의 실태와 평가

1990년대 이후 지자체간 교류 협력은 우호친선 증진 이외에 투자와 방문객 유치 등 경제적 실리를 목적으로 전개되었다. 강원도, 경상북도, 니이가타현 등 일부 지자체의 선도적인 노력에도 불구하고 동북아 차원에서의 폐쇄성, 지역간의 상호관심사 불일치, 지방정부의 역량 미흡 등으로 실질적인 경제적 이익을 창출하지 못하였다.

〈표 7-9〉 환동해권역의 주요 관심사항 및 협력 상대

구분	당면 목표	주요 관심사항	주 협력 상대
한국 동해안 지역	지역경제 활성화 대륙 진출 루트 확보	• 교역 확대 및 수 • 관광객 유치 • 에너지·수산 자원 확보 • 철도 연결 및 항로 확보	• 일본, 중국, 러시아 • 일본, 중국 • 중국, 러시아 • 북한, 러시아
일본 서해안 지역	지역경제 활성화	• 교역 확대 • 관광객 유치 • 기술·지식 교류	• 중국, 러시아, 한국 • 한국, 중국 • 중국, 한국
중국 동북 3성	해양 진출통로 확보 산업구조 고도화	• 외자유치·기술도입 • 교역 확대 • 교역 루트 확보	• 일본, 한국 기타 • 일본, 한국, 러시아 • 러시아, 북한
러시아 극동	산업구조 고도화	• 외자 유치 • 에너지·화물 수송로 구축 및 연결	• 한국, 미국, 일본 • 중국, 한국, 일본

지자체의 노력은 환동해권의 교류와 협력의 필요성에 대한 공감대 확산과 제도적인 기반 조성이라는 측면에서 긍정적으로 평가할 수 있으나, 교류와 협력의 저변을 확대하기 위해서는 환동해 연안지역과 배후지역간의 긴밀한 연계가 필

요하다. 대안(對岸)지역간 관심사항의 불일치를 해소하기 위해 상대지역에 대한 체계적 정보 제공과 공통 관심 분야에서 구체적 프로그램을 수립하고 추진할 필요가 있다.

2) 환동해권의 결속을 위한 전략적 방안

국제정치 여건상 당분간 전면적 개방과 교역자유화를 기대하기 어려운 환동해권의 협력과 결속을 증진하기 위한 실질적인 전략은 다음과 같다. 첫째, 연안지역에 경제자유지역을 지정하고 이들 간의 연계망 구축을 통해 교류, 협력을 활성화해야 할 것이다.

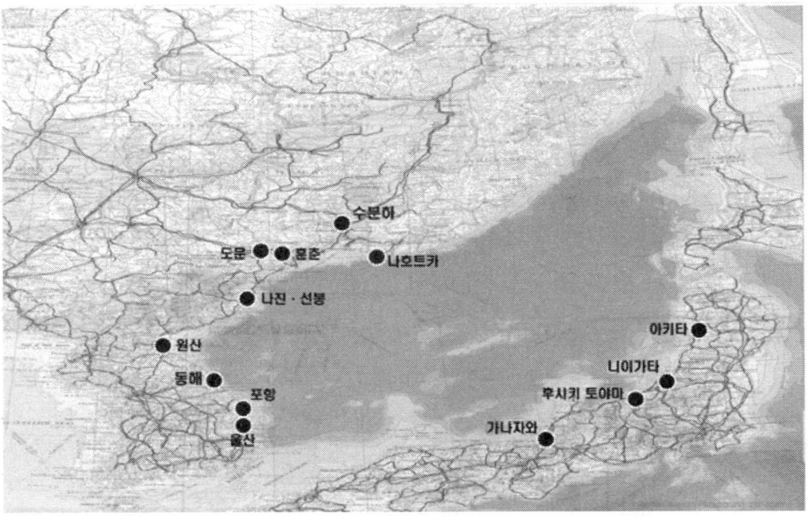

[그림 7-7] 환동해권의 잠재적 경제자유지역 도시

경제자유지역 도시로 역할을 수행할 수 있는 유력한 도시로는 한국의 울산, 포항, 동해와 북한의 나진, 선봉과 원산을 들 수 있다. 일본의 경우 니이가타, 도야마, 가나자와, 요나고, 아키타 등과 중국의 흑룡강성의 훈춘과 도문, 러시아의 블라디보스톡, 나홋카, 수분하 등이 향후 경제자유지역으로 유망하게 대두될 것이다.

둘째, 현재의 출입국 절차로서 환동해권에서의 인적교류 확대나 관광객 유치는 어려운 실정이므로 단체관광에 한하여 무비자제도를 도입하고 일국 관광뿐만 아니라 다국 연계 관광을 활성화시켜야 한다. 이를 가능하게 하는 관광프로그램은 동북아 크루즈 사업이다.

셋째, 환동해연안에 물류에너지와 복합 수송축을 조성해야 한다. 동북아 전역에 걸친 물류에너지 수송축 조성은 장기에 걸쳐 국가간 협의가 필요하므로 관련 지자체는 중앙정부의 지원으로 환동해권 연안지역 일부에서 축의 조성과 관련 산업의 집적을 유도하며 점차적으로 추진할 필요가 있다.

현재 진행중인 두만강 지역에서의 교통망 연결 및 확충 사업의 지속적 추진과 금강산 관광을 위한 통천-고성간 교통망 연결 및 확충사업을 강릉에서 원산까지 확대하도록 적극 추진하며, 중장기적으로 동해연안종단 고속도로 건설로 부산에서 중국과 러시아로 연결되는 아시안하이웨이 건설 및 철도망 연결을 추진할 경우 환동해권 협력의 기반시설이 완료될 것이다.

3) 환동해권 진출을 위한 강원도의 전략

환동해권의 국가간 협력이 국제정치적 사안에 가로막혀 수십 년째 답보상태를 면치 못하고 있는 현실 속에서 우리나라가 환동해지역으로 진출하고 선도적 역할을 수행하기 위해서는 무엇보다 강원도의 역할이 중요하다. 동해안과 면해 있는 지역으로는 강원도와 경상북도가 있지만 경북은 내륙지향적인 성격이 강한 편이다. 해안을 끼고 있는 항구도시 역시 대외 교역을 위한 도시라기보다는 포항과 같이 임해공업도시의 역할이 강하여 대외지향적 성격보다는 산업의 고도화 같은 자체 발전의 논리가 강한 지역으로 볼 수 있다. 울산 역시 도시의 성격 상 산업생산도시로서 환동해권이 아닌 전세계를 상대로 한 교역에 치중할 수밖에 없는 입장이다.

이와 같은 여건으로 볼 때 동해를 면하고 있는 우리나라 지역 중에서 강원도가 가장 적극적이고 주체적으로 환동해권에 대한 진출을 모색할 수밖에 없다. 특히 산업적 기반이 취약한 강원도로서는 동해안을 통한 환동해권과의 대외교역을 통해 지역경제를 진흥하고, 지역의 국제적 위상을 높일 수밖에 없는 입장이다. 이를 위해 가장 우선적으로 동해항과 양양공항을 활용한 동북아 물류 네트워크를 구축하는 노력이 진행되어야 한다. 환동해 지역으로의 진출은 강원도로서는 도약의 기회이자 선택의 여지가 없는 필수과제임에 분명하다. 그렇기 때문에 강원도로서는 환동해권에 대한 이해가 무엇보다 중요하다.

마지막으로, 강원도의 환동해권 진출이 가시화된다면 연안 대학들의 역할과 환동해권에 대한 연구기능도 역시 높아질 전망이다. 환동해권역의 사회적, 경제적, 문화적 연구는 그 지역의 이해에 관한 지식을 제공할 뿐만 아니라 연안국 정부들의 선도적이고 주도적인 역할을 할 과제의 선정과 실행을 위해 필수적이다. 그 가운데서 연안지역의 대학교들이 교류 및 연구의 협력기제를 마련하고, 지역 관련 과제를 성실히 수행해 나간다면 환동해를 넘어서 동북아의 중심 대학으로 자리매김할 수 있을 것이다.

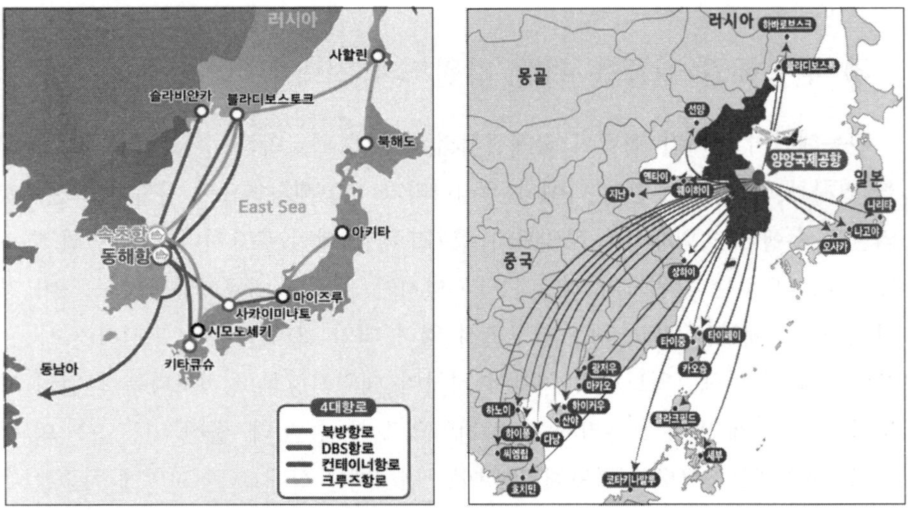

자료: 강원도, 『2019년 업무계획』.

[그림 7-8] 강원도의 환동해 해운 및 물류 네트워크 발전방향

제3절 환동해권의 과제

1. 중점협력과제[14)]

환동해권이 활성화되기 위해서는 중점적으로 협력하거나 해결해야 할 과제가 있다. 중점협력과제로서 동해안지역의 잠재력을 확충하면서 동시에 환동해권의 경제협력증진에 기여할 수 있는 과제를 선정해야 해야 하며, 중점 협력과제 중 부문간 중첩도가 높고 파급효과가 크며 단기에 추진할 수 있는 부분을 선도과제로 추진한다. 잠재력과 수요라는 두 가지 기준에서 보면, 부문별 우선순위는 <표 7-10>과 같다.

〈표 7-10〉 부문별 우선순위

		예상수요	
		대	소
잠재력 활용	대	물류수송	관광, 농수산 등 1차산업
	소	에너지 관련부문	금융, 지식산업

이러한 기준에서 보면, 중국 동북지역의 경제성장에 따른 대외 수출입 물류처리 및 중간재 생산 및 수출과 관련된 물류수송이 가장 중요한 추진과제로 간주될 수 있다. 구체적으로는 두만강 지역에서의 길림성과 북한 및 러시아 연해주 항만으로 연결되는 철도와 도로가 가장 우선순위가 높은 추진과제가 될 것이다.

에너지 및 관련부문은 러시아의 천연가스를 국내로 도입하고, 저장하는 시설 확충, 이를 활용한 석유화학 공업단지 개발 등 중장기적으로 지역에서의 수요가 급성장할 수 있는 분야로서, 이에 대한 대비책을 현재 시점에서부터 수립할 필

14) 김원배(2005), pp.119~123에서 요약 원용하고 일부 내용은 필자가 수정 및 보완함.

요가 있다. 현재 강원도 삼척시에 있는 호산항을 환동해권 에너지 중심 항만으로 개발하고 있다. 관광분야에서의 협력과제는 잠재력 활용 면에서는 유리하나 예상 수요 측면에서는 단기과제로 추진하기에는 부적합하다. 다만 관광관련 인프라 정비는 물류수송분야와 중복되는 부분이 많으므로 함께 고려하는 것이 필요하다. 분야별 중점협력과제를 정리하면 다음과 같다.

〈표 7-11〉 분야별 중점협력과제

분야	단기	중장기
물류·수송	• 두만강지역에서의 항만배후지 연결도로 및 철도 건설 • 환동해 항만간 페리노선 확충	• 환동해권 고속도로 및 철도확충 • 컨테이너 연결을 위한 항만간 협정 • 환동해 경제자유지역 연계망 구축
에너지 및 환경	• 환동해권 에너지 클러스터 형성 기본구상 수립 • 동해 연안지역 대체 에너지 개발 시범사업 • 연안 환경보전 행동강령 공동작성	• 환동해권 에너지 클러스터 형성에 대비한 기반시설 정비 • 동해환경계획 추진 및 공동평가
관광	• 원산-강릉 도로 확충 • 동계스포츠 리그 개최 • 환동해권 단체관광객 무비자추진	• 환동해권 직항노선 확충 • 발해권 문화유적 발굴 및 복원 • 환동해권 연계관광 프로그램 개발 • (유네스코 세계문화 유산탐방 등)

2. 장기적 과제

1) 교류를 위한 원칙

환동해경제권의 활성화를 위해선 몇 가지 원칙이 준용되어야 한다[15]. 첫째,

15) 양의석(2007)에서 개념을 차용함.

환동해권 국가들의 정치·경제 체제의 이질성과 함께 과거 일본의 침략 그리로 전후 냉전체제 등의 역사적 영향으로 인하여 공동합의를 끌어내기가 쉽지 않다. 따라서 환동해권의 협력은 무엇보다 '탈정치화(depoliticization)'의 관점에서 접근해야 한다.

둘째, 시베리아 자원개발에서 보는 바와 같이 각국이 협력을 통한 상호의존적인 시스템보다는 독자적인 접근이나 추진을 하여왔다. 그러나 송유관이나 가스관의 경우처럼 자원개발과 역내 수송인프라 구축이 성과를 이루기 위해서는 '다자간 협력(multilateral)' 방식으로 진행되어야 한다.

셋째, 환동해권의 역내투자 및 교역 등에 성과가 부진한 이유는 이질적인 경제제도에 기인한 면도 있다. 따라서 '비차별적 교역 및 투자(non-discriminatory trade and investment) 원칙'이 적용될 수 있는 제도 정비가 선행되어야 한다. 즉 외국인 투자 보장과 투자의 위험을 분산시킬 수 있는 제도가 갖추어져야만 실질적인 민간투자가 이루어질 것이다.

넷째, 역내 국가뿐만 아니라 역외 국가와 관련 기구들이 참여할 수 있는 '개방적 지역주의(open regionalism)'의 지향이 필요하다. 특히 대규모 자본과 고도의 기술력이 필요한 에너지 개발 사업은 서방국가와 국제금융기구의 참여가 필수적이다.

2) 환동해권 블록경제의 형성

환동해경제권 내에 투자와 교역이 확대되면 각종 기술이전과 자본이동이 활발해지고, 따라서 역내 산업 간 협력이 광범위하게 추진될 것이다. 산업협력을 심화시키기 위해서는 국제분업상 단순한 수직적 분업관계를 극복하고 산업 내에서 공정간 분업이나 상품차별화의 수평적 분업관계를 형성함으로써 상호 경제의 효율성을 제고하여야 하고, 동시에 기술의 상호이전이나 투자진출을 확대하면서 협력을 강화해 나가야 한다.

환동해권 내에서의 분업은 초기에는 산업간 수직적 분업체계에서 산업 내 수평적 분업체계로 심화시킬 수 있을 것이다. 즉 중국, 러시아, 몽골, 북한이 단순

조립·가공품이나 1차산품 등 노동집약적 생산공정에 특화하여 생산된 상품을 수출하고, 한국은 중급중간재나 가공품 및 최종생산품 등 중급수준의 자본·기술집약적 생산공정에 의하여 생산된 제품을 수출하며, 일본은 고급중간재·자본재 및 최종생산품 등 선진자본·기술집약적 생산공정에 의하여 생산된 상품을 역내국가에 수출하는 교역체계가 이루어질 수 있을 것이다.[16)]

〈표 7-12〉 환동해권 국가간의 분업전개 구도

구 분	북한, 러시아, 중국	중국, 한국	일본
산업간 분업 수직적 분업	노동집약적 상품 (단순조립·가공품 및 1차산품)	자본·중진기술 집약적 상품(중급중간재·가공 품·자본재·최종재)	자본·선진기술 집약적 상품(고급중간재·자본 재·최종재)
산업내 분업 수직적 분업 (공정간)	노동집약적 공정	자본·중진기술 집약적 공정	자본·선진기술 집약적 공정
수평적 분업 (상품차별화)	저·중급 상품 (저부가가치 상품)	중·고급 상품 (중부가가치 상품)	고급품·특수품 (고부가가치 상품)
역내 투자 및 기술이전	일부 신개발 및 첨단기술	투자재원 중급제품기술 상품제품생산기술 가공조립기술	투자제안 고급·첨단기술 자동화기술 소프트웨어기술

자료: 홍택기 외(1994), p.317.; 김창남 외(1998)에서 일부 수정하여 재인용.

위의 환동해권 국제적 분업체계분석은 1990년대 환동해 경제협력의 초기 상황을 염두에 두고 분석한 것으로 2000년대 이후의 권역내 국가·지방의 경제발전을 고려한다면 현재는 이러한 전통적인 협력구조로 단순화하여 설명하기 힘

16) 김창남 외(1998), pp.200~202.

든 상황이 전개되고 있다. 즉, 중국 경제의 획기적인 발전과 일본의 침체로 한-중-일 간 기술격차의 간격이 매우 좁혀진 상태이기에 일본이 선도하는 수직적 경제협력의 모델은 더 이상 유효하지 않을 가능성이 있다. 실제로 최근의 북한과 중국 사이의 개발협력은 제3자의 개입을 허용하지 않을 만큼 중국 측의 막대한 자금과 기술력이 동원되어 도로, 교량, 항만시설을 건설하고 있고, 광역두만강계획(GTI)에서 중국의 주도적 추진의지를 확인할 수 있다.

장기적으로는 환동해권의 교류와 협력이 지역경제협력 차원에서 진행되면서 역내 국가들 간의 협의기구를 제도화할 수 있는 계기가 마련될 수 있다. 국가간 구속력 있는 경제협력 조약을 체결하고 협력사업을 공동 관리할 기구를 제도화함으로써 이를 향후 지역협력의 축으로 활용할 수 있다. 환동해권 지역협력은 여기에 참가하는 국가간 정치, 경제적 상호의존도를 확대함으로써 동반자 관계 구축을 용이하게 만들 것이다. 이러한 교류와 협력을 바탕으로 환동해권 국가들 간의 경제 교류가 활성화될 것이며, 장기적으로 환동해 지역의 공통의 이해에 바탕을 둔 경제공동체가 탄생할 수 있을 것으로 전망할 수 있다.

참고문헌

제1장

구정모·이현훈(1995), 「환동해권 경제협력의 의의와 강원도의 대응」, 환동해권 국제학술 심포지움.

김도훈(2013), 「수산업 고차 산업화를 통한 동해 수산업 부흥」, 『East Sea Rim』 8호, 경희대학교 환동해지역연구센터.

김원배 외(2005), 『환동해경제권 형성을 시도하기 위한 동해안지역의 대외전략』, 국토연구원.

김종원(1999), 『근세 동아시아관계사 연구』, 혜안.

동아일보, 1999년 10월 25일자, 2013년 12월 12일자.

에카테리나 V. 프렐로브스카야(2005), 「TKR-TSR의 연결에 따른 한·러간 무역과 투자 전망」, 한동대학교 환동해국제심포지엄.

윤성학(2010), 「동북아 경제와 러시아 극동의 에너지 자원 통로」, 대외경제정책연구원.

이광규(2012), 『동북아문화공동체론』, 서울대학교출판문화원.

조선일보, 2008년 1월 19일자, 2012년 8월 17일자.

주동현(2005), 『제국의 바다 식민의 바다』, 웅진지식하우스.

최수영(2005), 「동북아경제구조와 남북경협의 발전」, 한동대학교 환동해국제심포지엄.

최재선 외(2009), 『배타적 경제수역(EEZ) 해양자원 개발방안 연구』, 연구보고서 09-17, 한국해양수산개발원.

통계청 (2013), 『국제통계연감』.

한국은행 (2013), 「남북한의 주요 경제지표」.

한국무역투자진흥공사 (2013), 「북한의 대외무역」.

한림대학교 아시아문화연구소 (2007), 『동아시아 경제문화 네트워크』, 태학사.

坂田幹男 (2000), 『北東アジア經濟入門』, クレイン.

World Bank (2012), *World Development Report*.

World Trade Organization (2011), *World Trade in 2010*.

[웹사이트]

네이버 지식 (http://navercast.naver.com/science/peninsula/742)

외교부 홈페이지 (www.mofa.go.kr) “조약과 국제법 - 한반도 주변 해양 - 한일어업협정” 편.

Wikipedia, (http://www.wikipedia.com) “동해”, “Geographical Naming Disputes -Sea of Japan” 항목 등.

제2장

김영식(2013), "Ресурсы России, как основа экономического развития Дальнего Востока,"『슬라브학보』, 한국슬라브학회, 28권 4호.

김영식·류훈태(2012),『환동해 지방정부간 교류협력을 통한 강원 동해안권 발전 전략』, 한국은행 강릉본부 연구보고서.

김영식(2012),「한국과 러시아 연해주간 투자협력과 무역의 높은 잠재력과 가능성에 대하여」,『환동해리뷰』, 환동해경제문화연구소, Vol.8 No.1.

러시아 중앙은행(2013),「대러시아 외국인직접투자 추이」.

수출입은행(2013),「년도별 한국의 대러시아 투자현황」.

세계일보(2013),「박대통령의 유라시아 이니셔티브」.

외교부(2010),「러시아의 투자 환경 개선 노력」,『러시아연방 개황』.

외교부(2010),「한국과 러시아의 투자 동향 및 전망」,『러시아연방 개황』.

제성훈(2013),「푸틴 3기 정부의 극동개발계획과 한·러 협력과제」, 대외경제정책연구원.

주러시아대사관(2013),「러시아의 대외정책」.

주러시아대사관(2008),「2007 경제현황 및 전망」

주블라디보스톡총영사관(2013),「러 극동지역 외국인 투자동향」.

____________________(2013),「러시아 극동지역 개황」.

____________________(2013),「최근 러 극동지역 정세」.

____________________(2013),「푸틴대통령의 블라디보스톡 방문 결과」.

____________________(2013),「한·러 극동관계」.

한국무역협회 국제무역연구원(2011),「러시아 WTO가입의 영향과 무역업계 대응」, 설명회 발표자료.

코트라 모스크바 무역관(2013),「러시아 경제동향 및 한·러교역 현황」

KOTIS(2013),「대러시아 수출입 품목의 변화」, KOTIS 통계(MTI 4단위 기준).

제3장

『中國統計年鑑』, 中國統計出版社, 각년판.

강승호·박현옥(2005),「한국의 무역구조 변화: 미·일·중과의 산업내무역을 중심으로」,『한중사회과학연구』, 한중사회과학학회, pp.1-20.

강승호(2013a),「외향적 경제발전 전략의 성과와 한계」, 배정호·최수영 편,『전환기 중국의 정치경제』, 통일연구원, pp.207-234.

_____(2013b),「중국 동북지역 산업의 특성과 발전 전망」,『중국의 동북지역 개발과 신북방경제협력의 여건』, 대외경제정책연구원.

_____(2011),「북·중 경협과 남·북경협」,『서울평양학회보』, 하반기호, 2011.12. pp.49-67.

배종렬(2009),「두만강지역개발사업의 진전과 국제협력과제」,『수은북한경제』, pp.54-74.

원동욱(2013),「중국 정부의 동북지역 개발정책」,『중국의 동북지역 개발과 신북방경제협력의 여건』, 대외경제정책연구원.

이옥희(2011),『북·중 접경지역: 전환기 북·중 접경지역의 도시 네트워크』, 푸른길.
渡邊利夫·寺島實朗·朱建榮 編(2004),『大中華圈』, 2004.
蔡昉(2012),『避免"中等收入陷穽"』, 中國社會科學文獻出版社.
Barry Naughton(2018), *The Chinese Economy*, MIT University Press.

제4장

KOTRA(2005),『일본문화와 비즈니스』.
여인만(2016),「아베노믹스를 둘러싼 논점」,『일본비평』15호, 서울대학교 일본연구소.
우경봉외(2019),『동아시아와 통일한국 경제』, 한국방송통신대학교 출판문화원.
이근·한동훈·임채성((2009),『동아시아 경제론』, 한국방송통신대학교출판부.
일본경제신문사편(1996), 유화선역,『메가 컴피티션 경영』, 거름.
일본학교육협의회 엮음(2002),『일본의 이해』, 태학사.
정진성(2018),『현대 일본경제의 이해』, 한국방송대학교출판부.
정진성·김삼수·여인만(2020),『일본의 기업과 경영』, 한국방송통신대학교 출판문화원.
한영혜(2001),『일본사회 개설』, 한울아카데미.
橋本寿朗·長谷川信·宮島英昭(1998),『現代日本経済』, 有斐閣.
吉川洋(1997),『高度成長』, 読賣新聞社.
内閣府,『経済財政白書』, 각년판.
北陸環日本海経済交流促進協議会(2006),『環日本海交流の概要』.
三橋規宏·内田茂男·池田吉紀編(2015),『新·日本経済入門』, 日本経済新聞社.
石川幸一(2012),「日本のFTA戦略とTPP」, 蒲田秀次郎ほか,『日本の通商戦略の課題と将来展望』, 21世紀政策研究所.
小峰隆夫·村田啓子(2020),『最新日本経済入門 第6版』, 日本評論社.
矢野恒太記念会編,『世界国勢図会』. 각년판.
シンクタンクせとうち総合研究機構編(2000),『環日本海エリア·ガイド』.
呂寅満(2010),「日韓FTA交渉の現況と展望」,『東アジアと地域経済 2010』, 京都大学出版会.
青島矢一ほか(2010),『メード·イン·ジャパンは終わるのか』, 東洋経済新報社.
総務省統計研修所編,『世界の統計』, 日本統計協会, 각년판.
環日本海経済交流センター,『環日本海経済ジャーナル』, 각호.
環日本海経済研究所 ERINA,『ERINA REPORT』, 각호.

[웹사이트]

독도학회 (http://www.dokdoinkorea.or.kr/)
일본 외무성 (http://www.mofa.go.jp/mofaj/)
일본 경제산업성 (http://www.meti.go.jp/)
일본 재무성 (http://www.mof.go.jp/)
일본 내각부 (https://www.cao.go.jp/)

일본무역진흥기구 (http://www.jetro.go.jp/)
환동해경제교류센터(環日本海経済交流センター) (http://www.near21.jp/)
환동해경제연구소(環日本海経済研究所 ERINA) (http://www.erina.or.jp/)
호쿠리쿠 환동해경제교류촉진협의회(北陸環日本海経済交流促進協議会 北陸AJEC) (http://www.hokkeiren.gr.jp/ajec/)

제5장

국방부(2013), 『2012 국방백서』.
김남두(2003), 「대북포용정책하의 남북경제협력의 성과」, 『한국정책과학학회보』, 7권 2호.
김남두·옥규성(2012), 『한국무역론』, 한국방송통신대학교 출판부.
대한무역투자진흥공사, 「북한의 대외무역동향」
림금숙(2012), 「장지투선도구와 북한나선특별시간 경제협력」, 『국제지역학논총』, 제5권 2호.
______(2013), 「장길도(장길도)선도구와 나선특별시 간 경제협력의 새로운 동향」, 『KDI 북한경제리뷰』. 2013년 1월호.
삼성경제연구소(2002), 「북한경제 변화의 조짐과 시사점」, 『CEO 인포메이션』 제360호.
양문수(2014), 『북한경제의 구조 경제개발과 침체의 메커니즘』, 서울대학교 출판문화원
______(2020), 「북한경제의 역사적 개관」, mimeo
양문수·이석기·이영훈·임강택·조봉현(2012), 『2000년대 북한경제 종합평가』, 산업연구원, 정책자료 2012-182.
이숙자, 「최근 북한의 경제특구 재추진: 나선경제특구를 중심으로」, 『POSRI 경영연구』. 제10권 제2호.
조선일보, 「남포 특구 청진 해주 입지 매력」 (2014년 1월 10일자).
최용호(2020), 「코로나 19 사태와 북한의 식량수급 동향과 전망」, 『농정포커스』, No.195, 한국농촌경제연구원.
최지영(2012), 「최근 북한의 대외경제정책 변화」, 『BOK 이슈노트』, 한국은행.
통계청, 「북한의 주요경제지표」
통일부, 『통일백서』, 각년판.
______, 『북한이해』,각년판.
통일부 통일교육원(2007), 『통일문제의 이해 2007』.
통일부 교류협력국, 『월간 남북교류협력 및 인도적 사업 동향』 각호.
한국은행(2008, 2013), 「남북한 주요경제지표 비교」 .
CIA, The World Factbook(www.cia.gov).
FAO/WFP(2013), "Special Report: FAO/WFP Crop and Food Security Assessment Mission to the Democratic People's Republic of Korea," 28 November.

[웹사이트]
KOTRA 무역투자정보포탈/북한경제(www.globalwindow.org/wps/myportal/dknorth)
사이버통일교육센터/자료방/동영상자료/북한바로알기(www.uniedu.go.kr)

한국개발연구원 KDI북한경제리뷰(www.kdi.re.kr)
한국은행, 한은DB/북한경제(www.bok.or.kr)

제6장

강원도(2017), 『제1차 강원도 지역물류 기본계획』.
강원도민일보, 「교통신경망 정점으로서의 양양공항」, 2018년 7월 2일자.
강원일보, 「동해북부선<강릉~제진> 예비타당성 면제 사실상 확정」, 2020년 4월 21일자.
국토교통부(2014), 『화물자동차 휴게시설 확충 종합계획(2015~2019)』.
김지혜 외(2020), 『북극 해상운송 규범 분석을 통한 우리나라 대응방안 연구』, 한국해양수산개발원.
노홍승(2017), 『TSR을 이용한 러시아 물류 인프라 및 제도 현황』, 한국교통연구원.
뉴스타운, 「동북아 국제항로' 得인가, 毒인가?」, 2013년 5월 9일자.
동해시 북방물류연구지원센터(2019), 『남북경협에 따른 동해항 발전 방안 마련 연구』, 용역보고서.
리춘위 · 안우철(2019), 「훈춘지역 물류경쟁력 발전방안 연구」, 『항만경제학회지』, 제35권 제3호, pp.125-150.
박은경(2014), 「유라시아 철도네트워크의 의의와 활용성」, 한국철도학회 하계정책세미나.
백성호(2013), 『환동해권 물류허브 구축과 북한 나진항』, 한국해양수산개발원.
북방물류연구지원센터, 「일본 니가타항, 나오에츠항 무역동향」, 『월간 동향』, 2020년 12월호.
연합뉴스, 「북중러 접경 中훈춘, 2022년까지 국제 내륙항 건설한다」, 2019년 3월 14일자.
________, 「포항-러시아 · 일본 오간 카페리 5개월 만에 운항 중단」, 2021년 2월 3일자.
________, 「항만 글로벌 경쟁력 강화 계획」, 2020년 11월 17일자.
원동욱(2015), 「변경의 정치경제학 : 중국 동북지역 개발과 환동해권 국제협력 구상」, 『아태연구』, 제22권 제2호, pp.27-62.
주간동아, 「훈춘 개발 돈 쏟아붓는 중국 동북아 거점기지 오랜 꿈 실현」, 제843호, pp.38~40.
통일한국, 「닫힌 영토'에서 '열린 영토'로! 본격 시동 나진-하산 프로젝트」, 2015년 12월.
프레시안, 「동해신항 '1833억 잡화부두'조성사업 '순항'」, 2019년 7월 13일자.
한겨레신문, 「중국의 창지투 개발계획과 환동해권 전략의 연계 가능성」, 2011년 11월 22일자.
한국개발연구원(2018), 『시베리아철도 이용 활성화 방안』, 북방경제협력위원회.
한국수출입은행(2017), 『극동러시아에서의 한 · 러 경제협력 방안 연구』.
한국철도공사(강원물류사업단) 내부 자료.
한국철도공사, 철도통계(노선별 화물수송실적), 각년도.
한국해양수산개발원(2016), 『KMI 극동러시아 동향 리포트』, 제6호, 2016년 2월 17일자.
________________(2020), 「미래환경 변화에 대비한 해운정책 방향」, 2020 해양수산전망대회 발표자료.
해양수산통계연보, 각년도.
해외항만개발협력지원센터(2019),『러시아 인프라 시장전망(2020년 Q1)』, 2019년 7월.
허혁 · 최선미(2018), 「정책실패의 반복과 관성에 관한 연구: 양양국제공항 사례를 중심으로」,

『한국콘텐츠학회논문지』, 제18권 제12호, pp.456-467.
KDB산업은행(2015), 『북한의 산업』.
KOTRA 해외시장뉴스, 「연해주 항만개발 어떤 프로젝트가 있나」, 2018년 6월 28일자.
东北亚近海口岸城市珲春(2014), 『管理观察』.
Asian Development Bank(2021), *Asia Economic Integration Report 2021.*
Arctic Council(2009), *Arctic Marine Shipping Assessment.*
Boeing(2018), *WACF(World Air Cargo Forecast) 2018-2037.*
Drewry(2018), *Container Forecaster Quarter 2.*
ICAO(2018), *ICAO Annual Report 2017.*
OECD(2014), "SHIFTING GEAR: POLICY CHALLENGES FOR THE NEXT 50 YEARS", OECD Economic Policy Paper, No.9, p.5.
Transparency Market Research(2017), *Logistics Market: Global Industry Analysis, Size, Share, Growth, Trends and Forecast 2018-2026.*

[웹사이트]
DBS 크루즈훼리(주) 홈페이지(https://www.dbsferry.com)
간사이국제공항 홈페이지 (http://www.kansai-airports.co.jp/company-profile/about-airports/kix.html)
관세청종합솔루션 자유무역협정(FTA)이란? (https://www.customs.go.kr/ftaportalkor/cm/cntnts/cntntsView.do?mi=3304&cntntsId=981)
교토 마이즈루항 진흥회 통계자료(http://www.port.maizuru.kyoto.jp/statisticaldata)
국가물류통합정보센터(http://www.nlic.go.kr)
국토교통통계누리, 국내공항시설현황(https://stat.molit.go.kr/portal/main/portalMain.do)
도로및보수현황시스템(http://http://www.rsis.kr)
동해지방해양수산청 홈페이지(https://donghae.mof.go.kr/index.do)
두산백과 광역두만강개발계획 (https://terms.naver.com/entry.naver?docId=1943311&cid=40942&categoryId=31866)
百度文库(https://wenku.baidu.com/)
북방경제협력위원회 홈페이지(http://bukbang.go.kr/bukbang/)
사카이 미나토 항만 관리조합 홈페이지(http://sakai-port.com/publics/index/8/)
위키디피아 간사이국제공항 개요 (https://ko.wikipedia.org/wiki/%EA%B0%84%EC%82%AC%EC%9D%B4_%EA%B5%AD%EC%A0%9C%EA%B3%B5%ED%95%AD)
위키디피아 교토마이주르항 정보 (https://ko.wikipedia.org/wiki/%EB%A7%88%EC%9D%B4%EC%A6%88%EB%A3%A8%ED%95%AD), 2021년 4월 8일자 검색.
위키디피아 나진-하산 프로젝트

(https://ko.wikipedia.org/wiki/%EB%82%98%EC%A7%84-%ED%95%98%EC%82%B0_%ED%94%84%EB%A1%9C%EC%A0%9D%ED%8A%B8)
유라시아 화물운송에 관한 국제조정위원회 홈페이지(http://en.icctt.com/history)
토지e음(www.eum.go.kr) 2019년 도시계획현황통계
한국무역협회(http://stat.kita.net/)
항공위키(https://airtravelinfo.kr/wiki/index.php?title=%EC%BB%A4%ED%93%A8)
항공정보포탈시스템(http://www.airportal.go.kr)
항만물류정보시스템 항만통계(https://new.portmis.go.kr/)
훈춘시청(http://www.hunchun.gov.cn)

제7장

강영훈(2009), 「환동해경제권과 울산의 발전전략」, 울산발전연구원, 기획연구 09-01.
구정모 외(2001), 『황금의 육각계획: 강원도의 환동해권 전략』, 강원도.
김성훈 외(1992), 『동북아경제권: 21세기 국가경영전략』, 비봉출판사.
김원배(2005), 「환동해경제권 형성을 선도하기 위한 동해안지역의 대외전략」, 『국토정책 Brief』 99호, 국토연구원.
김재한(2005), 『동북아공동체』, 집문당.
김창남 외(1998), 『동북아지역의 경제협력 구도와 전망』, 삶과꿈.
동아일보, 2012년 10월 17일자, 2013년 11월 28일자.
양의석(2007), 『동북아 에너지 협력의 구상과 전략』, 에너지경제연구원.
오모토 게이이치 외(2001), 「바다의 아시아 1: 바다의 패러다임」, 김정환 역, 다리미디어.
이재원·권나은 (2009), 「환동해권 경제협력 현황과 발전전략」, 한국은행 강원본부.
홍택기 외(1994). 「TREZ/TREDA 내 경공업발전 현황과 동북아 국가간 분업가능성」, 『두만강 지역개발사업에 관한 연구』, UNDP연구용역보고서, 대외경제 연구원.
황원규 (2005), 「지방정부의 다자간 국제협력 활성화방안에 관한 연구: 강원도의 경험을 중심으로」, 『지방정부연구』, 제9권 제2호.
Bowen, Andrew S. and Luke Rodeheffer (2013), "Is Russia Losing Control of Its Far East?", *The Diplomat*, Oct. 1, 2013 (from www.thediplomat.com).
Moyer, Jonathan (2014), "China and the US Buy Guns", *The World Post*, Jan. 14.
Foure, Jean et. al (2012), "The Great Shift: Macroeconomic Projections for the World Economy at the 2050 Horizon", CEPII Working Paper, 2012-3.
Hwang, Won-Gyu(2007), "Networking Regions amidst Globalization: Trends, Case Analysis and Strategies", *Regional Development Studies*, Vol. 11, United Nations Center for Regional Development.

찾아보기

ㄷ

ㄹ

ㅁ

ㅂ

ㅅ

ㅇ

ㅈ

Ⓚ

Ⓛ

Ⓜ

Ⓝ

Ⓞ

Ⓟ

Ⓡ

Ⓢ

Ⓣ

Ⓤ

Ⓥ

Ⓦ

Ⓨ

저자약력

■ **강승호**

서울대학교 중어중문학과 졸업
중앙대학교 경제학박사
대외경제정책연구원 연구위원
(현) 강릉원주대학교 국제통상학과 교수

■ **김영식**

고려대학교 경제학과 졸업
러시아 상뻬쩨르부르그대학교 경제학박사
오레곤대학교 교환교수
(현) 강릉원주대학교 국제통상학과 교수

■ **안우철**

한국해양대학교 물류시스템공학과 졸업
인천대학교 동북아물류전문대학원 물류학박사
인천연구원 초빙책임연구원, 성결대학교 동아시아물류학부 연구교수
(현) 강릉원주대학교 국제통상학과 부교수

■ **엄경호**

한국방송통신대학교 일본학과 졸업
강릉원주대학교 경제학석사
동국대학교 북한학박사
(현) 새로운코리아 구상을 위한 연구원(KNSI) 연구위원

■ **여인만**

서울대학교 경제학과 졸업
東京大学 경제학박사
기아경제연구소 선임연구원
(현) 강릉원주대학교 국제통상학과 교수

■ **황원규**

부산대학교 경제학과 졸업
미국 텍사스대학교 (University of Texas at Austin) 경제학박사
한국개발연구원(KDI) 전문연구원, 대통령직속 지역발전위원회 위원
(현) 강릉원주대학교 국제통상학과 명예교수

환동해경제론 : 개정판

초　판 1쇄 발행 —— 2014년 2월 28일
초　판 2쇄 발행 —— 2016년 2월 10일
개정판 1쇄 발행 —— 2021년 8월 30일
지은이 —— 강 승 호·김 영 식·안 우 철
엄 경 호·여 인 만·황 원 규
펴낸이 —— 전 두 표
펴낸곳 —— 도서출판 두남
서울시 강동구 성내로6길 34-16 두남빌딩
신 고 : 제25100-1988-9호
TEL : 02) 478-2065, 2066, 2067, 2311
FAX : 02) 478-2068
E-mail : dunam1@unitel.co.kr
http://www.dunam.co.kr

정가 28,000원

ISBN 978-89-6414-928-7 93320